한국학과 조선학, 그 쟁점과 코리아학 2

한국학과 조선학, 그 쟁점과 코리아학 2

초판 인쇄 2018년 7월 9일
초판 발행 2018년 7월 13일

엮은이 국제고려학회 서울지회
펴낸이 박찬익 | **편집장** 황인옥 | **책임편집** 조은혜
펴낸곳 패러다임북 | **주소** 서울시 동대문구 천호대로 16가길 4
전화 02) 922-1192~3 | **팩스** 02) 928-4683
홈페이지 www.pjbook.com | **이메일** pijbook@naver.com
등록 2015년 2월 2일 제305-2015-000007호

ISBN 979-11-963465-4-6 (93040)
ISBN 979-11-963465-2-2 (세트)

* 패러다임북은 ㈜박이정출판사의 임프린트입니다.
* 책값은 뒤표지에 있습니다.

한국학과 조선학, 그 쟁점과 코리아학

Korean studies

2

국제고려학회
서울지회 엮음

패러다임북

| 발간사 |

2018년은 한반도에 두 개의 국가가 분리 정립되어 자리를 잡은 지 70년이 되는 해입니다. 1948년 대한민국과 조선민주주의인민공화국이라는 두 분단 국가체제가 시작되면서 코리아는 영토와 체제의 분단을 맞았고, 서로의 불통은 학문의 분단으로까지 이어졌습니다. 분단 70년 동안 한반도에는 두 분단 국가체제에서 진행되는 반쪽짜리 '국학'이 '한국학과 조선학'이라는 이름으로 서로 단절된 채 발전하여 왔습니다. '코리아학'은 코리언(Korean)과 관련된 모든 영역을 연구 주제로 삼는 학문이라고 할 수 있습니다. 하지만 분단으로 말미암아 '코리아학'은 아직까지도 코리언 전체를 포괄하는 온전한 학문으로 나아가지 못하고 있습니다.

이런 학문의 분단 현실을 안타까워하면서 국제고려학회(International Society for Korean Studies, ISKS)는 1990년 8월 5일 일본 오사카에서 시작했습니다. 일본을 비롯한 해외 코리아학 학자들이 주도하여 한반도의 분단을 극복하고 남북의 학문적 소통을 만들어가기 위해 노력해 온 학술단체입니다. 전 세계에 7개의 지부를 둔 이 학회는 1998년 서울지회에 이어 2000년대에 들어서 평양지부까지 결성되면서, 남북에 지부를 둔 세계 유일의 국제학회로 성장했습니다. 남북관계가 경색되어온 지난 시기 동안에 유일하게 북한 학자들과 교류해오며 코리아학의 국제적 지위를 유지하면서 분단의 경계를 넘어 온전한 코리아학을 실천한 학회입니다.

그동안 국제고려학회는 한반도의 분단과 그로 인한 '코리아학'의 분단이라는 특수성에 주목하면서 한반도의 통일 및 남과 북 양자 모두를 아우를 수 있는, 더 나아가 해외 각국의 코리언을 포괄할 수 있는 '코리아학'의 정립을 모색해 왔습니다. 국제고려학회 서울지회 또한 이 속에서 지난 20년 동안, 한반도의 분단을 극복하고 남북의 학문적 소통을 만들어가는 한편, 분단국가주의에 의해 규정된 분단학문을 벗어나 온전한 의미에서 '코리아학'을 만들어가기 위해 노력해 왔습니다.

2018년은 국제고려학회 서울지회가 창립한 지 20주년이 되는 해입니다. 1998년 7월 14일 서울지회결성준비위원회 5명과 일본지부 대표를 포함한 30여 명이 모여, 서울지회의 기반을 구축했습니다. 1999년 7월 16일 제1회 전국학술대회를 시작으로 12회의 국내학술대회를 개최하였고, 2018년에는 서울지회 창립 20주년을 기념하기 위해 특별히 국제학술대회를 기획하였습니다. 언어 · 문학 · 역사 · 법률 · 경제경영 · 정치 · 사회 · 철학종교 · 교육 · 과학기술 · 민족통일 · 예술 등 12개 분과로 구성되어 범 학문적 차원에서 코리아학의 전범을 만들고자 세계의 연구자들이 한 자리에 모였습니다. 그리고 분단의 경계를 넘는 코리아학의 길을 모색하는 토론의 장을 펼칩니다.

국제고려학회 서울지회 창립 20주년을 기념하여 각 분야의 전문가들은 지난 20년 동안 이루어졌던 우리의 노력을 되돌아보면서 앞으로 나아갈 길을 모색한다는 취지로 마음을 모았습니다. 2016년 국제고려학회 서울지회는 12개의 분과회를 구성하고, 분과위원장들이 각 분야의 전문가들을 초청하여 "한국학과 조선학, 그 쟁점과 코리아학의 모색"이라는 공동의 연구주제로 이 책을 기획하였습니다. 1권에서는 언어 · 문학 · 역사 · 철학종교 · 예술의 영역에서, 2권에서는 정치 · 법률 · 사회 · 교육 · 민족통일 · 과학기술 영역에서 분단학문의 역사를 반추하고 코리아학의 길을 모색하는 연구성과를 담았습니다.

제1권 언어분과에서는 '남북 언어규범의 현황과 쟁점', 문학분과에서는 '민족문학과 남북문학의 비교 연구', 역사분과에서는 '분단사학의 극복을 위한 모색', 법률분과에서는 '북한의 입법 및 법학연구 동향', 철학종교분과에서는 '북한 종교사상 연구의 현재', 예술분과에서는 '남북 공연 예술의 양상과 과제'를 주제로 정하였습니다. 제2권 정치분과에서는 '북한 정치의 현실과 미래', 법률분과에서는 '북한의 입법 및 법학연구 동향', 사회분과에서는 '북한의 경제체제와 자본주의', 교육분과에서는 '한국 통일교육의 변화와 발전 과제', 민족통일분과에서는 '민족공통성과 통일의 민주적 이념', 과학기술분과에서는 '북한 의학 학술지를 통해 본 북한 보건의료의 현황과 쟁점'을 공동 주제로 구성하였습니다. 책의 필진 또한 한국중국일본의 학자들이 함께 참여하여 공동 연구의 의미를 더하였습니다. 이 책은 이제까지 진행되어 왔던 코리아학의 연구성과를 재검토할 뿐만 아니라 한국학과 조선학 사이에 존재하는 쟁점들을 파악함으로써 코리아학으로의 가능성을 모색하고 있습니다.

"한국학과 조선학, 그 쟁점과 코리아학의 모색"이라는 공동 연구를 위해 힘써주신 총 28명의 필진들께 머리 숙여 고마움을 전합니다. 그리고 국제고려학회 서울지회 창립 20주년을 기념하여 많은 도움을 주신 국제고려학회 본부의 연재훈(London University) 회장님과 송남선(오사카 경제법과대학)

부회장님, 아시아분회 서영빈(对外经济贸易大学外语学院) 회장님, 일본지부 정아영(立命館大学) 회장님, 평양지부 서광웅(조선사회과학원) 회장님, 유럽지부 Rainer Dormels(Vienna University) 회장님, 북미지부 Michael Pettid(State University of New York) 회장님, 대양주지부 송창주(University of Auckland) 회장님께 감사드립니다. 이 책을 공동으로 기획하는 데 큰 힘을 보태주신 12개 분과위원장님과 학회 실무자들께도 고마움을 전합니다. 끝으로 코리아학의 발전을 위해 기꺼이 출판을 맡아주신 패러다임북의 박찬익대표와 편집부 선생님들께 감사드립니다.

남과 북은 2018년 4월 27일 '판문점선언'을 기점으로 70년이 넘는 세월 동안 계속된 분단의 적대성을 해소하며 평화와 번영의 미래를 함께 만들어가는 역사적인 출발점에 서 있습니다. 그 역사적 시기에 발맞추어 국제고려학회 서울지회는 창립 20주년을 맞아 새로운 도약의 길로 전진하기 시작했습니다. 과거 역사를 반추하면서 남과 북, 그리고 해외동포와 연대한 통합적 학문으로서 코리아학의 정립 및 국제적 성장을 위한 서울지회의 역할을 미래 지향적으로 만들어가기를 기대합니다.

분단체제를 넘어 평화체제로 나아가는 2018년 7월에

국제고려학회 서울지회장 김성민 씀

| 차례 |

[정치]

북한 정치의 현실과 미래

북한 핵문제의 현황과 전망

박형준*

1. 들어가며

1993년 북한의 NPT 탈퇴로 발발한 '1차 북핵 위기' 이후 2017년 6차 핵실험까지, 북한 핵문제의 평화적 해결을 위한 우리 정부 및 국제사회의 노력은 지난 20여년이 넘도록 계속되고 있다. 그럼에도 불구하고 해결의 실마리는 보이지 않고 오히려 북한의 핵능력이 고도화 되었을 뿐이다. 현재 북핵 문제는 해결책이 없는 상황에서 역내 국가들의 주도권 경쟁으로 전개되는 형국으로 동북아 정세의 불확실성과 불안정을 야기하고 있다.[1)]

그렇다면 이처럼 북핵 문제 해결이 더딘 이유는 무엇인가? 북한은 어떤 이유로 국제사회의 제재와 압박 속에서도 핵개발을 지속하는가? 향후 북핵 문제는 어떤 방향으로 전개될 것인가? 등 본 연구는 북핵 문제의 근본적인 궁금증에 대한 답을 구하는 과정이 될 것이다.

* 선문대 글로벌한국학연구소 책임연구원

1) 이종석, 「조선노동당 제7차 대회의 의미와 특징」, 『정책브리핑』 2016-12, 세종연구소, 2016, 1~3쪽.

북핵 문제는 단순히 북한의 내부 요인(체제 유지, 인민 결속, 경제난 등)으로만 인식하여서는 안 되는 복잡한 구도를 가지고 있는 것은 주지의 사실이다. 북핵 문제는 다른 국가로의 핵확산을 저지하는 것을 핵심으로 하는 국제적인 비확산 레짐(regime)과 관련되어 있다. 핵안보의 '3S',[2] 즉 핵안보(security), 핵안전(safety), 핵안전조치(safeguards), 모두에 저촉되는 사안으로서 핵억제(Nuclear Deterrence)를 통한 평화유지 체제와 국제사회의 핵확산 관리 제도에 심각한 영향을 미치는 문제이다.[3] 동시에 우리 입장에서는 한반도의 냉전구조 해체 및 통일문제와도 밀접한 관련이 있다.

2018 평창 동계올림픽 이후 북한을 방문한 대북 특사단과 김정은 북한 노동당 위원장이 만난 자리에서 김정은 위원장은 "북한 체제가 보장되면 핵을 개발할 이유가 없다"고 했다. 이처럼 북한에게 있어 핵은 체제 생존을 위한 절대적 도구이며, 보루이다. 그리고 이를 반영하듯 이미 6차례의 핵실험을 통해 핵무기의 기술적 발전을 이뤄왔다. 북한은 "1차 핵실험에서 폭발 시험, 2차에서는 위력 개선, 3차에서는 소형화와 경량화, 4차에서는 수소 폭탄, 5차에서는 핵탄두의 위력 판정이라고 주장하였으며, 6차에서는 수소탄 시험에 성공했다"고 주장했다.

현재 북한의 핵무기 보유는 기정사실화 되었고, 잠정적 핵보유국의 지위에 오른 것으로 평가받고 있다. 이에 대해 미국을 비롯한 국제사회는 북한의 핵개발을 심각한 안보 위협으로 인식하고 북핵 문제 해결을 위해 대북제재의 강도를 높여나가고 있는 형국이다. 이로 인해 한반도 '전쟁 위기설'이 제기되는 등 북핵 문제를 둘러싼 불안정한 위기 상황이 지속되고 있다.

이런 상황 속에서 평창 동계올림픽을 계기로 북핵 문제 해결의 기회가 다

---

2) 이상현, 「제4차 북핵 실험 이후 한국과 북한의 대응 전망」, 『성균차이나브리프』 제4권, 제2호, 성균관대학교 성균중국연구소, 2016, 72~74쪽. 참조.

3) 하경석 · 정성윤, 「핵확산 논쟁과 북핵문제: 다차원적 분석」, 『한국정치연구』 제24집, 제1호, 서울대학교 한국정치연구소, 2015, 142쪽.

시 찾아 왔다. 대북 특사단 방문 시 김정은 위원장이 남북관계 개선 및 북미 간 대화의지를 표명하면서 4월말 남북정상회담과 5월 북 · 미 정상회담이 예정된 것이다. 그리고 최근 북한 조선중앙통신은 4월 20일 개최된 북한노동당 중앙위원회 제7기 제3차 전원회의에서 “핵실험 중지를 투명성 있게 담보하기 위하여 공화국 북부(풍계리) 핵시험장을 폐기할 것”이라는 내용이 담긴 결정서가 채택됐다고 보도했다.[4] 이후 4월 27일 남북정상회담에서 ‘판문점 선언’이 발표되었고, 북한이 예고한 대로 5월 24일 핵 시험장도 폐기되었다. 또한 6월 12일에는 역사적인 북 · 미 정상회담이 개최되어 한반도 비핵화를 위한 후속조치가 논의되고 있다.

이처럼 북한 핵문제는 평화적 해결을 위한 중대 기로에 놓여 있다. 물론 비핵화 방법과 절차를 논의하는 과정에서 난관이 예상되기도 한다. 하지만 남과 북은 한반도 평화체제 구축이라는 공동의 목표를 실현하기 위해 이 기회를 잘 살려 한반도 비핵화를 실현하고, 더 나아가 남북관계 개선의 발판을 마련해야 할 것이다.

2. 북핵 문제의 변화 과정

2.1. 북핵 문제의 기원과 핵개발 현황

북한은 2005년 2월 핵보유 선언이후, 2006년 10월 1차 핵실험을 시작으로 2017년 9월 6차 핵실험까지 총 여섯 차례의 핵실험을 실시하였다. 북한의 핵개발은 1980년대로 거슬러 올라간다. 북한은 1980년대 중반에 영변 핵시설의 5MWe 소형 핵 원자로 가동 후 폐연료봉 재처리를 통해 핵 물질을 확보했다. 1989년 9월 프랑스의 상업위성이 북한의 영변 핵시설을 촬영한

4) 『조선중앙통신』, 2018년 4월 21일.

사진이 공개되면서 북한과 미국 간의 갈등이 발생하고, 북한에 대해 핵 사찰을 요구했다. 하지만 북한이 이에 불응하여 1993년 NPT 탈퇴를 선언하면서 '1차 북핵 위기'가 발생했다. 그리고 「제네바 합의」에 따라 북한의 영변 핵시설은 동결되고 북한에 대한 경제적 지원을 대가로 1차 북핵 위기는 일단락되는 듯 했지만, 북 · 미 간 IAEA의 사찰을 둘러싼 이견이 해소되지 못하면서 북한에 대한 경수로 건설작업도 계속 지체되었다.[5] 이후 북핵 문제가 다시 수면위로 떠 오른 것은 2001년 1월 부시 행정부가 출범하고 미국의 대북정책이 전면 재조정되면서 부터이다. 9 · 11테러사태 이후 미국은 북핵 문제를 '악의 축', '불량국가', '반테러', '비확산' 등의 대북적대 정책 차원으로 접근했기 때문이다.

2002년 10월 제임스 켈리(James Kelly) 미 국무부 동아시아태평양차관보가 북한을 방문했을 때 고농축우라늄을 통한 핵무기 생산 프로그램에 대해 강석주 외무성 부상이 이를 시인한 것으로 알려지면서 2차 북핵 위기기 시작되었다. 미 국무부는 북한이 「제네바 합의」를 위반했다면서 중유 공급 중단을 결정했고, 북한은 이에 대한 대응조치로 12월 27일 핵 시설의 동결을 해제하고 IAEA 요원들을 추방하는 한편, 2003년 1월 10일 NPT 탈퇴를 선언했다.[6]

이를 해결하기 위해 남과 북, 미 · 중 · 일 · 러 등이 참여하는 6자회담이 2003년 8월부터 시작되었다. 북한의 6자회담 탈퇴와 복귀가 반복되는 상황 속에서도 2005년 9월 「9 · 19 공동성명」이 채택되기도 하였으나, 북 · 미의 합의 불이행이 반복되면서 북핵 위기 상황이 지속되었다. 또한 2017년 들어서는 '2 · 13합의' 및 '10 · 3합의'를 통해 비핵화 과정이 일부 진전되기도 하

5) 박봉규, 「북핵 문제와 동북아 안보」, 『정치정보연구』 제6권, 제2호, 한국정치정보학회, 2003, 27~28쪽.

6) 조성렬, 「북핵문제 외교적 해법의 실패원인과 시사점: 6자회담의 재평가와 재개 논의를 중심으로」, 『국제관계연구』 제19권, 제2호, 고려대학교 일민국제관계연구원, 2014, 75쪽.

였으나, 북한 핵시설에 대한 검증 문제로 인해 비핵화 과정은 중단되었다.

북한의 1차 핵실험은 2006년 10월 3일 북한이 외무성 성명을 통해 핵실험 계획을 발표한 이후 2006년 10월 9일 지하 핵실험을 강행하였다. 함경북도 길주군 풍계리에서 실시된 핵실험의 규모는 0.5~0.8kt 위력으로 TNT 1,000톤의 절반에 해당하는 폭발력이었으나, 이는 계획했던 폭발력보다 낮아 성공 여부는 확실치 않았다. 그럼에도 불구하고 북한의 핵실험 강행은 주변국뿐만 아니라, 전 세계적으로 큰 파장을 일으켰다. 이에 유엔안보리는 대북 제재 결의안 제1718호를 제정하여 핵 프로그램 관련 인물이나 기관에 대한 자금동결, 여행금지 등의 대북제재를 시행했다.

북한의 2차 핵실험은 2009년 5월 25일 진행되었는데, 폭발력은 4kt 정도로 1차 핵실험보다 몇 배 이상 강력한 위력이었다. 2차 핵실험은 2007년 6자회담의 '2 · 13합의' 및 '10 · 3합의' 이후 2008년 말까지 지속된 핵동결 기간 이후에 이루어졌기 때문에 짧은 시간에 상당한 핵능력의 진전을 보여준 것으로 평가받고 있다.[7]

한편 2013년 2월 12일 북한이 3차 핵실험을 강행하였다. 이는 김정은 시대 들어 처음 실시된 것으로 규모는 6~7kt으로 추정되었다. 특히 북한은 3차 핵실험을 통해 핵실험의 첨단기술 완성, 소형화 및 경량화, 우라늄탄 개발을 완성했다고 주장했다.[8] 대륙간탄도미사일(ICBM) 급인 장거리 로켓 은하 3호를 쏘아 올리고 난 뒤, 3개월 이후 시행된 3차 핵실험을 통해 북한은 핵무기 기술과 투발 수단을 확보한 실질적 핵보유국의 반열에 올랐다고 할 수 있다.[9] 곧이어 북한은 2013년 3월 31일 "경제 · 핵무력 건설 병진노선"을 채

7) 황지환, 「북한은 핵실험 이후 더 공격적인가?: 현상타파 대외전략과 현상유지 대외정책의 결합」, 『한반도발 평화전략과 비핵화 프로세스』(2018 북한연구학회 춘계학술대회 발표문, 2018.3.30), 10쪽.

8) 『조선중앙통신』, 2013년 2월 12일.

9) 하경석 · 정성윤, 앞의 글, 141쪽.

택함으로써 핵보유국 지위선언을 하기에 이른다.

북한은 2016년 들어 두 차례의 핵실험을 연거푸 실시했다. 1월 6일 시행된 4차 핵실험에 대해 북한은 조선중앙TV를 통해 "4차 핵실험은 첫 수소탄 시험이었으며, 수소탄까지 보유한 핵보유국의 전열에 올라서게 되었다"고 주장했다.[10] 이에 대해 남한의 군 당국은 4차 핵실험의 폭발력이 6kt 수준이어서 수소탄 실험으로 보기 어렵고 증폭핵분열탄 실험을 했을 가능성이 높다고 보았다.[11] 북한은 그로부터 얼마 지나지 않은 북한 정권 수립 68주년 기념일인 9월 9일 5차 핵실험을 실시했다. 5차 핵실험은 폭발 위력이 10kt 정도로 이전의 핵실험 보다 증가된 규모였다. 북한은 정부 성명 발표에서 "핵탄두의 위력 판적을 위한 핵폭발 시험이었으며, 전략탄도 로켓들에 장착할 수 있게 표준화·규격화된 핵탄두의 구조와 동작 특성, 성능과 위력을 최종적으로 검토 확인했다"고 언급했다.[12] 이처럼 북한은 5차 핵실험을 통해 핵능력을 한 단계 더 발전시키는 한편 핵보유국으로서의 기반을 다져나갔다.

북한의 6차 핵실험은 2017년 9월 3일 전격적으로 진행됐다. 북한은 이 실험이 "대륙간 탄도로케트 장착용 수소탄시험이었으며, 핵무기설계 및 제작기술이 핵탄의 위력을 타격대상과 목적에 따라 임의로 조정할 수 있는 높은 수준에 도달하였다"고 발표했다.[13] 특히 폭발 위력이 120kt에 달하는 것으로 핵능력의 완성단계로 평가받고 있다.

---

10) 『조선중앙통신』, 2016년 1월 6일.

11) 안문석, 『북한 현대사 산책: 김정은과 북핵 위기』, 인물과 사상사, 2016, 248쪽.

12) 『조선중앙통신』, 2016년 9월 9일.

13) 『조선중앙통신』, 2017년 9월 3일.

〈표 1〉 북한의 핵개발 주요일지

일시	주요 사건	비고
1985. 12. 12.	핵확산금지조약(NPT) 가입	
1991. 12. 31.	남북한 한반도 비핵화 공동선언 합의	
1993. 03. 12.	NPT 탈퇴 선언	제1차 북핵 위기
1994. 10. 21.	북 · 미 「제네바 합의」 체결	
1994. 11. 01.	핵 활동 동결 선언	
1995. 03. 09.	한반도에너지개발기구(KEDO) 설립	
2002. 10. 03.	켈리 미 국무부차관보 방북	제2차 북핵 위기
2002. 12. 12.	핵 동결 해제 발표	
2003. 08. 27.	제1차 6자회담 개최	
2005. 02. 10.	핵무기보유 선언	
2005. 09. 19.	6자회담에서 '모든 핵무기와 현존 핵계획 포기' 등 '9 · 19공동성명' 채택	
2006. 10. 09.	1차 핵실험 실시	
2007. 02. 13.	6자회담에서 영변 원자로 폐쇄 및 불능화 합의	2.13 합의
2007. 07. 15.	영변 원자로 폐쇄	
2007. 10. 03.	6자회담에서 모든 핵시설 불능화 및 핵 프로그램 신고 합의	10.3 합의
2008. 06. 27.	영변 원자로 냉각탑 폭파	
2008. 09. 24.	영변 원자로 봉인 해제	
2009. 05. 25.	2차 핵실험 실시	
2009. 11. 03.	사용 後 폐연료봉 8천개 재처리 완료 선언	
2013. 02. 12.	3차 핵실험 실시	
2013. 04. 02.	영변 원자로 재가동 발표	
2016. 01. 06.	4차 핵실험 실시, 조선중앙TV '첫 수소탄 시험 성공적 진행' 발표	
2016. 09. 09.	5차 핵실험 실시	
2017. 09. 03.	6차 핵실험 실시, 조성중앙TV '수소탄두 시험 성공적 진행' 발표	

출처: 통일교육원, 『2018 북한 이해』, 통일부 통일교육원, 2018, 108쪽. 재구성.

2.2. 북핵 문제 해결을 위한 6자회담

2002년 10월 북한의 고농축우라늄 프로그램 시인은 북핵 문제를 새로운 국면으로 전개시키는 결과를 초래했다. 이로 인해 2차 북핵 위기가 시작되었고 2003년 1월 북한이 NPT 탈퇴를 선언하면서 그 갈등은 극에 달했다. 이러한 북핵 위기에 대해 부시 행정부는 과거 북·미 양자 협상 방식이 북한의 핵 개발을 제거하는데 근원적으로 실패했다고 보았다.[14] 따라서 부시 행정부는 북한과의 단독 협상보다는 다자 협상을 통해 북핵 문제를 해결하고자 했다. 그리고 2003년 4월 북·미·중 3자회담과 2003년 8월부터 한국, 북한, 미국, 중국, 일본, 러시아 등 6개국이 참여하는 6자회담이 개최되었다.

북한은 3자회담에서 '4단계 일괄타결안'을 제시하였으며, 이후 중국 베이징에서 열린 제1차 6자회담(2003.8.27.~29)에서도 같은 내용을 주장했다. 이에 반해 미국은 선(先) 핵 폐기를 주장했다.

〈표 2〉 북한이 제시한 4단계 일괄타결안(2003.4)

	대미 요구사항	북한의 약속사항
1단계	중유 · 식량의 공급	핵계획 포기의사 표명
2단계	미 · 북 불가침조약 체결	핵시설 동결 및 핵사찰 수용
3단계	미 · 북/북 · 일 국교 수립	미사일 시험발사 및 수출 중지
4단계	경수로 완공	핵시설 폐기

출처: 서훈, 『북한의 선군외교』, 명일출판사, 2008, 191쪽.

제2차 6자회담은 2004년 2월 25일에 개최되었다. 이 자리에서 미국은 북한에 '선(先) 핵 포기-후(後) 보상'을 제시하였다. 하지만 동시병행원칙을 주장하는 북한은 미국의 대북적대시 정책이 계속되는 상황에서 이를 거부하였

14) 양무진, 「북핵 문제의 경과와 쟁점, 그리고 정책적 제언」, 『현대북한연구』 제16권, 3호, 북한대학원대학교, 2013, 113쪽.

고 양측은 구체적인 합의 사항을 만들어내지 못했다. 이로부터 4개월 후에 제3차 6자회담(2004.6.23)이 개최되었다. 미국은 처음으로 자국의 입장을 담은 3단계 해법을 제출하였다. 제1단계는 북한이 불능화 조치를 이행하면 미국이 북한체제를 임시로 보장하고, 제2단계는 북한에 대한 핵폐기 검증이 이루어지면 다국 간의 잠정적인 안전보장을 제공하며, 제3단계는 북한의 미사일, 생화학무기, 재래식 무기, 인권문제 등이 해결되면 북 · 미 국교정상화를 이룬다는 구상이었다.[15] 그러나 재선에 성공한 부시 행정부가 '완전하고 검증가능하며 되돌릴 수 없는 핵폐기(CVID)' 방식에 의한 북핵 폐기를 강력히 주장하면서 북한을 압박하자 북한은 2005년 2월 10일 외무성 성명을 통해 6자회담 참가의 무기한 중단과 핵무기 보유사실을 공식선언하였다.[16]

이후 한국 정부의 적극적인 중재역할에 힘입어 그해 7월 26일부터 8월 7일까지 제4차 6자회담이 개최되었고, 우여곡절 끝에 「9 · 19공동성명」이 채택됐다. 「9 · 19공동성명」은 북한이 모든 핵무기와 핵 프로그램을 포기하고 NPT 및 IAEA 안전조치의 복귀대가로 대북 지원(200만kW 전력공급)과 북 · 미관계 정상화, 한반도 평화체제 협상 등을 주요 내용으로 하고 있다. 하지만 공동성명 발표 직후 미국은 북한의 달러화 위조혐의 문제를 제기하면서 국제금융기관들에 대한 제재에 나섰다. 이에 따라 결국 합의사항은 이행되지 못했고, 특히 중국이 북한의 해외자금 은닉처로 지목되던 방코델타아시아(BDA) 은행의 북한 자산을 동결하자 북한은 또다시 6자회담을 거부했다.[17] 결국 북한은 장거리탄도미사일 발사 및 2006년 10월 9일 제1차 핵실

---

15) 조성렬, 앞의 글, 77쪽.

16) 김창희, 『북한정치와 김정은』, 법문사, 2012, 301쪽.

17) 북한은 중국 중앙은행을 통해 BDA에 동결되어 있던 약 2천 7백만 불 자금을 인출받기를 희망하였으나, 중국 측의 거부로 무산되었고 결국 약 4개월이 경과한 후 마카오 중앙은행→미 연방 준비은행→러시아 연방은행→러시아 극동은행을 통해 해결되었다. Glenn Kessler, "North Korea Gets $25 Million by U.S. Probe", *Washington Post*, June 15, 2007.; 최강 · 최명해, 「북핵 문제의 현황 및 전망과 향후 대책」, 『전략연구』 제15권, 제3호, 한국전략문제연구소, 2008, 155쪽.

험을 실시하기에 이른다. 다급해진 미국은 북한과 접촉을 거쳐 6자회담이 재개되었고, 2007년 제1단계 동결과 폐쇄에 관한 조치를 담은 '2 · 13합의'를 채택한다. 그리고 얼마 지나지 않아 2단계 절차인 핵시설의 연내 불능화와 핵 프로그램 신고에 대한 합의인 '10 · 3합의'를 채택했다.[18)] 제5차 및 제6차 회담에서는 북핵 문제 해결의 가장 핵심적인 쟁점인 검증체제와 이행 계획서에 대한 협의와 합의 문제를 다루었다. 하지만 북 · 미 양측의 이견이 해소되지 못한 채 북한의 핵실험 실시라는 오점을 남기며 2008년 12월 북핵문제에 대한 검증의정서 체결에 실패한 이후 중단된 상황이다.

3. 북한 핵문제의 쟁점

3.1. 북핵 해법: 비핵화 방식과 절차 문제

북한 핵문제의 가장 큰 쟁점 사항은 비핵화 방식 및 절차와 관련된 논의이다. 즉 북한을 비핵화 시키는데 있어 지속적인 압박을 통해 북한의 핵 포기를 실현하느냐, 대화와 설득을 통한 북한의 핵 포기를 끌어내느냐의 문제이다. 핵폐기 수준과 관련해서도 미국은 북한이 먼저 '완전하고 검증가능하며 되돌릴 수 없는 핵폐기(CVID)'를 해야 한다고 주장한 반면, 북한은 '미국이 대북 적대시정책을 폐기하고 한반도에 공고한 평화보장체계가 구축돼야 핵을 포기할 수 있다'는 입장을 견지하고 있다.[19)] 최근에는 북핵 해법으로 존 볼턴 미국 국가안보보좌관 내정자가 선호한다는 리비아식 해법이 관심을 모으더니, 김정은 노동당 위원장이 북 · 중 정상회담에서 말한 '단계적이고도 동시

18) David E. Sanger, "Nuclear Pact Broadening, North Korea and U.S. Say", *The New York Times*, September 3, 2007.

19) 고유환, 「북핵문제와 한반도 평화」, 북한연구학회 · 박순성 편, 『통일논쟁』, 한울아카데미, 2015, 220쪽.

적인 조치'가 이란식 해법을 염두에 둔 것이 아닌지 의구심을 자아내고 있다.[20] 이를 계기로 북핵 해법 문제와 관련하여 과거 비핵화를 이루어냈던 리비아, 이란, 우크라이나, 남아프리카공화국 등 국가별 비핵화사례들에 대한 관심이 높아지고 있다.[21]

리비아는 우라늄 농축단계에서 영국의 중재와 미국의 협상을 통해 핵무기 개발을 중단한 사례이다. 리비아는 1975년 소련의 지원 아래 지속적으로 핵무기를 개발하고 있었다. 이로 인해 미국은 리비아에 대한 경제제재를 가하는 한편, 외교적 고립에 처하게 하였다. 카다피 정권은 미국의 아프간 전쟁과 이라크 전쟁을 목격한 직후인 2003년 미국 및 영국과의 협상을 통해 화학무기, 생물무기 및 핵무기 등 이른바 대량살상무기 시설을 포기하고 그 대가로 외교관계 복원과 경제제재 해제를 약속받았다.[22] 그 결과 리비아의 모든 핵 관련 물자는 미국으로 반출돼 핵개발이 불가능하게 됐다.

이란식 해법은 단계적 비핵화와 단계적 보상 방식이다. 유엔 안전보장이사회와 미국이 해외자금동결 및 원유수출차단이라는 강력한 경제제재를 취하자 결국 이란이 협상으로 방향을 전환했고, 경제제재를 해제하는 대신 핵 능력을 동결하고 비핵화 단계별로 제재를 완화하는 방식의 '포괄적 공동행동계획'(JCPOA)에 합의했다.

우크라이나의 경우, 보유한 핵무기를 포기하는 대가로 경제적 보상 및 안전을 보장한 사례이다. 구소련 해체 당시, 우크라이나에는 1800여기 이상의 핵무기가 배치되어 있었다. 이를 해결하기 위해 미국, 러시아, 영국 등이 국제적 합의를 통해 부다페스트 메모랜덤(Budapest Memorandum)을 발표했으며, 이 성명에서 우크라이나에 대해 무력의 사용과 위협을 하지 않을 것을

---

20) http://www.segye.com/newsView/20180405005511(검색일: 2018년 4월 6일).

21) 박정원, 「2016 핵실험 이후 북한 비핵화의 모색」, 『21세기정치학회보』 제26집, 3호, 21세기정치학회, 2016, 117~121쪽. 참조.

22) 박정원, 위의 글, 119쪽.

합의하였다.

다음으로 남아프리카공화국 사례는 핵무기개발에 성공한 뒤 보유한 핵무기를 스스로 폐기한 유일한 경우이다. 남아공은 1970~80년대에 핵무기 독자개발에 성공하여 최종적으로 6기의 핵무기를 보유하고 있었다. 하지만 데클레르크(Frederik de Klerk) 대통령이 흑인과 백인의 정치적 화해기를 맞이하면서, 1991년 자발적 핵폐기를 단행하였고 NPT에도 가입하였다.[23] 남아공의 핵무기 폐기는 냉전시대 존재했던 소련과 쿠바에 의한 안보위협이 상대적으로 감소했고 NPT 가입에 따른 국제관계의 정상화를 위한 조치였다.

그럼에도 불구하고 이들 모델이 그대로 북한의 비핵화 방식으로 적용되기에는 무리가 있다. 앞서 살펴본 바와 같이 이들 사례들은 북한과 달리 핵무기 보유의 자발적 의지 여부, 핵무기 개발의 원인 및 수준 등에서 큰 차이를 보이기 때문이다. 즉 우크라이나는 자발적 핵개발이 아닌 구소련 붕괴로 인한 보유였기 때문에 해결이 쉬웠고, 남아공은 북한과 달리 체제생존과 직결된 문제가 아니었으며, 리비아는 독자적인 핵개발에 아직 성공하지 못한 단계였다. 하지만 이들 사례의 해결 과정에서 나타난 공통된 특징을 통해 북한의 비핵화를 위한 함의를 얻을 수 있다.[24] 결과적으로 비핵화의 대가로 국제사회는 경제제재 해제 내지 경제적 보상, 안전보장을 약속했다는 점이다.

이를 고려할 때 '경제적 보상', '체제보장', '외교관계의 정상화' 등 북한이 실질적으로 요구하는 사항들을 국제사회가 요구하는 핵동결(nuclear freeze), 핵 감축, 그리고 완전한 비핵화와 접목시키는 동시행동원칙의 '3×3' 방식이 되어야 할 것이다.

---

23) 서보혁, 김일한, 이지순 엮, 『김정은에게 북한의 미래를 묻다』, 도서출판 선인, 2014, 270쪽.
24) 박정원, 앞의 글, 120쪽.

3.2. 미국과 중국의 대응

2018 평창 동계 올림픽 이후 북핵 문제의 평화적 해결을 위한 조건들이 형성되고 있다. 관련국들 간 정상회담, 고위급 회담 등 일련의 상황들은 비핵화 문제의 평화적 해결을 위한 전에 없던 좋은 기회임이 분명하다. 과거 6자회담 당사국들이 정상 간 직접회담을 통해 북핵 문제의 근본적 해결을 모색하고 있는데서 그 이유를 찾을 수 있다. 즉 비핵화 합의 방식이 과거 「제네바 합의」나 「9·19공동선언」 등의 아래서부터 올라오는 '바텀업(bottom-up)' 방식이 아닌, 최종 결정권을 가진 지도자들의 '탑다운(top-down)' 방식으로 진행될 예정이기 때문이다.[25] 따라서 이전과는 달리 좀 더 신속하고 명확한 합의들이 가능해졌으며, 검증 방식에 있어서도 좀 더 효율적일 수 있다.

북핵 문제 해결의 중요한 열쇠는 직접 당사자들인 북한과 미국이 가지고 있지만, 이에 못지 않게 중요한 것이 북한을 비핵화 대화에 어떻게 견인할 것인가에 대한 미·중 간 합의 문제이다. 미국과 중국은 지금까지 서로 북핵 문제 책임론을 둘러싸고 지루한 공방을 이어왔다. 미국은 북한의 대중국 무역 의존도가 높다는 점과 대북 원유공급을 지속하고 있는 점을 들어 중국이 제 역할을 하지 못하고 있다고 비난해 왔다. 반면 중국은 북핵 문제의 본질은 북·미간에 해결해야 할 문제이며, 미국의 대북 군사위협에 반대하고 있다.

미국은 북핵 폐기를 위하여 '완전히 검증 가능하며 되돌릴 수 없는 핵 폐기(CVID)'를 주장하여 왔고, 이를 실현하기 위한 다양한 전략을 강구하여 왔다고 할 수 있다.[26] 특히 미국 트럼프 행정부는 북핵 문제를 해결하기 위해 강력한 경제 제재 및 압박 정책을 취하고 있다. 이와 함께 대북 전략의 효과를 극대화하기 위해 중국과의 무역 문제를 대북정책과 연계하고 있다. 즉 미

25) http://news.mt.co.kr/mtview.php?no=2018041116557672709(검색일: 2017.4.12.)

26) 박광득, 「북한의 제7차 노동당대회 이후 북핵문제와 한반도 통일에 관한 연구」, 『통일전략』 제16권, 제3호, 한국통일전략학회, 2016, 172쪽.

국은 중국에 대한 환율조작국 지정 문제, 지적 재산권 침해 문제, 슈퍼 301조 발동 문제, 세컨더리 보이콧(secondary boycott) 등을 통해 안정적인 미·중 무역 관계의 지속이 필요한 중국을 강력히 압박하고 있다. 아울러 북한의 도발에 대한 선제타격 등 군사적 옵션의 실행 가능성을 지속적으로 언급함으로써 중국의 전략적 이해 또한 자극하고 있다.[27] 한편 최근에는 미국이 중국산 수입품 1천300개에 고율 관세를 부과하겠다고 나서자 중국이 미국산 대두 등 106개 품목에 동등한 보복을 하겠다고 발표하는 등 미·중 간 무역전쟁으로 비화될 조짐까지 나타나고 있다.

한편 중국은 미국과 마찬가지로 북한의 비핵화를 북핵 문제 해결의 최종 목표로 규정하고 있다. 하지만 구체적인 방법론에 있어서는 미국과 간극이 크다. 2016년 2월 중국은 '왕이 이니셔티브'로 불리우는 '평화협정–비핵화의 병행추진'을 통한 문제 해결을 제안한데 이어 2017년 들어서는 비핵화 로드맵으로 쌍궤병행(雙軌竝行: 한반도 비핵화 프로세스와 북·미 평화협정체제 협상을 병행 추진하는 것을 의미)을 내세웠다. 그리고 북한 핵문제 해법으로 북한의 핵·미사일 개발 활동과 대규모 한·미 연합훈련을 동시에 중단을 의미하는 '쌍중단(雙中斷)'을 주장하고 있다.[28]

이처럼 미국과 중국은 북핵 문제 해결 및 제재 국면에 대한 이해와 입장의 대립이 상존하고 있다. 그럼에도 불구하고 북핵 문제 해결을 위한 미·중의 합의는 매우 중요한 사안이다. 북·미 정상회담이 예정된 상황에서 북·중 정상회담이 전격적으로 개최된 점 또한 이를 뒷받침하고 있다. 북핵 문제의 주도권 확보를 위한 노력들이 치열하게 전개되고 있는 것으로 볼 수 있다.

---

27) 정성윤, 「북핵 문제 해결과 한반도 평화체제 구축전략」, 『KRIS 창립 기념논문집』, 한국전략문제연구소, 2017, 365쪽.

28) 정성윤, 위의 글, 352쪽.

3.3. 북핵 문제 해결의 난제: 북 · 미 간 불신의 연속성

북한과 미국의 상호 적대적 인식, 불신의 형성 및 강화는 분단에서 비롯된 이데올로기적 대립, 한국전쟁, 미국의 대북적대 정책 등 다양한 요인들에서 기인하지만, 특히 한국전쟁이 결정적인 영향을 미쳤다. 즉 국가 간의 전쟁은 군사적인 무력충돌을 의미하는 것으로 당사국들 사이에 '적(敵)'이라는 인식이 태동하는데 결정적인 요인으로 작용했다는 점이다. 이처럼 한국전쟁은 북 · 미 간 적대 의식을 생산하도록 만들었다. 비록 정전협정을 통해 북한과 미국의 전쟁은 중단되었지만, DMZ라는 경계선을 기준으로 한 양측의 군사적 대치 상황과 DMZ내의 중무장화는 무력충돌을 피할 수 없도록 만들었다. 뿐만 아니라, 1990년대부터 본격화된 북한의 핵개발 및 미사일 시험과 한반도 내 미국의 군사훈련 및 전략무기 배치 등 상호 군사안보 이익의 추구 속에서 적대적 인식과 불신은 지속되었고 강화될 수밖에 없던 것이었다. 이와 관련하여 북핵 문제 해결이 어려운 것은 한국전쟁 동안에 형성된 북 · 미 적대관계를 해소하지 못하고 미국의 비핵화 세계전략과 북한의 생존전략이 충돌하기 때문이다.[29]

사실 북핵 문제 해결과 관련된 북 · 미 간 불신은 어느 한쪽에 책임을 묻기는 어렵다. 불신은 상대에 대한 적대적 태도로 표출되고 그로 인해 다시 상대의 공격적인 행동을 자극하게 되기 때문이다. 그래서 흔히 불신은 일방적인데서 그치지 않고 쌍방적인 형태로 나타나게 된다. 북한의 적대적 행동은 미국의 대북 불신을 강화하는데 기여했던 것이다.[30] 과거 비핵화 협상은 주로

29) 고유환, 「북한 핵보유 요인에 관한 역사-구조적 접근」, 『북한연구학회보』 제20권, 제1호, 북한연구학회, 2017, 71쪽.

30) 북한과 미국은 리더십이 교체되어도 이전과 같은 상황들이 되풀이 됐다. 특히 트럼프 대통령과 김정은 위원장 사이에도 상대방을 비난하며, 위협하는 수사들이 난무하고 있다. 트럼프 대통령은 북한이 핵 · 미사일로 위협하면 '화염과 분노'에 직면할 것이라고 경고하고, '북한 완전 파괴' 위협을 가했다. 김 위원장에 대해서는 '꼬마 로켓맨'이라고 조롱하기까지 했다. 蔡奎哲, 「북미관계와 북핵문제: 평가와 과제 및 전망」, 『의정논총』 제5권, 제1호, 한국의정연

북한이 비핵화 조치를 한 단계 해나갈 때마다 한미가 보상을 제공하는 '행동 대 행동' 방식으로 이뤄졌다. 그러나 이는 잦은 '불이행'의 악순환이 반복해서 나타났다.

제1차 북핵 위기 발생 시 북 · 미는 제네바 합의를 이루어냈으나, 미국은 북 · 미수교회담 약속을 어겼고, 경수로 건설을 위한 단계별 검증도 이행이 제대로 안 됐다. 북한도 파키스탄의 핵 개발자 칸 박사와 접촉해 핵 · 미사일 개발에 속도를 냈다. 제네바 합의는 북한이 2002년 핵 동결 해제 및 NPT 탈퇴를 선언하며 파기됐다. 이후 북한이 "조미사이에 불안정한 정전사태가 가까스로 유지되는 조선반도에서 우리보고 먼저 무장해제하라는 것을 강도적 론리"라고[31] 비난한 것은 대미 불신을 단적으로 확인할 수 있게 한다. 또한 「9 · 19공동선언」 합의 후 얼마 지나지 않아 미국 재무부가 방코델타아시아(BDA)의 북한 자산을 동결하자 북한은 이에 반발하여 공동선언을 파기하기에 이른다. 한편 「2 · 13합의」로 북한은 2008년 6월 영변원자로 냉각탑을 폭파했고 미국은 이에 호응하며 그해 1월 북한을 테러지원국에서 해제했으나, 북한은 핵 신고서 검증 조치를 거부한 후 2009년 2차 핵실험을 감행했다.[32] 그리고 이와 같은 북 · 미의 약속 불이행으로 인한 불신은 김정은 시대에 들어서도 계속됐다.

2011년 말 김정일 위원장이 사망한 가운데에도 2012년 초 북 · 미 간 3차 고위급회담을 열고 핵실험과 장거리 미사일 발사, 우라늄 농축 중단 등의 대가로 미국이 북한에 30만 톤 규모의 식량 지원을 주요 내용으로 하는 「2 · 29합의」를 도출했다. 그러나 이마저도 합의 2개월 만에 북한이 인공위성이라고 주장한 장거리로켓 광명성 3호를 발사하고 이에 대한 제재조치로 유엔 안보리가 의장성명을 채택하면서 합의가 사문화되었다. 더욱이 추가적으로 진

구회, 2010, 256쪽.

31) 『로동신문』, 2004년 7월 27일.

32) http://news.mt.co.kr/mtview.php?no=2018041116557672709(검색일: 2017.4.12.)

행된 북한의 핵실험 및 장거리 미사일 발사 시험은 미국의 안보를 위협하며 북핵 문제의 실질적인 합의를 어렵게 만들었다. 미국 역시 북핵 실험에 대한 대응 조치로써 핵전략자산을 한 · 미 군사훈련에 참여시키며 북한을 위협했다. 이처럼 북 · 미 간 적대의식에서 발현된 상호 불신이 북핵 문제 해결과정에서 구조화되면서 북한 비핵화의 장애요인이 되고 있다.

4. 마치며: 전망

북한은 6차례의 핵실험을 통해 질적 · 양적으로 자신들의 핵능력을 고도화 시켰고 인도와 파키스탄의 핵개발 사례를 염두에 두고 국제사회로부터 사실상의 핵보유국으로 인정받으려 하고 있다. 이처럼 김정은 체제 이후 북한의 핵위협이 현실화되면서 한반도 정세는 하루 앞을 내다볼 수 없는 형국으로 변화하고 있다. 이는 본질적으로 북핵 문제가 한반도를 둘러싼 국제정치적 역학 관계와 민족 관계가 상호 입체적으로 맞물려 전개되는 현실적 성격을 갖고 있기 때문이다.[33] 뿐만 아니라 북 · 미 간 합의사항의 불이행, 북한의 계속되는 핵실험 등으로 과거 북핵 해법의 전초기지 역할을 했던 6자회담이 유명무실화되면서 북핵 문제 해결을 위한 동력이 사라진 점도 비핵화 논의를 어렵게 하고 있다.

북핵 문제와 관련하여 현재 대두되고 있는 쟁점사항들은 크게 3가지로 나누어 살펴볼 수 있다. 첫째, 북핵 해법을 위한 비핵화 방식과 절차의 문제이다. 미국은 예전이나 지금이나 '완전하고 검증 가능하며 불가역적인 비핵화(CVID)'를 요구하고 있으나, 김정은 위원장은 시진핑 중국 국가주석과의 정상회담에서 '단계적 · 동시적 조치'를 제시했다. 즉 검증문제, 합의이행 방안, 합의 위반 시 구체적 조치 등에 있어 당사국들의 이해관계가 반영된 실질적

33) 남광규, 「북핵문제와 남북관계」, 『통일전략』 제5권, 제1호, 한국통일전략학회, 2005, 93쪽.

인 합의 도출이 필요하다. 둘째, 북핵 문제 해결을 위해서는 미국과 중국의 합의가 매우 중요하다. 미국과 중국은 북핵 문제를 전략적 경쟁관계 속에서 안보 이익과 영향력 확대 측면에서 접근하고 있다. 특히 북핵 위협 대응 및 제재 방법 등과 관련한 북핵 문제 해결의 구체적인 방법에서는 확연한 차이를 보이고 있다. 뿐만 아니라, 미국은 주한미군 사드 배치, 세컨더리 보이콧으로 중국과의 갈등이 심화되고 있으며, 최근에는 미국의 중국에 대한 지나친 경제적 압력 행사로 무역 전쟁으로 비화될 조짐을 보이고 있기 때문이다. 마지막으로 북 · 미 간 불신의 문제이다. 한국전쟁 이후 미국과 북한은 적대관계를 지속해오고 있다. 특히 북핵 문제가 본격적으로 도래한 이후 협상이행 과정에서 나타난 양측의 '합의 불이행'은 북 · 미 간 불신을 구조화시켰다. 현재까지 비핵화를 둘러싼 양측의 불신은 해소되지 못한 상황이다. 이러한 쟁점 사항들은 북핵 문제의 근본적 해결을 어렵게 하는 부정적인 요인들이다.

그럼에도 불구하고 최근 들어 긍정적인 상황들이 전개되고 있어 북핵 문제의 평화적 해결에 대한 기대감이 고조되고 있다. 2018 평창 동계올림픽 이후 남북관계가 급물살을 타면서 2018년 4월 남북정상회담과 6월 북 · 미 정상회담이 개최되었다. 이 자리에서 북핵 문제의 평화적 해결을 위한 방안들이 심도 있게 논의되었다. 그리고 북한 역시 핵 시험장을 폐기하면서 북핵 문제 해결에 대한 확고한 의지를 보이고 있다.

북핵 문제 해결을 위한 주사위는 이미 던져졌다. 각국 정상들의 북핵 문제 해결의지는 그 어느 때 보다 높은 상황이며, 특히 비핵화 합의에 대한 북 · 미 간 양측의 필요조건은 이미 형성되어 있다. 북한의 경제제제 상황과 미국의 국내정치적 상황을 고려할 때 과거와 같은 '벼랑 끝 대치' 상태로 돌아가길 원치 않을 것이기 때문이다.

향후 관련국들의 이해를 모두 충족시키기 위해서는 난관이 예상되지만, 기본적으로 포괄적 합의와 단계적 이행 방식, 그리고 북한의 합의 위반을 막는 안전장치가 도출된다면 북핵 문제 해결을 위한 협상안으로서 기능할 수 있다.[34] 그리고 이때 합의와 이행 방식은 북·미 간 동시행동원칙 하에 간단명료하며, 단계를 최소한으로 축소하면서 합의를 극대화시켜야 할 것이다. 이와 함께 중요한 것은 우리 정부의 역할론이다. 즉 적극적인 중재자 역할을 통해 한반도에 비핵화를 통한 평화가 정착할 수 있도록 모든 노력을 기울여야 할 것이다.

34) http://www.segye.com/newsView/20180405005511(검색일: 2018년 4월 6일).

참고문헌

고유환, 「북한 핵보유 요인에 관한 역사–구조적 접근」, 『북한연구학회보』 제20권, 제1호, 북한연구학회, 2017.

고유환, 「북핵문제와 한반도 평화」, 북한연구학회 · 박순성 편, 『통일논쟁』, 한울아카데미, 2015.

김창희, 『북한정치와 김정은』, 법문사, 2012.

남광규, 「북핵문제와 남북관계」, 『통일전략』 제5권, 제1호, 한국통일전략학회, 2005.

박광득, 「북한의 제7차 노동당대회 이후 북핵문제와 한반도 통일에 관한 연구」, 『통일전략』 제16권, 제3호, 한국통일전략학회, 2016.

박봉규, 「북핵 문제와 동북아 안보」, 『정치정보연구』 제6권, 제2호, 한국정치정보학회, 2003.

박정원, 「2016 핵실험 이후 북한 비핵화의 모색」, 『21세기정치학회보』 제26집, 3호, 21세기 정치학회, 2016.

서보혁, 김일한, 이지순 엮, 『김정은에게 북한의 미래를 묻다』, 도서출판 선인, 2014.

서훈, 『북한의 선군외교』, 명일출판사, 2008.

안문석, 『북한 현대사 산책: 김정은과 북핵 위기』, 인물과 사상사, 2016.

이상현, 「제4차 북핵 실험 이후 한국과 북한의 대응 전망」, 『성균차이나브리프』 제4권, 제2호, 성균관대학교 성균중국연구소, 2016.

이종석, 「조선노동당 제7차 대회의 의미와 특징」, 『정책브리핑』 2016-12, 세종연구소, 2016.

양무진, 「북핵 문제의 경과와 쟁점, 그리고 정책적 제언」, 『현대북한연구』 제16권, 3호, 북한대학원대학교, 2013.

조경근, 「제7차 당대회와 북한 핵문제의 전망과 함의」, 『통일전략』 제16권, 제3호, 한국통일전략학회, 2016.

조성렬, 「북핵문제 외교적 해법의 실패원인과 시사점: 6자회담의 재평가와 재개 논의를 중심으로」, 『국제관계연구』 제19권, 제2호, 고려대학교 일민국제관계연구원, 2014.

정성윤, 「북핵 문제 해결과 한반도 평화체제 구축전략」, 『KRIS 창립 기념논문집』, 한국전략문제연구소, 2017.

최강 · 최명해, 「북핵 문제의 현황 및 전망과 향후 대책」, 『전략연구』 제15권, 제3호, 한국전략문제연구소, 2008.
통일교육원, 『2018 북한 이해』, 통일부 통일교육원, 2018.
하경석 · 정성윤, 「핵확산 논쟁과 북핵문제: 다차원적 분석」, 『한국정치연구』 제24집, 제1호, 서울대학교 한국정치연구소, 2015.
황지환, 「북한은 핵실험 이후 더 공격적인가?: 현상타파 대외전략과 현상유지 대외정책의 결합」, 『한반도발 평화전략과 비핵화 프로세스』(2018 북한연구학회 춘계학술대회 발표문, 2018.3.30.).
蔡奎哲, 「북미관계와 북핵문제: 평가와 과제 및 전망」, 『의정논총』 제5권, 제1호, 한국의정연구회, 2010.

『조선중앙통신』.
『로동신문』.

http://www.segye.com/newsView/20180405005511(검색일: 2018년 4월 6일).
http://news.mt.co.kr/mtview.php?no=2018041116557672709(검색일: 2017.4.12.)

김정은 시대 정치적 의례 현황과 특징

한승대*

1. 들어가며

1.1. 북한을 보는 기존 관점

1994년 7월 당시 김일성 주석의 사망과 함께 많은 전문가는 북한체제의 종언을 언급하였다. 정도의 차이는 있지만 2011년 12월에도 과거와 비슷한 논의가 있었다. 이러한 논의의 기저에는 몇 가지 특징이 있다. 첫째, 북한체제의 특성을 너무 수직적 혹은 단편적으로 본다는 것이다. 즉 북한 내 지도자를 권력의 정점으로 보고, 지도자의 부재를 국가의 붕괴로 등치 시켰다. 지도자의 유고가 체제위기의 요인임은 부정할 수 없다. 다만 북한의 경우 지도자의 권위와 배치되는 제3의 대항 권력이 미미하다. 현 정권에 반대하는 세력이 조직화, 집단화되어 있다고 보기도 어렵다. 둘째, 경제 위기나 경제 침체를 체제 붕괴와 직결시키는 것이다. 북한 경제의 어려움이 체제의 위기를 설명하는 요인이 되는 것은 사실이다. 다만 경제 문제만으로 체제의 존폐를 논

* 북한대학원대 심연북한연구소 박사후연구원

하기에는 일정 부분 한계가 있다. 전쟁 직후부터 북한은 대북제재를 겪어 왔고, 이를 대중동원으로 돌파하거나 자립을 통한 기술 혁신으로 극복하고자 했다. 사실 북한 당국이 난국을 타개하는 데 경제 문제만 최우선에 두었다고 할 수는 없다. 때로는 지도자를 중심으로 이루어지는 사상과 이념을 먹고 사는 문제보다 더 중요하게 생각하기도 했다. 셋째, 많은 사람이 북한에서 벌어지는 일련의 행위에 관해 가치판단을 내린다는 점이다. 물론 가치판단이 잘못된 것은 아니다. 다만 한쪽 면에 경도되어 북한 당국의 정책적 판단이나 시도를 부정적이고, 나쁘며, 틀린 것으로만 본다면 북한체제를 온전히 파악하기 어렵다. 특정한 잣대를 놓고 북한이라는 국가를 평가한다면 그 체제는 야누스의 두 얼굴에 가깝다.

어떤 사회를 명쾌하게 설명하는 것은 불가능하다. 오랜 기간 거주하고 경험한다고 해서 그 사회를 온전히 이해할 수 있는 것도 아니다. 우리 사회에서는 북한이라는 국가에 대한 올바른 이해가 필요하다거나 객관적이고 합리적으로 판단할 수 있는 북한 정보 제공의 중요성을 언급한다. 실제 매우 어려운 일이다. 북한 연구자의 입장에서는 이분법적 편향성에 경도될 것이 아니라 다양한 사례와 근거를 통해 북한이라는 국가를 풍부하게 해석하려는 노력이 필요하다.

1.2. 정치적 의례로서의 북한

이런 측면에서 이 글에서는 김정은 시대의 정치적 의례 현황과 특징을 다루고자 한다. 정치적 의례는 “정치적 제도들이 지닌 권력이나 특정한 유권자들과 소집단들의 정치적 관심을 특별한 방식으로 구성하고 표명하며 증진하는 의식적 관행”[1]을 의미한다. 정치적 의례는 그 범위와 의의가 매우 포괄적

1) 캐서린 벨, 류성민 역, 『의례의 이해: 의례를 보는 관점들과 의례의 차원들』, 한신대학교 출판부, 2007, 257쪽.

이지만 주요 기능은 정치권력을 구체화하고 강화하는 데 초점이 맞춰져 있다. 이러한 관행은 단순한 습관이나 풍습과는 다르다. 구체적으로 취임식,[2] 국민의례, 국장(國葬) 등이 이에 해당한다. 북한 사례에 적용하면 지도자 출생 관련 경축행사, 당 대회, 열병식, 그 외 국가 주도의 행사를 정치적 의례로 볼 수 있다.

북한에서 벌어지고 있는 정치적 의례는 내용과 형식에 따라 여러 분류로 나눌 수 있기 때문에 범위를 좁혀 다룰 필요가 있다. 북한식 언어로 이것에 가까운 용어는 '정치축전'이다. 정치축전은 "정치적으로 큰 의의를 가지는 국제적 및 국내적인 대경축행사"[3]를 의미한다. 축전[4]은 북한에서 비교적 연례적인 성격을 가지면서 정권 수립 후 지금까지 꾸준히 이어졌다. 김정은 시대 들어서도 정치축전은 다양한 형태로 생성, 진화, 변형되면서 북한체제를 파악하는 창이 되고 있다. 여러 축전 중 이 글에서는 현재에도 지속되고 있는 북한의 주요 축전인 '4월의 봄 친선예술축전', '평양국제영화축전', '김일성화축전', '김정일화축전'과 김정은 시대에 등장한 '원산국제친선항공축전'을 다루었다. 이러한 축전 현황을 통해 북한의 정치적 의례가 갖는 특징을 분석하였다.

2) 이와 관련한 연구로는, 하상복, 「취임의례, 전통에서 근대로: 근대적 취임의례의 예비적 연구」, 『문화와 정치』 제3권 제2호, 한양대학교 평화연구소, 2016, 1~29쪽.

3) 사회과학출판사 편, 『조선말대사전(증보판) 2』, 사회과학출판사, 2007, 1369쪽.

4) 축전은 국가적 또는 국제적으로 진행하는 체육, 문화, 예술과 같은 다양한 내용으로 된 행사를 의미한다. 사회과학출판사 편, 『조선말대사전(증보판) 3』, 사회과학출판사, 2007, 173쪽.

2. 김정은 시대 정치적 의례 현황

2.1. 4월의 봄 친선예술축전

정치적 의례를 통해 구성원은 소속감을 느끼며 정체성을 형성한다. 구체적으로 정치적 의례 안에서 사회적 응집력, 자기 동일성, 사회적 소속감을 표현하고 실천한다. 무엇보다 의례가 갖는 중요한 점은 사회 통합 기능이다. 이것은 해마다 반복되어 그 누구도 영향을 받지 않거나 무관심의 영역으로 가도록 허용하지 않는다.[5] 북한에서의 정치적 의례 역시 체제가 가진 정체성을 충실히 설명해준다. 4월의 봄 친선예술축전 역시 그러하다. '4월의 봄'은 김일성 주석이 태어난 달을 나타내는 은유적 표현이다. 단순히 4월 15일 하루를 기념하는 것이 아니라 4월 전체를 아우르고 있다는 점이 이색적이다.

4월의 봄 친선예술축전의 기원은 1982년으로 거슬러 올라간다. 이 축전은 김일성 주석의 70회 생일을 기념하기 위해 당시 김정일 비서의 발기로 준비되었다. 처음부터 이 행사가 4월의 봄 친선예술축전이라는 공식 명칭으로 출범한 것은 아니었다. 1982년에는 평양 만수대예술극장에서 북한과 해외 예술인이 벌이는 합동공연에 불과했다. 김일성 주석의 70회 생일에만 초점을 맞췄기 때문에 연례행사의 성격을 갖진 않았다. 2년이 지난 1984년 4월에는 '4.15경축 세계 여러 나라 예술인들의 친선음악회'가 열렸고, 4월의 봄 친선예술축전이라는 현재의 명칭은 1985년부터 시작되었다. 1987년에는 1982년부터 열린 행사를 소급 적용하여 차수를 붙였다.

이 축전의 참가 대상은 북한의 문화예술인과 외국에서 초청되는 예술공연단체이다. 공연 형식은 음악무용 부문과 교예 부문으로 진행하며, 내용은 대체로 조별공연, 단독공연, 합동공연을 기본으로 한다. 김일성 주석의 사후에

---

5) Jurij Fikfak, "Political Rituals and Discourses: The Case of Carinthia", *Folklore*, 60, p.51.

도 4월의 봄 친선예술축전이 열렸다. 이때는 추모행사의 성격이 강했다. 2008년에는 4월의 봄 친선예술축전 대신 4월의 봄 인민예술축전이 개최 되었다. 이 시점부터 두 행사는 국제용, 국내용으로 나뉘어 격년제로 열리고 있다.

2018년에 열린 제31차 4월의 봄 친선예술축전(4.11~17)의 취지와 내용을 살펴보면 축전의 구체적인 이해가 가능하다. 앞서 언급했듯 본 행사는 김일성 주석의 출생일을 계기로 세계의 문화예술인들이 북한에 모여 성대하게 진행하는 국제예술축전이다. 4월의 봄 친선예술축전은 기본적으로 북한 대외정책의 기본원칙인 자주, 평화, 친선에 기초해 세계 문화예술인들 사이의 친선, 단결, 교류, 협조의 증진에 목적이 있다. 행사 참가자들은 각국의 민요와 세계 고전 음악, 유명한 음악을 준비하여 참가할 수 있는데 북한의 음악을 갖고 공연에 참가하는 것을 우대하는 편이다. 북한의 음악을 공연 작품으로 할 경우 축전조직위원회에서는 사전에 음악 자료를 제공하고 있다. 음악, 교예 이외에 무용, 마술도 준비하여 참가할 수 있다. 아울러 참가자들이 북한으로 오는 항공료는 자부담이 원칙이며, 체류 기간의 숙식, 교통 등의 비용은 축전조직위원회가 부담한다.

2.2. 평양국제영화축전

평양국제영화축전은 1987년 처음 개최된 이후 1990년부터 격년제로 열리고 있는 국제영화제이다. 출범 당시에는 비동맹국가와의 친선을 도모하면서 서방세계에 대응하기 위한 문화제로 기능하였다. 2000년대 들어 영화제는 변화를 겪게 되는데 2000년에는 6편의 일본 영화를 초청했다. 영화제의 표어였던 '쁠럭불가담 및 기타 발전도상 나라들'은 2004년 이후 자취를 감추었고, 2006년 들어 '평양영화축전'에서 지금의 '평양국제영화축전'으로 명칭을 변경하였다. 2006년 이후에는 기존 아시아, 아프리카 나라 중심에서 유럽 또는 자본주의 나라를 포괄하는 국제영화제로 영역을 넓혔다.[6] 아래 김정은 위원장의 언급에서 알 수 있듯 평양국제영화축전은 4월의 봄 친선예술축전과 더불어 북한의 대표적인 축전으로 인식되고 있다.

> 우리는 예술단들을 잘 준비시켜 여러 나라들에 내보내기도 하고 다른 나라의 이름있는 예술단들을 초청하기도 하여야 합니다. 우리 나라에서 진행되는 4월의 봄 친선예술축전, 국제영화축전을 의의있게 조직하여 우리의것을 자랑도 하고 선전도 하면서 주체예술의 위력을 높이 떨치도록 하여야 합니다.[7]

2018년 9월 19일부터 28일까지 평양에서 개최될 제16차 평양국제영화축전 관련 문건을 보면 영화제 전반의 구체적인 내용을 확인할 수 있다. 영화제는 '장편예술영화경쟁', '기록 및 단편 만화영화경쟁', '특별상영', '통보상영', '영화교류회'로 나뉘며, 축전조직위원회는 영화인들 사이의 합작, 기술교류, 광고 선전과 보급을 발전시키기 위해 영화교류회를 별도로 조직하였다. 영화제에 수여되는 상은 장편영화경쟁 부문의 경우 최우수영화상, 연출상, 문학상, 촬영상, 남배우연기상, 여배우연기상, 미술상, 음악상, 기술상이다. 기록 및 단편, 만화영화경쟁 부문의 경우 연출상, 구성상, 촬영상이 수여된다. 그 외에 축전조직위원회 특별상, 국제심사위원회 특별상, 특별상영상을 두고 있다.

평양국제영화축전은 자국의 체제 선전을 유지하면서 타국과의 단순한 친선목적 보다는 경쟁체제와 마케팅적 요소를 도입해 문화산업으로 영역을 확장하고 있다. 여행사와 연계해 영화제를 하나의 여행상품으로 보고, 영화제 개막식 참석, 영화 관람, 제작자들과의 만남, 영화 스튜디오 및 촬영 장소

---

6) 한승대 · 전영선 · 김용현, 「평양영화축전의 성립과 그 정치적 의미에 관한 연구」, 『동아연구』 제34권 2호, 서강대학교 동아연구소, 2015, 2~3쪽.

7) 『로동신문』, 2014년 5월 17일.

견학을 진행하고 있다. 아울러 평양의 주요 장소를 탐방하는 프로그램 역시 마련하였다.

2.3. 김일성, 김정일화축전

김일성화축전과 김정일화축전을 파악하기 위해서는 김일성화, 김정일화에 대한 역사적 이해가 선행되어야 한다. 김일성화는 1965년 김일성 수상의 인도네시아 방문 당시 수카르노 대통령의 선물에서 기원한다. 북한 당국에서는 연구개발을 통해 이 꽃을 북한 전역에 개화시키고자 하였다. 하지만 1960년대 당시 인도네시아의 정치상황, 인도네시아와 북한의 기후 풍토 차이로 인해 기술전수가 원활하게 이루어지지 못했다. 십년이 지난 1975년이 되어서야 북한 내 재배와 번식을 위한 연구가 이루어졌다. 그러나 열대지방 작물을 냉대기후에 맞게 재배하는 문제는 오랜 시간이 걸렸다. 기후나 토양의 문제와 함께 계절적 요인도 매우 중요한 문제였다. 본래 김일성화의 개화 시기는 가을이었다. 꽃의 개화 시기를 북한 지도자의 생일인 4월로 옮기는 연구도 병행되었다.

북한 당국이 국화와 함께 지도자 명칭의 꽃에 관심을 기울인 원인은 시대적으로 차이를 보인다. 1970~1980년대에는 김일성 주석의 위대성을 국내외에 홍보하기 위함이었다. 지도자의 위대성을 과시하는 방식은 북한의 경우 내부 홍보를 통해 국외로 선전하기보다는 외부 선전을 국내정치에 활용하는 방식을 선호한다. 김일성화는 타국의 지도자가 준 선물이므로 지도자의 명성을 북한 사회에 홍보하는 데 효과적이었다. 다만 대중적으로 김일성화가 활성화되지 못해 적극적인 홍보는 이루어지지 못하였다.

원예기술 개발이 실패를 거듭함에도 1990년대까지 김일성화 개화를 포기하지 않은 것은 당시 북한의 대내외 상황과 밀접한 관련이 있어 보인다. 사회주의 체제가 연이어 붕괴하는 등 대내외 조건이 악화되면서 지도자와 관련한 사항은 반드시 지키고 보존해야 한다는 인식이 지도부를 중심으로 깊이 공감대를 얻었을 것이다. 김일성화의 기술 개발은 단순히 원예문제가 아니라 반드시 관철해야 하는 '수령결사옹위정신'이었다. 이렇게 본다면 김일성화는 지도자를 보호하며, 체제의 생명력을 지켜나가는 차원에서 인식해야 할 것이다.

김일성화를 전시회 차원으로 대중에게 공개한 시점은 김일성 주석이 사망하고 5년이 지난 1999년이었다. 북한 당국은 김일성 생일 87돌을 기념해 1999년 제1차 김일성화전시회를 평양국제문화회관에서 개막하였다. 2002년에는 김일성화김정일화전시관을 개관해 화초 관련 전시회나 박람회를 할 수 있는 공간을 마련하였다. 2003년에는 국내뿐 아니라 국제적인 행사로 진행하기 위해 대회 명칭을 김일성화전시회에서 김일성화축전으로 격상시켰다. 2018년에도 국내외 개인, 기관, 단체 등에서 준비한 김일성화를 제20차 김일성화축전을 통해 전시하였다.[8)]

김정일화의 유래는 당시 김정일 비서의 46회 생일(1988년)부터이다. 일본의 원예학자 가모 모도데루(加茂元照)는 베고니아과의 다년생 식물을 품종개량하여 김정일 비서의 생일을 기념해 기증하였다. 이 꽃은 남미가 원산지로 연구 기간은 20여 년이 걸렸다고 한다.[9)] 첫 번째 김정일화전시회는 김일성화전시회 보다 2년 빠른 1997년 2월에 열렸다. 다만 축전의 형태로 규모가 확장된 시점은 김일성화축전보다 1년 늦은 2004년부터였다. 2018년 김정일화 명명 30주년을 맞은 제22차 김정일화축전이 평양에서 개최되었다.[10)]

8) 『로동신문』, 2018년 4월 13일.

9) 편찬위원회, 『김정일화전서』, 조선민주주의인민공화국 외국문출판사, 2011, 17~23쪽.

10) 『로동신문』, 2018년 2월 14일.

2.4. 원산국제친선항공축전

원산국제친선항공축전은 김정은 시대 들어 새롭게 열린 축전이다. 공식명칭은 '원산국제친선항공축전-2016'으로 연례행사로 개최할 것을 염두에 두고 연도를 표기하였다. 2016년 첫 축전은 갈마비행장에서 개막식을 가진 후 군 및 민간비행기의 비행술, 국내외 낙하산 요원 및 애호가의 낙하산 하강, 모형항공기 조종, 유람비행, 음악무용종합공연 등이 펼쳐졌다. 저녁에는 송도원청년야외극장에서 음악무용종합공연이 벌어졌으며, 다음날 야간에는 축전의 성과를 축하하는 모임을 진행했다.11)

개막식 당일 오전은 북한 공군 소속의 Mig-21, Mig-29, Su-25 등 전투기 및 미국 휴즈사 의 MD500 헬기 등이 시범 비행을 보였고, 오후에는 고려항공 소속의 Ilyushin IL-18, IL-62, IL-76과 경비행기인 Tupolev Tu-134, Tu-154, Antonov An-24 여객기와 Mi-17 헬기 등이 저공비행쇼를 펼쳤다. 현장을 취재한 AFP, AP통신에 따르면 과거 소비에트 연방시절 제작된 Mig-21, Mig-29, Su-25 전투기의 등장은 매우 이색적인 광경이라고 하였다.12)

북한의 대규모 정치축전이 통상 수도 평양에서 열렸던 사례를 상기하면 원산은 다소 낯선 지역이다. 원산국제친선항공축전은 북한 최초의 에어쇼라는 상징성과 더불어 해당 지역의 관광육성정책과도 밀접히 연계된 것으로 보인다. 2013년 3월 당시 김정은 제1위원장은 당 전원회의를 통해 원산지구 등의 관광지 개발 조성 의지를 밝혔고, 원산-금강산 총 계획은 동년 11월 비준되었다.13)

2014년 6월 11일 최고인민회의 상임위원회에서는 원산-금강산 국제관광

11) 『로동신문』, 2016년 9월 27일.

12) 吳立宇, 장상호, 김민욱, 「5차 핵실험 이후 열린 북한 최초의 에어쇼 '원산 에어쇼'」 제453호, 『국방과 기술』 제453호, 한국방위산업진흥회, 2016, 31쪽.

13) 『로동신문』, 2013년 4월 2일.

지대를 신설하는 정령을 발표하였다. 정령에서는 원산-금강산 지구에 마식령스키장, 송도원 국제소년단 야영소가 세워졌고, 원산지구, 울림폭포지구, 석왕사지구, 통천지구가 문화휴양지로 꾸려졌으며, 금강산과 명승지에 대해 전 세계적으로 기대와 관심이 높다고 하였다. 그렇기 때문에 원산지구와 금강산을 비롯한 동해 명승지들에 대한 국제 관광 활성을 도모하고자 이 지구에 국제관광지대 신설을 결정했다는 것이다.[14] 2015년 5월 27일에는 금강산에서 2015년 원산-금강산 국제관광지대 투자설명회를 진행하기도 했다. 당시 윤영석 원산-금강산 국제관광지대개발추진위원회 위원장은 이 지대가 오래되지 않아 세계적인 관광 중심지이면서 경제문화교류의 활무대로 변모할 것이라고 강조하였다.[15]

원산국제친선항공축전은 2016년에 이어 2017년에도 열릴 계획이었다. 북한 언론에서는 2017년 3월 '원산국제친선항공축전-2017'이 6개월 뒤인 9월 23일부터 25일까지 항구문화도시 원산에서 진행될 예정임을 보도하였다. 아울러 다양한 문화행사와 원산-금강산 국제관광지대 관광발전에 관한 토론회, 금강산, 마식령지구관광도 진행하기로 했다.[16] 그러나 홍보와는 달리 개최하려던 계획은 취소되었고, 2018년에도 별다른 공지가 없어 열리지 않을 가능성이 높다.

14) 통일부, 「주간 북한동향」 제1208호 2014. 6. 7~6.13, 7쪽.

15) 『통일신보』, 2015년 5월 30일.

16) 『로동신문』, 2017년 3월 24일.

3. 김정은 시대 정치적 의례 특징

3.1. 전임 지도자에 대한 영생과 그리움

앞서 언급한 다섯 가지의 축전 중 북한의 지도자와 직접 관련 있는 사례는 4월의 봄 친선예술축전과 김일성화축전, 김정일화축전이다. 전임 지도자의 이름을 앞세운 축전이 여전히 큰 굴곡 없이 김정은 시대에 들어서도 지속되고 있다. 대부분의 국가에서 정치지도자가 교체되면 해당 인물은 역사 속으로 사라진다. 미약하나마 사후에 그의 업적을 기리고 생애를 되돌아보는 절차가 정기적으로 행해지기도 한다. 현대 정치에서는 지도자가 강력한 영향력을 행사하지 못하고 정치적 의례 역시 겉치레로 흐르게 되는 경우가 많다. 이유는 간단하다. 정치 지도자는 대중으로부터 위임받은 권한을 임기 내에 행사하는 자이고, 그가 부재해도 또 다른 누군가가 직위를 수행할 수 있다. 즉 직위는 하나의 제도에 불과하지만 그 제도는 반란이나 쿠데타가 일어나지 않는 한 무한하다. 대통령제나 이원집정부제, 의원내각제의 정부 형태를 취하고 있는 나라들의 지도자는 대부분 제도 내에서 권한을 행사한다. 직위는 고정인 상태로 인물만 교체되는 것이다.

이런 측면에서 보면 북한은 현대 국가들과 다른 특성을 보인다. 북한은 김일성 주석 사망 후 헌법을 개정해 주석제를 폐지했고, 김정일 위원장 사후에는 당 총비서직을 폐지하였다. 그리고 전임 두 지도자를 '영원한 주석', '영원한 총비서'로 추대하였다. 그 이전에는 두 시신을 영구보존하여 김일성 주석의 집무실이었던 금수산의사당에 안치하였다. 차기 지도자가 직위를 그대로 이어받지 않고, 전임 지도자의 직위를 폐지하면서 어느 누구도 해당 인물의 위상과 권한을 대체할 수 없게 되었다. 또한 직위 앞에 '영원한'을 붙여 지속성을 강조하고, 시신을 생존 그대로의 모습으로 유지하여 지도자가 무한한 존재임을 부각시켰다.

위와 같은 조치는 이전 지도자가 사망하여 북한 주민 곁에서 사라진 것이 아니라 생전 마지막 모습 그대로 살아있다는 '영생'을 표현한 것이다. 각 지도자의 영결식에서 보인 영정사진, 즉 태양상이라 일컫는 사진 속 미소는 생전의 가장 밝은 모습을 형상화했다.[17] 북한 전역에는 '위대한 김일성 동지와 김정일 동지는 영원히 우리와 함께 계신다'라는 구호를 새긴 영생탑을 세웠다. 즉 전임지도자가 북한의 당과 주민을 정신적으로 통치하고 있음을 여러 장치를 통해 상징화한 것이다. 김일성 주석이 태어난 해를 현대 북한 역사의 출발점이라고 정리한 주체연호의 제정 역시 영생의 연장선에 있다. 북한 역사의 시간을 전임 지도자의 삶과 동일시하여 시간의 분절과 정지를 허용하지 않았다. 현 북한의 역사가 단절되지 않는 한 주민과 이전 지도자는 앞으로의 미래 역시도 함께 하는 공동운명체이다.

4월의 봄 친선예술축전, 김일성화축전, 김정일화축전이 두 지도자의 사후에 이루어지는 것도 지도자의 영생화와 밀접한 관련이 있다. 실질적으로 지도자가 존재하는 것은 아니지만 북한에서는 지도자 사후에도 정치적 의례를 매년 중단 없이 개최하고 있다. 전임 지도자가 여전히 북한 사회 곳곳에 살아있음을 주기적으로, 반복적으로 의례로 보여주는 것이다. 특히 김일성화축전은 생전에 개최되지 않고, 사후에 처음 열려 큰 규모로 발전했다.

한편 특정한 시간과 장소에서 행해지는 의례의 전형적인 패턴과 함께 주목할 점은 의례를 통해 발생하는 강력한 감정이다. 정치적 의례에 참여하는 대다수는 대중이며, 그들의 정서는 사회적으로 응집되거나 분열될 수 있다. 정치적 의례를 통해 사망한 지도자를 지속적으로 호명하고, 주민 곁에 수령이 영생하고 있다는 것에서 표현되는 감정은 북한체제를 유지하는 또 다른 장치로 보인다. 이 장치는 그리움으로 정의할 수 있다. 정치적 의례 안에서 김일성을 기리고, 사상과 업적을 영생화하는 과정, 이러한 과정이 반복되면서 나

17) 편집부, 『수령영생위업실현을 위하여』, 평양출판사, 2004, 6쪽.

타나는 감정은 지도자에 대한 그리움이다. 북한 당국이 수령의 사상과 업적을 강조하고, 영원한 것으로 만드는 과정 속에서 주민들은 자신들이 그동안 얼마나 위대한 지도자와 함께 했는가를 더욱 인식하게 된다. 이 그리움은 단순한 그리움으로 그치지 않고, 전임 지도자가 생전에 완수하지 못한 목표를 생존해 있는 주민들이 완수해야 한다는 열망이나 행위로 나타나기도 한다.[18] 또한 지도자에 대한 향수는 새로운 구원의 열망으로 표출되기도 하는데, 차기 지도자는 이러한 결핍을 충족해주는 존재로 등장한다.[19]

3.2. 체제 계승의 정당성 강화

첫 번째 지도자였던 김일성 주석은 북한 주민들에게 소위 제국주의와의 두 번의 전쟁에서 승리한 리더로 기억되고 있다. 내부적으로는 리더십을 형성하는 과정에서 반대파를 숙청하고 일인지도체제를 확립하였다. 그는 본래 군인이라는 이미지를 갖고 있었지만 정권 수립 이후에는 지도자로 자리매김하였고, 1960년대를 지나면서 자애로운 어버이의 모습으로 각인되었다. 이렇게 만들어진 강력한 정치적 리더십의 영향으로 북한 사회에서 김일성 주석의 영향력이 미치지 않는 곳은 없다고 할 수 있다.

두 번째 지도자였던 김정일 위원장은 군인이 아니었고, 김일성 주석에 비해 정치 경력도 미천했다. 김일성 주석의 오랜 통치로 인해 상대적으로 지도자로 선보인 기간도 짧다. 1964년 6월부터 당 업무를 시작하면서 김정일 위원장이 보여준 초기 이미지는 예술가, 이론가로 요약할 수 있다. 1960년대부터 1970년대까지 집중적으로 보여줬던 영화, 가극, 연극 등의 실무지도는 그

18) 김윤희, 「영생하는 수령과 '그리움의 정치': 김일성에 대한 집단적 기억과 유훈 전개과정을 중심으로」, 『국제정치논총』 제56집 제2호, 한국국제정치학회, 2016, 237쪽.

19) 이지순, 「김정은 시대의 애도와 구원의 코드」, 『어문논집』 69권, 민족어문학회, 2013, 347~348쪽.

가 맡은 직책, 즉 선전선동 분야의 업무에 충실했던 모습을 보여준 것일 수 있다. 하지만 예술 분야의 세밀한 지도는 이전 지도자와는 분명 차별성을 갖는 것이었다. 또한 유일사상체계 확립과 북한의 핵심사상인 주체사상의 이론적 토대 확립에 주도적 역할을 한 사실을 볼 때 이론가로서의 이미지 구축에도 심혈을 기울인 것으로 보인다. 이러한 이미지는 개인적인 것이기도 하지만 수령을 향한 충실성 문제와 밀접한 관련이 있다. 예술가이자 이론가로서의 역량 발휘는 개인 특성과 더불어 수령의 사상과 업적을 어떻게 잘 선전할 것인지를 보여주는 방법의 문제이기도 하다. 즉 북한의 후계자는 누가 가장 수령에게 충실한 사람인가, 어떤 탁월한 능력을 보여줬는가를 증명해야 한다. 수령의 사상을 전 분야로 확대하고 인입하는 과정에서 예술 분야는 하나의 사례로 활용되었다. 예술 지도에서 가장 중요한 것은 작품에 임하는 수령관이었다. 김정일 위원장은 젊은 시절부터 수령을 대하는 관점과 태도를 전 사회적으로 어떻게 확산시킬 것인가를 고민했다. 그는 오랜 기간 여러 분야에 걸쳐 사상을 해석하고, 정교화하며, 계승하는 문제에 집중했다.

앞서 언급했지만 김일성 주석 사후 김정일 위원장이 공식적인 지도자의 반열에 올랐지만 정치 경력이나 리더십이 선대 수령을 넘어서지는 못했다. 수령에 대한 충실성이 후계자의 최우선 덕목인 만큼 김일성 주석의 권한과 위상은 넘지 않은 것으로 해석할 수도 있다. 다만 북한 당국은 김정일 위원장 집권 초기에 선군정치, 음악정치, 과학중시정치 등을 내세우면서 이것이 김정일 위원장의 독창적인 정치방식이라고 선전하기도 했다. 이러한 여러 정치방식은 이후 기원이 김일성 주석에게서 나온 것으로 소급 적용하였다.

정치 변동 과정에서도 정치적 의례는 지속되었다. 4월의 봄 예술축전의 경우 삼년상 기간인 1995년, 1996년, 1997년에도 중단 없이 열렸다. 이 기간 새로운 지도자는 전임 지도자가 가진 직책을 계승하지 않았다. 4월의 봄 예술축전이 삼년상 기간에도 열린 것은 그것이 김일성 시대의 산물이기 때문이다. 1982년 김일성 주석의 70회 생일을 기념해 열린 이 행사는 당시 김정일

비서의 주도로 열렸다. 축전이 별다른 문제없이 이어졌던 것은 해당 축전이 가진 효과와 계승의 문제와 관련이 있다. 축전에서의 지도자 칭송 노래를 통해 북한 주민들은 국제사회 속에서 김일성이라는 지도자가 어떤 위치인지를 느끼면서, 수령과 조국에 대한 긍지를 갖게 된다. 4월의 봄 친선예술축전이 지도자에 대한 후계자의 충실성 문제에서 연유한 것이기 때문에 계승의 정당성 차원에서도 축전은 중단될 수 없었다.

김정은 시대에 들어와서도 기존 정치적 의례의 폐지나 중단은 일어나지 않았다. 4월의 봄 친선예술축전, 김일성화축전, 김정일화축전 등은 체제의 자긍심 문제였다. 또한 김정일 위원장에 이어 새로운 지도자가 축전을 그대로 계승하면서 후임 지도자의 정당성 내지 정통성 차원에서도 축전의 지속은 중요한 문제였다.

3.3. 세계적 수준의 국제행사 강조

북한의 새로운 지도자는 점점 더 많은 사람을 통합하고, 기존의 정치적 의제를 발전시켜야 한다. 기존 북한의 주민 의식은 고정되어 있지 않고 끊임없이 변하며, 새로운 유형의 계층, 세대가 계속 등장해 북한 사회의 변화를 추동할 것이다. 또한 북한 당국에서 정치사상, 군사 분야는 어느 정도 성과를 거둔 것으로 평가하고 있다. 하지만 경제를 포함한 많은 분야에서는 여전히 미진한 상황임을 인정하고 있다. 정치적 의례는 북한의 이러한 상황에서 여러 변화를 이루기 위해 기존의 의례를 전통화하면서 확장시킬 수 있다. 정치적 의례는 경제적 생산의 증진에 기여할 수 있을 뿐만 아니라 축적된 생산을 분배하는 데에도 활용 가능하다. 이러한 자원의 증진과 배분의 문제는 과거부터 새로운 지도자가 고민했던 문제였다.[20]

---

20) Lisa Lucero, “The Politics of Ritual: The Emergence of Classic Maya Rulers”, *Current Anthropology*, 44(4), 2003, pp.523~558.

김정은 위원장은 집권 초기부터 국제화, 세계화 관련 발언을 줄곧 해왔다. 국제화의 경우 국제적으로 통용되는 규격의 문제, 국제적으로 선진 과학기술을 받아들이기 위한 노력, 국가의 국제적 지위와 영향력을 높이기 위한 노력 등을 언급했다. 세계화의 경우 나라의 기술 수준을 세계적 수준으로 끌어 올리는 문제, 세계적 수준의 재능 있는 과학기술 인재들을 더 많이 키워내야 하는 문제 등을 다루었다. 대체로 국제화의 경우에는 규격의 표준화 문제나 정상국가화를 언급할 때 사용하는 발언으로 보인다. 세계화의 경우는 나라의 수준을 높이는 문제와 연결되는 것으로 보이며, 북한식 용어로는 강성국가 건설 문제로 이해할 수 있다.

평양국제영화축전이나 김정은 시대의 원산국제친선항공축전은 표면적으로 대외친선을 표방하고 있다. 하지만 그 이면에는 경제강국 건설과 밀접한 관련이 있는 것으로 보인다. 국제친선항공축전의 원산 개최는 북한의 항공기술 발전을 대내외에 소개하려는 측면도 있지만 관광을 통한 경제발전도 중요한 몫을 차지하고 있다. 앞서 언급했지만 원산국제친선항공축전에 참가한 기종의 면면을 들여다보면 과거 소비에트 연방시절 제작한 전투기나 비행기를 주로 선보였다. 항공 분야 기술력의 발전 면모를 과시하는 에어쇼와는 다른 성격의 행사인 것이다. 기존 자국의 항공기술 우수성을 과시하는 그런 행사는 분명 아니었다. 그런데도 원산국제친선항공축전을 개최한 것은 원산-금강산 국제관광지대와의 연계를 통해 관광산업의 발전을 기대하는 측면이 크다고 할 수 있다. 동시에 항공기술에 관한 교류를 진행해 자국 항공기의 국산화 추진에도 심혈을 기울이기 위한 차원에서의 축전 개최도 생각해볼 수 있다. 마찬가지로 평양국제영화축전도 영화교류를 통한 기술협조를 통해 북한 영화의 국제화, 세계화를 이루기 위해 규모와 범위를 확대한다고 봐야 할 것이다. 이 역시 문화산업 발전을 통해 경제성과를 내기 위한 문제로 이해할 수 있다.

2009년 12월 17일 김정일 위원장은 김일성종합대학 전자도서관을 방문하면서 친필 서한을 내렸다. 전자도서관 중앙홀 정면 벽에 부착된 친필 서한 중 첫 문장은 '자기 땅에 발을 붙이고 눈은 세계를 보라!' 이다. 이 목표와 이상은 김정은 시대에 와서 그대로 이어지고 있으며 정치적 의례를 통해 그 면면이 드러나고 있다. 다만 대북 제재로 인해 안정적이고, 원활한 행사가 이루어지지 못하고 있는 것으로 보인다. 원산국제친선항공축전과 마찬가지로 2016년 처음 열린 제1차 평양대동강맥주축전도 2017년 제2차 축전은 취소되었다. 국제적 혹은 세계적 수준의 성과를 올리기 위한 과정이 순탄치 않아 보인다.

4. 나가며

이 글에서는 북한을 설명하는 하나의 창으로 김정은 시대의 주요 정치적 의례 현황을 살펴보고 특징을 분석하였다. 대표적인 정치적 의례로 4월의 봄 친선예술축전, 평양국제영화축전, 김일성화축전, 김정일화축전, 원산국제친선항공축전을 다루었다. 북한은 지도자 사후에도 이전의 정치적 의례를 지속하고 있는데 이는 전임 지도자에 대한 영생을 강조하기 위함이었다. 이러한 영생의 강조는 북한 주민들이 전임 지도자를 더욱 그리워하는 기제로 작동했다. 지도자에 대한 향수는 새로운 지도자에 대한 열망으로 나타났는데 차기 지도자는 새로운 시대의 구원자로 등장하였다.

지도자 부재로 인한 정치 변동기에도 정치적 의례는 지속되었다. 김정일, 김정은 시대 모두 삼년상 기간에 중단 없이 축전을 개최하였다. 축전의 개최는 단순한 연례행사의 지속이 아니라 후계자의 충실성 문제와 계승의 정당성 차원에서 이해해야 한다. 또한 후임 지도자는 기존의 정치적 의례를 계승하면서도 더 많은 사람을 통합하고, 현재의 여러 문제를 극복할 수 있는 의례를 만들어 발전시켜 나가야 한다. 김정은 시대 들어 국제화, 세계화 논의가 활발히 논의되고 있으며 정치적 의례 차원에서도 점점 구체화 되고 있다. 이러한 의례는 강성국가 건설이라는 국가의 의제에 부합하기 위함이다. 하지만 북한의 내부 사정으로 아직 만족할만한 성과는 내지 못한 것으로 보인다.

북한의 정치적 의례는 지도자의 교체, 시대의 흐름에 따라 고정된 모습을 보이기도 하고 변화하기도 했다. 북한 사회의 변동 속에서 정치적 의례는 또 다른 형태로 변화할 가능성이 높다. 의례를 통해 북한 사회의 변화를 예측하기는 쉽지 않다. 다만 의례는 북한 당국이 고민하는 정치적, 경제적, 사회적 세계관을 반영하고 있다. 이러한 고민의 해결 여부가 의례를 통해 드러날 것이다. 이것이 바로 우리가 북한의 정치적 의례를 면밀히 관찰해야 하는 이유이다.

참고문헌

『로동신문』, 2013년 4월 2일; 2014년 5월 17일; 2016년 9월 27일; 2017년 3월 24일; 2018년 2월 14일; 2018년 4월 13일.

『통일신보』, 2015년 5월 30일.

김윤희, 「영생하는 수령과 '그리움의 정치': 김일성에 대한 집단적 기억과 유훈 전개과정을 중심으로」, 『국제정치논총』 제56집 제2호, 한국국제정치학회, 2016.

사회과학출판사 편, 『조선말대사전(증보판) 2』, 사회과학출판사, 2007.

_______________, 『조선말대사전(증보판) 3』, 사회과학출판사, 2007.

이지순, 「김정은 시대의 애도와 구원의 코드」, 『어문논집』 69권, 민족어문학회, 2013.

캐서린 벨, 류성민 역, 『의례의 이해: 의례를 보는 관점들과 의례의 차원들』, 한신대학교 출판부, 2007.

통일부, 「주간 북한동향」 제1208호 2014. 6. 7~6. 13.

편집부, 『수령영생위업실현을 위하여』, 평양출판사, 2004.

편찬위원회, 『김정일화전서』, 조선민주주의인민공화국 외국문출판사, 2011.

하상복, 「취임의례, 전통에서 근대로: 근대적 취임의례의 예비적 연구」, 『문화와 정치』 제3권 제2호, 한양대학교 평화연구소, 2016.

한승대 · 전영선 · 김용현, 「평양영화축전의 성립과 그 정치적 의미에 관한 연구」, 『동아연구』 제34권 2호, 서강대학교 동아연구소, 2015.

吳立宇, 장상호, 김민욱, 「5차 핵실험 이후 열린 북한 최초의 에어쇼 '원산 에어쇼'」 제453호, 『국방과 기술』 제453호, 한국방위산업진흥회, 2016.

Fikfak, Jurij, "Political Rituals and Discourses: The Case of Carinthia", *Folklore*, 60, 2015, pp.51~72.

Lucero, Lisa, "The Politics of Ritual: The Emergence of Classic Maya Rulers", *Current Anthropology*, 44(4), 2003, pp.523~558.

김정은 시대 북한의 대외관계 현황
- 2012-2016년 인적교류를 중심으로 -

박아름*

1. 연구 목적

2018년 1월 1일 김정은은 신년사에서 대외정책을 다음과 같이 언급하였다.

우리 당과 공화국 정부는 우리나라의 자주권을 존중하고 우리를 우호적으로 대하는 모든 나라들과의 선린우호관계를 발전시켜 나갈 것이며 정의롭고 평화로운 새 세계를 건설하기 위하여 적극 노력할 것입니다.[1)]

이는 1980년 조선로동당 제6차 당대회에서 김일성이 밝혔던 대외관계의 원칙, "자주, 평화, 친선"[2)]을 재언한 것이다. 김정일이 사망한 2011년 이후

* 동국대 북한학과 박사수료

1) 『로동신문』, 2018년 1월 1일자 1면.

2) 우리 당은 지난날과 마찬가지로 앞으로도 대외 활동에서 자주성을 확고히 견지하고 세계 여러 나라들과의 친선 협조 관계를 발전시키며 세계의 평화와 안전을 보장하기 위하여 적극 노력할 것입니다. 자주, 친선, 평화, 이것이 우리 당 대외 정책의 기본 리념입니다. 김일성, 「당 중앙위원회 사업 총화 보고」, 편집부 엮음, 『북한 '조선로동당'대회 주요 문헌집』, 돌베

김정은이 발표한 2012년부터의 신년사와 공동사설에서 대외관계에 대한 언급은 미비한 변화만 있을 뿐, 내용의 핵심은 "자주, 평화, 친선"으로 매해 반복되고 있다.3)

1990년대 이후 북한의 대외관계에 대한 관심은 총체적인 현황이 아닌 일부 국가나 이슈에 편중되어 왔다. 대표적인 예로 북-미관계와 북-중 관계, 핵문제4)를 들 수 있다. 김정은 시대의 대외관계도 각종 전략무기 개발로 인해 국제사회에서 고립된 것으로 평가받고 있으며,5) 북한의 무역에서 90%이상을 꾸준히 유지하고 있는 중국의 제재 동참 여부가 관심의 집중 대상이었다.6)

이 연구는 북-미관계와 북-중 관계, 핵문제 이외의 북한의 총체적인 대외관계는 어떻게 작동되고 있는지에 대한 질문에서 시작되었다. 북한은 지리적 환경과 역사적 관계로 러시아, 중국, 일본, 한국, 미국의 영향을 지대하게 받지만, 북한이 지향하는 대외관계의 일면도 분명히 존재할 것이다. 또한 전자와 후자가 불일치 할 가능성도 있다.

본 연구는 북한의 대외관계에 대한 객관적인 분석을 위해 『조선중앙년감』의 2013년부터 2017년 5개년에 해당하는 자료를 DB화 하였다.7) 북한의 공

개, 1988, 406쪽; 1980년 6차 당대회에서는 "자주, 친선, 평화"로 규정하였으나, 1988년 친선과 평화의 순서를 바꾸어 "자주, 평화, 친선"을 선포하였다.

3) 『로동신문』, 신년사 및 새해 공동사설, 2012~2017년 1월 1일자 참조.

4) 홍석훈, 「김정은 정권의 신대외전략 분석」, 『정치정보연구』, 제18권, 2호, 한국정치정보학회, 2015.

5) 정성윤, 「김정은 정권의 대외관계와 안보전략-분석 및 평가 그리고 전망」, 『21세기정치학회보』, 제24권, 1호, 21세기정치학회, 2014; 김영재, 「김정은 정권의 외교정책-권위 추구형 핵·병진노선을 중심으로」, 『한국정치외교사논총』 제38집, 2호, 한국정치외교사학회, 2017; 채규철, 「김정은체제의 생존전략-변화와 지속성」, 『한국정치외교사논총』 제37집, 1호, 한국정치외교사학회, 2015.

6) 북한의 주요국별 교역비중에서 중국은 2014년 90.2%, 2015년 91.3%, 2016년 92.7%로 2위를 차지하고 있는 러시아의 1%대의 수준과 비교할 때 압도적 규모를 보인다. 통계청, 『북한의 주요통계지표 2017』, 125쪽.

식 간행물로 매해 발행되고 있는 『조선중앙년감』은 대외관계에서 중요한 사건에 대한 서술 외에도 '대외관계일지'라는 자료를 제공하고 있다. 대외관계일지에는 무역에 해당하는 경제적 지표는 나타나지 않지만, 당 · 정 공식교류 외에 근로 · 외곽 · 친선단체 등에 대한 인적교류를 상세히 기록하고 있다.

『조선중앙년감』의 '대외관계일지'를 통한 양적분석은 첫째, 북한과 교류하고 있는 국가에 대한 객관적 정보를 제공한다. 예를 들면, 언론에 집중되어 보도되는 미국, 중국과의 관계 외에, 영국, 쿠바, 동남아시아 등의 관계를 확인할 수 있다. 둘째, 북한의 대외관계의 성격을 확인할 수 있다. 인적교류의 목적과 단체를 분석하는 과정에서 사회주의국가를 표방하는 북한의 '당 대 당'외교와 정부 간의 정상외교, 그리고 민간외교 등의 비율을 통해 현재 북한이 지향하는 대외관계의 특징을 도출할 수 있다. 셋째, 북한의 주요국가와 관계변화를 유추할 수 있다. 이는 개별국가의 연도별 변화, 방문목적, 공식적으로 조인된 서명의 내역을 통해 분석되어 진다.

본 연구는 북한의 공식연감인 『조선중앙년감』의 '대외관계일지'에 나타난 2012년부터 2016년에 이뤄진 인적교류를 양적 분석하였다. 일지에 나타나는 인적교류를 연도별, 국가별, 단체별, 목적별로 나누어 대외관계의 현황을 살펴보고, 현재 북한 대외관계의 성격을 도출하였다.

2. 연구방법

2.1. 대상 시기

본 연구는 김정은 시대의 대외관계의 현황을 분석하기 위해 2012년부터

7) 『조선중앙년감 2017』은 2016년에 해당하는 사건을 기록하고 있다. 따라서 『조선중앙년감 2013』, 『조선중앙년감 2014』, 『조선중앙년감 2015』, 『조선중앙년감 2016』, 『조선중앙년감 2017』을 분석할 때의 시기적 범위는 2012년부터 2016년이다.

2016년까지 5개년을 대상시기로 선정하였다. 그 이유는 첫째, 김정은이 후계자로 등장한 시기는 2009년부터 이지만, 실제 김정은이 독자적인 활동을 시작한 시기는 2012년부터 라고 할 수 있기 때문이다. 2011년 김정일의 죽음 이후 2011년 12월 29일 개최된 김정일 사망 추도 대회에서 김정은이 '당과 군대와 인민의 최고령도자'로 선언되었으며, 12월 30일에 열린 노동당 중앙위원회 정치국 회의에서는 김정일의 유훈(2011.10.8.)에 따라 김정은을 인민군 최고사령관으로 추대하였다. 김정은은 제4차 당 대표자회(2012.4.11.)와 최고인민회의 제12기 제5차 회의(2012.4.13.)를 통해 당 · 군 · 정의 최고 직위에 추대됨으로써 3대 세습을 완료하였다. 김정은이 '공화국 원수'에 추대(2012.07.17.)됨으로써[8] 2012년을 공식적인 '김정은 시대'의 시작으로 설정하였다.

둘째, 자료의 문제이다. 현재 『조선중앙년감』은 2017년판이 최종 발행되어있다. 따라서 2016년의 내용을 담고 있는 자료를 확인 할 수 있으며, 2017년의 자료는 확인 할 수 없다.

2.2. DB구축 및 계량화

이 연구에서 기본 자료로 삼는 『조선중앙년감』의 대외관계일지는 타 국가와 발생한 모든 행사를 기록하고 있다. 예를 들면 주요시기에 오가는 연하장 · 축전 및 국내외 재외공간에서 발생한 연회, 국제회의에서 북한관련 토의된 내용과 결정된 문건, 국내외에서 진행한 국제박람회, 전시회, 사진전 등을 망라한다. 따라서 방대한 내용 중에서 실제 인적이동이 확인되는 단체의 교류를 추출하여 시대별, 국가별, 단체별, 목적별로 살펴보고자 한다.

이 방식은 크게 세 가지 점에서 유용하다. 첫째, 언론에 공개되지 않은 교

8) 통일교육원, 『2018 북한 이해』, 2017, 57쪽.

류를 모두 기록하고 있다. 둘째, 시대별, 국가별, 단체별, 목적별 분류를 통해 5년간의 북한대외관계의 현황을 파악하기 용이하다. 셋째, 인적교류의 결과로 나타난 각종 조인(합의서, 조약, 협정문, 의정서)를 통해 북한의 대외관계 특징을 도출할 수 있다. 이러한 예는 〈표 1〉을 통해 확인 할 수 있다. 본 연구에서 정리한 목록은 그 자체로의 유용성 뿐만 아니라 이전 시기와 이후 시기의 데이터 축적을 통해 북한 대외관계의 변화를 연구발전 시키는 데 토대가 될 것이다.

〈표 1〉 대외관계일지 목록 작업 예시

날짜	국가		단체 구분	단체	목적	내용
	방북	출국				
20140327		중국	정	경제부문일군참관단	방문	조선로동당 경제부문일군참관단 4월 10일까지 중국 방문

2.3. 분류 기준

『조선중앙년감』의 대외관계일지에 나타난 인적교류의 현황을 분석하기 위해 시대별, 국가별, 단체별, 목적별 분류에 네 가지 기준을 적용하였다. 첫째, 국가별 구분에서 방북과 출국으로 분류하여 북한에 온 국가단체와 북한의 단체가 방문한 국가를 구분하였다. 둘째, 단체구분에서는 기본적으로 국적이 불분명한 단체와 북한선전용 단체, 개인적 방문은 제외하였다. 예를 들어, '주체사상국제연구협회 대표 일행', '국제 김일성-김정일주의 연구단체', '주보중 가족의 일가'의 방문 등은 대외관계 관련 교류의 대상으로 삼지 않았다.

셋째, 단체의 구분에서는 해외에 나간 북한의 단체만을 대상으로 당/정/군/외곽/기타로 구분하였다. 이는 통일부에서 발행한 『북한 주요기관 · 단체 인명록 2018』의 분류를 근거로 하였다. 예를 들어, '조선로동단대표단'은 '당'

으로, '최고인민회의 상임위원회 일행'은 '정'으로, '민용항공총국대표단'은 '군'으로, '김일성사회주의동맹청년대표단'은 '외곽'으로, '과학백과사전출판사대표단'은 '기타'로 구분하였다.9)

넷째, 방문의 목적은 일지에 기록된 내용을 중심으로 방문/참가/조인/접견/경기/공연/지원/대화/조의/대사관개설/학위수여로 구분하였다. 외교적 특징으로 인적교류의 목표나 결과를 확인할 수 없는 왕래에 대해선 '방문'으로, 구체적인 회의나 대회 등이 밝혀진 교류는 '참가'로, 교류의 결과 의정서, 합의서, 조약 등이 밝혀진 사건은 '조인'으로, 교류 과정에서 타 국가의 최고 지도자를 만났다면 '접견'으로 구분하였다.(〈표 2〉 참조)

〈표 2〉 목적별 구분 예

날짜	국가		단체 구분	단체	목적	내용
	방북	출국				
2012 0915		중국	정	국가과학원 대표단	참가	국가과학원대표단 25일까지 중국 방문, 제12차 발전도상세계과학원 대회에 참가
2014 0310		중국	기타	국가관광 총국친선 참관단	방문	국가관광총국친선참관단 20일까지 중국 방문
2012 1020		캄보쟈	정	국가대표단	조의	조선민주주의인민공화국 국가대표단 25일까지 캄보쟈 방문, 노로둠시하누크대왕의 서거에 조의 표시
2015 0828		로씨야	기타	공훈국가 합창단	공연	공훈국가합창단 9월 4일까지 로씨야 방문, 모스크바, 하바롭스크에서 공연 진행
2012 1129	중국			공산당 대표단	접견	중국공산당대표단 30일까지 우리나라 방문, 경애하는 김정은동지께서 30일대표단을 접견
2013		중국		외무성	대화	외무성 제1부상과 일행 22일까지 중

9) 통일부, 『북한 주요기관 · 단체 인명록 2018』.

날짜	국가		단체 구분	단체	목적	내용
	방북	출국				
0619				제1부상		국 방문, 19일 조선과 중국 외교부사이의 전략 대화 베이징에서 진행
2015 1202	로씨야			첼랴빈스크시 아브또도르 –메따르 녀자배구팀	경기	우리 나라 4.25녀자배구팀과 로씨야 첼랴빈스크시 아브또도르–메따르녀자배구팀사이의 친선경기 7일까지 청춘거리 배구경기관에서 진행
2016 0916		벨라루씨		정부	대사관 개설	벨라루씨에 우리나라 대사관 개설, 대사관개설식 민스크에서 진행
2016 1212	스위스			정부	지원	우리 나라에 스위스 정부가 세계식량계획을 통하여 제공하는 협조물자 남포항에 도착
2012 0128		로씨야		수산성 대표단	조인	수산성대표단 31일까지 로씨야 방문, 30일 조선과 로씨아 정부사이의 비법어업방지분야에서의 협조에 관한 합의서 모스크바에서 조인
2013 1014	국제			세계보건기구 대표단	학위 수여	세계보건기구대표단 18일까지 우리나라 방문, 16일 단장인 세계보건기구 동남아시아지역사무소 소장 쌈리플리안방창에게 조선민주주의인민공화국 명예의학박사학위 수여

3. 각 분류별 대외관계 현황

3.1. 개관

2012년부터 2016년 5개년 동안 북한은 총 843회의 인적교류를 갖았다. 외국인 단체는 72개국(유엔을 포함한 국제/유럽연합/아프리카 포함)에서 총 471회 북한에 입국하였고, 북한의 단체는 68개국(유엔을 포함한 국제/유럽연합/아프리카 포함)에 총 372회 출국하였다. 5년 동안 북한이 인적교류를 진행한 국가는 모두 93개국(유엔을 포함한 국제/유럽연합/아프리카 포함)로, 2017년 공식집계 된 수교국 161개와 상당한 차이를 보인다.[10)]

〈표 3〉 인적교류 국가 목록(2012~2016년)[11)]

국제[12)]	라뜨비야(라트비아)	볼리비아	에스또니야(에스또니야)	적도기네(적도기니)
기네(기니)	라오스	브라질	에스빠냐(스페인)	중국
까자흐스딴(카자흐스탄)	레바논	브루네이(브루나이)	에짚트(이집트)	짐바브웨
까타르(카타르)	로므니아(루마니아)	빼루(페루)	에티오피아	체히-모라바(체코)
꼴롬비아(콜롬비아)	로씨야(러시아)	뽀르뚜갈(포르투갈)	엘 쌀바도르(엘살바도르)	캄보쟈(캄보디아)
꽁고(콩고)	룩셈부르그(룩셈부르그)	뽈스까(폴란드)	영국	케니아(케냐)
꾸바(쿠바)	리뜨바(리투아니아)	소말리아	오만	쿠웨이트
끼르기즈스딴(키르기스스탄)	마쟈르(헝가리)	수단	오스트랄리아(호주)	타이
끼쁘로스(키프로스)	말레이시아	수리아(시리아)	오스트리아	탄자니아
나미비아	먄마(미얀마)	스리랑카	요르단	파키스탄
나이제리아(나이지리아)	메히꼬(멕시코)	스웨리예(스웨덴)	우간다	프랑스
남아프리카	모잠비끄(모잠비크)	스위스	우크라이나	피지
네팔	몽골	슬로베니아	웰남(베트남)	핀란드
노르웨이	미국	싱가포르	유럽[13)]	

10) 통계청, 『2017 북한의 주요 통계지표』, 209쪽.

11) 각 국가의 명칭은 가나다 순으로 정리되었으며, 『조선중앙년감』의 표기를 그대로 인용하였으며, 남한과 표현이 상이한 국가 명칭은 ()안에 별도 표시하였다.

12) 국제는 유엔산하의 각종 기구의 단체를 포괄한다.

뉴질랜드	방글라데슈(방글라데시)	아일랜드	이딸리아(이탈리아)	
단마르크(덴마크)	벌가리아(불가리아)	아제르바이쟌(아제르바이잔)	이란	
도이췰란드(독일)	베네수엘라	아프리카[14]	인도네시아	
동부띠모르(동티모르)	베닌(베냉)	알제리	인디아(인도)	
따따르스딴공화국(타타르 공화국)	벨라루씨(벨라루스)	앙골라	일본	
뛰르끼예(터키)	벨지끄(벨기에)	에꽈도르(에콰도르)	잠비아	

인적교류가 가장 많았던 국가는 중국, 러시아, 베트남, 몽골, 일본 순서였으며, 중국과 러시아는 전체 교류의 약 30%를 차지하였다. 영국(19회)과 독일(16회), 프랑스(15회) 각각은 10위 안에 들지 못했지만, 19위인 '유럽(9회)'과 함께 유럽연합으로 분류한다면, 총 59회로 러시아에 이어 3위를 차지하게 된다. 또한, 베트남, 라오스, 인도네시아, 말레이시아 등의 국가 모두 20위 안에서 확인된다. 따라서 북한의 인적교류는 중국과 러시아를 제외한다면, 유럽연합과 동남아시아 국가와 높은 교류를 갖고 있는 것으로 분석된다.

〈표 4〉 인적교류 국가별 순위(1~20위까지)

순위	국가	교류 수	비율
1	중국	126	14.9
2	로씨야(러시아)	124	14.7
3	웰남(베트남)	56	6.6
4	몽골	48	5.7
5	일본	41	4.9

13) 유럽은 '유럽대표'로 기록된 일행을 포괄한다.

14) 아프리카는 개별국가 명칭이 생략된 채 '아프리카 방문'이라고 기록된 교류를 포괄한다.

순위	국가	교류 수	비율
6	라오스	39	4.6
7	국제	23	2.7
8	미국	21	2.5
9	꾸바(쿠바)	21	2.5
10	인도네시아	19	2.3
11	영국	19	2.3
12	스위스	16	1.9
13	도이췰란드(독일)	16	1.9
14	이란	16	1.9
15	프랑스	15	1.8
16	이딸리아(이탈리아)	11	1.3
17	말레이시아	11	1.3
18	인디아(인도)	10	1.2
19	유럽	9	1.1
20	에짚트(이집트)	8	0.9

인적교류를 북한에 온 방북교류와 북한에서 간 출국교류로 분류하여 분석하면, 중국과 러시아는 모두 1,2위로 큰 변화가 없지만, 다른 국가들은 상당한 변화를 보인다. 예를 들어 일본은 교류비중으로 5위를 차지하였지만 출국으로만 분석하면 10위 안에 포함되지 못하였다. 실제 북한의 단체가 일본에 간 횟수는 총 2회이며, 일본 단체가 북한에 온 횟수는 39회(8.3%)로 확인되었다. 반대로 쿠바는 방북 10위권 안에는 없으나, 출국 10위권에는 확인된다. 실제 쿠바의 단체가 북한에 온 횟수는 7회로, 북한의 단체가 쿠바에 간 횟수 14회와 약 2배의 차이를 보인다. 한편 북한과 공식교류가 없는 미국도 방북과 출국 각 분류에서 모두 10위 안에서 확인된다. 전체 인적교류에서 5위를 차지한, 중국, 러시아, 베트남, 몽골, 일본은 국가별 분석에서 분야별로 자세히 분석하기로 한다.

〈표 5〉 인적교류 방북/출국 국가별 순위(1~10위까지)

	방북			출국		
순위	국가	교류 수	비율	국가	교류 수	비율
1	로씨야(러시아)	70	14.9	중국	58	15.6
2	중국	68	14.4	로씨야(러시아)	54	14.5
3	일본	39	8.3	웰남(베트남)	25	6.7
4	웰남(베트남)	31	6.6	라오스	20	5.4
5	몽골	31	6.6	몽골	17	4.6
6	국제	21	4.5	꾸바(쿠바)	14	3.8
7	라오스	19	4.0	이란	11	3.0
8	도이췰란드(독일)	14	3.0	영국	11	3.0
9	미국	12	2.5	스위스	10	2.7
10	인도네시아	10	2.1	미국	9	2.4

2012-2016년까지 진행된 인적교류를 목적별로 살펴보면, 구체적인 내용이 확인되지 않은 '방문'이 총 436회 51.7%로 절반이상을 차지하였다. 그 다음 대회, 경기, 회의, 총회 등 구체적인 목적인 확인된 '참가'는 총 264회 31.3%였다. 외교의 최종 성과라고 할 수 있는 조인이 확인되는 교류도 총 92회 10.9%로 세 번째로 높은 비율을 차지하였다.

〈표 6〉 인적교류 목적 순위

순위	목적	교류 수	비율
1	방문	436	51.7
2	참가	264	31.3
3	조인	92	10.9
4	접견	26	3.1
5	경기	7	0.8
6	공연	6	0.7
7	지원	6	0.7
8	대화	2	0.2

순위	목적	교류 수	비율
9	조의	2	0.2
10	대사관 개설	1	0.1
11	학위 수여	1	0.1
합		843	100.0

〈그림 1〉 인적교류 목적 비율

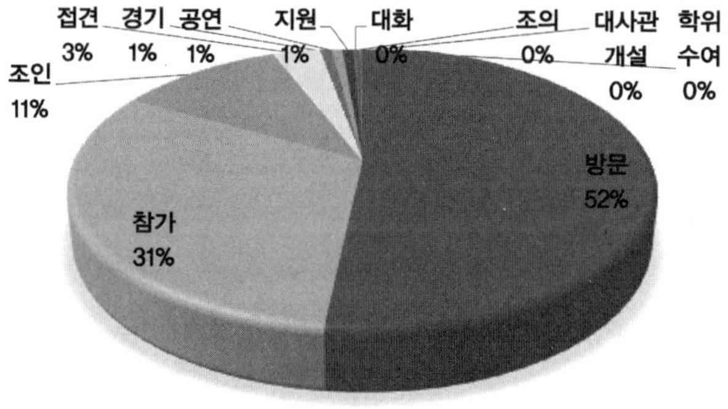

북한은 2012년부터 2016년까지 5년간 28개 국가와 92개의 조인을 하였다. 1위인 러시아가 21회로 22.8%의 비율을 차지하며, 중국이 14회로 2위, 몽골이 8회로 3위를 차지한다. 베트남과, 라오스, 쿠바는 각각 5회로 공동 4위를 하였다. 인적교류에서는 중국이 1위를 하였지만, 조인은 2위인 중국과 7회의 차이로 러시아가 1위를 하여, 북한의 외교적 성과는 중국보다 러시아가 높다고 평가 할 수 있다. 또한 인적교류에서 5위였던 일본은 조인에서는 총 3회로 5위안에 들지 못하였다.

〈표 7〉 조인 국가별 순위

순위	국가	조인 수	비율
1	로씨야(러시아)	21	22.8
2	중국	14	15.2
3	몽골	8	8.7
4	윁남(베트남)	5	5.4
5	라오스	5	5.4
6	꾸바(쿠바)	5	5.4
7	뽈스까(폴란드)	4	4.3
8	국제	3	3.3
9	일본	3	3.3
10	이란	2	2.2
11	나이제리아(나이지리아)	2	2.2
12	에짚트(이집트)	2	2.2
13	방글라데슈(방글라데시)	2	2.2
14	알제리	2	2.2
15	수리아(시리아)	1	1.1
16	쿠웨이트	1	1.1
17	꽁고(콩고)	1	1.1
18	따따르스딴공화국(타타르공화국)	1	1.1
19	라뜨비야(라트비아)	1	1.1
20	마쟈르(헝가리)	1	1.1
21	아제르바이쟌(아제르바이잔)	1	1.1
22	까자흐스딴(카자흐스탄)	1	1.1
23	벨라루씨(벨라루스)	1	1.1
24	우크라이나	1	1.1
25	에스또니야(에스토니아)	1	1.1
26	캄보쟈(캄보디아)	1	1.1
27	네팔	1	1.1
28	벌가리아(불가리아)	1	1.1
합		92	100.0

3.2. 연도별 특징

2012년 총 209회의 교류를 보였던 북한의 대외관계는 2016년 총 131회로 줄어들었다. 2014년 152회로 줄었던 교류가 2015년 181회로 증가하였지만 2016년 131회로 큰 폭으로 하락하였다.

〈표 8〉 인적교류 연도별 현황

연도	교류 수	비율
2012	209	24.8
2013	170	20.2
2014	152	18.0
2015	181	21.5
2016	131	15.5
합	843	100.0

〈그림-2〉 인적교류 연도별 현황

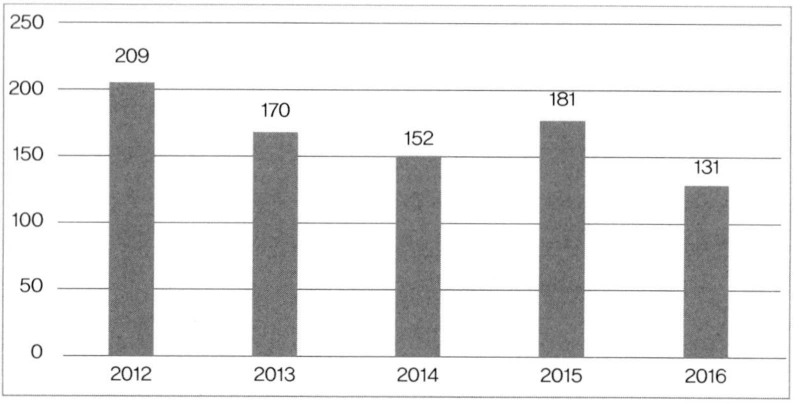

방북과 출국을 분류하여 인적교류의 연도별 비율을 살펴보면, 북한의 대외관계에서 북한이 주도하는 출국에는 큰 폭의 변화가 없지만, 북한에 들어오는 방북에는 큰 변화를 확인할 수 있다. 북한의 단체가 출국하는 비율은 연도

별로 최고 2012년과 최하 2016년은 약 6%의 차이를 보이는 반면, 북한에 들어오는 외국인 단체의 비율은 최고 2012년과 최하 2016년은 약 12%의 상당한 차이를 보인다. 따라서 북한의 연도별 인적교류의 변화는 출국이 아닌 방북의 영향을 많이 받은 것으로 분석되어진다.

〈표 9〉 인적교류 방북/출국 연도별 현황

인적교류(방북)			인적교류(출국)		
연도	교류 수	비율	연도	교류 수	비율
2012	120	25.5	2012	89	23.9
2013	99	21.0	2013	71	19.1
2014	83	17.6	2014	69	18.5
2015	104	22.1	2015	77	20.7
2016	65	13.8	2016	66	17.7
합	471	100.0	합	372	100.0

북한은 5년간 총 92개의 조인을 하였는데, 2014년이 28회 30.4%로 가장 높고, 2012년이 26회 28.3%로 비슷한 수치를 보인다. 이는 2012년 가장 높은 비율을 보였던 인적교류와는 다른 결과이다. 한편, 2016년은 조인수 10회 10.9%로 인적교류의 순위와 동일하게 가장 낮은 비율을 보여준다.

〈표 10〉 조인 연도별 현황

연도별	조인 수	비율
2012	26	28.3
2013	13	14.1
2014	28	30.4
2015	15	16.3
2016	10	10.9
합	92	100.0

3.3. 국가별 특징

3.3.1. 중국

북한과 중국의 대외관계에서 인적교류는 2014년부터 급격히 감소한다. 2012년 54회의 교류는 2015년 7회로 급격히 감소하였다. 특히 2015년 북한은 중국에 단 1회 방문하였다.

〈표 11〉 북한-중국 인적교류 및 조인 현황

	인적교류		인적교류(방북)		인적교류(출국)		조인 수
2012	54	42.9	31	45.6	23	39.0	5
2013	38	30.2	13	19.1	25	42.4	5
2014	15	11.9	9	13.2	6	10.2	3
2015	7	5.6	6	8.8	1	1.7	1
2016	13	10.3	9	13.2	4	6.8	0
합	127	100.8	68	100.0	59	100.0	14

〈그림-3〉 북한-중국 인적교류 현황

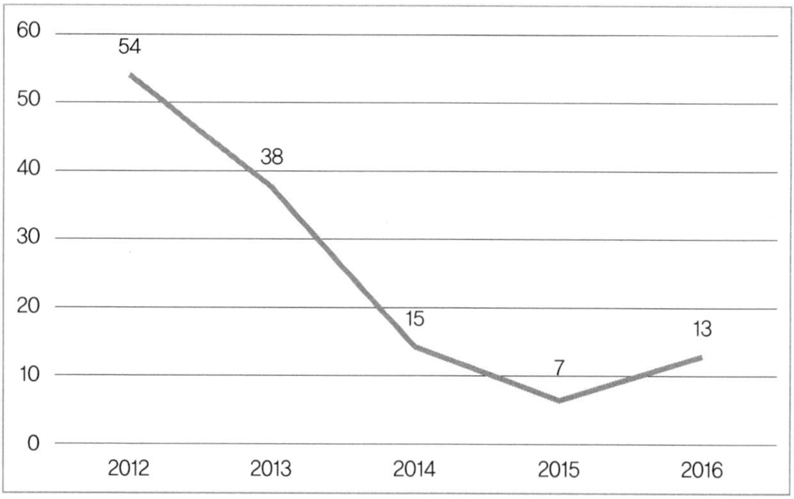

북한과 중국의 인적교류는 목적을 알 수 없는 ‘방문’이 반 이상을 차지하였으며, 참가와 조인이 그 다음 비중을 차지하고 있다. 세 차례의 접견은 2012년 조중공동지도위원회대표단이 중국주석을 만난 것과, 2012년 중국공산당대표단이 북한을 방문해 김정은을 만난 것, 2013년 조선인민군 총정치국장이 김정은의 특사로 중국주석을 만난 것으로 확인된다.

〈표 12〉 북한-중국 인적교류 목적 순위

순위	목적	교류 수	비율
1	방문	64	50.8
2	참가	39	31.0
3	조인	14	11.1
4	접견	3	2.4
5	경기	0	0.0
6	공연	3	2.4
7	지원	1	0.8
8	대화	2	1.6
9	조의	0	0.0
10	대사관 개설	0	0.0
11	학위 수여	0	0.0
합		126	100.0

북한과 중국의 14건의 조인내역을 자세히 살펴보면, 국경다리에 대한 협정이 3건으로 ‘만포-집안국경다리’, ‘원정-권하 새 국경다리’, ‘남양-도문 새 국경다리’의 건설이 진행되었음을 확인할 수 있다. 분야별로는 경제, 문화, 체육, 과학기술, 농업, 영화, 검찰, 철도, 수력발전 등에서 합의서가 도출되었다.

〈표 13〉 북한-중국 조인내역

날짜	조인내역
20120223	조중과학기술협조위원회 제45차회의 베이징에서 진행, 회의 의정서 조인
20120510	조선과 중국정부사이의 만포-집안국경다리의 공동건설과 관리 및 보호에 관한 협정 평양에서 조인
20120528	중국국가공상행정관리총국대표단 31일까지 우리 나라 방문, 29일 조선민주주의인민공화국 상표 및 공업도안, 원산지명사무소와 중국국가공상행정관리 총국사이의 협조에 관한 량해문 평양에서 조인
20121003	중국농업부대표단 6일까지 우리 나라 방문, 4일 조선 농업성과 중국농업부사이의 농업부문협조에 관한 량해문 조인
20121112	중국국가체육총국대표단 16일까지 우리 나라 방문, 14일 조선 체육성과 중국 국가체육총국사이의 2013년 체육교류의정서 평양에서 조인
20130107	중국정부경제무역대표단 11일까지 우리 나라 방문, 9일 조선과 중국정부사이의 경제, 무역, 과학기술협조위원회 제7차 회의에 참가, 두나라 정부사이의 경제기술협조에 관한 협정과 라선경제무역지대와 황금평경제구 관리위원회 사무청사건설과 관련한 문건 조인
20130622	친선대표단 30일까지 중국 방문, 24일 평양연극영화대학과 중국 베이징영화학원사이의 친선대학관계설정에 관한 합의서 베이징에서 조인
20131008	조선과 중국 정부사이의 새 계획년도 문화교류집행계획서 평양에서 조인
20131012	조중수력발전회사 리사회 제65차회의에 참가할 중국측대표단 14일까지 우리 나라 방문, 14일회의 결정서 조인
20131026	우리 나라 최고검찰소대표단 11월 3일까지 중국 방문, 조선 최고검찰소와 중국 최고인민검찰원사이의 협조에 관한 량해문 베이징에서 조인
20140424	철도협조기구 제29차 총사장회의 27일까지 평양에서 진행, 의정서 채택, 철도협조기구위원회대표단, 뽈스까, 로씨야, 중국, 라뜨비야, 마쟈르, 몽골, 아제르바이쟌, 까자흐스딴, 벨라루씨, 우므라이나, 에스또니야, 웰남을 비롯한 여러 나라 철도대표단들 참가
20140627	조선과 중국 정부사이의 원정-권하 새 국경다리의 공동건설과 관리 및 보호에 관한 협정 평양에서 체결
20150915	조선과 중국 정부사이의 남양-도문 새 국경다리의 공동건설과 관리 및 보호에 관한 협정 평양에서 체결

3.3.2. 러시아

러시아는 '조-로 친선의 해'로 지정되었던 2015년 37회 29.8%로 가장 높은 인적교류를 보인다. 그 다음 2014년 29회 23.4%, 2012년 28회 22.6%로, 중국에 비해 큰 폭의 변화나 지속적인 감소를 보이지는 않는다. 특히 조인 수는 2012년, 2014년, 2015년 각각 6회로 동일하여 양자관계의 큰 부침이 없던 것으로 분석할 수 있다.

〈표 14〉 북한-러시아 인적교류 및 조인 현황

	인적교류		인적교류(방북)		인적교류(출국)		조인 수
2012	28	22.6	15	21.4	13	24.1	6
2013	15	12.1	8	11.4	7	13.0	1
2014	29	23.4	18	25.7	11	20.4	6
2015	37	29.8	21	30.0	16	29.6	6
2016	15	12.1	8	11.4	7	13.0	2
합	124	100.0	70	100.0	54	100.0	21

〈그림-4〉 북한-러시아 인적교류 현황

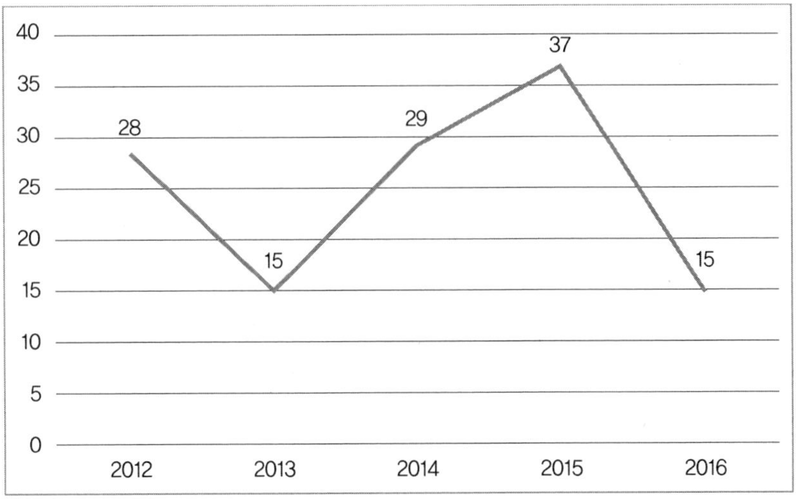

북한과 러시아의 인적교류는 목적을 알 수 없는 '방문'이 55회 44.7%로 가장 높은 비중을 차지하지만, '참가'와 '조인'을 합하면 60회, 48.8%로 목적을 알수 있는 교류가 더 높은 비중을 보였다. 특히 러시아는 4회에 걸쳐 직접적인 물자지원을 진행하였다. 2014년 2회로 소방차와 식량 5만t을 지원하였고, 2016년도 2회로 식량과 물자를 지원하였다. 이는 동 기간 중국이 1회 스위스가 1회인 것과 비교된다.

〈표 15〉 북한-러시아 인적교류 목적 순위

순위	목적	교류 수	비율
1	방문	55	44.7
2	참가	40	32.5
3	조인	20	16.3
4	접견	2	1.6
5	경기	1	0.8
6	공연	1	0.8
7	지원	4	3.3
8	대화	0	0.0
9	조의	0	0.0
10	대사관 개설	0	0.0
11	학위 수여	0	0.0
합		123	100.0

북한과 러시아의 조인 21개의 내역을 살펴보면, 임업, 어업, 군사, 경제, 국경질서 등을 확인할 수 있다. 특히 국경질서, 상대국에서의 임시노동, 범인인도, 비법입국 및 비법체류에 대한 조인이 5건으로 양국의 비공식적 인적교류에 대한 관심과 불안을 확인할 수 있다. 2014년에는 당과 당사이의 협조에 관한 의정서에 조인하기도 하였다.

〈표 16〉 북한-러시아 조인내역

날짜	조인 내역
20120128	수산성대표단 31일까지 로씨야 방문, 30일 조선과 로씨야 정부사이의 비법어업방지분야에서의 협조에 관한 합의서 모스크바에서 조인
20120417	조선과 로씨야 정부사이의 무역, 경제 및 과학기술협조위원회 림업분과위원회 제16차회의 의정서 평양에서 조인
20120623	우리 나라 외무성대표단 30일까지 로씨야 방문, 27일 조선과 로씨야 외무성사이의 2013-2014년 교류계획서 모스크바에서 조인
20120705	조선과 로씨야 정부사이의 조로국경질서에 관한 조약 모스크바에서 조인
20120928	로씨야 울란-우데시대표단 10월 1일까지 우리 나라 방문, 30일 조선민주주의인민공화국 해주시와 로씨야련방 부랴찌야공화국 울란-우데시 사이의 자매관계설정에 관한 합의서 해주시에서 조인
20121003	로씨야련방이민국대표단 5일까지 우리 나라 방문, 5일 조선과 로씨야 정부사이의 일방국가령토안에서 타방국가공민들의 림시로동활동에 관한 협정리행과 관련한 문제들을 해결하기 위한 공동실무그루빠 제3차회의 의정서 조인
20131004	조선과 로씨야 정부사이의 무역, 경제 및 과학기술협조위원회 림업분과위원회 제18차회의 의정서 평양에서 조인
20140322	로씨야련방공산당대표단 27일까지 우리 나라 방문, 조선로동당과 로씨야련방 공산당 사이의 협조에 관한 의정서 조인
20140324	조선과 로씨야 사이의 경제적 및 문화적 협조에 관한 협정 체결 65돐에 즈음하여 조로정부간 무역, 경제 및 과학기술협조위원회 로씨야측 위원장인 원동발전상과 일행 28일까지 우리 나라 방문, 26일 조선과 로씨야 정부사이의 무역, 경제 및 과학기술협조에 관한 회담록 조인
20140421	로씨야 싸할린주정부대표단 25일까지 우리 나라 방문, 24일 조선 국제무역촉진위원회와 로씨야 싸할린주정부 사이의 무역경제협조공동실무그루빠 제7차회의 의정서 조인
20140424	철도협조기구 제29차 총사장회의 27일까지 평양에서 진행, 의정서 채택, 철도협조기구위원회대표단, 뽈스까, 로씨야, 중국, 라뜨비야, 마쟈르, 몽골, 아제르바이쟌, 까자흐스딴, 벨라루씨, 우크라이나, 에스또니야, 웰남을 비롯한 여러 나라 철도대표단들 참가
20140428	로씨야 부수상 겸 원동련방구주재 대통령전권대표와 세계활쏘기련맹위원장 30일까지 우리 나라 방문, 조선 대외경제성과 로씨야 아무르주정부사이의 무역경제협조에 관한 합의서, 우리 나라 철도성과 로씨야 〈모스또비크〉과학생산련합체사이의 철도운수부문협조에 관한 문건 조인

날짜	조인 내역
20140815	조선과 로씨야 정부사이의 일방국가령토안에서 타방 국가공민들의 림시로동활동에 관한 협정리행과 관련한 문제들을 해결하기 위한 공동실무그루빠 제5차회의 의정서 평양에서 조인
20150424	로씨야 정부경제대표단 27일까지 우리 나라 방문, 조선과 로씨야 정부사이의 무역, 경제 및 과학기술협조위원회 제7차회의에 참가, 27일 회의 의정서 조인
20150818	조선과 로씨야 정부사이의 무역, 경제 및 과학기술협조위원회 림업분과위원회 제21차회의 의정서 평양에서 조인
20151014	조선과 로씨야 정부사이의 무역, 경제 및 과학기술협조위원회 공동위원장들의 회담록 평양에서 조인
20151112	우리 나라 정부와 로씨야 정부사이의 위험한 군사행동방지에 관한 협정 평양에서 조인
20151117	조선과 로씨야 사이의 형사사건에서 호상 법률상방조에 관한 조약과 조선과 로씨야 사이의 범인인도에 관한 조약 평양에서 조인
20151211	조선과 로씨야 정부사이의 전력분야에서의 협조에 관한 협정 인민문화궁전에서 조인
20160129	조선민주주의인민공화국 외무성대표단 2월 6일까지 로씨야 방문, 2월 2일 조선과 로씨야 정부들사이의 비법입국 및 비법체류자들의 인도와 접수에 관한 협정과 이를 리행하기 위한 의정서 모스크바에서 조인
20160519	수산업분야에서의 협조에 관한 조로공동위원회 제29차회의 의정서 평양에서 조인

3.3.3. 베트남

북한과 베트남의 인적교류 변화는 러시아와 비슷한 양상을 보인다. 2015년이 19회 33.9%로 가장 높은 비중을 차지하고, 2016년 7회로 2013년과 동일하게 12.5%를 차지하였다. 북한과 베트남의 교류는 북–중 관계, 북–몽 관계에 비해 상대적으로 변화의 폭이 크지 않은 것으로 분석된다.

<표 17> 북한-베트남 인적교류 및 조인 현황

	인적교류		인적교류(방북)		인적교류(출국)		조인 수
2012	15	26.8	8	25.0	7	29.2	3
2013	7	12.5	5	15.6	2	8.3	0
2014	8	14.3	4	12.5	4	16.7	1
2015	19	33.9	11	34.4	8	33.3	1
2016	7	12.5	4	12.5	3	12.5	0
합	56	100.0	32	100.0	24	100.0	5

<그림-5> 북한-베트남 인적교류 현황

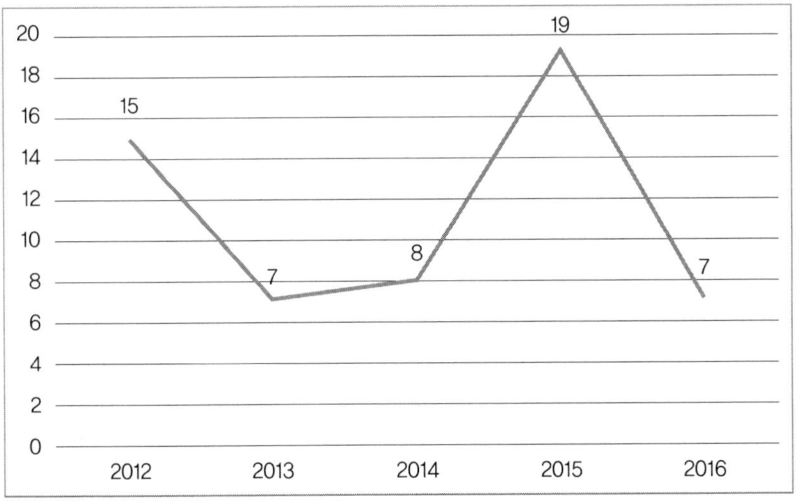

북한과 베트남 인적교류의 목적은 '방문'이 37회 66.1%로 반 이상의 비중을 차지하고, 조인내역은 총 5건으로 양국관계는 공개되지 않은 부분이 높을 것으로 보인다.

〈표 18〉 북한-베트남 인적교류 목적 순위

순위	목적	교류 수	비율
1	방문	37	66.1
2	참가	12	21.4
3	조인	5	8.9
4	접견	1	1.8
5	경기	1	1.8
6	공연	0	0.0
7	지원	0	0.0
8	대화	0	0.0
9	조의	0	0.0
10	대사관 개설	0	0.0
11	학위 수여	0	0.0
합		56	100.0

북한과 베트남의 인적교류 수는 높지만, 상대적으로 조인 수(5회)는 라오스, 쿠바와 같은 수준으로 몽골보다 낮다. 2012년 3건의 조인, 2014년 2015년 각 1건의 조인이후 2016년에는 조인내역이 확인되지 않는다. 조인 내역의 대부분은 경제에 관련된 것으로, 당 대 당의 관계는 확인되지 않는다.

〈표 19〉 북한-베트남 조인내역

20120414	우리 나라 문화성과 웰남 문화, 체육 및 관광성사이의 2012-2014년도 문화교류계획서 평양에서 조인
20120630	국가품질감독위원회대표단 7월 14일까지 웰남, 중국 방문, 조선 국가품질감독위원회와 웰남 규격, 계량 및 품질리사회사이의 2012-2013년 규격화, 계량, 품질관리부문 협조계획서 7월 3일 하노이에서 조인
20120827	웰남 정부경제대표단 30일까지 우리 나라 방문, 29일 조선과 웰남 정부사이의 경제 및 과학기술협조위원회 제8차회의 회담록 평양에서 조인
20140424	철도협조기구 제29차 총사장회의 27일까지 평양에서 진행, 의정서 채택, 철도협조기구위원회대표단, 뽈스까, 로씨야, 중국, 라뜨비야, 마쟈르, 몽골, 아제르바이쟌, 까자흐스딴, 벨라루씨, 우크라이나, 에스또니야, 웰남을 비롯한 여러 나라 철도대표단들 참가

20150907	웰남사회주의공화국 공업 및 상업성대표단 11일까지 우리 나라 방문, 우리 나라 대외경제성대표단과 웰남 공업 및 상업성대표단의 회담 8일과 10일 만수대의사당에서 진행, 회담록 조인

3.3.4. 몽골

북한과 몽골은 2013년 몽골 대통령의 북한 방문을 전후로 한 2013-2015년 기간 활발한 인적교류를 보이다가, 2016년 단 3회로 급격히 하락한다. 한편, 방북의 수치가 출국보다 약 2배가 높아, 몽골이 북한에 대한 관심이 높은 것으로 보인다.

〈표 20〉 북한-몽골 인적교류 및 조인 현황

	인적교류		인적교류(방북)		인적교류(출국)		조인 수
2012	8	16.7	4	12.9	4	23.5	1
2013	13	27.1	11	35.5	2	11.8	3
2014	14	29.2	8	25.8	6	35.3	3
2015	10	20.8	6	19.4	4	23.5	0
2016	3	6.3	2	6.5	1	5.9	1
합	48	100.0	31	100.0	17	100.0	8

〈그림-6〉 북한-몽골 인적교류 현황

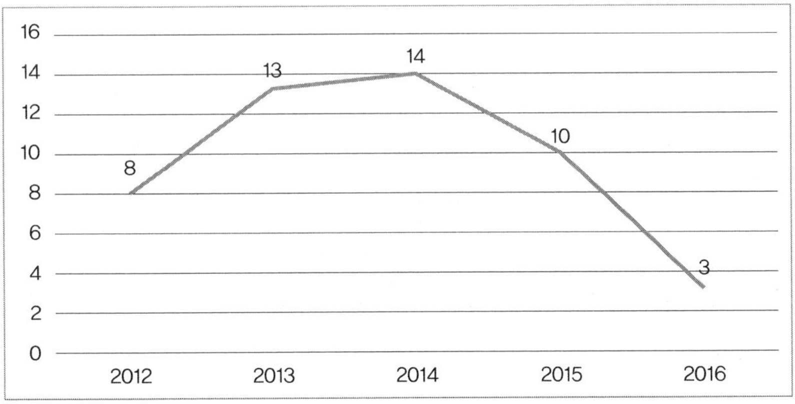

북한과 몽골의 인적교류도 다른 국가와 마찬가지로 '방문'이 가장 높은 비중으로 나타난다. 한편 2013년 몽골의 대통령이 북한을 방문하기 전 북한의 인민보안부대표단이 몽골에서 몽골 대통령을 접견했으며, 몽골 대통령이 다녀간 이후, 2014년에는 조선로동당대표단이, 2015년에는 외무상 일행이 몽골 대통령을 접견하였다.

〈표 21〉 북한-몽골 인적교류 목적 순위

순위	목적	교류 수	비율
1	방문	27	56.3
2	참가	9	18.8
3	조인	8	16.7
4	접견	3	6.3
5	경기	1	2.1
6	공연	0	0.0
7	지원	0	0.0
8	대화	0	0.0
9	조의	0	0.0
10	대사관 개설	0	0.0
11	학위 수여	0	0.0
합		48	100.0

북한과 몽골의 조인내역을 살펴보면, 총 8회의 조인 중 6회가 2013년과 2014년에 이루어졌다. 이는 몽골 대통령의 북한 방문이 직접적인 계기가 된 것으로 보인다. 특히 2013년 10월 몽골대통령의 방문 당시 아래와 같이 3개의 조약이 동시에 조인되었다. 또한 2014년 3월에도 2개의 양해문이 조인되어, 실제 11개의 조인 결과가 확인되었다. 조인 내역은 정보기술, 농업, 경제, 무역, 과학기술, 문화 등 다양한 주제를 포괄하여 향후 북-몽 간의 활발한 교류가 기대된다.

〈표 22〉 북한-몽골 조인내역

20121126	몽골사법성대표단 29일까지 우리 나라 방문, 27일 인민보안부와 몽골 사법성사이의 협조에 관한 합의서 평양에서 조인
20130701	몽골 정보기술, 우편 및 통신국대표단 4일까지 우리 나라 방문, 3일 조선과 몽골 정부사이의 정보기술분야에서의 교류와 협조에 관한 협정 조인
20130723	조선민주주의인민공화국 대외문화 련락위원회와 몽골평화친선련맹사이의 친선 협조에 관한 합의서 평양에서 조인
20131028	몽골대통령과 일행 31일까지 우리 나라 방문, 28일 조선과 몽골 정부사이의 공업 및 농업분야에서의 협조에 관한 협정과 문화, 체육 및 관광분야에서의 협조에 관한 협정, 조선 국가쏘프트웨어산업총국과 몽골 정보기술, 우편 및 통신국사이의 2013년-2015년 정보기술분야에서의 교류계획서 조인
20140331	조몽정부간 경제, 무역 및 과학기술협의위원회 몽골측 위원장인 공업 및 농업상과 일행 4월 3일까지 우리 나라 방문, 4월 2일 조선과 몽골정부사이의 조선-몽골친선공동회사설립에 관한 량해문, 조선 대외경제성과 몽골 로동성사이의 량해문 각각 조인
20140424	철도협조기구 제29차 총사장회의 27일까지 평양에서 진행, 의정서 채택, 철도협조기구위원회대표단, 뽈스까, 로씨야, 중국, 라뜨비야, 마쟈르, 몽골, 아제르바이쟌, 까자흐스딴, 벨라루씨, 우크라이나, 에스또니야, 윁남을 비롯한 여러 나라 철도대표단들 참가
20140911	조선 국가과학기술위원회와 몽골 교육과학성사이의 과학기술협조에 관한 량해문 평양에서 조인
20160121	조선과 몽골 정부들사이의 새 계획년도 문화교류계획서 인민문화궁전에서 조인

3.3.5. 일본

북한과 일본의 인적교류는 2012년 13회 31.7%로 가장 높은 수치를 보이지만, 이후 하락없이 같은 수치를 유지하고 있다. 특히 2012년 북한의 단체가 일본에 2회 출국한 이후 북한은 일본에 단 1회도 가지 않았다. 2014년 조일 정부간 회담도 베이징에서 진행되었다.

〈표 23〉 북한-일본 인적교류 및 조인 현황

	인적교류		인적교류(방북)		인적교류(출국)		조인 수
2012	13	31.7	11	28.2	2	100.0	0
2013	7	17.1	7	17.9	0	0.0	1
2014	7	17.1	7	17.9	0	0.0	1
2015	7	17.1	7	17.9	0	0.0	1
2016	7	17.1	7	17.9	0	0.0	0
합	41	100.0	39	100.0	2	100.0	3

〈그림-7〉 북한-일본 인적교류 현황

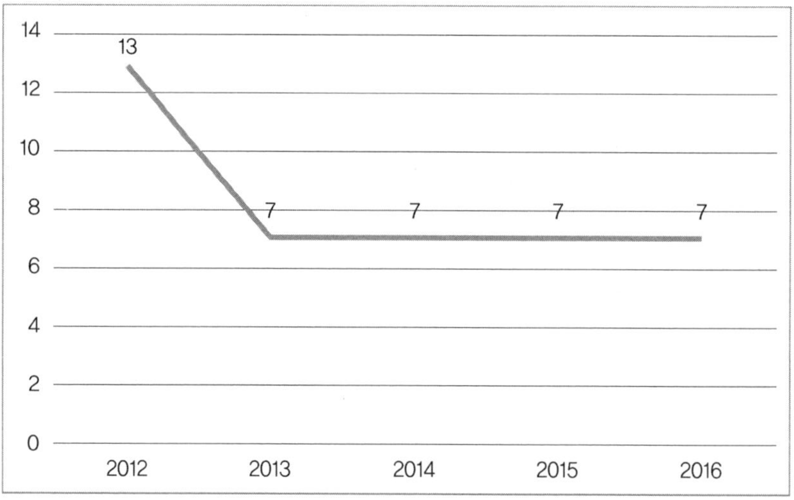

북한과 일본의 인적교류는 '방문'이 80.5%로 압도적인 비중을 차지하는데, 이는 북한을 방문하는 일본 단체의 특징 때문인 것으로 보인다. 예를 들어, 일부 '의원일행'을 제외한 일본 정부의 고위관료나 부서의 단체는 발견되지 않으며, '불교계대표단, 일조음악예술교류회 독창가일행, 나가노현민회의대표단, 사이다마현민회의대표단, 후꾸오까현 일조우호협회대표단, 일조우호교또네트' 등이 대부분을 차지한다.

〈표 24〉 북한-일본 인적교류 목적 순위

순위	목적	교류 수	비율
1	방문	33	80.5
2	참가	4	9.8
3	조인	2	4.9
4	접견	0	0.0
5	경기	2	4.9
6	공연	0	0.0
7	지원	0	0.0
8	대화	0	0.0
9	조의	0	0.0
10	대사관 개설	0	0.0
11	학위 수여	0	0.0
합		41	100.0

북한과 일본의 조인은 총 3건으로 이 중 2건이 체육에 관한 합의서이다. 따라서 북한과 일본의 정부 간 공식적인 관계는 매우 미비한 것으로 보인다.

〈표 25〉 북한-일본 조인내역

20131104	조일우호친선협회와 일본의 특정비영리활동법인 체육평화교류협회사이의 평양대리사무소개설에 관한 합의서 평양에서 조인
20140701	조일정부간회담 중국 베이징에서 진행, 합의에 따라 일본 정부 4일 인적왕래규제, 송금 및 휴대금액과 관련하여 공화국에 취하고 있는 특별한 규제, 인도주의목적의 공화국국적선박의 일본입항금지를 내용으로 하는 대조선제재를 해제한다는 것을 공식 발표, 우리 공화국 4일부터 〈특별조사위원회〉를 조직하고 모든 일본인에 관한 포괄적 조사를 개시
20150830	조선체육대학과 일본체육대학사이의 학술 및 체육교류에 관한 협정 평양에서 조인, 조선체육대학팀과 일본체육대학팀사이의 남, 녀축구경기들 김일성경기장에서 진행

3.4. 북한의 출국 단체별 특징

북한은 5년간 총 372회의 인적교류를 위해 출국하였다. 출국의 단체는 정부기관이 184회 49.5%로 당 30회 8.1%에 비해 높은 비중을 차지하였다. 따라서, 북한의 대외관계는 당 대 당의 관계보다 정부 간의 관계 비중이 높은 '정상국가'의 모습을 보인다고 할 수 있다. 또한 외곽단체의 비율이 당과 군 단체보다 월등히 높은 점도 특징이라고 하겠다. 한편, 5년간 김정은의 해외 방문은 1차례도 없었으며, 쿠바와 싱가포르의 조의행사에도 김영남 최고인민회의 위원장이 참석하였다.

〈표 26〉 인적교류 출국 단체 분류별 현황

단체구분	출국 수	비율
정	184	49.5
외곽	78	21.0
기타	63	16.9
당	30	8.1
군	14	3.8
당,정	3	0.8
합	372	100.0

〈그림-8〉 인적교류 출국 단체 분류별 현황

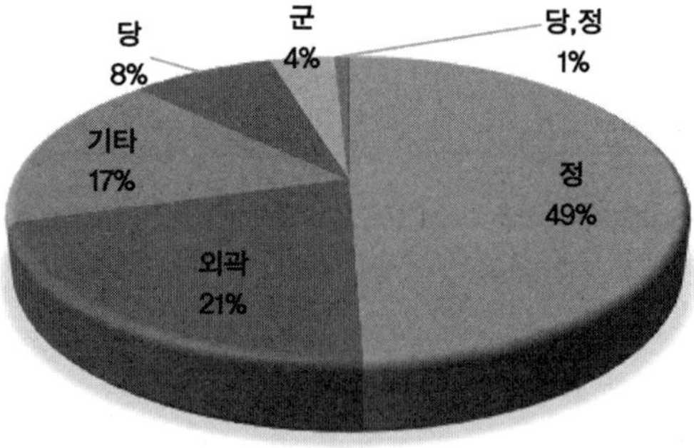

북한의 출국 단체를 자세히 살펴보면, 개별 단체로는 '조선로동당대표단'이 28회 7.5%로 2위를 차지하며, 1위인 정부대표단과 유사한 비율을 보인다. 이는 당, 정, 군의 분류에서 정부에 해당하는 '외무성대표단', '정부대표단', '최고인민회의 일행'등이 세부 분류되었기 때문이다. 한편, 외곽단체인 '김일성사회주의청년동맹대표단'과 '조선직업총동맹대표단'도 높은 수치를 보이며, '김일성사회주의청년동맹대표단'은 2016년 '김일성-김정일사회주의청년동맹'으로 개칭된 것을 확인할 수 있었다.

〈표 27〉 인적교류 출국 단체별 현황

단체명	교류 수	비율
정부대표단	31	8.3
조선로동당대표단	28	7.5
외무성대표단	16	4.3
김일성사회주의청년동맹대표단	16	4.3
조선직업총동맹대표단	15	4.0
국가대표단	15	4.0
최고인민회의 상임위원회 위원장	14	3.8
조선민주녀성동맹대표단	13	3.5
보건대표단	11	3.0
최고인민회의대표단	11	3.0
외무상	10	2.7
적십자회대표단	10	2.7
정부경제대표단	10	2.7

4. 결론

본 연구는 1990년대 이후 북-미관계와 북-중 관계, 핵문제에 집중되어 있던 북한의 대외관계를 총체적으로 살펴보고자 하였다. 이를 위해 북한의 공식연감인 『조선중앙년감』의 대외관계일지를 2012년부터 2016년까지 연도별, 국가별, 단체별, 목적별로 DB화 하여 그 특징을 분석하였다. 결과 크게 세 가지의 특징을 도출하였다. 첫째, 북한의 대외관계는 핵실험에 영향을 받았다. 둘째, 북한의 대외관계는 다각도로 진행되고 있다. 셋째, 북한은 대외관계에서 국익을 추구하는 정상국가의 모습을 보인다.

첫째, 북한은 김정은 집권이후 4차례의 핵실험을 감행하였으며, 그에 따른 인적 교류의 변화가 확인되었다. 김정은 집권 후, 공식수교 국가인 161개보다 낮은 93개 국가와 총 843회의 인적교류를 진행하였다. 연도별 분석에서 2012년(209회, 24.8%)이 가장 활발한 인적교류를 보였고, 2016년(131회, 15.5%)은 2012년의 약 절반정도 수준으로 하락하여 최하의 교류를 기록했다. 이는 2016년부터 3회에 걸쳐 진행한 북한의 핵실험(2006.10, 2009.5., 2013.2., 2016.1., 2016.9., 2017.9.) 영향이 인적교류에 반영된 것으로 보인다.

둘째, 북한의 대외관계는 중국, 미국 외에, 러시아, 몽골, 그리고 영국을 대표로 하는 유럽, 베트남을 대표로 하는 동남아시아와도 높은 인적교류를 보인다. 국가별 분석에서는 개별국가로는 중국과 러시아가 압도적인 비율을 차지하였지만, 영국과 이탈리아, 독일을 중심으로 한 유럽연합과 베트남, 라오스, 인도네시아를 중심으로 한 동남아시아의 관계도 높은 수준으로 확인되었다. 또한 공식교류가 없는 미국과의 교류도 방북과 출국 모두 10위권 안에서 확인되었다. 이를 통해 북한이 추구하고 있는 대외관계의 다각화를 확인할 수 있었다. 한편, 중국은 인적교류의 급격한 변화를 보이는 반면 러시아는 상대적으로 큰 폭의 변화를 보이지 않았다. 또한 대통령의 방북으로 높은 수준을 유지하던 몽골과의 인적교류는 2016년 급락하였다.

셋째, 북한은 대외관계에서 정부와 근로단체가 주도적인 역할을 하며 국익을 추구하는 정상국가의 모습이 발견된다. 북한의 출국 단체별 구분에서는 당(30회, 8.1%)보다 정부(184회, 49.5%)의 비율이 압도적으로 높았으며, 구체적인 단체명에서 '김일성-김정일사회주의청년동맹'[15]과 '조선직업총동맹', '조선민주녀성동맹' 등 외곽기구가 활발히 활동하는 점을 확인 할 수 있었다. 따라서 현재 북한의 대외관계는 사회주의국가를 표방하는 '당 대 당'의 외교가 아닌 정상국가의 모습이 확인되며 향후 타 국가의 체제적 성격에 상관없이 실리적인 관계를 확장할 것으로 분석된다.

마지막으로, 목적별 분류에서는 외교적 특성상 목적을 알 수 없는 '방문'의 형식이 가장 높았으나, 교류 비율이 높은 5개국가(중국, 러시아, 베트남, 몽골, 일본)의 구체적인 조인내역을 통해 각 국가와의 관심분야와 향후 발전 방향을 예측할 수 있었다. 또한 조인 수의 변화에서도 중국과 달리 러시아는 큰 폭의 변화 없이 지속되고 있으며, 몽골은 2016년 급격히 하락하였지만, 대상기간 교류 수에 비해 높은 조인 수를 보여주어, 향후 북한-러시아와 북한-몽골의 관계가 주목된다.

이 연구를 통해 북한의 대외관계는 외부에서 주목받고 있는 북-미관계와 북-중 관계, 핵문제외에도 다양한 국가(지역)와의 교류가 확인되었으며, 향후 북한의 대 러시아, 몽골, 유럽, 동남아시아와의 관계에 대한 관심이 요구된다.

15) 2015년까지 '김일성사회주의청년동맹단'이었으나, 2016년부터 '김일성-김정일사회주의청년동맹단'으로 개칭되었다.

참고문헌

김영재, 「김정은 정권의 외교정책-권위 추구형 핵 · 병진노선을 중심으로」, 『한국정치외교사논총』 제38집, 2호, 한국정치외교사학회, 2017.

김일성, 「당 중앙위원회 사업 총화 보고」, 편집부 엮음, 『북한 '조선로동당'대회 주요 문헌집』, 돌베개, 1988.

정성윤, 「김정은 정권의 대외관계와 안보전략-분석 및 평가 그리고 전망」, 『21세기정치학회보』, 제24권, 1호, 2014.

채규철, 「김정은체제의 생존전략-변화와 지속성」, 『한국정치외교사논총』 제37집, 1호, 한국정치외교사학회, 2015.

통계청, 『북한의 주요통계지표 2017』.

통일교육원, 『2018 북한 이해』.

통일부, 『북한 주요기관 · 단체 인명록 2018』.

조선중앙통신사, 『조선중앙년감(2013)』, 2013.

조선중앙통신사, 『조선중앙년감(2014)』, 2014.

조선중앙통신사, 『조선중앙년감(2015)』, 2015.

조선중앙통신사, 『조선중앙년감(2016)』, 2016.

조선중앙통신사, 『조선중앙년감(2017)』, 2017.

홍석훈, 「김정은 정권의 신대외전략 분석」, 『정치정보연구』, 제18권, 2호, 2015.

『로동신문』.

[법률]

북한의 입법 및 법학연구 동향

북한 김정은 정권의 입법 동향과 전망*

박정원**

1. 서언

김정은은 김정일이 구축하여 놓은 사회주의헌법상 국방위원회의 강력한 군부권력의 통제를 통해 비교적 안정적으로 북한 권력체제를 장악하고 있다. 이른바 '수령의 유일지배체제'라는 북한의 정치체제의 특성상 세습적 권력승계체제를 이루고 있다. 김정은은 권력의 안정성 확보를 위해 군체제를 기반으로 했던 김정일체제와는 달리 당 중심의 권력체제로의 개편 과정을 보여주었다. 이는 2016년 제7차 당대회의 개최를 통해 당규약을 개정하는 등의 조치로써 김정은정권의 확고한 기반을 대내외에 공표함으로써 확인되었다.

최근 남북정상회담으로 이른바 '판문점선언'을 내고 북미정상회담을 계기로 김정은위원장은 한반도의 새로운 환경을 모색하고 있다. 국제사회의 일원으로서 정상국가의 모습을 과시하는 동시에 북한의 경제발전을 위한 새로운

---

* 이 연구는 拙稿, "'2016년 북한 법전(중보판)'의 내용과 특징 분석", 「북한법연구」, 제17호, 북한법연구회, 2017"을 수정 보완한 것임.

** 법학박사, 국민대학교 법과대학 교수

시도를 행동으로 구체화하고 있다. 2011년 12월 김정일 국방위원장의 급서 후 정권을 이어 받은지 6년이 되는 시점에서 김정은은 체제안전의 보장을 전제로 하여 정치적이고 경제적인 측면에서 새로운 질서를 세우려는 적극적인 시도를 하고 있다.[1] 이미 김정은 위원장[2]은 집권 이후 사회주의헌법을 개정하는 동시에 북한의 대내적인 법령에 대해 비교적 많은 부분에서 정비를 하여 왔음을 알 수 있다.

따라서 김정은체제에서 이루어진 법령정비 내용은 최근 북한의 대내외적 정책의 방향과 내용을 엿볼 수 있게 한다. 김정은은 수령체제의 수호와 함께 그의 권력체제의 기반을 완성하기 위한 권력개편을 하여 왔으며, 한편 북한 주민의 경제생활을 높이기 위한 정책을 펴 왔다. 여하튼 김정은의 국정운영의 방식과 내용은 사회주의헌법과 법령 정비를 통해 가시화되고 있다. 그래서 사회주의 헌법상 국가기관체계의 변화내용과 대내외적의 정책 추진 관련 법령의 개편 내용과 특징을 분석하는 것은 현실적으로 북한 김정은체제 하의 국정운영을 판단하는 데에 도움이 될 것이다. 이에 여기서는 김정은이 집권한 이후 추진된 북한의 법제정비 내용의 대강을 검토함으로써 김정은 정권의 방향을 전망하여 본다.

이를 위해 김정은 정권이 2012년부터 본격적으로 출범한 시점에서 2016년까지 북한의 헌법 및 주요 법령의 제 · 개정 현황과 특징, 변화 추이를 살펴본다. 이에 북한 사회의 변화 동향과 특징에 비추어 북한 법령을 분석한다. 북한법령의 변화 추이에 대한 논구는 결국 급변하는 국제정세 속에서 김정은 정권의 국정 운영의 방향을 살피는 데에 긴요하다. 비록 북한의 법령에 대한 실제적인 규범력에 대한 부정적인 평가가 있지만, 현실적으로 북한법에 대한

---

1) 2018년 6월 12일 싱가포르에서 열리는 북미정상회담은 남북관계 뿐만 아니라 북한의 대내외적인 정책 전개에도 큰 영향을 미칠 것으로 전망된다.

2) 김정은은 2016년 제7차 당대회에서 조선로동당의 수위의 직명을 '제1비서'에서 '위원장'으로 개칭하였으며, 헌법 개정에 의해 헌법상 수위의 자리를 '국방위원회 제1위원장'에서 '국무위원장'으로 개편하였다. 이에 대해서는 후술한다.

분석은 북한의 상황을 파악하는 데에 도움이 된다는 점에서 필요하다. 실제로 북한에서 법령정비는 가속화되고 있고, 특히 '사회주의법제사업' 강화와 '사회주의 법치국가론'을 내세우고 있는 가운데 북한당국의 법에 대한 중시의 현상을 판단하는 일은 간단하지 않다. 따라서 여기서 김정은정권의 입법동향과 그 내용 연구는 북한의 미래상황을 평가하는 주요한 자료가 될 것이다.

2. 북한 김정은 정권과 '2016년 법전'

2.1. 연혁

북한은 2004년부터 법전(대중용)을 발간한 이후 2년마다 증보판을 내놓았다. 북한 대중용법전은 김일성시대에서 법의 비공개 상태를 벗어나 대내외에 법을 공표하는 징표로써 입법의 전환점을 마련하였다. 이는 2000년대 들어서서 김정일 정권이 과거 김일성시대에 비해 법제정비를 확대함에 따라 법전 발간의 필요성과 배경이 되었다고 할 수 있다. 김정일시대에 활발하게 이루어진 법제정비는 김정은정권에서도 그대로 이어지고 있다. 김정은이 집권하고 나서 나온 2016년 북한 법전(이하 '2016년 법전'이라고 함)[3]은 '증보판'의 형식으로 되어 있다. 2012년 출판된 《조선민주주의인민공화국 법전》 (이하 '2012년 법전'이라고 함) 이후 4년의 기간 동안 제 · 개정 된 법령의 전문 또는 해당 조문들을 수록하였다.[4] 2016년 법전은 김정은 정권이 시행한 주요한 법령의 내용을 포함하고 있다.

이에 여기서는 2016년 법전에 기초하여 북한법령의 정비내용을 살피고,

3) 「조선민주주의인민공화국 법전 (증보판)」, 평양: 법률출판사, 2016. 6. 15, 1~542면.

4) 2012년 법전은 모두 1380면으로 인쇄되었으며 조선출판물수출입사 인쇄소에서 인쇄한 것이라 하였다. 2016년 증보판은 인쇄소를 모란봉인쇄공장이라고 표기하였다. 그리고 "ISBN 978-9946-418-" 이라고 표시하고 있다.

기존의 법전에 비추어 어떠한 변화를 보이고 있는가를 분석한다. 특히 김정은의 급작스런 정권승계 이후 일련의 대내외정책이 시행되는 과정에서 나타나는 법령의 변화를 분석하는 것은 북한정권 정책기조를 파악하는 의미가 있다. 물론 북한사회가 우리와 같은 법치주의 사회에 기반하지 않고 있지만 형식적이나마 법치적 국정운영 또는 국정운영의 법제화의 방향으로 발전하여 나아가고 있다는 움직임을 엿볼 수 있다. 그래서 북한법령의 분석은 북한의 법치적 관점에서의 발전적 계기라는 점을 주목하여 접근할 필요가 있다.

2.2. '2016년 법전'의 구성과 체계

2.2.1. 구성

북한 2016년 법전은 이전의 2012년 법전에 비추어 다음의 차이와 특징을 보여준다.

첫째, 2016년 법전은 서문을 두지 않고 있다. 이에 비해 2012년 법전은 서문을 두어 "'출판사로부터'(머리말)에서 공민들의 준법의식을 높여 온 사회에 준법기풍을 확립하기 위하여 《조선민주주의인민공화국 법전》을 '법률출판사'를 통해 2004년(제1판)과 2012년(제2판)[5]에 출판 · 발행하였다"고 설명하고 있었다.

둘째, 2016년 법전은 최신의 법령을 포함하고 있다. 2016년 6월 29일 수정 보충된 '사회주의헌법'을 담고 있으며, 2012년 7월부터 2015년 12월까지 기간 동안 제정 및 개정된 법률들을 수록하였다. 그 가운데 새로 제정된 법률은 각 년도별로 보면 다음과 같다.

2012년에는 광천법, 내화물관리법, 도시미화법, 대기오염방지법, 무역화물검수법, 문화유산보호법, 방송시설법, 법제정법, 지방예산법 등 9개이다.

---

5) 특히 2012년 법전은 김일성동지의 탄생 100돌과 김정일동지의 탄생 70돌에 즈음하여 편찬 발행하였다고 밝히고 있었다. 2016년 증보판은 머리말을 달지 않고 있다.

2013년에는 금수산태양궁전법, 경제개발구법, 공원유원지관리법, 작물유전자원관리법, 잠업법, 재생에네르기법, 항무감독법, 우주개발법 등 8개이다.

2014년에는 건설감독법, 국경통과지점관리법, 무역빔배용선중개법, 소금법, 종합무역장관리법, 중소탄광법, 재해방비및구조복구법, 편의봉사법 등 8개이다.

그리고 2015년에는 교원법, 다른 나라 배대리업무법, 독성물질취급법, 방송법, 민족문화유산보호법, 외국투자기업회계검증법 등 6개 등을 수록하였다. 이들 제정법률은 모두 31개에 달한다.

셋째, 2016년 법전의 구성은 구체적으로 독립된 차례를 기준으로 하여 보면, 사회주의헌법을 시작으로 2012년부터 연도별로 총 4편으로 구분하여 정리하고 있다.[6] 또한 각 편에서 '새로 채택된 법'과 '수정보충된 법'으로 나누어 분류하여 제정법과 개정법으로 구분하였다.[7] 그리고 각 법률의 순서는 법률의 제목에 따라 자모순으로 정리하고 있다. 다만, 사회주의헌법은 자모와 관계없이 제일 처음 수록하고 있다. 북한에서도 헌법이 국내법으로서 최고법이라고 설명하고 있다는 점에서 최우선적 규범의 성격과 지위를 반영한 것이라고 볼 수 있다.

2016년 법전의 현황에 대한 설명은 필자의 연구에서 표로 구성하여 제시한 바가 있다.[8]

---

6) 제1편 주체101(2012년), 제2편 주체 102(2013년), 제3편 주체 103(2014년), 제4편 주체 104(2015년)로 되어 있다.

7) 제정된 법률은 31개이며, 개정된 법률은 106개이다.

8) 2016년 법전상 법률의 개수, 내용, 특징 등을 분석하여 필자가 작성하였다. 박정원, "'2016년 북한 법전(중보판)'의 내용과 특징 분석", 「북한법연구」, 제17호, 북한법연구회, 2017, 409~422면 참조.

2.2.2. 수록 법률의 수

2012년 법전에 수록된 법령의 수는 사회주의헌법을 포함하여 총 187개 법령이었다. 이에 비해 2016년 법전은 2012~2015년 사이에 제정된 31개 법령의 수를 합하면 총 218개이다.[9] 이 가운데 특징적인 부분은 2015년 채택된 '민족유산보호법'이다. 이 법은 원래 기존 2012년 법전에 수록 되어 있던 '문화유물보호법'이 효력을 잃고 2012년 8월 '문화유산보호법'으로 채택되어 있었던 법이었다. 이에 의하면, 문화유산보호법은 2015년 '민족유산보호법'의 채택과 함께 실효되었다는 점을 고려하면 실제로 현재 북한 법전을 통해 효력이 있는 것으로 파악되는 법령의 수는 216개로 판단된다.

2016년 법전은 발간 이전 민주조선 등의 법규해설 등을 통해 일부 제정 또는 개정사실이 알려진 법률에 대해 그 전문을 수록하였다. 예컨대 법제정법, 전력법 등을 포함하고, 대외경제중재법, 인민경제계획법, 경제개발구법 등은 이미 조문이 알려진 법들로써 법전에 수록되어 있다.

2.3. 북한 2016년 법전 현황: 2012년 법전과 비교

2.3.1. 연도별 제정 및 개정 현황

2016년 법전에 기초하여 2012년부터 2015년까지 연도별로 제정되거나 개정된 법률은 다음과 같이 표로 정리해볼 수 있다.

[표 2-1] 2012년 제 · 개정 법령

제정 법령	개정 법령
1. 광천법 2. 내화물관리법 3. 도시미화법	1. 농장법 2. 담배통제법 3. 도서관법

9) 2016년에 개정된 사회주의헌법은 제외되었다.

제정 법령	개정 법령
4. 대기오염방지법	4. 살림집법
5. 무역화물검수법	5. 상표법
6. 문화유산보호법	6. 저작권법
7. 방송시설법	7. 축산법
8. 법제정법	8. 형사소송법
9. 지방예산법	9. 의료법

[표 2-2] 2013년 제 · 개정 법령

제정 법령	개정 법령	
1. 금수산태양궁전법	1. 교육법	17. 수의방역법
2. 경제개발구법	2. 국장법	18. 자연보호구법
3. 공원, 유원지관리법	3. 과학기술법	19. 장애자보호법
4. 작물유전자원관리법	4. 농장법	20. 지하자원법
5. 잠업법	5. 도로교통법	21. 출입국법
6. 재생에네르기법	6. 도로법	22. 하천법
7. 항무감독법	7. 도시경영법	23. 항만법
8. 우주개발법	8. 대기오염방지법	24. 형법
	9. 대동강오염방지법	25. 해사감독법
	10. 무역화물검수법	26. 해상짐수송법
	11. 보통교육법	27. 해운법
	12. 산림법	28. 화약류취급법
	13. 상품식별부호법	29. 환경보호법
	14. 수산법	30. 쏘프트웨어산업법
	15. 수출입상품검사법	31. 어린이보육교양법
	16. 식료품위생법	32. 원림법

[표 2-3] 2014년 제 · 개정 법령

제정 법령	개정 법령	
1. 건설감독법	1. 건설법	13. 산림법
2. 국경통과지점관리법	2. 공중위생법	14. 살림집법
3. 무역짐배용선중개법	3. 공원, 유원지관리법	15. 수산법
4. 소금법	4. 기업소법	16. 자금세척방지법
5. 종합무역장관리법	5. 과수법	17. 전염병예방법

제정 법령	개정 법령	
6. 중소탄광법	6. 농장법	18. 평양시관리법
7. 재해방지 및 구조, 복구법	7. 도시경영법	19. 합작법
8. 편의봉사법	8. 대동강오염방지법	20. 합영법
	9. 대외경제중재법	21. 형법
	10. 로동보호법	22. 환경보호법
	11. 바다오염방지법	23. 아동권리보장법
	12. 발명법	24. 양어법

[표 2-4] 2015년 제 · 개정 법령

제정 법령	개정 법령	
1. 교원법	1. 고등교육법	22. 선원법
2. 다른 나라 배대리업무법	2. 공민등록법	23. 설비관리법
3. 독성물질취급법	3. 교육법	24. 수산법
4. 민족문화유산보호법	4. 규격법	25. 자재관리법
5. 방송법	5. 기업소법	26. 전력법
6. 외국투자기업회계검증법	6. 녀성권리보장법	27. 전파관리법
	7. 농장법	28. 전염병예방법
	8. 도로교통법	29. 중앙은행법
	9. 도로법	30. 재정법
	10. 도시경영법	31. 철도법
	11. 도시미화법	32. 축산법
	12. 량정법	33. 폭발물처리법
	13. 로동정량법	34. 품질감독법
	14. 무역법	35. 항무감독법
	15. 민사소송법	36. 형법
	16. 보통교육법	37. 회계검증법
	17. 보험법	38. 회계법
	18. 배안전법	39. 인민경제계획법
	19. 사회주의로동법	40. 외국인투자기업 및 외국인세금법
	20. 산림법	
	21. 상업은행법	41. 외국인투자기업로동법

2.3.2. 두 번 이상 개정 법률

2012년부터 2015년 사이에 두 번 이상 개정되거나 제정 후 개정된 경우가 있다. 다음 표에서 살펴볼 수 있다.

[표 2-5] 2012~2015년 두 차례 이상 개정된 법령 (총 15개)

해당 법령	개정 연도
농장법	12년, 13년, 14년, 15년
살림집법	12년, 14년
축산법	12년, 15년
교육법	13년, 15년
도로교통법	13년(5월 · 11월), 15년
도로법	13년(7월 · 10월), 15년
도시경영법	13년, 14년, 15년
보통교육법	13년, 15년
산림법	13년(3월 · 7월), 14년, 15년
수산법	13년, 14년, 15년
형법	13년(6월 · 9월 · 11월), 14년, 15년
환경보호법	13년, 14년
기업소법	14년, 15년
대동강오염방지법	13년, 14년
전염병예방법	14년, 15년

[표 2-6] 2012~2015년 제정 후 개정된 법령 (총 5개)

해당 법령	제정 연도	개정 연도
도시미화법	12년	15년
대기오염방지법	12년	13년
무역화물검수법	12년	13년
공원, 유원지관리법	13년	14년
항무감독법	13년	15년

2.3.3. 부문별 제정 및 개정 법률 현황

2012년 법전은 북한 법령을 18개의 부문으로 나누어 분류하여 수록하고 있었다.[10] 2016년 법전은 부문별로 분류하지 않고 채택 및 수정보충된 법률을 자모순(가나다순)으로 수록하고 있다. 2012년 법전을 기준으로 하여 2016년 법전에 수록된 개정 법령을 부문별로 분류해 볼 수 있다.[11]

2.3.4. 제정 법률의 부문별 분류와 개정 법률 수의 비율

2016년 법전에 수록된 2012년부터 2015년 사이에 새로 제정된 법령의 내용에 비추어 기존 부문별 분류체계에 따라 분류해보면 다음의 표와 같다 아울러 살펴본 바와 같이 부문별 법률은 2012년 법전에 대비하여 2016년 법전 수록 법률 개정의 수를 비율로 나타내 볼 수 있다. 다음의 표는 총 법률에 대한 개정의 비율을 나타낸다. 여기에는 개정의 폭과 범위가 아닌 개정의 빈도에 대한 비율을 표시한다.

[표 4-1] 2016년 법전 수록 제정 법령 부문별 예상 분류

부문	제정 법령
주권	금수산태양궁전법(2013년)
행정	법제정법(2012년), 지방예산법(2012년), 국경통과지점관리법(2014년)
형민사	-
재판, 인민보안	-
계획, 로동, 재산관리	-

10) 2012년 법전은 주권, 행정, 형민사, 재판 인민보안, 계획 로동 재산관리, 에네르기 금속, 지하자원, 교통운수, 농업 수산, 계략 규격 품질감독, 인민봉사 건설 도시경영, 국토 환경보호, 재정 금융 보험, 과학기술 지적소유권 체신, 교육 문화 체육, 보건, 사회복리, 북남경제협력, 외교 대외경제 등으로 18개 부문별로 분류하여 법류을 수록하였다.

11) 이에 대해서는 박정원, "'2016년 북한 법전(증보판)'의 내용과 특징 분석", 앞의 논문, 412~422면 참조.

부문	제정 법령
에네르기, 금속, 지하자원	광천법(2012년), 내화물관리법(2012년), 재생에네르기법(2013년), 중소탄광법(2014년)
교통운수	무역화물검수법(2012년), 항무감독법(2013년), 무역짐배용선중개법(2014년), 종합무역장관리법(2014년), 다른 나라 배대리업무법(2015년)
농업, 수산	작물유전자원관리법(2013년), 잠업법(2013년), 소금법(2014년)
계량, 규격, 품질감독	–
인민봉사, 건설, 도시경영	도시미화법(2012년), 건설감독법(2014년), 편의봉사법(2014년)
국토, 환경	대기오염방지법(2012년), 재해방지 및 구조, 복구법(2014년), 독성물질취급법(2015년)
재정, 금융, 보험	_
과학기술, 지적소유권, 체신	우주개발법(2013년) 방송시설법(2012년), 방송법(2015년)
교육, 문화, 체육	문화유산보호법(2012년), 공원, 유원지관리법(2013년), 교원법(2015년), 민족유산보호법(2015년)
보건	–
사회복리	–
북남경제협력	–
외교, 대외경제	경제개발구법(2013년), 외국투자회계검증법(2015)

[표 4-2] 2012년 법전 대비 2016년 법전 분야별 수록 법령 개정비율

부문	2012년 법령(개)	2016년 개정법령(개)	개정률(%)
헌법	1개	1개	100%
주권	5개	1개	20%
행정	4개	1개	25%
형민사	9개	3개	33.3%
재판, 인민보안	9개	4개	44.4%
계획, 로동, 재산관리	11개	7개	63.6%
에네르기, 금속, 지하자원	10개	2개	20%

부문	2012년 법령(개)	2016년 개정법령(개)	개정률(%)
교통운수	14개	7개	50%
농업, 수산	10개	6개	60%
계량, 규격, 품질감독	9개	4개	44.4%
인민봉사, 건설, 도시경영	10개	5개	50%
국토, 환경	17개	7개	41.1%
재정, 금융, 보험	10개	7개	70%
과학기술, 지적소유권, 체신	16개	6개	37.5%
교육, 문화, 체육	8개	5개	62.5%
보건	9개	5개	55.5%
사회복리	6개	3개	50%
북남경제협력	2개	0개	0%
외교, 대외경제	27개	7개	25.9%
합계	187개	81개	43.3%

2.3.5. 2016년 법전의 개정 법률의 형식상 경과규정의 특징

2016년 법전의 개정법률은 형식상 특징을 보여주고 있다.

첫째, 법의 개정 내용을 추가하고 있고, 해당 법률의 효력에 대해 그 경과를 설명하고 있다. 예컨대 2016년 사회주의헌법을 수록하면서 그 말미에 "※※"의 표시를 하고, 2013년 개정내용과 2016년 개정 내용을 추가하여 설명하고 있다.[12] 이러한 사회주의헌법의 개정내용을 부칙적 규정으로 추가하고 있는 형식은 북한법 조문에서 처음 보이는 것이다. 이는 종래 최고인민회의에서 토의없이 개정된 헌법의 변경내용을 공식 공표하는 의미가 있다고 볼 수 있다.

12) 2013년 헌법개정 내용은 서문에서 "김일성 동지와 김정일동지께서 생전의 모습으로 계시는 금수산태양궁전은 수령영생의 대기념비이며 전체 조선민족의 종업의 상징이고 영원한 성지이다"라는 대목을 추가하고, 제3장 문화의 장에서 12년제의무교육 조항으로 개편한 것이다. 2016년 개정내용의 설명에서는 해당 편을 구체적으로 들고 조문의 내용에 대해 설명하면서 서문과 제6장 국가기구의 개편내용을 설명하는 형식으로 보충하였다.

둘째, 2016년 법전의 형식상 특징 중 하나는 기존 법령이 유사한 법령으로 교체되면서 이전 법령의 효력이 없어졌다는 내용을 별도로 표시하고 있다. 기존 북한의 개별 법령이 제정되거나 개정된 지 오랜 시간이 지났음에도 법령의 폐지 유무를 법전이나 기타 관련 문건을 통해 밝히지 않아 이를 파악하는데 어려움이 있었던 것을 보완하고 있다고 볼 수 있다. 이는 당해 법령의 연혁을 밝히는 것이라 할 수 있다.

예를 들면, 2016년 법전은 기존 '문화유물보호법'(1994년 제정, 1999년 · 2009년, 2011년 개정)이 2012년 8월 제정된 '문화유산보호법'의 채택으로 그 효력이 없어졌음을 명시하고 있다. 전술하였듯이 이 법은 다시 2015년 채택된 '민족유산보호법'에 의해 효력이 상실되었음을 명시하였다. 이를 통해 당해 법률의 연혁적 사실을 확인할 수 있다.

이러한 법률의 경과와 효력과 관련하여 구체적 표시 방법을 적시하고 있다. 즉, 해당 법령의 마지막에 '※ ※' 표시 후 "주체000(0000)년 0월 0일 최고인민회의 상임위원회 정령 제0000호로 주체000(0000)년 0월 00일에 채택되었던 조선민주주의인민공화국 0000법의 효력이 없어졌다." 라는 문구를 적어 표시하고 있다.

그리고 법의 형식과 체계에서 부칙 규정을 두고 있음이 주목된다.[13] 예를 들면, 법제정법과 경제개발구법은 부칙을 두어 발효일과 적용제한 등에 대하여 구체적인 규정을 제시하고 있다.[14] 기존 북한법에 대해 법적 정합성의 부족이라는 평가를 보완하는 과정에 있음을 엿볼 수 있다.

13) 북한의 법제정법은 제68조에서 부칙조문은 "해당법문건의 시행을 위하여 첨부하는 내용등을 규정하는 법조문"이라고 하고, 시행날자, 폐지 또는 수정하여야 할 법류, 경과조치, 효력이 끝나는 날자, 소급하는 범위 등을 규정하는 것이라고 규정하고 있다.

14) 이런 의미에서 우리 법령에서처럼 부칙으로 법의 경과, 효력의 시기 등을 규정하고 있다는 면에서 유사한 면을 엿볼 수 있다.

3. 김정은 정권과 사회주의헌법 개정

김정은은 2011년 12월 김정일 국방위원장의 사망 이후 권력을 승계하였다. 이전 김정일은 후계체제를 예상하여 2009년 사회주의헌법상 권력체제를 개편하였다. 김정은은 기존의 수령의 일인지배체제를 그대로 계승하는 형태였지만 헌법상으로는 국방위원장의 지위를 통해 권력체제를 단기간에 구축할 수 있었다. 이미 김정일은 김정은으로의 후계체제를 위하여 2009년 헌법을 개정하여 국방위원장 중심의 권력체제를 구축하여 두었었다.[15] 김정은은 권력승계 이후 안정적인 권력체제 구축에는 우려의 시선이 있었지만 예상과는 달리 집권 후 강력한 권력체제를 갖추었다. 이러한 김정은의 권력체제는 일련의 사회주의헌법의 개정을 통해 구축될 수 있었다. 김정은은 권력승계 후 3차례, 즉 2012년, 2013년, 2016년에 사회주의헌법을 개정하였다.

3.1. 2012년 개정헌법

2012년 4월 13일 최고인민회의 제12기 제5차회의에서 수정 보충된 주요 개정내용은 다음과 같다. 2012년 헌법개정은 김정은이 집권후 권력체제를 강화하는 가운데 이루어진 것이었다. 집권 초반의 김정은의 정책을 읽을 수 있는 부분이 있다.

첫째, 헌법 명칭을 바꾸었다. 이전 북한의 사회주의헌법은 김정일에 의해 1998년 헌법개정에 따라 '김일성헌법'이라고 명명하고 있었으나 이를 '김일성 김정일헌법'이라고 개칭하였다. 이전 김정일시대에서 사실상 김정일헌법이라고 하여야 맞지만 김정일은 수령 김일성을 기리기 위해 '김일성헌법'이라고 명명하였듯이 김정은은 헌법의 명칭을 '김일성 김정일 헌법'이라고 하였다.

15) 이에 대한 구체적인 논의는 박정원, "북한의 2009년 개정헌법의 특징과 평가", 「헌법학연구」, 제15권 제4호, 한국헌법학회, 2009, 253~289면 참조.

둘째, 핵보유국임을 명시하였다. 헌법 서문에서 "우리 조국을 불패의 정치사상강국, 핵보유국, 무적의 군사강국으로 전변시키시였으며"라는 대목에 핵보유국을 명시하여 북한의 핵개발에 대한 정당성과 당위성을 대외에 과시하는 조치를 취하였다. 북한은 이미 대외적으로 핵보유국임을 스스로 선포한 바가 있으며 헌법에 이를 명시한 것은 김정일과 김정은의 치적을 홍보하는 효과를 극대화하는 의미가 있다.

셋째, 국가기관체계(권력구조)의 일부를 개편하였다. 2012년 개정헌법은 김정일을 서문에서 "영원한 국방위원장"으로 추대함에 따라 국방위원장을 국방위원회 제1위원장으로 직위 명칭을 변경하였다. 헌법상 권한은 이전의 국방위원장의 그것과 같다. 김정은이 국방위원회 제1위원장으로 직위명칭을 바꾼 배경에는 김정일이 김일성 사망 이후 김일성에 대하여 '영원한 주석'으로 추대함에 따라 1998년 헌법개정에 의해 주석직을 없애고 국방위원장직을 강화한 것과 유사한 태도와 과정을 취하였음을 알 수 있다.16)

3.2. 2013년 개정 헌법

2013년 4월 1일 최고인민회의 제12기 제7차회의에서 수정보충된 내용은 다음과 같다. 2012년 헌법개정 이후 바로 이루어진 개정으로 헌법과 현실간의 상충문제를 해결하기 위한 조치라고 볼 수 있다. 물론 김정은의 권력체제의 확고한 기반을 형성하기 위한 배경도 작용하였다.

첫째, 서문에 금수산태양궁전에 대한 찬양 대목을 추가하였다. 서문의 개

16) 북한의 1998년 개정헌법은 김정일이 군사부문의 권한을 장악하는 형식으로 하고, 국가원수의 지위는 최고인민회의 상임위원회 위원장이 행사하고, 대내적 내치의 책임은 내각 총리에게 부여하여 이른바 집단지도제의 형식을 띠는 헌법상 권력체제를 구축하는 것이었다. 물론 실질적인 권력은 김정일 국방위원장이 장악하고 있었다. 이러한 집단지도제의 형태는 2009년 헌법개정으로 국방위원장의 종래 국가주석을 수반으로 하는 일인지도제의 형태로 전환되었다. 이와 함께 김정은은 조선로동당의 직위도 당 총비서를 '제1비서'라고 명칭을 바꾸어 사용하였다.

정을 통해 "김일성 동지와 김정일동지께서 생전의 모습으로 계시는 금수산태양궁전은 수령영생의 대기념비이며 전체 조선민족의 존엄의 상징이고 영원한 성지이다"라고 규정하여 금수산태양궁전에 대한 내용을 추가하였다. 선대의 존엄과 위대함의 상징물을 헌법적 선언을 통해 상징성을 강조한 것이다. 이에 근거하여 금수산태양궁전법을 제정하여 구체적인 대안을 마련하였다.[17]

둘째, 12년제 의무교육제 규정을 개정하였다. 2013년 헌법 개정에서는 제3장 문화 장에서 12년제 의무교육 내용을 반영하였으며 당시 북한은 새로운 학제개편을 김정은의 업적으로 적극 홍보한 바가 있었다. 이로써 이미 교육체제 개편으로 법령과 헌법규범간의 모순 현상을 해소하였다.

3.3. 2016년 헌법 개정

북한은 36년 만인 2016년 5월 16일 노동당 제7차 당대회 이후 김정은의 확고한 권력체제 형성을 기반으로 한 국가이념과 수령의 권력체제, 국가기관체계의 개편내용을 반영하고자 헌법 개정을 단행하였다. 2016년 6월 29일 최고인민회의 제13기 제4차회의에서 수정보충된 내용은 다음과 같다.

첫째, 서문에서 김일성과 김정일에 대한 '수령'과 '령도자'라는 수식어 삭제하였다. 이는 김정은 체제의 명실상부한 안정적 시대를 구축하였다고 대내외에 공표하였다는 의미를 부여할 수 있다.

둘째, 국무위원회와 국무위원장의 직위를 개칭하였다. 기존의 국방위원회 및 국방위원장 제1위원장을 '국무위원회'와 '국무위원장'으로 변경하고 이에 따른 국가기구의 권한을 일치시켰다.

이러한 사회주의헌법의 개정에는 제7차 당대회 이후 김정은의 확고한 권력체제 형성을 위한 수령의 권력체제와 국가기관체계가 개편 내용이 반영되

---

17) 이 법에 대해서는 후술한다.

었다고 볼 수 있다. 국방위원회를 폐지하고 대신 국방 분야에 한정되었던 '국방위원회' 기능을 포함하여, 통일 · 외교 · 경제분야로 기능과 역할을 확대한 '국무위원회'를 신설하면서 권력기구를 개편한 것이었다. 이에 '선군정치'의 상징으로 발전하였던 국방위원회는 44년 만에 역사 속으로 사라졌고, 그동안 북한 국정을 주도한 국방위원회의 기능이 국무위원회로 변경하여 이관되었다. '국방'이라는 명칭 대신 '국무'라는 명칭을 부여해 '비상국가체제'가 아닌 '정상국가'로서의 체제를 갖추었다는 점을 과시하고 있다. 국무위원회는 전 분야를 망라하는 종합적 정책결정기관으로서, 당(黨) 정무국(전, 비서국)의 당적 지도 하에 정책 수립의 기능을 맡으며, 국무위원장은 국가의 전반사업 지도, 중요 간부 임명 · 해임, 국가 비상사태와 전시상태 · 동원령 선포 등 막강한 권한을 행사할 수 있다.

다만, 2016년 법전의 발간일과 관련하여 모순되는 점이 있다. 앞서 언급한 2016년 법전(증보판)은 발행일을 2016년 6월 15일로 표기하고 있는데, 사회주의헌법의 개정은 2016년 6월 29일 최고인민회의에서 확정된 시기와 앞뒤가 맞지 않는다. 사회주의헌법 제91조1호에서 헌법의 수정, 보충의 권한은 최고인민회의의 고유 권한으로 규정하고 있다. 제7차 당대회에서 헌법개정 내용을 이미 확정하고, 이를 최고인민회의에서 추인하는 것이었다면 시간상 이는 분명하게 잘못되어 있다.

4. 2016년 법전의 주요 법률의 내용 및 특징

2016년 법전은 그간 새로이 제정된 법률을 수록하고 있는데, 그 주요 법령 가운데 몇 가지 법률의 내용과 특징을 간략하게 살펴본다.

4.1. 주요 제정법률의 내용과 특징

4.1.1. 법제정법

법제정법은 주체101(2012)년 12월 19일 최고인민회의 상임위원회 정령 제2874호로 채택되었으며 2013년 7월 1일부터 시행(부칙 제1조)함을 명시하였다. 총 8개의 장과 76개의 조문으로 이루어져 있으며 부칙으로 1개 조문을 두고 있다. 법제정법은 북한의 입법체계와 관련하여 진일보한 내용을 담고 있어 입법절차 등에 대해 규정대로 이루어진다면 북한법에 대한 보다 체계적인 분석이 가능하게 될 것이다.[18]

이 법은 법제정의 기관으로 최고인민회의와 최고인민회의 상임위원회의(제2장), 내각(제3장), 내각 위원회, 성(제4장), 도(직할시)인민회의와 인민위원회의(제5장)로 나뉘어져 있고 또한 법제정의 효력과 등록(제6장), 법작성과 법체계화(제7장), 법적책임(제8장)을 명시하고 있다. 이 법은 "법제정사업에서 제도와 질서를 엄격히 세워 사회주의법체계를 완비"하는데 이바지 하는 것을 목적으로 하고 있음을 밝히고 있다(제1조). 이 법에 의해 북한의 법제정과 입법에 대한 구체적인 구성과 체계를 파악하는 데에 도움이 될 수 있다.[19]

이 법의 주요 내용은 다음에 간략하게 살펴본다.

첫째, 제2조 (용어정의)에서 법제정,[20] 부문법,[21] 규정,[22] 세칙[23] 등의

18) 이 법에 대한 구체적인 분석은 박정원, "북한의 법제정(입법) 체계의 분석 및 전망", 「법제연구」, 통권 제53호, 한국법제연구원, 2017. 12, 9~59면 참조.

19) 북한의 입법이론과 체계에 대한 기존 연구 분석은 박정원, "북한의 입법이론과 체계 분석", 「법학논총」, 제26권제2호, 국민대학교 법학연구소, 2013. 10, 211~257면 참조.

20) 권한있는 국가기관이 부문법과 규정, 세칙을 비롯한 일반 의무적인 법문건을 만들거나 수정, 보충(제1호).

21) 최고주권기관(최고인민회의: 헌법 제87조)이 헌법에 기초하여 일정한 부문의 사회관계를 일반적으로 규제하는 기본적인 법형식(제2호).

22) 부문법을 전국적 범위에서 집행하기 위하여 그 내용을 더 구체화하거나 부문법을 제정할 조건이 아직 성숙되지 않은 부문에서 법적 통제를 보장하기 위하여 실무적인 내용들을 구체적

개념을 정의하고 있다. 또한 법제정의 원칙(제3조~제6조)으로 당의 노선과 정책 구현, 인민의 의사 반영, 현실성 과학성 보장, 준법성보장 등을 명시하였다.

둘째, 이 법의 규율(규제)범위로는 최고인민회의, 최고인민회의 상임위원회, 내각과 내각 위원회, 성을 비롯한 행정관리기능을 수행하는 중앙기관(내각 위원회, 성), 도(직할시) 인민회의 및 인민위원회의 법제정사업 등을 규정하고 있다.

셋째, 법제정과 입법기관, 입법권 등에 대한 체계와 범위를 설정하여 규정하고 있다. 최고인민회의와 그 상임위원회의 법제정(제2장) 규정으로 입법기관은 최고인민회의가 행사하되, 휴회중 최고인민회의 상임위원회도 행사한다. 입법권은 최고인민회의의 입법권[24]과 최고인민회의 상임위원회의 입법권[25]의 내용과 범위를 구체화하였다. 법령과 정령의 전속관할사항(제11조 1호~11호)을 구체적으로 규정하였다.[26] 이를 통해 북한의 법제정의 체계와 함께 입법과정을 구체화하고 있다.

넷째, 최고인민회의에서의 입법절차 및 중요부문법의 승인절차 등을 규정하고 있다. 법안제출기관, 법안심의 기관 및 방법, 법안채택, 법의 공포 등의 일련의 입법절차를 구체적으로 규정하고 있다(제12조~제17조). 여기서 정한

으로 규제하는 법형식(제3호).

23) 부문법이나 규정을 일정한 부문이나 지역의 특성에 맞게 집행하기 위하여 그 내용을 보다 상세하가 규제하는 법형식(제4호).

24) 헌법을 수정, 보충하거나 부문법을 제정 또는 수정, 보충하며 최고인민회의 휴외중에 최고인민회의 상임위원회가 채택한 중요 부문법을 승인(법 제9조).

25) 최고인민회이 휴회중에 부문법을 제정하거난 수정, 보충하며 주권부문, 인민보안부문, 사법검찰부문, 그밖에 필요한 부문과 관련한 규정을 제정하거나 수정, 보충(법 제10조).

26) 법령과 정령으로만 규정하여야 할 사항으로는 기본적으로 국가형태, 국적, 영도, 상징 등 국가주권사항, 국가기관의 조직 및 권한사항, 국가 형사 및 민사, 관련 소송에 관한 기본제도, 경제관리 특수경제지대제도, 교육 보건 등 문화의 기본제도, 국방 국가안전 및 외교의 기본제도, 통일 및 남북관계, 기차 필수적인 규정사항 등으로 규정하고 있다.

내용을 기준으로 최고인민회의의 법안 채택 과정을 살펴볼 수 있다. 법안제출 기관(제12조)은 국무위원장, 국무위원회, 최고인민회의의 상임위원회, 내각과 최고인민회의 부문위원회이다. 법안심의(제13조)는 최고인민회이 법제위원회 심의후 최고인민회의 제출여부를 결정하며, 심의 방법(제14조)은 보고, 초안낭독, 토론(수정 보충의견 제기후 표결) 등으로 형성되어 있다. 그리고 법안채택(제15조)은 참석 대의원 과반수 찬성으로 채택한다(헌법은 대의원 전원의 3분의 2 이상 찬성으로 수정 보충 가능).

다섯째, 최고인민회의 상임위원회의 법제정에 관한 규정이다(제2장 제3절). 이에 의하면, 토의 법안은 내각, 최고인민회의 부문위원회, 최고인민회의 상임위원회 부문위원회, 최고인민회의 대의원이 제출한다. 토의 규정안은 최고인민회의 상임위원회 부문위원회, 중앙검찰소, 중앙재판소, 인민보안부, 도(직할시) 인민위원회를 비롯한 해당 기관이 제출한다. 법안과 중요규정안의 심의는 최고인민회의 법제위원회 심의후 최고인민회의 상임위원회에 제출 여부를 결정한다. 전원회의에서는 새로 채택하는 법안 관할, 상무회의는 법수정보충안과 규정안, 규정수정보충안을 관할, 초안낭독과 토론을 거쳐 심의한다. 법안과 중요규정안의 채택은 참석위원의 과반수의 찬성으로 한다. 그리고 공포에 대해서는 부문법은 최고인민회의 상임위원회 정령, 규정은 최고인민회의 상임위원회 결정으로 공포한다.

여섯째, 법해석권에 대해서도 규정하고 있다. 헌법과 부문법, 최고인민회의 상임위원회 체텍 규정의 해석은 최고인민회의 상임위원회가 한다. 해석은 해당 부문법과 규정과 동등한 효력을 인정한다. 해석초안의 심의는 법제위원회가 하며, 해석은 최고인민회의 상임위원회가 지시한다. 이 밖의 내각(제3장), 내각 위원회 및 성의 법제정(제4장), 도(직할시) 인민회의와 인민위원회의 법제정(제5장)에 대해서도 자세하게 규정하고 있다.

일곱째, 법효력 및 제정 원칙의 북한법의 위계단계, 불소급원칙과 예외적 소급효력, 일반법과 특별법의 관계, 법의 폐지 · 취소 · 집행정지의 사유와 권한, 법제정과 관련한 규칙 등을 명시하고 있다. 이 법은 북한의 법제정비의 체계와 절차, 방법 등을 제시하고, 법효력의 단계(헌법: 최고의 법적 효력, 부문법, 규정, 세칙 순), 특별법우선, 신법우선 원칙과 함께 법의 효력일에 대해 해당 법문건에서 명시하며, 명시 없으면 공포후 15일 지난 다음날부터 효력이 발생한다고 하였다.

여덟째, 규정과 세칙에 대한 적법성 심사에 대하여 기관, 기업소, 단체, 공민이 제기한다고 하고, 법문건의 폐지, 취소, 집행정지에 관한 권한을 규정하고 있다.

아홉째, 법명칭은 법, 규정(법시행규정, 규정), 세칙(법시행세칙, 규정시행세칙, 세칙) 등으로 한다고 명시하였다. 법구성과 체계는 편, 장, 절, 조, 항, 호, 단 등으로 구분하고, 법규정리(매년), 법규정편집(정기적, 편집기준에 따라)(제74조, 제75조) 등에 대해서도 명시하고 있다. 부칙으로 이법의 시행일은 2013년 7월 1일 부터이다.

4.1.2. 지방예산법

지방예산법은 주체101(2012)년 12월 19일 최고인민회의 상임위원회 정령 제2877호로 채택되었다. 총 5개의 장과 46개의 조문으로 이루어져 있으며 각 장에서는 지방예산법의 기본(제1장), 지방예산제의 실시(제2장), 지방예산의 편성(제3장), 지방예산수입과 지출의 보장(제4장), 지방예산사업에 대한 지도통제(제5장)에 관하여 규정하였다. 이 법의 목적은 “지방예산의 편성과 집행에서 제도와 질서를 엄격히 세워 지방살림살이에 필요한 화폐자금을 계획적으로 조성하고 리용하도록 하는데 이바지하는 것”이다(제1조). 지방예산제를 실시하는 단위는 도(직할시), 시(구역), 군을 단위로 실시하며, 기본단위는 시(구역), 군이고 도(직할시)의 경우 종합적 단위로 편성하도록 하였다.

주요내용으로는 지방예산수입과 지출보장(제4장)에 관하여 “지방예산수입과 지출을 보장하며 지방의 물질기술적토대를 강화하고 인민생활을 향상”시키는 중요 요구라고 규정하고 있다(제24조). 또한 부동산에 의한 예산수입보장(제30조)으로 수입증대책으로 부동산사용료 징수를 확대하고 있음을 엿볼 수 있다. 북한에서 지방행정 차원의 행정질서와 체계를 확대하는 정책을 엿볼 수 있으며 이를 통한 지방예산 확보 및 사용에 대한 제도적 규율을 강화하는 조치라고 할 수 있다.

4.1.3. 금수산태양궁전법

금수산태양궁전법은 2013년 4월 1일 최고인민회의 법령 제10호로 채택되었다. 총 5개의 장과 40개의 조문으로 이루어져 있으며 금수산태양궁전은 주체의 최고성지(제1장), 금수산태양궁전의 영구보존(제2장), 금수산태양궁전에서의 경의표시(제3장), 금수산태양궁전의 관리운영(제4장), 금수산태양궁전사업에 대한 조건보장(제5장) 등을 규정하고 있다. 이 법의 목적은 “금수산태양궁전을 전체 조선민족의 태양의 성지로 영원히 보존하고 길이 빛내이는데 이바지하는 것”에 두고 있다(제1조). 금수산태양궁전이 주체의 최고성지의 지위를 공고히 하고 있으며 민족의 존엄의 상징으로 “전국가적, 전인민적, 전민족적은 사업으로 더욱 숭엄하고 완벽하게 꾸리도록” 명시하고 있다(제4조). 이 법의 특징은 경의표시에 대한 예를 명시, 외국인에 대한 경의표시를 따로 조문에서 “대외사업일군의 안내를 받아 경의를 표시”할 수 있도록 규정하고 있다(제20조).

북한은 2013년 사회주의헌법의 서문개정을 통해 금수산태양궁전에 대한 내용을 추가하였으며, 이를 개별법으로 법제화하였다. 금수산태양궁전을 성지화하고 이를 법제화하여 그 위상과 의미를 강조하고, 수령의 승계체제를 강화하는 의도를 보이고 있다.

4.1.4. 우주개발법

주체102년(2013)년 4월 1일 최고인민회의 법령 제13호로 채택되고, 총 23개의 조문으로 구성되어 있다. 목적은 "우주개발에서 제도와 질서를 엄격히 세워 나라의 경제건설을 다그치고 인민생활을 높이는데 이바지하는 것"이다(제1조). "우주개발사업에 대한 통일적인 지도는 국가우주개발지도기관이 하며 국가우주개발지도기관은 우주개발분야에서 국가를 대표"(제4조)한다고 명시하였다. 특징적 내용은 "평등과 호혜, 상호보완의 원칙에서 국제기구, 다른 나라들과 우주개발 분야에서의 협조를 실현"하며(제20조) "우주개발 및 이용과 관련한 국제법과 질서를 존중"(제22조)하고 우주활동 분야에서 "선택성과 이중기준의 적용, 우주의 군사화를 철저히 반대"(제23조)한다는 북한의 대외관계에 관한 입장을 법적으로 규정한 점이다.

1970년대부터 이어져 온 북한의 우주개발에 대한 결과물 도출을 위해 법률로 규정함으로써 우주개발사업에 더욱 박차를 가하고 앞으로 계속된 우주개발을 지속적으로 유지하기 위함을 강조하고 있다.

4.1.5. 외국투자기업 회계검증법

주체104(2015)년 10월 8일 최고인민회의 상임위원회 정령 제710호로 채택되었다. 총 5개의 장과 47개의 조문으로 구성되었으며 외국투자기업회계검증법의 기본(제1장), 회계검증기관의 설립과 운영(제2장), 회계검증원의 자격과 임무(제3장), 회계검증절차와 방법(제4장), 회계검증사업에 대한 감독통제(제5장)을 규정하고 있다. 목적은 "외국투자기업에 대한 회계검증제도와 질서를 바로세워 회계검증의 공정성과 독자성을 보장하는데 이바지하는 것"이다(제1조). 회계검증원의 자격은 중앙회계검증원자격심의위원회에서 주며, 외국인의 경우 회계검증업무를 하려는 외국회계검증사무소의 검증원 또는 공인회계사는 영업허가를 받기전에 중앙회계검증원자격심의위원회에

등록한다. 회계검증사업과 관련하여 발생한 분쟁은 1차적으로 협의의 방법으로 해결하며 협의의 방법으로 해결할 수 없을 경우에는 조정이나 중재, 재판의 방법으로 해결한다.

기존 외국투자기업 회계법을 구체화시켜 외국투지기업의 회계의 관리를 구체화 하여 투자확대를 위한 제도적으로 정비하고 있다, 지속적인 외국인투자 정책의 확대를 전망할 수 있다.

4.2. 주요 개정 법률의 내용 및 특징

4.2.1. 형법

최근 북한형법은 2012년 5월 14일 최고인민회의 상임위원회 정령 제2387호로 수정보충 되었던 것을 2013년 6월 · 9월 · 11월, 2014년 4월, 2015년 1월 · 7월 개정하였다. 수시로 이루어진 북한형법은 그만큼 북한사회의 변화를 보여주는 징표이다.

1) 2013년 개정 내용

첫째, 2013년 6월 개정 내용은 "제19조(가족, 친척을 상대로 저지른 범죄에 대한 형사책임) 가족, 친척을 상대로 저지른 범죄에 대하여서는 용서하여 줄데 대한 피해자 또는 피해자측의 요구가 있을 경우 형사책임을 지우지 않는다. 고의적중살인죄, 고의적경살인죄, 발작적격분에 의한 살인죄, 정당방위초과살인죄, 과실적살인죄, 고의적중상해죄, 강도죄, 강간죄, 늙은이, 어린이보호책임회피죄, 학대괄시죄에 대하여서는 앞항을 적용하지 않는다." 규정에서 찾아볼 수 있다. 이 가운데 늙은이, 어린이보호책임회피죄, 학대괄시죄 등의 규정은 새로운 내용을 반영한 것이다.

둘째, 2013년 9월 개정 내용은 제52조(집행유예조건과 기간), 제183조(퇴페적인 문화반입, 류포죄), 제184조(퇴페적인 행위를 한죄), 제206조(비법아

편재배, 마약, 독성물질제도죄), 제256조(미신행위죄)와 2013년 11월 개정 내용은 제154(밀주죄)가 해당된다. 이 개정에 의해 제52조(집행유예조건과 기간)에 “3년 이하의 로동교화형을 받은자가 선고받은 형벌에 해당한 보상금을 내는 경우에도 3년부터 5년까지 집행을 유예하는 판결을 내릴수 있다.”라는 내용으로 2항을 추가하고 있다.

셋째, 2013년 9월 개정된 제183조(퇴페적인 문화반입, 류포죄), 제184조(퇴폐적인 행위를 한죄), 제206조(비법아편재배, 마약, 독성물질제도죄), 제256조(미신행위죄)와 2013년 11월 개정된 제154(밀주죄)에서는 형량이 늘어난 변화가 있다.

2) 2014년 개정 내용

2014년 4월에서는 제41조(형벌량정을 가볍게 보는 조건)에서 “제4호 미성인이 범죄를 저질렀을 경우”를 삭제하였고, 제50조(사회적교양처분의 적용조건)에서도 사회적교양처분의 주체에 대해 ‘미성년이 범죄를 저질렀거나 성인이 범죄를 저질렀다 하더라도’를 ‘일반범죄를 저지른자를’으로 변경하였다.

3) 2015년 개정 내용

2015년에는 1월과 7월 최고인민회의 상임위원회 정령으로 두 차례 수정보충이 이루어졌으며, 전문을 수록하고 있다. 기존 총 9개장 209개 조문의 구성(제1장 형법의 기본, 제2장 일반규정, 제3장 반국가 및 반민족범죄, 제4장 국방관리질서를 침해한 범죄, 제5장 사회주의경제를 침해한 범죄, 제6장 사회주의문화를 침해한 범죄, 제7장 일반행정관리질서를 침해한 범죄, 제8장 사회주의공동생활질서를 침해한 범죄, 제9장 공민의 인신과 재산을 침해한 범죄)에서 총 10개장 300개 조문으로 장의 조문수가 증가하였다. 변경된 내용은 추가된 ‘제10장 자금세척 및 테로자금지원범죄’에서 10개 조문이 증가하였다.[27)]

2015년 개정형법은 제110조(국가납부질서위반죄), 제127조(인민경제계획규률위반죄), 제128조 (계약규률위반죄), 제136조(재산을 략취하여 기관에 넘겨준 죄), 제169조(산림고의적파손죄), 제170조(과실적산불죄), 제174조(하천보호질서위반죄), 제185조(적대방송청취, 적지물 수집, 보관, 류포죄), 제192조(콤퓨터망침입죄), 제230조(뢰물죄), 제238조(물질적부담을 시킨 죄), 제240조(국가기관권위훼손죄), 제277조(어린이홈친 죄)에서 형량을 강화하였다.

또한 범죄명을 변경하였는데, 조문명이 바뀐 경우로는 제114조에서 '비법적인 영업죄'를 '개인의 기업 및 영업죄'로, 제169조는 '산림람도벌죄'를 '산림고의적파손죄'로, 제241조에서는 '비법체포, 구속, 수색죄'가 '강제수단 비법적용죄'로 변경하였다

그리고 삭제 및 신설 조항으로는 구 제165조(토지보호질서위반죄)가 삭제되고 제165조(수해방지태만죄)가 신설되었으며, 구 제222조(비법협조죄)가 삭제되고 제222조(비법적인 국제통신죄)가 신설되었고, 구 제231조(봉인손상죄)가 삭제되고 제231조(정치협잡죄)가 신설되었다.

4.2.2. 형사소송법

2012년 법전에 수록된 2012년 5월 14일 최고인민회의 상임위원회 정령 제2387호로 수정보충된 형사소송법은 같은 해 8월 14일 최고인민회의 상임위원회 정령 제2614호로 다시 수정보충되었다. 개정 내용은 1개 조문으로 제110조(형사사건을 기각한 경우 의료처분)이다.

구체적으로 보면, 기존 "수사원, 예심원, 검사, 판사, 재판소는 형사사건을 취소하거나 기각하는 경우 이 법 제99조 1호에 따라 의료처분결정을 할수 있

27) 2015년 개정 형법 제10장 자금세척 및 테로자금지원범죄에서는 제291조부터 300조에서 자금세척을 위한 비법적인 자금의 거래, 소유, 이용, 계좌개설 및 계약체결, 테러자금의 보장, 송달, 은닉 등에 대한 내용을 담고 있다.

다. 이 경우 수사원, 예심원은 검사의 승인을 받는다."에서 "수사원, 예심원, 검사, 판사, 재판소는 형사사건을 취소하거나 기각하는 경우 이 법 제99조 1호에 따라 의료처분결정, 판정을 하여야 한다. 이 경우 수사원, 예심원은 검사의 승인을 받는다."로 변경되었다. 형사사건을 기각한 경우 의료처분에 대해 임의규정이 강제규정으로 변경된 것이다.

4.2.3. 민사소송법

2009년 12월 15일 최고인민회의 상임위원회 정령 제520호로 수정보충된 해당 법은 2015년 12월 23일 최고인민회의 상임위원회 정령 제847호로 수정보충되었다. 개정 내용은 제135조(재판심리과정에 발견한 위법행위에 대한 제재) 1항이다. 기존의 "재판소는 재판심리과정에 리혼당사자와 사건관계자가 법질서를 어기고 가정불화를 일으키면서 사회적분위기를 흐리게 한것을 비롯한 위법행위가 있을 경우 해당한 제재를 가할데 대한 조치를 취할수 있다."는 규정은, "재판소는 재판심리과정에 리혼당사자와 사건관계자가 법질서를 어기고 가정불화를 일으키면서 사회적분위기를 흐리기 한것을 비롯한 위법행위가 있을 경우 해당한 제재를 가할데 대한 조치를 취할수 있다. 위법행위를 한 리혼당사자나 사건관계자가 재판심리에 참가하지 않아 해당한 제재를 줄수 없을 경우에는 구인판정을 하며 도주 같은 부득이한 사유로 구인판정을 집행할수 없을 경우에는 위법자료를 해당 인민보안기관에 넘겨 처리한다."로 변경되었는데 위의 밑줄 친 부분이 추가되었다.

4.2.4. 농장법

농장법은 2009년 12월 10일 최고인민회의 상임위원회 정령 제483호로 채택되었던 것을 2012년 11월, 2013년 7월, 2014년 12월, 2015년 6월 수정보충하였다. 주요 개정내용으로는 다음과 같다.

첫째, 2012년 개정된 내용은 총 3개 조문으로 제44조(농장의 결산분배), 제48조(농업생산물의 수매), 제53조(농장사업의 조건보장) 등으로 구성되어 있다.

둘째, 2013년에는 제22조(분조관리제, 작업반우대제, 독립채산제의 실시)를 개정하였다.

셋째, 2014년에는 제4조(농장의 경영활동원칙), 제21조(농장의 관리성원), 제22조(분조관리제의 실시), 제23조(농업생산계획의 작성, 실행), 제24조(농업생산조직), 제25조(농산과 축산의 고리형순환생산체계확립), 제41조(로력배치), 제42조(로력일평가), 제43조(자금리용 및 재정총화), 제50조(농업생산물의 교류 및 판매), 제51조(농업생산물의 수출), 제57조(연체료지불), 제61조(행정적책임) 등이 개정되었다.

넷째, 2015년에는 제22조(분조관리제의 실시), 제24조(농업생산조직), 제27조(영농준비와 영농작업수행), 제37조(영농설비의 리용), 제41조(로력관리), 제43조(자금리용 및 재정총화), 제48조(농업생산물수매계획의 시달 및 집행), 제50조(농업생산물의 수매 및 판매), 제58조(손해보상), 제61조(행정적책임) 등이 개정 대상이었다.

농장법의 수시 개정은 북한의 농장 운영과 관련하여 분조관리제의 구체화 혹은 현실화 등에 초점이 맞추어져 있으며 개정 내용을 통해 북한의 농장 운영과 관련한 협동농장을 비롯한 농업개혁의 모습을 반영한 것이라 할 수 있다.

4.2.5. 교육 관련 법제

사회주의헌법상 교육조항의 개정에서 알 수 있듯이 일련의 관련 법률을 체계화하였다. 즉, 교육법(2013년, 2015년), 고등교육법(2015년), 보통교육법(2013년, 2015년), 어린이보육교양법(2013년), 도서관법(2012년) 등이 개정되었으며, 교원법(2015년)이 새로 제정되었다.

이는 2012년에 새로이 '12년제 의무교육 제도'로의 변화에 따른 법제도 정비가 단행되었으며 이에 따른 교육제도의 전반적인 변화가 법령에 반영되었음을 알 수 있다. 특히 교원법을 제정하여 교원양성을 위한 기본법을 마련하였다. 해당 법령을 통해 교원을 유치원(애육원)교양원, 소학교, 초급 및 고급중학교(각급 제1중학교 포함), 학원, 대학, 각급 양성기관, 재교육기관, 청소년체육학교, 기능공학교, 맹 · 농아학교에 속하는 학교교원과 과학기술전당, 인민대학습당과 학생소년궁전, 학생소년회관, 청소년과외교양기지에 속하는 사회교육기관교원으로 나누어 명시하고 있는데, 북한의 최근 교육편제를 파악해볼 수 있다.

4.2.6. 교통 관련 법제

북한의 법체계상 교통법제에 해당되는 법률로써 개정된 법률은 철도법(2015년), 해운법(2013년), 해상짐수송법(2013년), 항만법(2013년), 배안전법(2015년), 선원법(2015년), 해사감독법(2013년) 등을 들 수 있다.

개정된 규정의 특징을 보면, 2013년 개정된 해운법과 해상짐수송법의 경우 '련대수송계획'과 관련된 부분을 신설하면서 조항이 수정보충되었다. 2015년에 개정된 철도법의 경우에도 길을 건널때에 주체가 '주민'만이 아닌 '자동차 · 우마차'라는 표현을 추가하고 있다. 이와 함께 규제 강화 조치로서는 2015년 개정된 철도법은 '철길주변에서 지하자원을 개발하는 행위를 할 수 없다'라는 조항을 추가하고 있다. 2013년 개정 해운법의 경우 계약불이행에 관한 처벌기준을 '계약의 기일이 지났을 때'를 추가하고 영업허가 신청문건의 규정을 강화하였다. 또한 2013년 개정 항만법은 '항운영에 관한 영업허가'에 관한 조문을 신설하여 '영업허가를 받을 때 신청문건을 내야한다'라고 규정하고 벌금이외에 원상복구와 손해보상에 관한 부분을 수정보충하였다.

그리고 2015년 개정 배안전법은 행정적 책임이나 형사적책임, 검열부분의 조항 구체화하고 있다.

이에 비하여 규제를 완화하는 규정도 볼 수 있다. 즉, 2015년 개정 배안전법은 배의 검사에 관한 장은 배의 설계 및 건조의 장과 통합시켜 총 73개의 조항에서 57개의 조항으로 축소하였다.

4.2.7. 사회복리 관련 법제

북한의 사회복리관련 법제로는 장애자보호법(2013년), 아동권리보호법(2014년), 녀성권리보장법(2015년) 등의 개정을 들 수 있다. 그 특징은 형식상 사회복지제도 강화와 인권보호책을 강조하고 있다는 점이다.

이를 보면, 2013년 개정 장애자보호법은 장애자의 권리보장원칙의 강화, 장애자 치료를 위한 연구기관의 조직과 관련 조항 신설, 후원 및 전문가 양성과 관련한 조문을 신설하였다. 또한 2015년 개정 '녀성권리보장법'은 산전 · 산후 휴가에 관한 조문이 수정보충되어 산후 휴가 기간이 90일에서 180일로 기간을 확대하였다.[28]

5. 김정은 정권의 법제정비의 의미와 평가

5.1. 김정은 체제의 확립과 시대적 정책과제 반영

5.1.1. 입법 수요 증대

2012년부터 2015년 사이 단기간 동안 많은 수의 법령이 제정 및 개정된 것을 파악할 수 있다. 살펴보았듯이 법률의 수를 기준으로 보아 4년 동안 31

28) 산전 · 산후 휴가에 관한 내용은 '녀성권리보장법' 뿐만 아니라 2015년 개정된 사회주의로동법, 외국인투자기업로동법에도 같은 내용으로 개정되었음을 알 수 있다.

개의 법을 새로 제정하고, 기존 187개 중 81개의 법을 개정하여 전체적으로 43.3%의 법제를 정비하였다. 특히 2012년부터 2015년은 시기적으로 김정일 사망 후 김정은이 권력을 승계하고 체제를 공고화하는 시기에 해당한다. 이 시기의 입법은 결국 김정은 체제의 공고화를 위한 시대적 과제를 반영한 법제정비라고 평가할 수 있다. 새로운 법령의 채택과 기존 법령의 개정은 김정은체제에서의 정채적 변화의 범위가 크다는 점을 보여주는 상황이다.

5.1.2. 통치방식의 변화: '법에 의한 통치'(rule by law)의 방향 지향

2016년 법전을 통해 나타난 법제정비의 동향을 보면, 다양한 분야에서의 정책변화를 반영한 법제정비라고 할 수 있다. 이러한 활발한 법제정비는 북한 정권의 통치방식의 변화를 엿볼 수 있는 부분이다. 이미 김정일시대에서 시작된 것이기는 하지만 김정은정권에서는 선대에서 이루어진 교시에 의한 통치에서 형식상이나마 법치에 의한 통치로 변화하는 양상을 엿볼 수 있다. 우리의 법치주의(rule of law)에 비할 수 없는 것이지만 초보적인 형태의 통치의 법제도화를 이루는 과정에 있다고 볼 수 있다.

추후 이러한 추세는 확대될 것으로 예상된다. 북한의 일부 법령이 제정된 후 단기간 내에 폐지되거나 개정되는 것은 법적 안정성의 측면에서 부정적으로 평가될 수 있다. 그러나 북한의 대내외적 횐경의 변화에 대한 현실여건의 변화를 법제도화하는 긍정적인 면도 있다. 이는 북한의 이른바 '사회주의법제 사업'의 강화와 '사회주의적 법치주의'의 구현을 위한 구체적 조치의 일환이라고 할 수 있다.

5.2. 법제의 체계정합성 개선

종래 북한법에서 미비점으로 지적되었던 법령의 미분화 현상이 일부나마 해소되는 과정을 보여준다. 예를 들면 방송시설법과 방송법은 종래 체신법의 일부이었으나 통신관련법령의 정비와 함께 방송관련법의 제정으로 분화의 과정을 거치고 있다. 일종의 법령의 분화이며 이는 북한내에서도 이들 분야의 발전에 따른 다양한 체계를 정비하여야 한다는 요구를 반영한 것이라 할 수 있다.

이와 함께 헌법과 해당 법률과의 상충문제를 최우선적으로 해소하고 있다. 사회주의헌법의 규정과 상충되는 내용을 수정하여 일치시키고 있다. 이는 헌법적 근거와 현실의 상충문제를 해소하는 의미를 가진다. 이러한 모습은 사회주의 헌법과의 상충문제 해소 내지 관련법제의 제정을 통한 개별법적 근거 마련을 통한 법체계화를 통해 완성되고 있다. 예컨대 교육법제, 금수산태양궁전법, 우주개발법 등에서 알 수 있다. 특히 우주개발법은 북한이 헌법에 핵보유를 선언하고 이를 구체화하는 법령29)을 채택한 것과 연관되어 있다. 북한은 2013년 3월 31일 당중앙위 전원회의에서 '경제건설과 핵무력건설'의 병진노선을 채택하였다.

아울러 일부 법령은 전면 개정을 통해 그 구성체계와 조문의 개선 면모를 보이고 있다. 전면 개정 법령으로는 2012년에는 1개(도서관법), 2013년에는 6개 (과학기술법, 도로교통법, 상품식별부호법, 장애자보호법, 출입국법, 쏘프트웨어산업법), 2014년에는 5개(기업소법, 바다오염방지법, 발명법, 자금세척방지법, 환경보호법), 2015년에는 10개(무역법, 보험법, 배안전법, 산림법, 선원법, 전력법, 축산법, 품질감독법, 형법, 외국인투자기업 및 외국인세금법)의 법령을 들 수 있다.

이들 전면 개정된 법령의 특징으로는 다음을 들 수 있다.

첫째, 법령구성체계상 장의 신설로 내용을 구체화하고 있다. 예를 들어 2012년 개정 도서관법은 제2장 도서관의 조직운영 부분이 신설되어 도서관

29) "자위적 핵보유국의 지위를 더욱 공고히 할 데 대하여"(이른바 '4 · 1 핵보유법령', 총 10개조항), 최고인민회의 제12기 7차회의(2103. 4.1)에서 법령으로 채택. 2016년 법전에는 수록되어 있지 않다.

운영을 구체화하였다. 이에 비해 분리되어 있던 장을 통합시킨 법령으로는 2015년 개정 배안전법을 들 수 있다. 이 법은 각 장으로 분리되어 있던 배의 검사와 배의 설계 및 건조의 부분을 제2장으로 통합시켜 법령을 불필요한 부분을 간략화시켜 체계화하고 있다.

둘째, 처벌규정을 체계화하였다. 즉, 민사적, 행정적, 형사적 책임의 근거를 명확하게 적시하고 있다. 조문의 세분화와 행정적 체계화 부문을 개선하고 있다. 행정적 책임에 관한 규정으로는 개정 전 배안전법의 경우 제72조에서 11개의 호로 규정하던 것을 2015년 개정 배안전법에서 제56조에서 16개의 호로 더 세분화하였다. 산림법의 경우에는 개정 전 법령에서 행정적 또는 형사적 책임을 제47조에서 1개의 항으로 묶어서 설명한 것을, 2015년 개정법에서 제47조(행정적 책임)와 제48조(형사적 책임)로 분리시키고 행정적 책임의 부분을 18개의 호로 나누어 구체적으로 그 범위를 제시하여 규정하였다.

5.3. 대내외 환경 변화와 정책 전개의 법제도화

5.3.1. 북한주민의 생활 개선 요구 반영

일부 법령은 새로운 입법 또는 조문의 개정을 통해 북한사회의 현실을 반영한 법제정비를 추진하고 있다. 예컨대 북한 주민들의 생활과 밀접한 법령이라 볼 수 있는 농장법, 도로교통법, 공민등록법 등의 개정은 분조관리제 등 경제개선조치의 구체적 내용 명시, 운전면허증에 대한 급수 세분화, 공민등록과 관련된 이름, 성별, 출생지 등의 기재 내용 변경을 위한 법적근거 등을 제시하고 있다. 이는 법과 현실의 괴리를 해소하고 법제정비의 실효성을 높여 북한 사회에 대한 규범적 통제를 강화하는 조치라고 할 수 있다.

5.3.2. 경제관련 법령과 행정법제 변화

북한의 경제회생 내지 발전을 위한 조치와 관련하여 경제관련 법제를 수시로 수정보완하고 있으며, 명령체제에서 이른바 국정의 법제도화의 필요성에 따라 관련 법제 정비를 지속적으로 추진하고 있다. 일부 법령은 행정의 지방이양을 통한 지방행정기능의 확대 경향을 반영하고 있다. 예컨대 산림법은 산림조성과 보호, 이용에서 행정적 승인 주체를 구법상 국토환경보호기관과 임업기관만으로 한정하였는데, 개정법은 지방인민위원회를 추가하여 지방기관의 권한을 확대하는 조치를 취하고 있다(제10조 등).

이는 비교적 기술적이고 전문적인 성격을 가진 영역으로 광범위한 지방행정의 중요성이 강조되는 사업에 해당하는 것으로 보다 적극적인 지방행정 사무의 이양이라는 경향을 반영한 것으로 보인다. 특히 경제개발구법에서 지방인민위원회의 역할과 권한이 강화되고 있는 동향에서도 알 수 있다.

5.3.3. 법치 개선의 대외 홍보

북한은 핵개발과 미사일실험 등에 의해 국제사회의 제재를 받고 있는 상황과 북한인권문제에 대해 많은 지탄을 받고 있다. 이러한 상황에서 북한은 인권보호 관련 법령의 개정을 통한 지속적인 인권개선의 자세를 과시하고 있다. 일련의 인권관련 법령의 경우 새로 제정된 이후 일부 조항의 개정을 통해 개선내용을 대외에 선전하는 데에 큰 관심을 기울이고 있다. 김정은 체제는 정치적 안정성과 국가경영의 법제도화 방식의 개선내용을 국제사회에 적극 홍보하려는 자세를 가지고 있다.

5.4. 남북교류협력의 내용과 사업 반영

북한법령 중에는 남북간 경제협력을 통해 추진되었던 내용들이 포함되어 있다. 이것이 반드시 남북간 교류협력사업의 추진을 전제하였다고 단언하기는 어렵지만 상당한 연관성을 가지고 판단해볼 수 있는 여지가 있다. 예컨대 개정 산림법의 경우, '림농복합경영'을 산림조성 주요 사업으로 신설하고 있다(제18조). 북한지역의 산림녹화 지원사업의 추진과정에서 임농복합방식의 사업을 추진할 것을 합의한 사례가 있다. 남북경협사업의 하나로서 임농복합개발 방식은 교류협력과 대북지원사업의 성공적 추진 가능성을 두고 제기된 것임을 유의하여 보면 그 연관성을 추론해볼 수 있다.

북한의 국제사회에 정상국가로서의 지위를 획득하고 구체적인 조치가 취해지는 과정에서 남북관계가 더욱 활성화되면 관련 법령의 정비도 이루어질 것이다. 이른바 2018년 남북정상간 합의된 '판문점선언'의 구체적 이행조치는 이를 충분히 예상하게 한다.

6. 결어

살펴보았듯이 김정은 정권하에서 법령정비는 가속화되고 있다. 그 만큼 입법수요가 많다는 것은 북한의 변화 가능성이 크다고 할 수 있다. 북한의 2016년 법전에서 보듯이 최근 정책동향을 반영한 입법과 함께 향후에도 지속적인 법제정비를 전망하게 한다. 김정은정권에서 법전발간을 통해 향후 법제도를 통한 국정운영의 방향을 제시하고 있다고 볼 수 있다. 김정은이 취하는 정책전개의 양상에 비추어 보다 구체적인 법령정비의 가능성은 보다 확대될 것이다. 전술한 바와 같이 북한의 사회주의헌법상의 입법권에 대한 규정은 '법제정법'을 통해 구체화되고, 법제정(입법) 체계도 명확해 졌다.

북한의 법제정법에 의해 입법절차가 제대로 추진된다면, 북한법제의 체계와 내용은 보다 명확하게 제시될 수 있다. 이 법에 의하면, 기본법률을 구체적으로 실현하기 위한 하위법령 체제는 보완될 것이고, 하위 법령도 공개될 것이다. 외국인투자법령의 경우에는 기본법률과 하위규정들이 함께 정비되고 있고 이것이 대외에 공포되어 있다. 아울러 예상컨대 북한이 추진하는 경제발전 전략과 경제계획에 따라 경제관련법제의 수정과 보충은 확대될 것이다. 특히 북한경제의 시장화 조치가 확대되어 갈수록 경제환경의 변화에 따라 헌법상 경제조항의 수정의 가능성도 예상할 수 있다.

김정은위원장은 핵과 경제발전이라는 병진정책을 전환하기 위한 자세를 보여주었다.[30] 북한 경제는 1990년대 최악의 경제난에서 벗어났다고 하지만, 본격적인 경제성장 단계와는 거리가 있다. 대외무역은 2000년 들어서서 점차 높아졌지만, 국제적 고립으로 인하여 그 확대에는 한계를 보였다. 북한은 이러한 경제상황을 타개하기 위하여 자구적 노력으로 일련의 경제조치들을 추진하였다.

첫째, 2002년 '7.1경제개선조치'는 가격의 현실화, 배급제 등 사회보장 축소, 생산관리제도의 개선(분조관리제 40~150명 15~25명), 농업개혁의 부분적 실시 등을 추진한 것이었다. 7.1 조치 후 외자유치를 통한 북한 개발을 위해 신의주 경제특구(2002. 9), 금강산관광특구(2002. 10), 개성공업지구(2002. 11) 등을 지정하여 경제특구개발 정책을 본격화하였다. 또한 2004년 1월에는 종합시장(장마당)을 개설하고, 가족 영농제를 시범 실시하였다.

둘째, 2012년 '6 · 28 농업개혁조치'[31]는 협동농장의 분조관리제를 4~6명

30) 김정은은 핵무력완성을 선언하고(2017. 12), 핵과 ICBM실험 중단을 선언하였다(2018. 4. 20). 당 중앙위 제7기 제3차 정원회의(2018. 4. 20)에서 병진로선의 위대한 승리를 선언하고 당의 새로운 전략적 노선을 제기하였다고 한다. 김정은은 최근 사회주의경제건설을 강조하여 경제발전을 위한 노선을 강화하고 있다.

31) 협동농장 개혁을 통한 농업 생산성 향상에 목적을 두고 있으며, 분조관리제 개선과 수확물의 자율처분권 확대 등을 핵심 내용으로 한다. 분조관리제 확대는 분조별 생산성 평가를 통한 '차등분배' 원칙을 도입하고, 종전 10~25명 단위 분조를 4~6명 단위로 축소하는 것이다. '7:3 제도'는 제한적으로 운영되던 자율처분권을 크게 확대하여 목표생산량을 초과 달성할 경우 생산량의 70%는 국가가, 30%는 목표생산물 초과 분조에 처분권을 부여하는 것을 말한다.

수준으로 축소하고 목표달성시 30%는 분조가 처분하도록 하여 자본주의의 인센티브제도를 확대하였다. 또한 '12 · 1 기업소개혁조치'[32]는 기업소의 '지배인 책임경영제'를 실시하는 것으로 계획경제에 의한 생산목표량을 하달하는 기존의 계획통제 방식을 탈피하는 것으로 사회주의계획경제의 원칙을 벗어나는 것이었다.

셋째, 2014년에는 '5.30 경제개혁조치'를 통해 모든 기업소, 상점에 자율권을 부여하고, 각 기업소가 노동자의 임금 및 가족 생계를 자체적으로 해결하도록 하는 정책을 취하였다. 이와 관련하여 각 경제단위는 이윤의 10~15%을 세금으로 납부하도록 하는 조치가 취해졌다고 한다.

북한은 이러한 조치를 통해 대외무역의 다양화 · 다각화를 지향하고, 지하자원의 가공을 통한 수출을 확대하는 동시에 경제 및 관광특구에 대한 외자유치를 확대하는 정책을 추진하고 있다.[33] 경제특구 개발정책은 비록 구체적인 성과가 미진함에도 불구하고 북한경제발전을 위해 지속적으로 추진될 과제이다. 이는 핵개발에 따른 국제사회의 경제제재를 벗어나가 위해서도 촉박한 과제라고 할 수 있다. 완전한 비핵화를 위한 북미정상회담과 향후 남북관계의 발전과정에서 북한경제의 발전을 위한 정책추진은 보다 많은 부분의 북한의 대내외법령의 개폐를 가져올 것이다.

생각건대 북한법제의 개선과 체계화는 궁극적으로 남북법제의 통합의 기

32) 공장 기업소들이 독자적으로 생산품을 결정하고, 가격과 판매 방법, 수익 배분도 자체 결정하도록 자율성을 보장하는 것을 말한다. 여기에는 독립채산제를 확대하는 조치로써 기존에 제한적으로 실시되던 지배인(경영자, 공장장을 말함) 책임경영제를 확대하는 것으로 각 기업소가 독자적인 생산계획, 인원, 설비 등에 대한 자율적 책임성 부여가 포함되어 있다. 또한 차등임금제를 시행하여 기존 동일 임금 적용에서, 노동시간과 기여도 등에 따른 성과급제를 도입함으로써 일한 만큼 수익금을 차등 분배한다.

33) 2014년 6월 기존의 무역성, 합영투자위원회, 국가경제개발위원회 등 3개 기관의 대외협력사업 통합추진을 위하여 '대외경제성'을 신설한 것으로 알려졌다. 대외경제성은 무역과 합영, 합작, 외국인 투자유치, 경제지대 개발사업을 비롯한 북한의 대외경제사업을 통일적으로 운영하고 외국과의 경제적 연계를 강화하기 위해 설립되었다. 「통일뉴스」, 2014. 9. 29.

반을 이루는 것임을 인식할 필요가 있다. 현재까지 드러난 북한의 개별법제의 변화내용에 대한 심층연구의 필요성이 보다 필요한 사정이 있다. 거듭 강조하건대 북한을 이해하는 방법으로 최근의 북한법제의 정비내용의 분석은 북한의 국정의 방향과 내용을 파악하는 매우 유용한 것이다. 북한의 법령이 지속적으로 정비되어 나아간다면 재차 북한법전은 보충되어 발간될 것이다. 향후 김정은 정권의 비핵화합의에 따른 후속조치에 의해 북한에서 많은 변화가 예상되는 시점에서 북한법제도 큰 정비가 이루어지게 된다는 점을 감안하면, 북한법제에 대한 연구는 보다 심화 발전되어야 한다.

북한의 법학연구 동향*

최은석**

1. 서론

북한에도 법학이라는 학문이 존재하는가? 만일 있다면 얼마만큼 학문성이 있는 것이며, 누가 누구를 어떻게 가르치고 있는가? 그리고 법학을 배우고 가르치는 법학자 내지 법률가들은 어떤 사상을 가진 사람들인가? 이렇듯 우리는 아주 기본적인 물음이지만 쉽게 답하기 어렵다. 이러한 의문은 한국[1]의 법학자라면 한번쯤 갖게 되는 질문이며, 현재 통일을 지향하는 대한민국의 상황에서는 법학자로서 당연히 북한사회의 법문화와 법학연구에 대해 관심을 가져야 할 학술정보 내지 학술연구 과제이다.[2]

* 본고에 수록된 내용은 필자의 개인적인 견해이며, 소속기관의 공식 입장을 반영하는 것이 아님을 밝힙니다.

** 통일교육원 교수

1) 본고에서는 문맥 편의상(흐름에 따라) '대한민국'의 국호를 '한국', '남한', '남'으로, '조선민주주의인민공화국'의 국호를 '북한', '북'으로 표기하기로 한다.

2) 초기 이런 근본적인 문제에 대해 의문을 던진 국내 법학자는 매우 극소수에 불과했다. 최종고 교수의 논문에서는 함병춘 박사, 고려대 최달곤 교수, 서울대 최종고 교수, 국민대 장명봉 교수 등 소수의 연구자가 있다고 소개했다. 최종고, "북한의 법학과 법사상", 「북한의 법과

남과 북은 1945년 8월 해방 이후 73년의 분단이 유지되어 왔고, 1948년 각기 헌법 제정 이후 70년이 되었다. 남과 북은 단순히 정치 · 경제 · 사회문화 체제 분단에 머물지 않고 법학 분야에도 상당 기간 단절을 가져 왔다. 특히 북한은 구 소련군이 지배했던 북한지역에 대해 법적 안정성을 위해 여러 가지 법적 조치를 빠르게 취했다. 마르크스와 엥겔스의 역사적 유물론에 바탕한 토지사유화 폐지 등 이데올로기적 변화를 가져왔다. 이런 작업은 먼저 구 소련과 여타 사회주의 국가와 같이 생산수단인 토지 사유화 폐지를 거쳐 국유화 정책을 단행했다. 그리고 북한 내 반제적 · 반봉건적 관계 청산이라는 미명하에 토지개혁도 빠르게 진행했다.[3] 이것이 북한 정권 초기에 취해진 북한으로서는 가장 중요한 법적 조치였는데, 이러한 법정책적 상황을 북한은 법학적 논리로 어떻게 설명하고 있는가가 논의의 시작이다.

지금까지 북한의 법학연구 생성과 발전과정을 살펴보면, 북한정권 초기부터 김일성 시대, 김정일 시대, 그리고 현재 김정은 시대에 이르기까지 3대 세습의 정권 유지를 위한 법학연구가 주된 학문의 목적이 되어 왔다. 그리고 최근 법학연구의 새로운 접근방법으로 북한은 법률조정학을 선보였는데, 이는 우리의 상식 수준에서는 조금 이해하기 어려운 새로운 법학분야를 제시한 것으로 우리의 법학연구에서 매우 흥미로운 사실을 보여주었다는 점에서 주목할 필요가 있다.

그렇다면 오늘의 현실에서 북한의 법학연구는 어떻게 변화하고 진행되고 있는가. 북한에서 법학이라는 학문이 사회과학의 한 분야로 자리매김하게 된 것은 철학, 역사학, 경제학 등과 같이 정권 수립 이전인 김일성종합대학 출범으로부터 시작된다. 북한에 대학이 처음 설립될 때부터 법학부가 설치되기까지 북한의 독자적인 양상은 법과 법학의 중요성을 북한의 방식대로 인식했

법이론」, 경남대 극동문제연구소, 1998, 5면.

3) 최은석, "남북 법제분단: 분단을 넘어 법제통합을 위한 과제", 「법제연구」 통권 제53호, 서울: 한국법제연구원, 2017, 62면.

다. 그 외에 평양법률대학과 사법성 법률학교 등이 일정기간 존재했다는 자료가 남아 있으나, 법학 관련 대학은 실질적 메카는 김일성종합대학 법률대학이 유일해 보인다. 그리고 연구기관으로는 사회과학원 법학연구소가 법학연구를 이끌고 있다.

선행연구를 살펴보면, 국내 법학자로서 북한의 법학연구에 대한 연구 진행은 거의 소수에 불과하고,[4] 주로 북한법제에 대한 연구 위주로 진행되었다.[5] 여기서 북한법제 연구의 범위는 헌법, 민법, 형사법, 행정법 등에 대한 법조문 분석을 하거나, 법실무에서 다뤄지는 민사소송법, 형사소송법 등 절차법에 대한 북한법령 연구의 주류를 가리킨다.[6] 그동안 학문적 차원의 내재적 접근방식으로서의 북한의 법학연구는 극소수에 그쳤다고 할 수 있는데, 그 이유는 북한 법학연구 관련 자료의 접근성이 용이하지 못한 부분이 가장 크다.

현재로선 북한 법학자의 법학연구 동향을 살펴볼 수 있는 유일한 통로로는 [김일성종합대학 학보: 력사, 법률], [정치법률연구], [조선사회과학학술집

4) 법학계에서 북한 법학에 대한 연구는 매우 미진한 단계에 와 있다고 할 수 있으며, 무엇보다 자료 접근성의 제한이 문제이다. 통일의 카운터 파트너인 북한 법학에 대한 법적 관심은 통일문제를 떠나 또 다른 차원에서 우리가 이해하고 접근할 필요가 있다. 예컨대 통일을 이루기 위한 과정에서의 법제도적 차원의 문제도 있지만, 통일 이후 원만한 남북한 사회통합을 위한 북한사회의 독자적인 법문화와 법인식에 대한 연구도 상당히 중요하다고 생각한다. 그러나 본고에서는 이 정도에서 그치고 북한 법학자의 법학연구에 중점을 두고 진행할 것이다.

5) 최종고, “북한의 법학과 법사상”, 「북한의 법과 법이론」, 서울: 경남대학교 극동문제연구소, 1988; 최종고, “사회주의법 일반이론에서 본 북한법사상”, 「북한법률행정논집」 제9권, 서울: 고려대 법학연구소, 1992; 최종고, “북한법이론과 북한법학의 회고와 전망”, 「북한법률행정논집」 제10권, 서울: 고려대 법학연구소, 1995; 김동한, “북한의 법학연구: 연구동향 및 특성”, 「북한연구학회보」 제10권 제2호, 서울: 북한연구학회, 2006; 김동한, “북한 법학: 이론의 현실정합성, 남북 법학비교, 특성”, 「북한연구학회보」 제11권 제2호, 서울: 북한연구학회, 2007가 있다.

6) 이와 관련한 연구자와 연구자료는 비교적 상대적으로 많이 축적된 상태라 할 수 있다. 북한법제에 대한 자료 검색은 법무부, 통일부, 법제처가 공동 운영하는 Data Base 구축 사이트를 통해 확인할 수 있으니 참고하기 바란다. 통일법제 DB(데이터베이스) 사이트: http://www.unilaw.go.kr 참조 바람.

(법학편)] 등이 정기간행물로서는 전부이다. 본고에서는 북한에서 최고 학술의 전당이라는 김일성종합대학에서 강의하는 교수들의 법학연구의 범위, 종류, 그리고 그 수준을 이해하는 것이 주목적이다. 따라서 북한의 대학출판사로서 권위 있는 학술지를 정기간행물로 발행하고 있는 김일성종합대학출판사의 유일한 법학저널인 [김일성종합대학 학보: 력사, 법률]을 연구대상으로 제한해 다루기로 한다. 이와 유사하게 법학연구 논문을 게재하고 있는 [정치법률연구]와 [조선사회과학학술집(법학편)]은 제외하기로 했다. 그 이유는 다수의 전문가가 함께 참여하여 발간하므로 나름 의미가 크다고 할 수 있으나 법학전공 대학생들을 대상으로 하는 전문 대학기관이 아니므로 추후에 별도 연구 기회를 통해 다루고자 한다.[7] 이러한 연구 시도는 북한에서 발간하는 학술저널로 북한 법학자의 생각과 법적 사고를 읽어 낼 수 있다는 새로운 시도라는 점이며, 무엇보다 북한의 법률 대학생이 공식적으로 유일하게 법학교수의 학술논문과 소통할 수 있는 학문의 창구 역할을 하기 때문이다. 그리고 법학 관련 학술저널로써 북한사회의 '살아있는 법'을 연구한다는 매력을 느꼈기 때문이다.

북한은 1990년대 탈냉전을 거치면서 새로운 변화의 물결을 받아들이려 나름 애써 왔다고 할 수 있는데, 그러한 흔적들이 북한에서 발간한 법학 관련 학술저널지에 고스란히 남아 있다고 생각한다. 이러한 사실들을 법학연구라

7) 본고에서는 법학연구와 관련한 여러 편의 단행본과 「조선사회과학학술집(법학편: 법학연구론문집)」 총 22집이 발간되었으나 간략히 소개하는 정도에 그치기로 한다. 왜냐하면 개개의 단행본은 소수의 법학자가 간헐적으로 발간한 것으로 법학자 군집이 아니어서 집단적 사고를 읽어 내기 어렵다고 판단했기 때문이다. 그리고 「조선사회과학학술집(법학편: 법학연구론문집)」은 총 22개의 논문집이 발행되어 있으나 모두 다 2010년에 평양에 소재한 사회과학출판사 명의로 일거에 발행한 이유 때문이기도 하다. 물론 그동안의 법학연구 성과물을 집대성해 모아 놓은 것만으로도 큰 의미가 있다. 하지만, 본 연구 범위에서 다년간 법학 관련 학술저널지에 게재된 시대적 법학연구 동향을 파악한다는 측면에서 당초 연구계획 했던 의도와 자료의 유용성이 떨어진다고 판단했기 때문이다. 다른 기회에 「조선사회과학학술집(법학편: 법학연구론문집)」에 대한 분석을 시도할 계획임을 참고해 주시길 독자 여러분께 양해를 구하고자 한다.

는 틀 속에서 일정한 기간을 정하고 지속적으로 살피는 것이 본 연구의 궁극적인 목표이기도 하다.

본고의 구성은 크게 두 개의 장으로 구별하여 다룰 예정이다. 첫째, 대내외적 환경 변화에 따라 북한이 취할 수밖에 없었던 매우 제한적이고 국한된 법학연구의 한계가 노정된 상황을 정리해 본다. 김일성, 김정일, 김정은의 각 시대별 법학연구의 특징과 학문적 연구 동태 변화를 정리하고, 법학연구의 새로운 접근으로 '법률조종학'을 강조하고 있는 이유와 북한의 법률대학 및 법학연구소 현황에 대해서도 살핀다. 그리고 법학 학문 분류와 법학 관련 학술지에 대해서도 간략히 소개한다.

둘째, 1990년대 초 탈냉전 시대를 맞아 서구 및 동유럽 공산권 국가의 체제 붕괴에 대한 경계 및 북한만의 독자적 노선을 견지하면서 소위 '북한식 사회주의' 또는 '우리식 사회주의'로 강조할 수밖에 없었던 북한의 법학연구 동향의 특징적인 내용을 고찰할 것이다. 앞서 설명한 바와 같이, [김일성종합대학 학보: 력사, 법률] 학술저널에 게재된 법학논문의 성향을 법이론, 헌법 및 행정법, 형사법, 민사법, 노동 · 지식정보 · 우인권법, 국제법 및 경제법, 자본주의법 및 타국의 법학연구로 대별하여 법학연구 동향을 도출해 내는 특징을 가진다. 이 점이 다른 논문과의 차별성이라 할 수 있으며, 본 연구결과를 통해 북한 법학자가 어떤 주제로 어떤 고민을 하고 있는지, 그 학문의 흐름을 파악해 내는 독창성을 강조한 특징을 보여주려 한다. 여기서는 남한 법학자의 북한 법학연구 상황을 분석하는 것이 아니라, 북한 법학자가 북한의 법학을 어떻게 연구 진행하는지, 그리고 [김일성종합대학 학보: 력사, 법학]에서 법학 논문을 다루기 시작한 1993년 발행된 제39권 제4호(루계214호)부터 2013년 12월 제59권 제4호(루계480호)까지 20년 동안의 최신 법학연구 동향에 대해 진단 · 분석하였다.

2. 북한 법학연구의 생성 · 발전

2.1. 시대별 법학연구의 특징과 변화

2.1.1. 김일성 시대(1948~1994년)

1948년 북한 정권 수립 이래로 가장 중요한 통치이념은 '주체사상'[8]이라고 할 수 있다. 주체사상의 정수(essence)는 바로 '수령주의'로서 수령을 절대화하고 주민의 자율성을 속박하고 있다. 이는 김일성 시대에 해당하는 매우 핵심적인 이데올로기 사상으로 북한의 법학연구에 지대한 영향을 미친 것으로 확인된다.

일찍이 김일성 시대 1984년 합영법 제정으로 외국자본 유치를 끌어들이게 한 것도 법학적 논리에 따른 것이라 할 수 있다. 바로 주체사상인데, '경제에서 자립'을 강조한 부분이다. 익히 알려진 바와 같이 북한의 주체사상의 기본체계를 보면, 사회적 존재인 인간의 본질성 특성을 자주성, 창조성, 의식성으로 3분류해 볼 수 있다. 여기서 '자주성'은 인류역사는 인민대중의 자주성을 위한 투쟁의 역사로 강조하고 있고, 자주적 입장을 견지해야 함이 당연한 것으로 보고 있다.[9]

---

8) 북한에서는 1985년에 '주체사상'에 관하여 「주체사상 총서」 전10권, 평양: 사회과학 출판사를 통해 발행한 적이 있다. 동 총서(10권)의 원본은 1985년 조선노동당 창건 40주년을 기념하기 위하여 평양의 사회과학출판사가 편집한 총 3,250여 면에 달하는 주체사상에 대하여 체계화한 작품이다. 이 북한의 원전을 남한의 운동권 출판사들이 1989년에 펴냈는데 참고로 기술하자면, 「주체사상의 철학원리」, 제1권, 서울: 백산서당, 1989; 「주체사상의 사회역사원리」, 제2권, 서울: 백산서당, 1989; 「주체사상의 지도적 원칙」, 제3권, 서울: 백산서당, 1989; 「반제 · 반봉건 민주주의 혁명과 사회주의 혁명이론」, 제4권, 서울: 백산서당, 1989; 「사회주의, 공산주의 건설이론」, 제5권, 서울: 태백, 1989; 「인간개조론」, 제6권, 서울: 조국, 1989; 「사회주의 경제건설이론」, 제7권, 서울: 태백, 1989; 「사회주의 문화건설이론」, 제8권(서울: 조국, 1989); 「영도체계」, 제9권(서울: 지평, 1989); 「영도예술」, 제10권(서울: 지평, 1989) 이상 전10권이 있다. 김갑철 편저, 「북한학개론 –북한 공산체제의 현재와 미래–」, 서울: 문우사, 1999, 114면 재인용.

9) 주체사상의 내용을 보면, 철학적 원리, 사회역사 원리, 지도적 원칙으로 대별된다. 경제에서

역사적으로 주체사상에 근간한 북한법의 특징을 한 마디로 정리하면, 세계 법문화권에서 사회주의법문화에 속하면서 주체사상을 기본사상으로 하고 있는 특수한 법문화와 법이론을 형성하고 있다[10]는 점이 주된 특징이라 할 것이다. 이러한 특징은 김일성 시대의 법학연구에서 기본적으로 전제되었음을 알 수 있다. 이와 관련된 내용은 1993년부터 북한 법학연구 논문을 정기적으로 게재해 온 [김일성종합대학 학보: 력사, 법학] 저널지 여러 곳에서 발견된다.[11]

북한의 법학자 김기천 박사(1993)는 [김일성종합대학 학보: 력사, 법학]에서 주체사상을 유일 지도사상으로 제시하고 주체의 혁명적 당건설의 기본원칙 내용으로 공식적으로 학보에서 처음 제시한 것으로 확인된다.[12] 김양환 박사(1993)는 올바른 민족관을 확립하기 위한 자주성 실현 차원에서 주체적 민족관을 강조한 논문을 실었다.[13] 세계 모든 나라가 자주성을 지향하고 자주성을 실현하기 위해 힘찬 투쟁이라고 표현하면서 또한 우리 민족의 최대 숙원인 통일문제에서도 민족관을 바로 세울 것을 강하게 문제제기한 부분도 보인다.[14] 진문길 박사(1993)는 정치, 정권, 국가의 본질과 그의 내적 연관

자립은 지도적 원칙에서 자주적 입장을 견지하는 핵심 내용 '사상에서 주체', '정치에서 자주', '경제에서 자립', '국방에서 자위' 중 하나로 설명된다.

10) 최종고, "사회주의법 일반이론에서 본 북한법사상", 「북한법률행정논집」 제9권, 서울: 고려대 법학연구소, 1992, 1면.

11) 국내 법학자 최종고 교수도 북한의 주체사상을 전제한 사회주의적 법 작업들이 작동되어 왔고, 1990년대 초 남북합의와 교류에 긍정적으로 임하면서도 당시 대남비방 등으로 적극적 개방화와 통일작업에 나서지 않는 양면성이 존재했다고 하면서 북한의 이중성 표현을 했다. 최종고, "사회주의법 일반이론에서 본 북한법사상", 앞의 논문, 1~2면 참조.

12) 김기천, "주체사상을 유일한 지도사상으로 하는 것은 우리 혁명의 실천에 의하여 확증된 주체의 혁명적 당건설의 기본원칙", 「김일성종합대학 학보: 력사, 법학」 제39권 제4호(루계214호), 평양: 김일성종합대학출판사, 1993, 7~11면.

13) 김양환, "주체적 민족관에 대한 연구", 「김일성종합대학 학보: 력사, 법학」 제39권 제4호(루계214호), 평양: 김일성종합대학출판사, 1993, 39면.

14) 김양환, "주체적 민족관에 대한 연구", 위의 글, 39~43면.

을 과학적으로 밝히는 것은 정치이론과 실천에서 매우 중요한 의의를 가진다고 '주체이론'[15]을 강조한 최초의 논문으로 파악된다. 그밖의 신기하게도 김일성 시대에 김정일이 주도하여 주체사상탑과 개선문 건설에 관련했던 법학연구 논문[16]도 찾아 볼 수 있어 매우 흥미로웠다.[17]

무엇보다 김일성 시대의 핵심적인 법학연구의 테제는 '주체사상' 외에도 '사회주의법'에 대한 해석과 그 본질[18]에 관한 것이라고 생각한다. 북한의 강현학 학자(1993)가 사회주의법 해석에 있어서도 주체의 법이론이 과학적으로 밝혀주는 중심적 문제해결의 실마리를 제공한다[19]고 설명하고 있는 점에서도 이를 잘 알 수 있다.

정리해 보면, 김일성 시대는 법에 관하여 경제개방에 따른 합영법의 개정 등 일부 변경이 있긴 하지만, 대체적으로 정치 · 이데올로기 고수의 편에 서 있어 주체적 법이론과 법사상에는 변화가 별로 보이지 않는다[20]는 평가를 받는다. 뿐만 아니라, 사회주의헌법 연구에서 '국가와 법이론'의 상관성을 다루는 부분에서는 법에 대한 철학적, 형이상학적, 가치론적 설명이 많은 법철학과는 사뭇 거리가 먼 다분히 사실적, 역사적, 범세계적인 일반이론의 성격을 띠고 있다. 그리고 다뤄지는 연구 내용도 절반 이상이 '부르죠아적'[21] 법

---

15) 진문길, "정치, 정권, 국가의 본질과 내적련관에 대한 주체의 리론", 「김일성종합대학 학보: 력사, 법학」 제39권 제8호(루계218호), 평양: 김일성종합대학출판사, 1993, 60~64면.

16) 조경일, "친애하는 지도자 김정일동지께서 조직령도하신 주체사상탑과 개선물 건설을 위한 투쟁", 「김일성종합대학 학보: 력사, 법학」 제39권 제8호(루계218호), 평양: 김일성종합대학출판사, 1993, 12~17면 참조 바람.

17) 필자는 1993년 북한이 처음 법학논문을 [김일성종합대학 학보; 력사, 법학]에 게재한 이때를 소위 북한 법학연구의 '르네상스' 시대라고 표현한다.

18) 강현학, "사회주의법의 해석의 본질과 그 필요성", 「김일성종합대학 학보: 력사, 법학」 제39권 제4호(루계214호), 평양: 김일성종합대학출판사, 1993, 34면.

19) 이에 대해 자세히는 강현학, "사회주의법의 해석의 본질과 그 필요성", 위의 글, 44~49면 참조 바람.

20) 최종고, "사회주의법 일반이론에서 본 북한법사상", 앞의 논문, 2면.

21) 우리 표기법에 따르면 '부르주아'가 된다. 본고에서는 법령 용어의 표기에 있어 '화폐류통',

철학의 내용을 비판하는 연구가 주류를 이루었다[22]고 평가할 수 있다.

2.1.2. 김정일 시대(1995~2011년)

김정일 시대의 수령주의는 '장군주의'라 할 수 있다. '김정일 장군'만 믿고 따르면 모든 것이 해결된다는 것이다. 김정일 시대에 나타난 북한의 법제동향은 김일성 시대와 본질적으로 크게 다르지 않다. 우리처럼 입법 예고를 성실히 하여 국민 여론의 반응을 살펴보는 절차를 진행하지도 않고 어느 날 갑자기 공표하는 것이 일반화되어 있기 때문이다. 특히 법치가 정립되지 않은 사회이므로 법이 최고통치권자의 도구로 전락해 그 존재 가치가 상실되었다고 본다. 그러나 아무리 통치권자의 도구라 하더라도 대의명분 차원에서 법을 무시하고 정치적으로 모든 문제를 해결할 수 있는 상황도 아닌 현실이 되어 버렸다. 특히 최근 대내외적 환경 변화에 따른 법제 변화도 필수적이기 때문에 이러한 학문적 배경을 뒷받침하기 위해서는 당연히 김정일 시대에 맞는 법학연구가 진행될 수밖에 없었다.

김정일 시대의 통치담론을 보더라도 김일성 시대와는 달리 상징적인 차원을 넘어 실천적이고 정책 지향적인 성격을 강하게 지녔다. 또한 구성원들에 대한 동원 효과가 크다는 점에서 실천 과정상의 특징을 분석하는 작업은 주요 통치담론에 담았다. 김정일 시대가 김일성 시대와 다른 것은 1990년대 초 김일성 집권 시대 '나진-선봉 자유경제무역지대'를 창설하고 경제개방을 도모했으나, 현실적으로 큰 변화를 가져오지 못했다. 그 꽃이 피기 시작한 것은 1990년대 말에 이르러서이며, 여기에 필수적 요소인 법제정비가 뒤따라야 가능할 수 있었다. 이런 법제정비의 합법화를 위해서는 법논리적 서술이 뒷

'되여'처럼 북한식 철자법을 따랐으며, 원문에 충실할 필요가 있을 경우 띄어쓰기와 두음법칙(이해→리해, 이론→리론)을 적용하지 않는 어문법에 따라 인용부호를 붙여 가급적 북한식 표기법에 따랐다.

22) 최종고, "사회주의법 일반이론에서 본 북한법사상", 앞의 논문, 3~4면.

받침되어야 하는데, 이런 시대적 환경변화와 배경은 북한의 법학연구를 통해 사회주의국가에서 자본주의법으로 법제전환을 필요로 했다. 하지만 시장경제 원리의 원용은 당시 북한 체제로서는 상당한 무리가 따를 수밖에 없는 구조적인 한계를 지니고 있었다. 이런 내용들이 김정일 시대에 와서 개혁 · 개방으로 나아가는 시대적 흐름을 반영하듯 북한의 법학연구 동향도 경제개방 법제연구에 치중하는 연구 행태를 보이기 시작했다.

북한의 입법은 기본적으로 사회주의법제의 일반적 특징과 내용을 같이 하고 있으나, 근자에 북한법제는 환경변화에 대응한 법제 발전을 이루어왔다고 할 수 있다. 최근에 와서 북한은 비교적 체계적인 대중용 법전 2004년 발간 이후 2012년 7월, 2016년 6월 2차례 증보판을 발간하는 등 이전과 다른 법적 사고와 태도를 보여 주고 있어 북한의 입법동향을 파악하는데 도움을 주고 있다.

총론적인 입장에서 김정일 시대의 북한법제의 입법동향에 대한 평가는 다음과 같이 정리해 볼 수 있다. 첫째, 김정일 시대의 입법동향은 폐쇄에서 개방으로 실용주의적 입법 경향을 보여주었다. 둘째, 1990년대에 들어, 특히 김정일 시대에 와서 이루어지거나 추진 중인 법제정비는 북한의 대내외적 환경변화에 대한 법적 대응으로 나타났다. 즉, 북한은 대내외적 환경변화에 대응하여 북한식의 변화를 모색하고 있으며, 이러한 변화 모색은 입법을 통해 북한법제에 반영되었다.[23] 셋째, 사회주의 국가인 북한은 조선노동당이라고 하는 통치기구를 통해 북한사회 전반을 이끌어가기 위한 차원에서 선군정치[24]라는 도구를 통해 정치 실현을 요청해왔다. 따라서 자연히 선군법제 관

23) 2004년 제정된 「행정처벌법」은 2002년 '7.1경제관리개선조치' 이후 북한 사회에 나타난 사회적 일탈행위를 형사처벌하기 어려운 비법행위를 행정처벌로 주민 단속을 위해 입법된 것으로 볼 수 있다.

24) 북한의 선군정치 이론에 대해서는 별도의 단행본으로 출간된 바 있다. 북한은 국제무대에서 사회주의냐 자본주의냐 하는 치열한 결전장에서 사회주의의 운명과 주체혁명의 전도가 총대에 의해 좌우되며 군대에 의거해 난국을 뚫고 혁명을 승리로 이끌 수 있다는 확신을 가질

련 입법이 지속화된 경향을 보였다.[25] 넷째, 북한의 현행 법제정비의 내용면에서 이념적 색채를 완화하고 있는 것과 함께 그 형식면에서도 비교적 안정된 체제를 갖추면서 법제의 체계화를 도모해 왔다. 다섯째, 근자에 제정 또는 개정된 북한의 법률들의 내용을 일별할 때, 이데올로기적 요소가 줄어들고 대신 객관적 사회규범으로서의 기능과 역할이 기대됨으로써 북한사회에서도 향후 인치(人治)로부터 법치(法治)로의 변화, 즉 교시에 의한 통치로부터 법에 의한 통치로의 변화가 촉진될 가능성이 엿보인다. 여섯째, 김정일 시대 법제정비와 입법동향 및 통치시스템은 '교시'가 '당정책화'하고 그것이 '법제화'(교시→당정책화→법제화)되는 메커니즘으로 작동되어 왔다고 할 수 있다.[26]

2.1.3. 김정은 시대(2012년~)

지난 2011년 12월 김정일 위원장 사망 후, 김정은 정권은 지난 7년 동안 사회주의헌법을 3차례[27] 수정보충 했다. 그 밖의 법률 등에 대해서도 채택, 수정보충이 활발한 편이기는 하나,[28] 북한정권의 방향이 우리가 추구하고

수 있었다고 발간 의지를 보였다. 이에 대해 자세히는 김인옥, 「김정일 장국 선군정치리론」, 평양: 평양출판사, 2003 참조 바람.

25) 2009년 개정헌법은 제3조에서 주체사상과 함께 선군사상을 북한의 공식 통치이데올로기로 명시하였다. 선군사상은 우선 정보산업시대에 들어서면서 일어난 사회계급관계에 대한 분석에 기초하여 '선군후로'(先軍後勞)의 원칙을 내놓고 인민군대를 혁명의 주력군, 핵심역량으로 새롭게 내세운 혁명사상이라는 것이다. 최은석, "북한 조선노동당의 선군정치 실현과 국방위원회에 대한 헌법적 규제", 「군사논단」, 한국군사학회, 2012 참조.

26) 장명봉, "북한의 최근 법제동향과 평가 -대중용법전 증보판(2006) 발간에 즈음하여-", 「북한법연구」, 제9호, 북한법연구회, 2006, 24면.

27) 2012년 4월 사회주의헌법 수정보충에서 서문에 '핵보유국' 및 '김일성-김정일헌법'이라고 명문화 하였으며, 제100조에서 '국방위원회 제1위원장'직을 신설해 김정은을 추대한 바 있다. 그리고 2013년 4월 사회주의헌법 수정보충에서는 제45조 '전반적 12년제 의무교육'을 명시했으며, 2016년 6월 사회주의헌법 수정보충에서 제100조~제111조 국방위원회를 국무위원회로, 국방위원회 제1위원장을 국무위원회 위원장으로 개정했고, 최고재판소 · 최고검찰소를 중앙재판소 · 중앙검찰소로 개정한 바 있다(제153조, 제159조 참조).

있는 북한법령의 국제화 추세로 방향을 전환했다거나,[29] 또는 통일대비 관련 북한법제 개선에 큰 변화를 주지 못했다.[30] 다만, 경제 관련 법제도 정비는 김정은 집권 초기부터 추진된 것으로 파악된다. '정치사상 강국', '군사 강국'에 이어 '경제 강국'까지 실현하고자 했던 김 위원장이 치밀하게 준비를 해 왔다는 것을 보여 주는 대목이다. 김정은 위원장 집권 첫해인 2012년부터 경제 · 산업 · 과학 법제를 정비하기 시작했으며, 온천 개발과 관련한 '광천법', 천연광물 개발과 관련한 '내화물관리법', 재생에너지 개발과 관련한 '재생에네르기법', 탄광지역 개발과 관련한 '중소탄광법' 등 금속, 지하자원 등과 관련된 법들이 새롭게 제정되었다. 그리고 2014년 '자금세척방지법', '전력법' 등도 전면 개정하는 등 법령을 보다 체계화하는 작업도 진행했으며, 강도 높은 대북 제재 속에서도 '무역화물검수법'(2012년), '외국투자회계검증법'(2014년), '국경통과지점관리법'(2014년) 등이 새롭게 제정됐다. 2014년 개정한 합작법과 합영법의 각 4조에는 합작 금지와 제한 대상이 추가됐다. 북한은 이 법에서 '환경보호기준을 초과하는 대상', '경제기술적으로 뒤떨어진 대상', '경제적 실리가 적은 대상', '식당 · 상점과 같은 봉사업' 등에 대해 합작을 하지 못하도록 했다.[31]

북한이 2013년 제정한 '경제개발구법'은 일방적인 중앙통제 방식의 체제에서 벗어나 지방 현실에 맞춰 경제개발 사업을 추진한다는 점에서 김 위원장

28) 북한은 김정은 정권 들어 법전(증보판)을 2012년 7월 30일 1차 수정보완해 발간하였고, 2016년 6월 15일 2차 수정보완해 발간하기도 했다. 2016년 6월 법전(증보판)에서는 정치 · 경제 · 사회문화 관련 법제 등 다양한 제 · 개정이 있는 것으로 파악된다. 참고할 만한 북한 원전으로는 「조선민주주의인민공화국 법전(증보판)」, 평양: 법률출판사, 2016를 참조 바라며, 국내에서 발간된 북한법전으로는 「북한법령집(상, 하)」, 서울: 국가정보원, 2017.10; 장명봉 편, 「2015 최신 북한법령집」, 서울: 북한법연구회, 2015.10 발간 자료를 참조 바람.

29) 손희두, 「북한 법령의 국제화 추세에 관한 연구」, 서울: 한국법제연구원, 2010, 21~45면.

30) 최은석, "남북 법제분단: 분단을 넘어 법제통합을 위한 과제", 앞의 논문, 82~83면 참조.

31) 서울신문(http://www.seoul.co.kr/news/newsView.php?id=20180502001001#csidx171623e33fb417ebc54da45bec3d43f, 검색일자: 2018.5.2. 일자)

의 경제 정책 중 가장 큰 변화로 평가된다. 김정은 집권 2012년 강조했던 '핵 · 경제 병진 노선' 관련하여 핵무력 완성을 선언하고 이제 경제발전에 전념하겠다는 의지를 보였다.[32)]

2.2. 법률조종학: 법학연구의 새로운 접근

2.2.1. 법률조종학의 개념

북한에서 '법률조종학'은 법학과 조종학, 수학, 정보이론 등이 상호 결합되어 형성된 새로운 경제과학으로 교육됨을 알 수 있다.[33)] 북한에서 새로운 독자적인 과학으로서의 법률조종학의 출현은 법학의 다른 모든 부문에서와 마찬가지로 고유한 연구대상을 새롭게 제기할 뿐 아니라 그 본질과 내용을 과학이론적으로 명백히 밝힐 것을 요구하고 있다는 점[34)]에서 우리에게는 매우 흥미로운 사실과 함께 새로운 연구과제를 던진다.

2.2.2. 법학연구의 새로운 접근과 시도 배경

입법활동 분야에서 실제적으로 존재하는 권한 있는 국가기관으로서의 법제정기관과 그 활동과정을 법률조종학적 의미에서 국가법률체계의 부분체계로 볼 수 있고 이때 이 체계를 '법제정체계'라고 부르며[35)] 우리의 입법체계로

---

32) 박정원 국민대 법과대학 교수는 "김정은 정권 들어 시장화 조치를 확대하는 등 일부 자본주의적 경제원리를 적용하려는 시도가 엿보인다"면서 "북한 헌법에 규정된 경제 조항도 변화가 예상된다"고 말했다. 한명섭 통인법률사무소 변호사는 "북한이 2012년 '강성대국 건설 원년'의 해를 선포했지만 경제 강국 완성은 실패했다"면서 "경제 강국 건설이 가능하려면 핵 문제가 해결되고 북한이 개방에 적극적인 자세를 보여야 할 것"이라고 강조했다. 「서울신문」, 2018년 5월 2일자.

33) 김원출, "법률조정학적체계에서 국가법률체계의 본질과 내용", 「김일성종합대학학보 력사법학」, 제43권 제4호(루계 287호), 평양: 김일성종합대학출판사, 1997, 76면.

34) 최은석, "북한의 사회주의 법제정의 합리화와 규범적 법문건의 입법기술", 「입법학연구」 제8집, 한국입법학회, 2011, 79면.

이해된다. 다시 말해 북한에서 말하는 법제정체계란 법제정 활동분야에서 기능하는 법률조종학적 체계를 말하며, 우리에게는 매우 생소하나 북한은 법제정체계를 입법체계의 부분체계로서 법제정 활동 분야에서 기능하는 상대적으로 '닫긴조종학적체제'[36]라고 부른다.[37]

북한에서 법률조종학의 중요한 연구대상은 국가법률체계와 그 기능수행과정, 발전과정을 탐구대상으로 하고 있다는 점에서 유의미하다고 할 수 있다. 그렇다면 법률조종학적 측면에서 볼 때 국가법률체계의 개념과 본질은 무엇이며 이 체계의 내용을 이루는 기본적인 구조와 기능이 무엇인가 하는 문제가 제기된다. 먼저 국가법률체계란 무엇이며 이 체계의 본질이 무엇인가 하는 것을 법률적 측면과 조종학적 측면에서 상호 밀접한 관계 속에 분석하는 것이 북한의 입법체계를 이해하는 데 도움이 된다.

북한에서도 법은 국가가 사회의 모든 성원들의 행위를 규제하기 위해 만든 사회적 규범으로 인식하고 있음을 알 수 있다. 다만, 법을 계급사회에서 국가와 함께 발생하고 발전해 왔으며 국가는 법을 통치수단으로 한다는 특성을 발견하게 된다. 일반적으로 국가는 법을 주요한 통치수단으로 하여 법은 국가와 함께 발생하고 국가에 의해서 제정 · 집행되며, 한편 국가(북한 당국)가 제정한 법에 의하여 국가기구들의 활동과 사람들의 행위가 제약되게 되고, 북한 주민들의 관계와 사회적 질서의 체계인 사회관계가 규제되며 국가의 계급적 성격에 맞게 법이 부단히 변화 발전하게 된다[38]는 점에 초점을 두는 것으로 해석할 수 있다.

따라서 국가 없이는 법이 있을 수 없으며 법이 없이는 국가가 자기 존재를

35) 김원출, "국가법률체계의 부분체계들에 대한 법률조종학적고찰", 제46권 제1호(루계315호), 「김일성종합대학학보 력사 법학」, 평양: 김일성종합대학출판사, 2000, 56면.

36) 김원출, "국가법률체계의 부분체계들에 대한 법률조종학적고찰", 위의 논문, 56면.

37) 최은석, "북한의 사회주의 법제정의 합리화와 규범적 법문건의 입법기술", 앞의 논문, 78면.

38) 김원출, "법률조정학적체계에서 국가법률체계의 본질과 내용", 앞의 논문, 76면 참조.

유지할 수도 발전할 수도 없다는 해석이다. 계급사회에서 국가와 법은 서로 뗄 수 없이 유기적으로 결합되어 있으면서 상호 작용하는 하나의 전일적인 체계, 즉 전일체를 이루는 것을 파악하고 있다.[39] 이때 국가와 법의 상호 연관과 작용관계는 국가기구와 법 사이에만 있는 것이 아니라 국가기구 상호간, 법부문, 법제도, 법규범 상호간에도 존재한다는 것이다. 이와 같이 법률적 측면에서나 조종학적 측면에서 볼 때 국가와 법은 상호 연관되어 작용하는 하나의 전일적인 체계를 이루게 된다고 보는 것이다. 그러므로 국가법률체계는 법학에서 말하는 국가기구체계나 법체계의 단순한 기계적 결합을 의미하지 않는다.

사회주의법은 북한 당국에 의해 제정 · 공포되고 해석 · 적용되어 북한 주민들에게 높은 정치적 자각과 북한 당국의 권력적 담보에 의하여 준수집행된다.[40] 특히 사회주의국가인 북한으로서는 사회주의준법성에 입각하여 법을 제정하고 해석 · 적용하기 위한 권한 있는 국가기관들이 요청될 뿐만 아니라 북한 주민들에게 준법교양과 법적 통제를 강화하기 위한 기구도 있어야 한다[41]고 주장한다.[42]

---

39) 김원출, "법률조정학적체계에서 국가법률체계의 본질과 내용", 위의 논문, 76면 참조.

40) 김원출, "국가법률체계의 부분체계들에 대한 법률조종학적고찰", 제46권 제1호(루계315호), 「김일성종합대학학보 력사 법학」, 평양: 김일성종합대학출판사, 2000, 56면.

41) 김원출, "국가법률체계의 부분체계들에 대한 법률조종학적고찰", 위의 논문, 56면 참조; 북한 사회에서 법사상의 독특성을 나타내 주는 이론으로 이른바 '사회주의법무생활론'이란 것을 들 수 있다. 사회주의법무생활의 개념을 북한에서는 "사회주의에 사는 모든 성원들이 사회주의국가가 제정한 법규범과 법규정을 철저히 지키고 그에 의하여 통제되면서 질서 있게 사는 생활이 바로 법무생활"이라고 정의한다. 참고할 만한 문헌으로는 大内憲昭, "朝鮮憲法と遵法性", 金日成主席著作翻譯委員會, 「社會主義法務生活について」(東京: チュチェ思想國際研究所, 1985); 리명일, "위대한 령도자 김정일동지께서 밝히신 사회주의법무생활에 대한 리론은 주체의 법리론을 더욱 완성시킨 독창적인 리론", 「김일성종합대학학보: 력사 법학」, 제43권 제1호, 평양: 김일성종합대학출판사, 1997 참조.

42) 최은석, "북한의 사회주의 법제정의 합리화와 규범적 법문건의 입법기술", 앞의 논문, 79~80면.

2.2.3. 주체의 법이론과 법률조종학적 원리

북한은 주체의 법사상과 이론에 기초하여 법률조종학적 원리와 방법을 적극 받아들여 법률과학연구와 실천 활동에서 제기되는 여러 가지 복잡한 문제들을 신속 정확히 풀어나감으로써 소위 북한식 국가사회제도를 공고[43]히 할 수 있음을 논하고 있다.

한편 주체사상과 아울러 북한의 당의 규약이나 강령, 지침, 방침 및 원칙 등의 법원성(法源性)을 생각할 수 있다. 이에 대해서는 원칙적으로 당원, 당 조직에만 구속력을 갖는다는 점을 인식해야 한다. 이들은 사실상 구속력은 별도로 하고 일반 개인에게 법적인 구속력이 미치도록 하기 위해서는 이들이 법령, 정령 혹은 국가 기관의 결정의 형태로 변형되어야 할 것이다.[44] 그러나 북한에서는 김일성의 '교시'가 입법의 지도원리이자 초헌법적 법원성(法源性)이 인정되어 왔으며, 김정일의 '말씀'도 역시 초법적인 조치로서 법원으로 형성되어 온 것이 오늘의 북한의 현실이다.[45]

위에서 살펴본 바와 같이 입법활동의 측면에서 볼 때 사회주의 국가가 가지는 권한 있는 국가기관들과 기구 및 그 기능수행 과정을 법률조종학에서는 국가법률체계의 부분체계들로 볼 수 있으며, 이러한 국가법률체계는 법률정보에 기초하여 기능하는 조종학적체계가 밑바탕[46]이 되고 있음을 주지시키고 있다.[47]

---

43) 김원출, "국가법률체계의 부분체계들에 대한 법률조종학적고찰", 앞의 논문, 62면.

44) 김정건, 이재곤 편역, 『蘇聯法律制度』, 연세대학교 출판부, 1988, 36~37면. 한편 당의 권유사항까지도 성문법으로 보고 있으나(법무자료 제78집, 29면.), 이는 성문법의 범위를 지나치게 확대한 것으로 보여진다. 그러나 중국에서는 당의 지시에 대한 법원성이 인정되기도 한다. 법제처, 『中國法制概要』, 법제처, 1990, 30면.

45) 최은석, "북한의 법제 동향과 체제전환 관점에서 본 북한법제의 개혁방향", 「통일문제연구」, 통권 제48호, 평화문제연구소, 2007, 270면.

46) 김원출, "국가법률체계의 부분체계들에 대한 법률조종학적고찰", 앞의 논문, 56면.

47) 최은석, "북한의 사회주의 법제정의 합리화와 규범적 법문건의 입법기술", 앞의 논문, 80~81면.

뿐만 아니라, 북한은 이슬람국가들과의 관계 발전을 위해 이슬람법과 법률제도 파악이 중요하다는 문제의식을 갖고 있다. 북한 법학자들은 이슬람법의 가장 근본적인 특징을 종교와 밀접한 관계로 결합된 종교법으로 이해하고 있다.[48]

2.3. 북한의 법률대학 및 법학연구소

2.3.1. 김일성종합대학

김일성종합대학에서 법학연구의 학문적 성과물로 발행되는 학술저널지는 [김일성종합대학 학보: 력사 · 법학]이 있다. 그밖에 대학교재를 통해 학문적 성과물을 공개하고 있는 것으로 알려져 있고, 국책연구기관으로 법학 관련 연구소로는 사회과학원 법학연구소가 있다.[49]

김일성종합대학의 설립 연혁을 보면, 1946년 10월 1일 북한의 종합대학으로 개교했다. 당시 평양직할시에 있었지만, 이후 평양직할시 대성구역 룡남동 용남산에 이주했다. 북한에서는 김일성종합대학을 줄여서 '김대(金大)'라고 부른다.[50] 김일성종합대학은 해방 후 대학이 존재하지 않았던 북한에서 엘리트 양성을 위한 북한 최초의 고등교육기관으로 설립되었다.[51] 국내 어

48) 북한에서 발표된 이슬람법 관련한 논문을 소개하면 다음과 같다. 박 철, "이슬법의 원천", 「정치법률연구」, 2007년 제1호(루계 제18호), 평양: 과학백과사전출판사, 2007; 박희철, "이슬람법과 그 종교적특징", 「정치법률연구」, 2006년 제1호(루계 제14호), 평양: 과학백과사전출판사, 2006 등이 있다.

49) 김동한, "북한의 법학연구: 연구동향 및 특성", 「북한연구학회보」 제10권 제2호, 북한연구학회, 2006, 59면.

50) 북한의 100여 개의 대학과 500여 개 전문대학 및 고등전문학교 중 가장 뛰어난 교육기관으로 알려져 있다. 본관 건물은 총장실, 당 기관, 청년동맹 기관이 입주해 있고 학생들은 1970년대 초반 새로 지은 25층짜리 제2청사에서 수업을 듣고 있다. 교수 2,300여 명과 주간학생 12,000명, 야간 및 통신강좌 학생 5,000명이 있다. 여기에는 연구원, 박사원, 학생도 포함된다. 김일성종합대학은 해외 유학생도 상당수 재학하고 있다. 국적은 주로 중국, 베트남, 러시아 등 학생들이다. 포털사이트(https://namu.wiki, 검색일자: 2018.4.13일자)

느 전문가는 김일성종합대학 창설에 관해 이렇게 쓰고 있다. "남에는 김일성대학이 북한주민들에게 '성금'이라는 이름의 강제징수한 돈으로 만든 학교"[52]로 알려져 있다. 북한에서는 김일성종합대학교를 전인민이 합심하여 만든 '인민의 대학'이며 또한 '과학의 최고전당'이라고 한다.[53]

2.3.2. 사회과학원 법학연구소

사회과학원은 북한의 사회과학 연구를 위한 학술연구기관이다. 북한의 학술연구기관 중 하나로 중요 대학에 설치된 연구원, 박사원 외에 종합연구기관인 과학원, 사회과학원, 교육과학원, 의학과학원, 농업과학원 등이 있다. 당초 설립목적을 보면, 사회과학 연구의 방향 제시와 지도, 간부급 사회과학자 양성,[54] 간행물 출판 등을 담당하는 것으로 되어 있다.[55]

현재 북한의 경우 인문사회과학 분야의 학술은 사회과학원이 총괄적으로 기획관리하고 있지만, 설립과정을 보면 '정치경제학 아카데미야'로부터 출발하였다. 정권 수립 초기에 학술 전반에 걸쳐 체계적인 관리조직을 마련키는 어려웠던 상황에서 1949년 12월 8일 내각 결정 제184호에 의거하여 설립된 '정치경제학 아카데미야'가 교육기능만이 아니라 연구기관도 관장하는 역할을 담당하였다.[56]

---

51) 네이버 포털사이트(http://www.naver.com, 검색일자: 2018.4.13일자)

52) 최광석, "북괴 김일성대학", 「신동아」, 1968.6, 147면. 김기석, "김일성종합대학의 창설에 관한 연구", 북한연구학회 편, 『북한의 교육과 과학기술』, 경인문화사, 2006, 45면.

53) 김일성종합대학 창설 20주년 기념식에서 김일성주석은 김대를 '인민의 대학'으로 황장엽 총장은 '과학의 최고전당'으로 지칭한 바 있다고 한다. 이에 대해 보다 자세히는 김기석, "김일성종합대학의 창설에 관한 연구", 위의 글, 45면 이하 참조 바람.

54) 북한은 2011년 12월 17일 김정일 위원장 사망 전후로 「고등교육법」(2011.12.14.)을 새로 채택하여 고등교육기관의 조직운영과 교수교양 등 고등교육법제를 정비하였다. 북한이 그동안 일관되게 주장해 온 강성대국 건설과 2012년 신년공동사설에서 강성국가 건설에 필요한 과학자, 기술자, 전문가 등 새로운 일군 양성을 위해 매진하겠다는 의사를 나타낸 것이다.

55) 네이버 포털사이트(http://www.naver.com, 검색일자: 2018.4.13일자) 참조.

이후 사회과학원은 1964년 2월 17일 내각결정 제11호에 의거해 과학원에서 분리되어 설치되었다. 내각결정에 따르면 사회과학원은 "사회과학 부문 연구기관들에 대한 통일적인 지도기관"으로 규정되어 있다.[57] 사회과학원 산하에 법학연구소와 경제연구소 등 8개 연구소를 두고 있었다. 현재는 사회과학원 산하에 고고학연구소, 역사학연구소, 철학연구소, 경제연구소, 법학연구소, 언어학연구소, 문학연구소, 주체사상연구소, 고고학연구소, 고전연구소 등 19개 연구소가 존재하는 것으로 알려져 있다.

사회과학원 법학연구소는 [법학사전], [민사법사전], [국제법사전] 등 여러 법률 관련 사전과 [법학론문집]을 출판하여 법학연구 성과물을 발간하고 있다. 또한 [조선중앙년감]을 통해 지난 한 해 동안의 연구성과를 총 정리해 개괄적으로 공개하고 있다.[58]

2.4. 법학 학문 분류

대학의 학과는 학문의 연구와 교수를 기본사명으로 하고 있기 때문에 학문이 학과의 성격을 규정하는데 결정적인 역할을 한다. 따라서 대학의 학과는

56) 1952년 3월 27일 내각 결정 제57호에 의거 "조선력사편찬위원회 및 조선어문연구회를 교육성 소관으로부터 분리하여 전자는 조선력사연구소 후자는 조선언어학연구소로 개칭하고 조선민주주의인민공화국 내각 직속 정치경제아카데미야에 이관한다"고 결정하였다. '조선력사편찬위원회 및 조선어문연구회를 정치경제학 아카데미야에 이관함에 관하여', 『북한법령집』 제4권, 서울: 대륙연구소, 1990, 180면. 강성윤, "북한의 학문분류체계", 「북한연구학회보」 제10권 제1호, 북한연구학회, 2006, 7면 재인용.

57) 창설 당시 사회과학원장은 허석선이었으며, 남북 학술교류가 한창이던 지난 2002년에는 한석봉 소장이 맡았었다. 2002년 6월 금강산에서 열린 '6 · 15남북공동선언 제2주년 기념 민족통일대축전' 행사에 북측 민간대표단의 일원으로 참가한 사회과학원 법학연구소 한석봉 소장은 남북의 법학자들도 민족화해와 남북관계 개선을 위하여 법분야에서 나름대로의 역할을 해나가기로 남측 민간대표단과 의견을 같이 한 바 있었다고 당시 학술분과 모임의 소회(所懷)를 전했다. 장명봉, "간행사", 「북한법연구」 제5호, 서울: 북한법연구회, 2002, 간행사 내용 중에서 참조함.

58) 김동한, "북한의 법학연구: 연구동향 및 특성", 앞의 논문, 59면.

일반적으로 학문의 성격에 따라 인문과학, 사회과학, 자연과학으로 구성된 대학 또는 학부에 소속학과로 구성된다. 물론 학과는 학문을 조직적으로 연구하기 위한 제도적 장치로서 학문분류의 원칙에 기초하고 있지만 학과분류가 학문분류와 반드시 일치하는 것은 아니다. 뿐만 아니라 사회의 변화에 따라 학문연구 대상의 확대와 사회적 요구의 증대는 필연적으로 새로운 학과를 필요로 하고 있다. 그러나 대학의 학과편제는 학문분류 체계를 가늠하는 유용한 도구임을 부인할 수 없다.[59)]

북한의 학문분류 체계를 다룬 국내 학자로는 강성윤 교수가 유일하며 독보적이다. 이하에서는 2006년에 국내학술지에 소개된 강성윤 교수의 학문분류 체계에 따라 정리해 나가려 한다. 이러한 의미에서 김일성종합대학 학과의 변천과정을 통하여 북한의 학문분류 체계를 이해하는데 도움을 주고자 한다. 김일성종합대학은 북한정권이 수립되기 전인 1946년 10월 1일에 7개 학부 24개 학과로 개교하였다. 7개 학부 중 인민사회과학 분야는 문학부(사학과, 문학과, 교육학과)와 법학부(법학과, 경제학과)였다. 지난 60년 간 학부 및 대학 편제의 변천과정을 보면 다음의 〈표 1〉과 같다.[60)]

〈표 1〉 김일성종합대학 학부 및 대학편제 변천과정(인문사회과학분야)

<table>
<tr><th>1946.9.1.</th><th>1947.9.1.</th><th>1949.9.</th><th>1951.12.</th><th>1957.9.</th><th>2001~현재</th></tr>
<tr><td rowspan="6">문학부</td><td rowspan="6">력사문학부</td><td rowspan="2">력사학부</td><td rowspan="2">력사학부</td><td rowspan="2">력사학부</td><td>력사학부</td></tr>
<tr><td>철학부</td></tr>
<tr><td>조선어문학부</td><td>조선어문학부</td><td>조선어문학부</td><td>문학대학</td></tr>
<tr><td>외국어문학부</td><td>외국어문학부</td><td>외국어문학부</td><td>외국어문학부</td></tr>
<tr><td>교육학부</td><td>평양사범대학 이관</td><td>–</td><td>–</td></tr>
<tr><td>지리학부</td><td>지리학부</td><td>지리학부</td><td>지리학부</td></tr>
</table>

59) 강성윤, “북한의 학문분류체계”, 위의 논문, 3면.

60) 강성윤, “북한의 학문분류체계”, 위의 논문, 3면.

1946.9.1.	1947.9.1.	1949.9.	1951.12.	1957.9.	2001~현재
법학부	경제법학부	경제학부	경제학부	재정금융학부	경제학부
				경제학부	
		법학부	법학부	법학부	법률대학

※ 출처: 강성윤, "북한의 학문분류체계", 「북한연구학회보」 제10권 제1호, 서울: 북한연구학회, 2006, 3면.

위 표를 보면 1946년 9월 설립 당시 법학부가 1947년 9월 잠깐 경제법학부로 바뀌었다가 다시 2년 후 1949년 9월 법학부로 변경되었다. 이후 2001년 법학부가 법률대학으로 개편된 것으로 전해지고,[61] 법률대학은 다시 법학과, 국제법학과, 정치학과로 3개 학과명으로 분리되었다.[62]

2.5. 법학 관련 학술지

2.5.1. 김일성종합대학 학보

김일성종합대학출판사에서 발간하는 법률 관련 자료유형은 연속간행물로서 [김일성종합대학 학보: 력사, 법률]이 있다. 1993년 발간 당시부터 2010년까지 학술저널명을 [김일성종합대학 학보: 력사, 법학]으로 발간해 오다가, 2011년부터는 [김일성종합대학 학보: 력사, 법률]로 개제(改題)해 발행하고 있다. 간행 빈도는 계간으로 연4회, 5회 간행되는 경우도 있다.

2.5.2. 정치법률연구

과학백과사전출판사에서 발간하는 법률 관련 자료유형은 연속간행물로서 [정치법률연구]가 있다. 2004년 처음 발간 이후 지금까지 간행 빈도를 계간

61) 「조선신보」, 2001년 2월 5일. 강성윤, "북한의 학문분류체계", 위의 논문, 4면 재인용.

62) 법률대학의 3개학과로 분리된 확인은 「조선신보」, 2001년 2월 5일자를 통해서다. 강성윤, "북한의 학문분류체계", 위의 논문, 6면.

으로 연4회, 5회 간행되기도 한다. 이 출판사는 평양시 서성구역 버드나무거리 장경이동에 있다. 사회과학, 자연과학, 의학과학 분야의 과학 이론 및 기술 도서들과 잡지들, 백과사전과 과학부문별 사전들을 편집발행하는 종합적인 출판기관이다. 1953년 9월 15일에 과학원출판부로 발족되어 처음으로 종합학술잡지인 [조선민주주의인민공화국 과학원학보]를 발행했다. 1955년 4월에 과학원편집국으로, 1957년 6월에는 과학원출판사로, 1972년 9월부터 과학출판사로 강화 발전되었다.

과학 · 백과사전출판사는 김정일 위원장의 1976년 9월 16일 방침에 따라 사회과학출판사, 과학출판사, 의학출판사, 백과사전출판사가 통합되었다. 이후 1987년 7월 23일 방침에 따라 과학백과사전종합출판사로 되면서 그 산하에 사회과학출판사, 과학기술출판사, 의학과학출판사, 백과사전출판사 등 부문출판사를 두게 되었으며 2001년 7월 과학백과사전출판사로 되었다. 사회과학이론도서들과 자연 · 기술 과학부문 도서들, 백과사전류들과 과학부문별 사전들, 정기간행물들을 편집 · 발행하고 있다.[63]

3. 북한 학술지를 통해 본 북한의 법학연구 동향

3.1. 사회주의 법이론

3.1.1. 북한의 법제정사

우리가 북한의 사회주의 법이론을 올바로 알기 위해서는 북한의 법제정과 그 연혁인 법제사를 이해하는 것이 가장 우선일 것이다. 북한의 법학자 홍극표가 저술한 「조선민주주의인민공화국 법제정사」는 법제정사를 모두 7단계로 구분하고 있음을 알 수 있다. 그러나 이러한 구분도 1986년 발간 당시를

63) 네이버 포털사이트(http://www.naver.com, 검색일자: 2018.4.13일자).

기준으로 한 것이므로 현재 북한의 법제정사를 그대로 이해하는 데에는 분명한 한계가 있다. 그럼에도 불구하고, 북한 자료 수집의 한계로 과거 문헌에 의존해 서술할 수밖에 없었으며, 김일성종합대학출판사에서 발행하는 [김일성종합대학 학보: 력사, 법률] 학술지에서도 아직 이와 관련된 법학논문은 게재되지 않을 것으로 확인된다.

〈표 2〉 북한의 법제정사 단계

단계별	시기(연도)	내용	비고
제1단계	1932~1945년	영광스러운 항일혁명투쟁시기 법의 제정 실시	
제2단계	1945~1946년	반제반봉건민주주의혁명시기의 법의 제정 실시	
제3단계	1946~1950년	사회주의에로의 과도기 첫시기의 법의 제정 실시	
제4단계	1950~1953년	위대한 조국해방전쟁시기 법의 제정 실시	
제5단계	1953~1960년	전후 인민경제복구발전과 사회주의의 기초실시기 법의 제정 실시	
제6단계	1960~1970년	사회주의의 전면적 건설시기 법의 제정 실시	
제7단계	1970~1987년	사회주의의 완전승리를 앞당기기 위한 투쟁시기 법의 제정 실시	

※ 출처: 홍극표, 「조선민주주의인민공화국 법제정사」, 평양: 과학백과사전출판사, 1986, 1~3면; 최종고, "북한법이론과 북한법학의 회고와 전망", 「북한법률행정논총」 제10집, 서울: 고려대 법학연구소, 1995, 4면의 내용에 기초하여 표로 전환하여 작성한 것임

이것은 북한식 사회주의 내지 주체사상에 입각한 법제사의 시대구분 방법임을 보여준다. 우리는 각 단계에 이름을 붙여진 표현을 그대로 받아들일 필요는 없지만, 일단 북한 법학자가 자국의 법제정사를 시대구분을 했다는 점에서 유의미하다고 할 것이다.[64] 그러나 이러한 시대구분도 결국 제7단계 1987년대까지 작성된 상태에서 그치고 있어 이후의 법제정사는 어떻게 구분

64) 북한의 법제정사에 대해 자세히는 홍극표, 「조선민주주의인민공화국 법제정사」, 평양: 과학백과사전출판사, 1986 참조 바람; 최종고, "북한법이론과 북한법학의 회고와 전망", 「북한법률행정논총」 제10집, 서울: 고려대 법학연구소, 1995 참조 바람.

하고 있는지 사실상 알 수 없다. 그 후 북한법은 제8단계라고 할 만큼 외국인 투자 관련한 합영법, 합작법, 라진선봉경제무역지대법 등 대외경제개방 관련 법제가 입법되기도 했다. 급변하는 국제환경 속에서 북한은 나름의 생존을 위한 불가피한 입법적 대응을 추진해 온 바 있다. 그렇지만, 이러한 변화된 현실을 법제정사적 차원에서 다룬 것은 국내에 입수되지 않은 것으로 보인다. 아니 어쩌면 당시 제시된 7단계에 여전히 머물러 있는지도 알 수 없다. 외국문헌과 국내문헌의 다른 어떤 논문이나 글에서도 최신의 법제정사에 대해 정리한 논문은 아직 확인되지 않고 있다. 이후 30년이 지났고 그동안 김일성 전성시대부터 김정일 시대를 거쳐 김정은 시대까지 왔다.

3.1.2. 주체의 법이론과 사회주의법무생활

북한의 법이론으로 대두되는 것은 주체사상과 사회주의법무생활에 대한 이론을 들 수 있다. 법이론과 관련한 북한 법학자는 다수가 이에 대해 논문을 쓰고 있는데, 리명일 교수(1997)는 "위대한 령도자 김정일동지께서 밝히신 사회주의법무생활에대한 리론은 주체의 법리론을 더욱 완성시킨 독창적인 리론"을, 김근식 학자(1997)는 "위대한 령도자 김정일동지께서 밝히신 사회주의법의 해석적용에 관한 주체의 사상리론"을, 황금철 학자(1998)는 "사회주의준법성실현에서 나서는 중요한 요구"를, 황금철 학자(1998)는 "사회주의 준법성의 본질과 그 강화의 필요성"을, 최일복 학자(2005)는 "고대 〈법치〉사상의 계급적 성격"을, 리경철 박사(2007)는 "부문법학의 구성체계에 대한 법리론적 고찰"을, 진유현 학자(1997)는 "사회주의법제사업의 본질과 기본내용"을, 진유현 학자(1997)는 "사회주의법제정의 합법칙성"을, 허성근 학자(2007)는 "사회주의헌법에 규제된 국가기구는 혁명적 수령관으로 일관된 기구"를, 진명현 학자(2012)는 "법질서의 본질적특징과 역할"을, 허경일 학자(2013)는 "법의 효력범위를 규정하는 방법" 등을 게재하여 북한법의 이론적 · 학문적 바탕을 충실히 보여주려 했다.

3.1.3. 법제정 및 법률조종학

허경일 학자(2013)는 "법제정이 법의 효력에 미치는 영향"에 대해 논문을 썼다. 이 논문이 나오게 된 배경에 대해서는 자세히 언급되어 있지는 않으나, 2012년 12월 19일 최고인민회의 상임위원회 정령 제2874호로 채택된 이후 논문이 발표되었다는 점에서 법제정사업에서 제도와 질서를 엄격히 세워 사회주의법체계를 완비(법제정법 제1조 참조)함을 목적으로 한 북한당국의 입법 취지를 알리기 위함으로 판단된다.

그리고 앞서 살펴본 바와 같이 북한의 '법률조종학'에 관한 논문 제시는 매우 흥미롭다. 법률조종학적 체계의 특성이 강조되면서, 국가법률체계에서 법률조종학적 체계가 갖는 의미가 매우 특별한 것으로 설명하고 있다. 법률조종학은 법학과 조종학, 수학, 정보이론 등이 상호 결합되어 형성된 새로운 경제과학으로 교육됨을 알 수 있다.[65] 북한에서 새로운 독자적인 과학으로서의 법률조종학의 출현은 법학의 다른 모든 부문과 마찬가지로 고유한 연구대상을 새롭게 제기할 뿐 아니라 그 본질과 내용을 과학이론적으로 명백히 밝힐 것을 요구하고 있다는 점에서 우리의 입장에서는 매우 생소하면서도 흥미롭다. 그렇지만 북한에서 법률조종학의 중요한 연구대상은 국가법률체계와 그 기능수행과정, 발전과정을 탐구대상으로 하고 있다는 점에서 유의미하다고 할 수 있다. 그렇다면 법률조종학적 측면에서 볼 때 국가법률체계의 개념과 본질은 무엇이며 이 체계의 내용을 이루는 기본적인 구조와 기능이 무엇인가 하는 문제가 제기된다. 먼저 국가법률체계란 무엇이며 이 체계의 본질이 무엇인가 하는 것을 법률적 측면과 조종학적 측면에서 상호 밀접한 관계 속에 분석하는 것이 북한의 입법체계를 이해하는 데 필요하다. 북한에서

65) 김원출, "법률조정학적체계에서 국가법률체계의 본질과 내용", 앞의 논문, 76면.

도 법은 국가가 사회의 모든 성원들의 행위를 규제하기 위해 만든 사회적 규범으로 인식하고 있다. 다만, 법을 계급사회에서 국가와 함께 발생하고 발전해 왔으며 국가는 법을 통치수단으로 한다는 특성을 발견하게 된다.[66)]

법률조종학이 처음 제시된 것은 1997년 김원출 학자가 쓴 "법률조종학적 체계에서 국가법률체계의 본질과 내용"의 논문을 통해서다. 이후에도 김원출 학자(2000)는 "국가법률체계의 부분체계들에 대한 법률조종학적 고찰"을, 2001년에는 "법률모형작성의 필요성과 현실적 가능성"과 "법률모형의 본질에 대한 조종학적 이해"를, 2008에는 "법제정사업의 합리화에 대한 법률조종학적 고찰"을 써 왔으며 그래서 이 분야의 독보적 존재가 되었다.

특기할 만한 법학논문을 소개하면, 류경만 학자는 3건의 논문에서 아리스토텔레스에 대해 비판적 견해를 쏟아냈다. 2001년에 "법에 관한 아리스토텔레스의 견해와 그 반동성"을, 2011년에 "〈정의론〉에 기초한 법에 관한 아리스토텔레스의 견해와 그 비판"을, 2012년에는 "국가형태에 관한 아리스토텔레스의 견해와 그 비판"이라는 논문을 게재했다. 그 핵심 요지는 "법에 관한 아리스토텔레스의 견해는 적지 않게 부르죠아법을 미화분식하는 정치리론의 리용물"[67)]로 되고 있다는 것이다. 무엇보다 "법의 본질을 그 계급적본성을 무시하고 공정성을 첫 자리에 놓고 규정하려고 시도"[68)]하였다고 비판적 입장을 취했다.

3.1.4. 대륙법계와 영미법계

법계(法系)는 일반적으로 일정한 공통성이나 공동의 전통을 가진 일련의

66) 최은석, "북한의 사회주의 법제정의 합리화와 규범적 법문건의 입법기술", 앞의 논문, 78~79면,

67) 류경만, "법에 관한 아리스토텔레스의 견해와 그 반동성", 「김일성종합대학 학보: 력사, 법학」 제47권 제2호(루계330호), 평양: 김일성종합대학출판사, 2001, 71면.

68) 류경만, "법에 관한 아리스토텔레스의 견해와 그 반동성", 위의 글, 71면.

국가와 특정한 지역의 법들의 집단을 말하며, 자본주의법은 크게 두 계통으로 이루는 대륙법계와 영미법계로 구분하는데 이 두 법계를 '자본주의 2대법계'라고 부른다.[69] 특히 법계 구분에서 사회주의국가의 법을 '사회주의법계'라고 표현하는 것은 논리적으로 타당하지 않다고 강조했다. 영미법계에 대해서는 전통적으로 판례법을 중시하고 법전편찬을 반대해 왔는데, 판례법 제도하에서는 실용과 실천경험에 편중하고 추상적인 개괄과 이론적 탐구를 홀시한다는 점을 지적했다.[70] 법계에 대해서는 리영민 학자가 독보적이며, 2007년에 "대륙법계와 영미법계에 대한 일반적리해"를, 2008년에 "〈대륙법계〉의 형성과정"을 발표했다.

3.2. 헌법 및 행정법

3.2.1. 헌법

북한의 인민민주주의헌법 채택은 착취와 억압을 받아오던 인민에게 역사상 처음으로 국가와 사회의 주인으로 내세우고 그들에게 참다운 민주주의적 자유와 권리를 보장한 세기적 사변이라고 주장하면서 설명이 시작된다.[71] 김경현 학자가 공민의 기본권리에 대해 [김일성종합대학 학보: 력사, 법학]에서 다룬 논문은 2000년 들어 처음이다. 이후 2008년 백성일 학자가 사회주의헌법에서 공민의 기본권리를 다룬 적이 있다. 백성일 학자는 사회주의헌법에 규제된 공민의 기본권리는 국가사회생활에서 차지하는 주인된 지위에 따라 근로인민대중의 주인으로서의 권리, 자주적 권리를 법화한 것으로 그것

---

69) 리영민, "대륙법계와 영미법계에 대한 일반적리해", 「김일성종합대학 학보: 력사, 법학」 제53권 제2호(루계402호), 평양: 김일성종합대학출판사, 2007, 69~70면 참조.

70) 리영민, "대륙법계와 영미법계에 대한 일반적리해", 위의 글, 70~71면 참조.

71) 김경현, "우리 나라 인민민주주의헌법에 규제된 공민의 기본권리의 특징", 「김일성종합대학 학보: 력사, 법학」 제46권 제1호(루계315호), 평양: 김일성종합대학출판사, 2000, 50면.

은 자본주의헌법에 규제된 국민의 '권리', '자유'와는 근본적으로 다른 특징을 가진다[72]고 서술했다. 지금까지 김경현 학자(2000)와 백성일 학자(2008)가 공민의 기본권을 직접 다룬 것은 위와 같이 두 차례 정도 언급되었고, 2013년에 안효식 학자가 언급한 것이 전부인 것으로 확인된다.

이와 관련한 법학연구 논문을 소개하면, 김경현 학자(1998)는 "우리 나라 인민민주주의헌법의 특징"을, 김경현 학자(2000)는 "우리 나라 인민민주주의헌법에 규제된 공민의 기본권리의 특징"을, 김경현 학자(2001)는 "우리 나라 인민민주주의헌법에 규제된 국가기관체계의 특징"을, 허성근 학자(2000)는 "사회주의헌법에 규정된 국가기구의 우월성"을, 리성일 학자(2000)는 "부르죠아탄핵제도와 그 반동성"을, 김희성 학자(2001)는 "공화국선거제도의 혁명적본질"을, 리명일 교수(2001)는 "우리 나라 사회주의헌법은 김일성헌법"을, 백성일 학자(2002)는 "헌법의 구성체계에 대한 력사적고찰"을, 백성일 학자(2002)는 "자본주의헌법에 규제된 〈국민주권〉의 반동성"을, 김양환 학자(2002)는 "주체의 사회주의기본정치방식"을, 최남혁 학자(2002)는 "공화국헌법의 발전과 그 특징"을, 백성일 학자(2003)는 "헌법제정에 대한 리해"를, 백성일 학자(2003)는 "사회주의헌법은 수령의 헌법"을, 김경현 학자(2004)는 "자본주의국가형태에 대한 고찰"을, 진유현 학자(2005)는 "사회주의법치국가건설에 대한 주체의 리론"을, 리경철 학자(2005)는 "사회주의국가의 립법절차에 대한 일반적리해"를, 백성일 학자(2007)는 "사회주의헌법은 강성대국건설의 위력한 법적무기"를, 백성일 학자(2008)는 "사회주의헌법에 규제된 공민의 기본권리의 특징"을, 백성일 학자(2010)는 "헌법의 규제대상과 규제방법에 대한 리해"를 다루었다.

2012년 들어 김정은 시대 두드러진 법학연구 동향 중 하나는 북한주민, 즉 '공민의 권리와 의무'에 관한 특징을 다룬 논문이다. 안효식 학자(2013)는

72) 백성일, "사회주의헌법에 규제된 공민의 기본권리의 특징", 「김일성종합대학 학보: 력사, 법학」 제54권 제2호(루계414호), 평양: 김일성종합대학출판사, 2008, 52면.

"우리 나라 사회주의헌법에 규정된 공민의 권리의무의 본질적특징"을 다루었는데, 북한 헌법에 규정된 공민의 권리와 의무는 자유, 평등의 원리와 함께 그 보다 더 높은 원리인 '혁명적 의리', '동지애의 원리'를 제시한 것이다.[73] 북한은 근대 역사가 시작된 이후 자유와 평등의 귀중함을 강조하면서 그것을 형식적으로나 실제적으로 공민의 권리와 의무를 규정하는 기초원리로 삼아왔다. 이러한 기초원리는 전통적으로 강조해온 사회주의헌법 상 공화국 공민의 권리와 의무는 "하나는 전체를 위하여, 전체는 하나를 위하여"라는 집단주의원칙에 기초한다[74]는 것을 확인할 수 있다. 그 밖의 백성일 학자(2012)는 "우리 나라 사회주의헌법서문의 독창성"[75]에 대한 논문도 눈에 띈다.

참고로 학술 저널이 나오기 전 1982년 김일종합대학에서 단행본(교재)으로 활용되었던 「사회주의헌법학」을 보면, 각 장별로 통치조직과 공민의 기본권리와 의무 및 국가기관체계에 대해 비교적 소상히 설명한 바 있었다.[76]

3.2.2. 토지 · 행정법

북한 토지법 관련해서는 리주민 박사(1997)가 토지법은 자연 보호관리를 위한 법이며, 토지관리사업 및 강하천 관리원칙을 규정한 것이라고 보고 있다. 이와 관련한 논문을 보면, 리주민 박사(1997)는 "공화국토지법은 자연을 보호관리하고 개조하기 위한 법"을, 리주민 박사(1998)는 "공화국토지법에 규제된 토지관리사업에서 나서는 기본요구"를, 리주민 박사(2000)는 "공화

---

73) 안효식, "우리 나라 사회주의헌법에 규정된 공민의 권리의무의 본질적특징", 「김일성종합대학 학보: 력사, 법률」 제59권 제3호(루계477호), 평양: 김일성종합대학출판사, 2013, 89면.

74) 안효식, "우리 나라 사회주의헌법에 규정된 공민의 권리의무의 본질적특징", 위의 글, 90면.

75) 이에 대해 자세히는 백성일, "우리 나라 사회주의헌법서문의 독창성", 「김일성종합대학 학보: 력사, 법률」 제58권 제1호(루계459호), 평양: 김일성종합대학출판사, 2012, 83면 이하 참조 바람.

76) 이 책은 발행부수를 총 300부 한정 발간했다. 이에 대해 자세히는 량창일, 「사회주의헌법학」, 평양: 김일성종합대학출판사, 1982 참조 바람.

국토지법에 규정된 강하천관리원칙"을, 리주민 박사(2000)는 "공화국토지법에 규정된 도로관리에서 견지하여야 할 원칙"을, 리주민 박사(2001)는 "공화국 토지법에 규제된 국토건설총계획작성 원칙과 그 요구"를 법률 학술지에 게재했다.

리명일 교수(1998)는 북한 선거제도와 행정법의 특징과 법률관계 이해를 심도 있게 다루고 있으며, 그 밖의 행정법 학자로는 김경현, 김정현, 리학철 등이 있다. 강은길 학자(2011)는 공무원자격판정제도[77]를 논문에서 다루고 있어 북한사회 공무원[78]자격에 대해 알 수 있는 창구역할을 하는 논문으로 평가받고 있다. 일반적으로 공무원자격판정제도는 공무원자격을 정기적으로 판정하는 국가적인 시험제도로서 '공무원 고시제도'라고도 한다. 공무원자격판정제도의 본질과 특징에 대한 해명은 공무원의 의미와 법률적 지위에 대한 이해를 전제로 하고 있다.[79] 이와 관련한 논문 주제로는, 리명일 교수(1998)는 "우리 나라 선거제도는 민주주의적선거원칙을 전면적으로 구현한 우월한 선거제도"를, 리명일 교수(2003)는 "행정법의 특징과 원천"을, 리명일 교수(2004)는 "행정법률관계에 대한 리해"를, 김경현 학자(2010)는 "행정법규제정에 대한 고찰"을, 김경현 학자(2011)는 "공화국행정법의 원천"을, 강은길 학자(2011)는 "공화국공무원자격판정제도의 본질과 특징"을, 허명혁 학자(2011)는 "행정강제의 본질과 중요성"을, 김경현 학자(2012)는 "행정위법행위에 대한 리해"를, 김경현 학자(2012)는 "행정법의 기능과 역할을 높이는 것은 선군시대 강성국가건설의 중요한 요구"를, 강은길 학자(2012)는 "공무

77) 북한은 2005년 11월 23일 공무원자격판정법을 최고인민회의 상임위원회 정령 제1397호로 채택했으며, 2006년 4월(1차), 2011년 12월(2차) 수정보충했다. 이 법은 총 22개 조문으로 구성되었으며, 북한 공무원의 자격을 정확히 평가하고 그들의 수준을 판정하는데 이바지함을 목적으로 하고 있다(법 제1조).

78) 어원적으로 볼 때 공무원은 사회공동의 이익과 관련되는 업무에 종사하는 사람이라는 뜻을 담고 있다. 강은길, "공화국공무원자격판정제도의 본질과 특징", 「김일성종합대학 학보: 력사, 법률」, 제57권 제1호(루계447호), 평양: 김일성종합대학출판사, 2011, 111면.

79) 강은길, "공화국공무원자격판정제도의 본질과 특징", 위의 글, 111면.

원제도에 대한 일반적리해"를 법률 학술지에 실었다.

3.3. 형사법

3.3.1. 형법총론

1993년 별도의 법률 저널이 나오기 전 북한의 김근식 학자가 1986년 '형법학(1)'을 발간[80]했으며, 1987년에는 '형법학(2)'를 연달아 발행했다.[81] 김근식 학자는 북한의 전통적인 형법학자이며, 북한은 이로써 나름의 북한형법학의 학문적 토대를 이룬 것으로 알려져 있다.

북한 형법이 법률 저널에 처음 소개된 것은 2007년에 이르러서였으며, 2000년대 후반에는 미국 및 외국 형법에 대해 비판적 시각으로 접근했다. 그 선봉에 선 학자가 바로 신명근 학자인데 2005년에 "부르죠아형법에 규제된 위법성조각사유제도의 반동성"을, 그리고 2007년에 "부르죠아형법에 규제된 가석방제도와 그 반동성"으로 처음 선보였다. 위법성조각사유 제도에 대해서는 "착취사회의 모든 법은 그 계급적 성격과 사명으로 보아 철두철미 반동적이고 반인민적인 것"[82]으로 설명된다.

매우 흥미로운 형법 논문이 있어 소개한다. 김금철 학자는 2008년에 '형법조문탐색자료기지작성'이라는 표현을 사용하며 형사법률 활동을 과학화, 합리화한다고 강조했는데, 여기서 '형법조문탐색자료기지'는 구체적인 형사사건에 적용할 형법조문을 탐색하기 위하여 최량적 방법으로 컴퓨터에 기억시킨 형사법과 관련한 자료들을 종합적으로 가리킨다. 다시 말해 "형사사건에 적용할 기소법조와 형벌량을 콤퓨터가 자동적으로 탐색해낼수 있도록 최량

80) 이에 대해 자세히는 김근식, 「형법학(1)」, 평양: 김일성종합대학출판사, 1986 참조 바람.
81) 이에 대해 자세히는 김근식, 「형법학(2)」, 평양: 김일성종합대학출판사, 1987 참조 바람.
82) 신명근, "부르죠아형법에 규제된 위법성조각사유제도의 반동성", 「김일성종합대학 학보: 력사, 법학」 제51권 제4호(루계384호), 평양: 김일성종합대학출판사, 2005, 83면.

적방법으로 기입한 형법조문들과 례형자료들의 총체"[83]라고 쓰고 있다. 우리 해석으로 하면, 일정한 범죄 유형을 정하고 법조문에 명문화된 형벌량을 넣어 컴퓨터가 자동적으로 계산해 형벌량을 정하도록 하는 방식이라고 이해할 수 있다.

[김일성종합대학 학보]를 살펴보면, 한락규 학자(1956)는 "공화국에서의 형사 법령의 발전과 인민민주주의 제도의 공고화"를, 리명일 교수(2004)는 "리조봉건국가형벌을 규제한 법의 존재형식의 특징에 대하여"를, 천세관 학자(2002)는 "15세기 리조봉건형법에 규정한 〈반국가적범죄〉에 대한 고찰"을, 신명근 학자(2005)는 "부르죠아형법에 규제된 위법성조각사유제도의 반동성"을, 김형기 학자(2007)는 "수형과 수형법에 대한 일반적 리해"를, 신명근 학자(2007)는 "외국형법에 규제된 대인적 및 공간적효력에 대한 리해"를, 신명근 학자(2007)는 "부르죠아형법에 규제된 가석방제도와 그 반동성"을, 김리혁 학자(2008)는 "부르죠아형법에 규제된 정당방위제도의 반동적 본질"을, 김금철 학자(2008)는 "형법조문탐색자료기지작성은 형사법률활동을 과학화, 합리화하기 위한 중요요구"를, 최성혁 학자(2009)는 "〈고려사〉형법지에 규제된 5형에 대한 간단한 고찰"을, 장성철 학자(2013)는 "형사책임의 개념에 대한 외국형법리론의 제한성"을 실었다.

3.3.2. 범죄수사론

범죄수사론과 관련해서는, 리재도 학자(1993)는 "피심자, 피소자의 소송상 지위"를, 조광협 학자(1997)는 "노예소유자국가 형벌제도의 특징"을, 남철진 학자(2006)는 "자본주의국가의 형벌제도를 미화분식하는 부르죠아형법리론의 반동성"을, 김형기 학자(2007)는 "수형과 수형법에 대한 일반적리해"를,

---

83) 김금철, "형법조문탐색자료기지작성은 형사법률활동을 과학화, 합리화하기 위한 중요요구", 「김일성종합대학 학보: 력사, 법학」 제54권 제3호(루계417호), 평양: 김일성종합대학출판사, 2008, 81면.

신명근 학자(2010)는 "부르죠아공범리론의 발생변천과정"을, 장성철 학자(2011)는 "공화국형벌의 종류설정에서 나서는 원칙적요구"를, 송학진 학자(2012)는 "방조범의 본질과 특징"을, 최성혁 학자(2012)는 "삼국시기 형벌제도와 그 특징"을, 장성철 학자(2013)는 "공동실행범의 형사책임"을 다루었다.

3.3.3. 형사소송법

북한 형사소송법에 관한 법학논문은 사실 그리 많은 편은 아니다. 다만, 김일성종합대학출판사에서 발간한 「형사소송법학(2판)」(1987)이 유일한 것으로 보이며, 이 단행본은 김일성종합대학 법률대학 학생들이 대학교재로 활용한 것으로 판단된다. 이 교재의 내용을 보면, 모두 18장으로 구성되어 있으며, 형사소송법의 본질과 과업, 소송법의 발전과 기본, 증거제도, 수사, 예심의 집행과 종결, 재판의 조직과 심리, 소송에서의 판결과 상소, 판결과 판정의 집행, 비상상소와 재심으로 정리되어 있다.[84]

사회적 교양처분제도에 대한 논문도 있다. 리창세 학자는 1998년 '사회적 교양처분제도'를 쓴 것이 지금까지 처음이자 마지막 논문이다. '사회적교양처분제도'는 "일반범죄와의 투쟁에서 사회적 교양을 위주로 하면서 이에 법적 제재를 배합할 데 대한 당의 방침을 구현"[85]하고 있음을 설명한다. 원래 '사회적교양'이란 말은 사회정치조직과 사회문화기관, 교양수단들을 통해 진행되는 교양형식의 하나로서 조직생활과 실천활동과정을 통하여 사람들을 교양한다는 의미와 내용을 담고 있다.[86] 리창세 학자(1998)는 "사회적교양처분제도에 대한 리해"를, 리창세 학자(2006)는 "공화국형사소송법은 사회

84) 북한 형사소송법학에 대해서는 「형사소송법학(2판)」, 평양: 김일성종합대학출판사, 1987 참조 바람.

85) 리창세, "사회적교양처분제도에 대한 리해", 「김일성종합대학 학보: 력사, 법학」 제44권 제4호(루계300호), 평양: 김일성종합대학출판사, 1998년 55면.

86) 리창세, "사회적교양처분제도에 대한 리해", 위의 글, 55면.

주의강성대국건설의 위력한 법적무기"를, 리성일 학자(2010)는 "배심제도의 존망을 둘러싼 부르죠아지들의 론의와 그 반동성"을, 권영민 학자(2011)는 "형민사소송에서 증명대상에 대한 리해"를, 정철준 학자(2013)는 "수사정보사업을 개선강화하는데서 나서는 중요한 문제"를 심도 있게 다루었다.

3.4. 민사법

3.4.1. 민사법률관계와 계약

법률 저널에 실린 민사법률관계 및 계약 관련 논문으로는, 리학철 학자(1997)는 "공화국민사시효제도의 목적"을, 윤종철 학자(1997)는 "민사법률관계의 사회정치적 성격에 대한 문제"를, 조용봉 학자(1997)는 "민사계약체결과 관련하여 제기되는 문제"를, 리학철 학자(1998)는 "공화국민사시효제도의 본질"을, 백영훈 학자(2005)는 "민사법률사실의 분류"를, 박철남 학자(2010)는 "계약상승낙과 그 법적효력"을, 박현철 학자(2010)는 "무효한 계약과 그 법적효과"를, 리학철 학자(2011)는 "계약형식에 대한 법적고찰"을, 장철진 학자(2011)는 "외국민법에 규제된 전당권에 대한 일반적리해"를, 윤종철 학자(2011)는 "민사법률관계당사자들의 대등한 지위와 독자성에 대한 리해"를, 윤종철 학자(2012)는 "계약관계에 대한 법적규제에서 견지하여야 할 원칙"을, 서철웅 학자(2012)는 "계약해제의 특징에 대한 일반적리해"를, 백영훈 학자(2013)는 "민사법률관계대상으로서의 물건의 분류"를, 김철혁 학자(2013)는 "계약위반책임의 본질과 특징"을, 김명철 학자(2013)는 "법정의무를 위반한 일반계약의 부분무효에 대한 리해"를, 한철룡 학자(2013)는 "외국민법에 규제되여있는 물권의 대외적효력에 대한 리해"를 게재했다.

3.4.2. 채권과 채무

북한 민법상 논의되는 채권채무와 관련한 법학연구 논문은 많지 않지만, 조용봉 학자와 리학철 학자는 채권채무제도에 대해 선도적 학자로 손꼽힌다. 조용봉 학자(2001)는 "민사채권채무제도에 대한 리해에서 나서는 중요한 문제"를, 조용봉 학자(2002)는 "민사채권채무관계의 구성요소에 대한 연구"를, 조용봉 학자(2002)는 "민사채권채무관계의 분류에 대한 연구"를, 리현숙 학자(2005)는 "자본주의나라들에서 채권채무법의 존재형식과 그 변천에서의 특징"을, 박희철 학자(2007)는 "계약과 채권채무관계에 관한 이슬람법률제도"를, 리성일 학자(2010)는 "노예소유자법의 채권채무제도의 반동성"을, 리학철 학자(2010)는 "채무이전에 대한 일반적리해"를, 리학철 학자(2010)는 "채권양도에 대한 일반적리해"를, 리선학 학자(2012)는 "부당리득에 대한 일반적리해"를, 리학철 학자(2013)는 "채권자대위권의 성립조건과 그 법적효과"를, 리학철 학자(2013)는 "채무불리행행태와 그 법적효과"를 연구했다.

보다시피 채권채무와 관련하여 조용봉 학자가 가장 두각을 나타내고 있고, 이슬람국가의 법률제도에 대해서도 연구[87]한 논문도 간간히 보인다. 특히, 단행본으로 일부 눈에 띄는 자료는 조용봉 학자가 2005년 김일성종합대학출판사를 통해 발간한 「공화국채권채무관계에 대한 연구」를 통해 보다 구체화한 것으로 이해된다. 이 단행본에 실린 내용 구성을 소개하면, 1) 채권채무관계에 대한 일반적 이해, 2) 채권채무관계의 구성요소와 분류, 3) 채권채무제도의 역할, 4) 채권채무관계를 발생시키는 주요 법률사실들, 5) 채권채무관계에서 채무의 이행, 6) 계획적 계약에 기초한 채권채무관계, 7) 일반계약에 기초한 채권채무관계, 8) 채권채무관계에 대한 민사법적 보호로 정리되어 있다.[88]

87) 박희철, "계약과 채권채무관계에 관한 이슬람법률제도", 「정치법률연구」 제3호(루계 제19호), 평양: 과학백과사전출판사, 2007 참조 바람.

88) 북한의 채권채무에 대한 별도의 단행본으로는 조용봉, 「공화국채권채무관계에 대한 연구」,

3.4.3. 민사소송법

민사소송법 관련해서 처음 소개된 것은 1998년 우리 남한의 민사소송법 판결 선고에 대해 다룬 것이었고, 북한 민사소송법에 대해 처음 다룬 것은 2001년에 이르러서였다. 민사소송제도에 규정된 상소제기 절차 소개와 방법에 대해 다룬 것으로 알려졌다. 북한 민사소송법 관련해서는 천정수 학자와 조용봉 학자가 크게 두각을 나타낸다.

이와 관련한 논문으로는, 천정수 학자(1998)는 "남조선괴뢰민사소송법에서 판결의 선고와 그 효력의 반동성"을, 천정수 학자(2001)는 "공화국민사소송제도에 규정된 상소제기절차와 방법의 특징"을, 천정수 학자(2001)는 "공화국민사소송의 상소사건심리의 특징"을, 천정수 학자(2002)는, "공화국민사소송에서 제2심재판이 사건처리의 특징"을, 차은정 학자(2003)는 "민사소송법률관계의 본질"을, 조용봉 학자(2006)는 "공화국민사재판관할에 대한 일반적리해"를, 천정수 학자(2006)는 "자본주의민사재판에서 증거평가방법의 반동성"을, 조용봉 학자(2009)는 "공화국민사소송제도의 민주주의적 성격"을, 김형기 학자(2010)는 "국제민사소송에서 법률상방조의 근거"를, 김명일 학자(2010)는 "민사판결(판정) 집행개시절차에 대한 리해"를, 조용봉 학자(2011)는 "민사판결, 판정집행에서 견지하여야 할 원칙"을, 권영민 학자(2011)는 "소송에서 증명책임에 대한 일반적리해"를, 박철남 학자(2011)는 "공화국민사소송보장제도의 본질과 그 특징"을, 조용봉 학자(2012)는 "우리나라 민사재판의 기본제도"를, 조용봉 학자(2013)는 "민사집행법률관계와 그 담당자"를, 박철남 학자(2013)는 "민사재판심리에 대한 리해에서 제기되는 중요한 문제"를 다루었다.

평양: 김일성종합대학출판사, 2005가 발행되었다.

3.4.4. 남녀평등과 가족제도

북한 가족법상 부모는 미성인자녀의 친권자로서 인격적 및 재산적 관계에서 자녀에 대한 법적 보호를 하도록 되어 있으나, 미성인자녀가 부모의 보살핌을 받을 수 없게 되었거나 성인이라 하더라도 자기 행위결과를 분별 통제할 수 없는 사람의 경우에는 누군가 대신하여 그들의 인신 및 재산의 법적 권리와 이익을 보호해야 한다는 점에서 후견인 제도를 두고 있다.[89] 이와 관련한 논문으로는, 백영훈 학자(2011)는 "공화국가족법에 규제된 후견제도에 대한 일반적리해"를, 조현희 학자(2012)는 "녀성권리보장제도의 필요성"을 실었다.

백영훈 학자(2013)는 "소재불명자와 사망자인증제도"를 게재했는데, 최근 북한은 경제난 등 여러 가지 사회문제로 북한을 이탈하는 주민들이 늘고 있는 상황과 관련한 민사법적인 문제를 다루었다. 특히 이러한 사회일탈행위로 인해 소재가 불명한 자에 대한 대응책의 일환으로 북한 당국은 소재불명자[90] 인증제도를 기존 2년에서 3년으로 연장해 공증기관이 인증하도록 했다. 그리고 소재불명자로 인증된 후 기존 1년에서 2년으로, 소식이 없거나 마지막 소식이 있는 때로부터 3년에서 5년으로 실종기간을 연장해 사망자로 인증하는 민법 내용을 1999년 수정보충[91]해 시행해 오고 있다. 2007년 수정보충된 현행 북한 민법전에서도 이와 같은 내용을 담고 있다.[92]

89) 백영훈, "공화국가족법에 규제된 후견제도에 대한 일반적리해", 「김일성종합대학 학보: 력사, 법률」 제57권 제2호(루계450호), 평양: 김일성종합대학출판사, 2011, 118면.

90) 북한의 '소재불명자'는 남한의 '행방불명', '부재자' 또는 '실종' 등의 용어로 풀이해 해석해 볼 수 있다.

91) 북한에서 법에 대한 '수정보충'은 남한의 법률 '개정'에 해당한다. 여기서는 북한 내용을 설명할 경우 북한의 표현에 따라 용어를 사용하기로 한다.

92) 최은석, "북한의 부재자 선고 및 사망자 인증제도와 관련한 법적 쟁점", 「서울평양학회보」 2013 통합호, 서울: 서울평양학회, 2013, 7~8면.

〈표 3〉 북한 민법 연혁상 소재불명자 인증제도의 변화

구분	북 한		비고 (변동사항)
	1990년, 1993년 민법	1999년 민법, 2007년 민법	현행 민법은 2007년 수정보충됨
소재불명자 인증	-소재불명 2년 이상	-소재불명 3년 이상	-1년 연장
사망자 인증	-소재불명 인증 후 1년 이상 -무소식 3년 이상 -생명위험 사고 1년 이상	-소재불명 인증 후 2년 이상 -무소식 5년 이상 -생명위험 사고 1년 이상	-소재불명 1년 연장 -무소식 2년 연장 -생명위험 사고 연장 無

※ 출처: 최은석, "북한의 부재자 선고 및 사망자 인증제도와 관련한 법적 쟁점", 「서울평양학회보」 2013 통합호, 서울: 서울평양학회, 2013, 12면.

북한 법학자 방영애는 공화국 결혼제도의 기본원칙에 대해 설명하는 논문에서 사회주의사회에서 여성의 사회적 지위와 불평등에 대해 일찍이 고민하고 있는 모습을 엿볼 수 있다. 그는 김일성 주석의 교시로 인류사회의 오랜 역사와 함께 여성들은 불평등과 지배, 예속 밑에서 사회적으로나 가정적으로 아무런 자주적 권리도 가지지 못한 채 살아왔다며 남녀평등의 원칙을 강조했고, 중세 봉건관계의 유습인 일부다처제와 첩 매매 등 여성들의 인권을 보장하는 차원에서 일부일처제 원칙을 역설했다.[93] 또한 북한 가족법은 〈북조선 남녀평등권에 대한 법령〉과 〈조선민주주의인민공화국 사회주의헌법〉에 기초해 모든 공민들에게 자유결혼의 권리를 부여했다고 쓰고 있다.[94] 이를 통해 사회주의헌법 상 남녀평등을 중요한 원칙으로 제시하고 북한 가족법상 성별에 관계없이 평등한 지위 부여와 결혼제도, 이혼제도, 입양제도,[95] 상속제

93) 북한 법학자 방영애는 〈김일성저작집〉 제2권, 328면을 인용하여 일부일처제 원칙을 법학논문에서 처음 제시한 것으로 보인다. 방영애, "공화국 결혼제도의 기본원칙", 「김일성종합대학학보: 력사, 법학」 제39권 제4호(루계214호), 평양: 김일성종합대학출판사, 1993, 50~55면 참조.

94) 방영애, "공화국 결혼제도의 기본원칙", 위의 글, 55면.

95) 북한의 법학자 리현숙은 1990년대 초 북한의 가족법상 입양제도의 우월성에 대해 처음 소개

도 등 모든 제도들이 남성에게 어떠한 특권도 인정하지 않는 남녀평등을 기본원칙으로 할 것을 보여준 논문이다.

3.4.5. 상속법

북한에서 상속법에 대한 법적 논의는 리현숙 학자가 [김일성종합대학 학보] 저널에 2007년 게재한 것이 처음인 것으로 확인되었다. 리현숙 학자는 이 논문에서 1946년 3월 23일 〈20개조정강〉의 제6조에서 "공민들의 재산과 개인의 소유물을 법적으로 보장할것"이라고 규정했으며, 1948년 9월 8일 채택된 북한 헌법에서 "법령에 규정한 토지, 축력, 농구, 기타 생산수단, 중소산업기업소, 중소상업기관, 원료, 제조품, 주택과 그 부속시설, 가정용품, 수입저금에 대한 개인소유를 법적으로 보호하며, 개인소유에 대한 상속권은 법적으로 보장한다."라고 당시 규정했다(헌법 제8조). 그 이후에 채택된 1972년 사회주의헌법[96)]과 1992년 사회주의헌법, 1998년 사회주의헌법[97)]에서 모두 개인소유에 대한 상속권을 법적으로 보장한다고 밝히고 있다.

근로자들의 개인소유를 보호하기 위한 입법, 행정, 사법기관의 법령, 결정, 지시에서 대표적인 것은 〈북조선의 남녀평등권에 대한 법령시행세칙〉(1946.9.14.)과 〈민사규정〉(1982.1.2.7), 중앙재판소 지시 제2호로 제정

하고 있어 지금까지 공개된 북한 자료 중 법학적 접근으로서는 매우 유의미하다고 할 것이다. 자본주의사회의 입양제도는 양자녀로 될 자의 친부모는 대다수가 생활고에 시달리는 가난한 사람들이며, 자본가와 가난한 사람들 사이에 가난한 사람들은 자녀들을 양자녀로 팔고 부자들은 그들을 마음대로 착취할 수 있는 불공평한 계약만 존재한다고 비판한다. 이에 대해 보다 자세히는 리현숙, "공화국가족법상 립양제도의 우월성", 「김일성종합대학 학보: 력사, 법학」 제39권 제8호(루계218호), 평양: 김일성종합대학출판사, 1993, 75~79면 참조 바람.

96) 1972년 헌법 채택에 대해서는 장명봉, "북한의 사회주의헌법에 관한 연구", 「성곡논총」 제11집, 서울: 성곡언론문화재단, 1980, 373~432면 참조 바람.

97) 1998년 헌법 개정 내용에 대해서는 장명봉, "북한의 사회주의헌법 개정('18.9.5.)에 관한 고찰: 헌법개정의 내용과 정책전망을 중심으로", 「법학논총」 제12집, 서울: 국민대 법학연구소, 2000, 9~34면 참조 바람.

된 〈민사규정(잠정)실행세칙〉(1983.3.19.)들이다.[98] 여기에는 리현숙 학자(2007)는 "공화국상속법에 대한 일반적리해"가 실렸다.

3.5. 노동법 · 지식정보법 · 인권법

3.5.1. 노동법

사회복지법 관련한 법학연구는 아직까지 발견하지 못했다. 다만, 사회주의 노동 관련 법학 논문은 김명옥 학자가 두각을 나타낸다. 하지만, 그 내용은 주로 자본주의노동법에 대한 비판적 시각에서 다루고 있을 뿐이다. 이와 관련한 논제를 보면, 북한의 김명옥 학자(2001)는 "우리 나라 사회주의로동법 구성체계의 특징"을, 김명옥 학자(2007)는 "자본주의로동법의 발생을 외곡하는 부르죠아법리론의 반동성"을, 김명옥 학자(2010)는 "사회주의로동규률을 준수하는 것은 근로자들의 법적의무"를, 김명옥 학자(2012)는 "우리 나라 사회주의로동법은 근로자들의 물질생활을 확고히 담보하여주는 인민적인 법"을 주로 다루었다.

노동법 관련 법학연구 논문으로는 사회주의노동법에 관한 정당성을 직접적으로 언급하기 보다는 자본주의, 즉 남한의 노동법에 대한 비판적 시각에서 출발하여 사회주의노동에 대한 정당성을 부각시키는 논문으로 김명옥 학자가 유독 눈에 띈다. 김명옥 준박사는 "사회주의로동법에 규제된 근로자들의 기술기능향상보장제도의 우월성"을 강조하기도 했고, 초기 남한 노동관계법의 반동성을 주제로 미군정 법령에 대해 비판적으로 썼다. 미국과 남한이 조작 실시하고 있는 〈노동관계법〉의 반동성은 한마디로 말해 "조선로동계급의 자주성을 유린말살한다"[99]는데 있다며 법의 조작과 개악과정에서 뚜렷이

---

98) 리현숙, "공화국상속법에 대한 일반적리해", 「김일성종합대학 학보: 력사, 법학」 제53권 제1호(루계399호), 평양: 김일성종합대학출판사, 2007, 74면.

99) 김명옥, "남조선〈로동관계법〉의 반동성", 「김일성종합대학 학보: 력사, 법학」 제39권 제4호

표현된다고 강조했다. 주목되는 내용 중 이승만 정권의 「노동관계법」은 남한 인민들의 투쟁으로 식민지 파쇼통치가 위기에 처할 때마다 반동통치가 주된 수단의 하나였고, 1960년 4.19혁명에 의해 이승만 정권이 물러난 후 박정희 정권의 1960년대 전반기 「노동관계법」, 1961년 12월 「근로기준법」, 1963년 4월과 12월 「노동조합법」, 「노동쟁의조정법」, 「노동위원회법」이 개악되었고, 특히 이 과정에서 「노동관계법」은 노동계급의 초보적인 생존권과 민주주의적 자유를 유린말살 하도록 꾸며진 것이라고 남한에 대해 대대적으로 비판했다. 뿐만 아니라 1980년 12월 전두환 정권에서는 「노동관계법」의 전면 개정에서 '3자 개입금지 제도', '정치활동금지 제도' 등을 통해 더욱 파쇼적인 제도화라고 강하게 비판했다.[100] 한편, 매우 흥미로운 사실은 단결권, 단체교섭권, 단체행동권 등 노동3권은 국제노동운동 등 자본과의 오랜 투쟁 속에서 쟁취한 합법적인 권리라고 소개하고 있어 노동3권에 대해 인식하고 있다는 점이다.[101]

그밖의 노동법 관련한 리광혁 학자(2013)는 "통일적인 로동법전의 형식을 배제하는 자본주의로동법리론의 반동성"을, 김명옥 학자(2000)는 "남조선에서 〈로사협의제도〉와 그 반동성"을 발표한 바 있다.

3.5.2. 지식재산권법

북한의 지식재산권은 우리의 특허권에 해당하는 공업소유권과 실용실안권에 해당하는 공업도안권, 그리고 저작물에 대한 권리 보호를 위한 저작권으

(루계214호), 평양: 김일성종합대학출판사, 1993, 56면.

100) 김명옥, "남조선〈로동관계법〉의 반동성", 위의 글, 57~58면 참조. 북한의 법학자 김명옥은 남한의 노동관계법의 부당성을 강조하는 내용 중에서 남한의 노동운동을 억제 말살하는데 특히 미국과 남한의 특정집단이 수단과 방법을 가리지 않고 노동자를 착취와 약탈하고 있다고 서술하고 있다.

101) 김명옥, "남조선〈로동관계법〉의 반동성", 위의 글, 60면 참조.

로 대별된다. 사실 북한의 공업소유권은 인민경제 여러 부문과 과학기술분야에서 이루어진 인간의 지적창조물에 대한 소유권이라고 정의한다. 공업소유권에는 발명권, 특허권, 발견권, 창의고안권, 공업도안권, 상표권, 원산지명권과 같은 권리들이 해당된다.102) 공업도안권은 발명에 대한 권리(특허권과 발명권), 실용신형권, 공업도안권, 상표권, 원산지명권 등을 통틀어 이르는 말이다.103)

초창기 최정희 학자는 공업소유권의 개념에 대해 이렇게 설명했다. '공업소유권'이란 "공업, 농업, 상업, 건설운수, 보건을 비롯한 여러 경제부문과 과학기술분야에서 이룩된 지적 창조물들에 대한 창조자의 인격적 및 재산적 권리를 가리키는 것으로서 특허권, 상표권 같은 것을 통털어 이르는 말"104) 이라고 쓰고 있다. 2013년 들어 백성봉 학자는 지적재산권의 세관보호제도에 대해 논문 발표했는데, 세계 각국은 경제발전을 위해 국가경쟁이 과학기술 경쟁으로 전환되어 지적재산권 보호가 커다란 관심을 갖고 있다. 이러한 세관보호제도는 세관이 지적재산권을 침해한 화물이 국경을 통과하지 못하도록 감독통제하는 제도라고 풀이했다.105)

이와 관련한 주제를 살펴보면, 최정희 학자(2000)는 "공업소유권과 공업소유권보호제도에 대한 일반적 리해"를, 김철웅 학자(2010)는 "특허권의 본질과 특징"을, 홍영명 학자(2010)는 "저작권의 대상에 대한 법률적리해"를, 류성민 학자(2011)는 "상표권의 국제법적제도수립에 관한 력사적고찰"을, 김철웅 학자(2011)는 "저작재산권에 대한 일반적리해"를, 조일범 학자(2011)는 "상표의 법적인정조건에 대한 리해"를, 김철웅 학자(2012)는 "저작물의 실질

102) 장명봉 편저, 「조선법전 법률용어 풀이」, 서울: 대훈닷컴, 2005, 262면.

103) 장명봉 편저, 「조선법전 법률용어 풀이」, 위의 책, 94면.

104) 최정희, "공업소유권과 공업소유권보호제도에 대한 일반적리해", 「김일성종합대학 학보: 력사, 법학」 제46권 제2호(루계318호), 평양: 김일성종합대학출판사, 2000, 61면.

105) 백성봉, "지적재산권의 세관보호제도에 대한 일반적리해", 「김일성종합대학 학보: 력사, 법학」 제59권 제1호(루계471호), 평양: 김일성종합대학출판사, 2013, 113면.

적류사성검증에 대한 리해"를, 백성봉 학자(2013)는 "지적재산권의 세관보호제도에 대한 일반적리해"를 발표했다.

3.5.3. 우주 · 정보법

북한은 지난 2013년 4월 최고인민회의 법령 제13호로 「우주개발법」을 채택하였다. 이 법령은 지난 2016년 6월 평양 법률출판사에서 발행한 「조선민주주의인민공화국 법전(증보판)」(이하 「북한 법전(증보판)」)[106]에 수록되어 최근 대외적으로 공개되어 알려지게 되었다. 마침 북한은 2016년 6월 우주공간의 평화적 개발과 이용 촉진을 위한 '조선우주협회'를 출범시켰다. 「우주개발법」을 제정한지 3년 만이다. 북한이 핵무기와 중 · 장거리 미사일 개발에 열을 올리고 있는 가운데 우주기술 응용 분야의 과학자 · 기술자들과 교수, 연구사들로 구성된 민간단체 성격의 조선우주협회가 활동을 시작한 것으로 알려져 국제사회가 주목하고 있다.

사실 북한이 2013년 「우주개발법」을 채택하기 전, 2010년 박희철 학자가 "국제우주법제도와 그 제한성"에 대해 처음 논문을 발표한 바 있다. 이 논문의 핵심 골격은 북한이 위성발사를 할 때마다 미국을 비롯한 국제사회가 북한에 대해 반공화국 압살 책동으로 몰아붙였다고 토로한다. 그리고 국제법적으로 논증하며 국제우주법을 세계의 평화와 안전에 실질적으로 이바지하는 법으로 발전시켜 나갈 것을 중요한 문제로 제기했다는 데에 그 의미를 두고 있다.[107] 2014년에는 리일준 학자가 일본은 우주군사화를 노골화하고 있다고 공식 비난하기도 했다.[108]

---

106) 북한 법령 표기는 국호를 생략하고 법령명만을 표기한다. 그리고 북한 원문에서 사용된 표현 중 우리식 표현이 없거나 북한의 고유명사인 경우 인용부호와 함께 북한식 표현 그대로 사용한다.

107) 박희철, "국제우주법제도와 그 제한성", 「김일성종합대학 학보: 력사, 법학」 제56권 제3호(루계441호), 평양: 김일성종합대학출판사, 2010, 131면 이하 참조 바람.

또한 정보법률관계에 대해 학술지에 처음 게재한 것으로 확인되는데, 계남철 학자가 2011년에 정보법률관계에 대한 일반적인 이해가 필요함을 역설했다.[109] 정보에 대한 수요가 높아지고 지적제품[110]에 대한 유통이 활발히 진행되는 정보산업시대의 맞게 정보의 수집과 등록, 이용, 처분, 전파 등에 관한 질서를 바로 세우기 위한 정보관련법들을 올바로 제정하고 이에 대한 연구를 심화시켜야 한다고 주장한다. 특히 정보법률관계는 정보산업시대에 새롭게 발생하였으며 민사법률관계나 행정법률관계, 형사법률관계를 비롯한 일련의 법률관계들과 밀접한 연관을 가지는 법률관계라고 설명한다.[111]

3.5.4. 인권법

북한 학술지에서 인권문제를 논문형식으로 다룬 것은 1997년 김억락 학자가 처음이다. 인권은 인류가 발생한 이래 사람들의 사회생활에서 매우 중요한 문제이며, 사회적 존재인 인간이 어떤 사회적 활동을 자유롭게 할 수 있으며, 그 활동을 통하여 어떻게 살며 발전할 수 있는가 하는데 깊은 관심을 가지지 않을 수 없는[112] 문제라고 서론에서 밝히고 있다. 한 마디로 인권은 자주적으로, 창조적으로 살며 발전하려는 사회적 인간의 신성한 권리로 표현했다.[113] 특히 북한의 여러 학자들이 미국의 인권 문제를 신랄하게 비판하는

---

108) 법학 관련 연구논문은 아니지만, 일본의 노골화되고 있는 우주군사화에 대해 비난하는 논문이 있어 눈에 띄어 소개한다. 이에 대해서는 리일준, "새 세기 로골화되고있는 일본반동들의 우주군사화책동", 「김일성종합대학 학보: 력사, 법률」 제60권 제1호(루계483호), 평양: 김일성종합대학출판사, 2014, 138면 이하 참조 바람.

109) 개략적인 내용을 보면, 한국의 「정보보호산업의 진흥에 관한 법률」(약칭: 정보보호산업법)과 같은 내용을 갖고 있다.

110) 우리의 지식재산과 같은 정보산업을 가리키는 것으로 이해된다.

111) 계남철, "정보법률관계에 대한 일반적리해", 「김일성종합대학 학보: 력사, 법률」 제57권 제3호(루계453호), 평양: 김일성종합대학출판사, 2011, 118면.

112) 김억락, "인권의 본질에 대한 주체적리해", 「김일성종합대학 학보: 력사, 법학」 제43권 제4호(루계287호), 평양: 김일성종합대학출판사, 1997, 42면.

내용들이 눈에 띤다. 미국이 인권이 실현된 나라, 민주주의가 완성된 나라라고 자처하며 인권재판관 행세를 해도 자국내 인민들의 인권을 탄압하는 인권탄압국가, 인권말살국가, 세계 최악의 인권불모지라고 강하게 비판했다.[114] 인권 관련한 논문을 소개하면, 김억락 학자(1997)는 "인권의 본질에 대한 주체적 리해"를, 림동춘 학자(2006)는 "일본군성노예범죄는 일본의 반인륜적인 국가적범죄"를, 황금철 학자(2006)는 "범죄자인도제도의 발생변천"을, 림동춘 학자(2006)는 "미국은 세계최악의 인권불모지"를, 한영서 학자(2010)는 "인권보장과 관련한 국제법적제도에 대한 리해"의 논문이 학술지에 게재되었다.

3.6. 국제법 및 경제법

3.6.1. 국제법과 외국인투자의 분쟁해결

국제투자 분쟁해결제도는 국제투자 활동과정에 민간 직접투자와 관련하여 발생하는 투자분쟁을 신속정확하고 공정하게 해결하기 위하여 법적으로 규제된 절차와 방법들의 체계[115]라고 정의한다. 국제투자 분쟁뿐만 아니라 국제분쟁에 대해서도 다룬 학술논문이 있다. 그리고 외국투자관계와 외국인투자법에 대해서도 쓴 논문과 국제형법 및 외국형법에 대한 일반적 이해 수준에서 다룬 논문도 보인다. 논문이 발표된 시기를 보면, 2000년대 초반과 중반으로 구별해 볼 수 있는데, 특히 2000년대 초반은 북한이 개방 의지를 보인 시기였다는 점에서 유난히 주목된다.

113) 김억락, "인권의 본질에 대한 주체적리해", 위의 글, 42면.

114) 림동춘, "미국은 세계최악의 인권불모지", 「김일성종합대학 학보: 력사, 법학」 제52권 제4호(루계396호), 평양: 김일성종합대학출판사, 2006, 67면 참조.

115) 김운남, "국제투자분쟁해결제도의 본질과 특징", 「김일성종합대학 학보: 력사, 법학」 제46권 제3호(루계321호), 평양: 김일성종합대학출판사, 2000, 64면 참조.

관련 학자로는 김운남 학자(2000)는 "국제투자분쟁해결제도의 본질과 특징"을, 박명의 학자(2001)는 "국제사법에서의 준거법과 그 적용실천에서 나서는 요구"를, 리경철 학자(2004)는 "국제조약의 당사자에 대한 리해"를, 한영서 학자(2005)는 "국제분쟁의 평화적해결에 관한 국제법적제도에 대한 리해"를, 한영서 학자(2007)는 "국제분쟁의 평화적해결과 관련한 국제재판의 발전에 대한 고찰"을, 리현철 학자(2011)는 "공화국외국투자관계법제정에 대한 고찰"을, 김금호 학자(2012)는 "공화국 외국인투자법에 규제된 외국투자기업에 대한 법률적리해"를, 박희철 학자(2012)는 "국제형법에 대한 일반적리해"를, 신명근 학자(2012)는 "외국형법에서의 형벌체계에 대한 일반적리해"의 논문이 다수 발표되었다.

3.6.2. 독도영유권

독도영유권 문제에 대해서도 관련 학술논문이 게재되었는데, 3건 정도 게재된 것으로 확인되었다. 림동춘 학자(2005)는 "독도는 국제법상 공인된 우리 나라의 합법적 령토"라는 주제로 게재했는데, 최근 일본의 독도 강탈에 대한 군국주의 망령이 되살아나는 것이며, 독도는 우리 조상들이 제일 먼저 발견하였으며 신라, 고려, 리왕조 등 우리 나라에 존재한 역대국가들이 대대로 물려오면서 통치해온 우리의 고유한 영토임을 강변했다. 또한 독도는 영토점유에 관한 국제관습법 상의 관례로 보나 그 누구도 인정하지 않을 수 없는 우리 나라의 합법적 영토[116]라는 사실을 기재하고 있으며 역사적 관점에서 국제관습법을 그 근거로 하고 있다.

그밖에 관련 학자들로, 김은심 학자(2008)는 "우리 선조들의 옛 지도속에 반영된 독도령유권에 대한 고찰"을, 채목란 학자(2011)는 "일본사료에 반영

116) 림동춘, "독도는 국제법상 공인된 우리 나라의 합법적령도", 「김일성종합대학 학보: 력사, 법학」 제51권 제2호(루계378호), 평양: 김일성종합대학출판사, 2005, 57면 참조.

된 독도령유권 고찰"이라는 주제를 다뤄 독도 영유권에 관해서는 북한 학자들도 관심 갖고 있음을 알 수 있게 해 주는 대목이다.

3.6.3. 세계무역 및 금융경제

국제법 관련한 법학논문이 대거 나오기 시작한 것은 1997년 이후로 볼 수 있다. 정금영 학자는 1997년 일본의 종군위안부 정책에 대해 국제법적 시각에서 명백한 범죄임을 강조했다. 종군위안부 문제는 과거 1894년 청일전쟁과 1904년 러일전쟁 시기 '위안부' 여성들이 일본군을 따라 다니면서 나오게 되었다고 기술했으나, 종군위안부 범죄사건의 피해자들인 종군위안부는 전자의 경우와 그 본질과 성격이 전혀 다르다고 보았다. 즉 일본 정부와 군부가 직접 창설하고 관리운영된 국가적인 성노예 관리제도하에서 일본군에 의한 조직적인 국제법적 범죄로 보았다.[117]

박명의 학자(1997)는 대외민사관계법의 특징을 이론적으로 고찰하였고, 박영수 학자(1997)는 국제해양 환경보호질서의 규제 내용을 논문에서 다루었다. 특기할 만한 것으로 전세관 학자(1997)가 한미 간 경제 관련 조약 및 협정을 통해 남한을 미국이 경제적 예속화를 가속하고 있다는 점을 부각시킨 논문도 있다. 가장 많이 눈에 띄는 것은 대외 국제민사소송과 민사분쟁 해결 관련한 다수의 논문이 법리적 접근을 시도했다는 점이다. 그밖의 자본주의 경제제도의 산물 중 보험회사의 예외규정과 보험계약자 배당 등에 관한 입법 배경은 자본주의국가의 약탈적 성격을 신랄하게 표현했다.

이와 관련한 논제들을 보면, 박명의 학자(1998)는 "국제민사소송의 몇가지 특성에 대한 고찰"을, 장태성 학자(1998)는 "대외민사분쟁해결수단에 대한 일반적리해"을, 김철희(2000) 학자는 "무역계약의 준거법에 관한 부르죠아

117) 정금영, "일제의 〈종군위안부〉 정책과 그의 국제법적범죄", 「김일성종합대학 학보: 력사, 법학」 제43권 제2호(루계279호), 평양: 김일성종합대학출판사, 1997, 71면.

국제사법리론의 부당성"을, 박명의 학자(2001)는 "국제사법의 규제대상에 대한 리론적 고찰"을, 박명의 학자(2001)는 "공화국재판소의 국제민사재판관할에 대한 고찰"을, 박영수 학자(2001)는 "국제민용항공분야에서 항공범죄와의 투쟁에 관한 국제협약에 대한 고찰"을, 박명의(2005) 학자는 "법적용문제에 대한 부르죠아국제사법리론과 그 부당성"을, 김성호 학자(2007)는 "국제금융법률관계의 구분과 그 당사자"를, 김운남 학자(2012)는 "세계무역기구협정문에 반영된 최혜국대우원칙에 대한 법적리해"를, 김운남 학자(2012)는 "세계무역기구협정문에 반영된 자국민대우원칙에 대한 법적리해"를, 리광범 학자(2013)는 "보험회사에 대한 4대례외규정은 무질서한 자본주의 경제제도의 산물"을, 리광범 학자(2013)는 "보험계약자배당에 관한 규제의 립법배경을 통하여 본 자본주의나라 생명보험회사의 략탈적성격"에 대해 다루었다.

국내 경제법에 대한 법학연구는 많지 않지만, 부분적으로 북한의 법제도적 시각을 읽을 수 있다. 북한 법학자 리학철(2004)은 "공화국경제법에 대한 일반적 이해"라는 논문을 통해 경제정책과 경제법의 규범 범위를 알 수 있다.[118] 일찍이 사회주의경제관리 관계를 규제하는 법규범과 규정들을 바로 제정하기 위해서는 법적 토대 위에 지도적 지침이 마련되어야 한다고 강조하고 있다.[119]

사실 북한은 사회주의사회의 성격과 경제관계에 대해 이미 1980년 대 중반 이러한 입장을 정리한 바 있었다. 사회주의사회의 성격과 경제발전은 매우 밀접한 관계가 있고 이런 관계에는 일정한 합법칙성을 갖는다고 본 것이다.[120] 북한은 사회주의사회의 성격에 대해 공산주의적 성격과 과도적 성격

118) [정치법률연구] 저널지에도 경제법 관련한 논문이 있다. 이에 대해서는 림경엽, "경제법의 원천과 그 효력", 「정치법률연구」 제1호(루계제17호), 평양: 과학백과사전출판사, 2007 참조 바람.

119) 리학철, "공화국경제법에 대한 일반적리해", 「김일성종합대학 학보: 력사, 법학」 제50권 제1호(루계363호), 평양: 김일성종합대학출판사, 2004, 50면.

으로 대별해 설명하고 있다. 먼저 공산주의적 성격에 대해서는 "사회주의사회가 집단주의에 기초하고 동지적 협조와 단결이 사회관계의 기본을 이루고 있는 사회이기 때문"이라고 하며, 과도적 성격에 대해서는 "사상, 기술, 문화적 락후성과 계급적 차이를 비롯한 여러 가지 차이로 하여 공산주의의 높은 단계와 구별되며 과도적성격을 띠게 된다."고 정리하였다.[121]

3.6.4. 대외관세제도

국경을 통과하는 운수수단과 짐, 우편물에 대한 세관검사와 감독에 대해 북한의 박성일 학자는 세관등록제도의 특징과 기본적 내용으로 2008년 처음 학술지에 게재했다.[122][123] 이어 김성호 학자도 국제거래에서 파생되는 세금징수 문제에 대해 2013년에 논문을 게재했는데, "법률적국제2중세금징수문제와 그 해결에서 나서는 근본문제"와 "공화국 대외세법의 공정성"에 대해 2건을 게재했다.

120) 한희호, 「사회주의사회의 성격과 경제발전의 합법칙성」, 평양: 사회과학출판사, 1986 참조 바람.

121) 한희호, 「사회주의사회의 성격과 경제발전의 합법칙성」, 위의 책, 9면, 15면 참조 바람.

122) 박성일, "세관등록제도의 특징과 기본내용", 「김일성종합대학 학보: 력사, 법학」 제54권 제3호(루계417호), 평양: 김일성종합대학출판사, 2008, 77면.

123) 북한의 경제학자 오성희가 관세제도의 유래에 대해 처음 제기한 것은 1993년이며, 다음과 같이 설명하고 있다. 노예소유자사회에서 일부 도시국가들은 외부로부터 그 도시에 들어오는 물품에 대하여 일정한 세금으로 이른바 '입시세'를 부과하여 국가 재정수입의 중요한 원천으로 삼았으며, 이것이 오늘날의 관세제도의 시작이라고 한다. 따라서 사회주의사회에서 관세의 본질적 특징을 이해해야만 관세이론과 실천에서 발생되는 중요한 원칙적 문제를 해결할 수 있다고 강조한다. 이에 대해 보다 자세히는 오성희, "사회주의사회에서 관세의 본질적 특징과 형태", 「김일성종합대학 학보: 경제학」 제39권 제3호(루계213호), 평양: 김일성종합대학출판사, 1993, 64~68면 참조 바람.

3.6.5. 경제특구법

북한이 외국인투자를 유치하기 시작한 것은 1984년 9월 최고인민회의 상설회의 결정 제10호로 「합영법」을 채택함과 아울러 1992년 10월 최고인민회의 상설회의 결정 제18호로 「합작법」을 채택하면서부터 본격화 되었다. 1984년 제정된 합영법은 합영을 통하여 북한과 세계 여러 국가 사이의 경제기술협력과 교류를 확대 발전시키고자 한 것을 목적으로 했다(합영법 제1조). 합영 부문과 장려 대상 부문은 주로 기계공업, 전자공업, 정보산업, 과학기술, 경공업, 농업, 임법, 수산업, 건설건재공업, 교통운수, 금융 같은 여러 부문에서 할 수 있도록 열어 두었고, 첨단기술의 도입, 과학연구 및 기술개발, 국제시장에서 경쟁력 높은 제품 생산, 하부구조건설 등 합영을 장려해 왔다(합영법 제3조 참조).

북한이 이와 같이 외국인투자 관련하여 기업창설과 외국인세금법, 그리고 외국투자은행 및 노동법 등 다양한 국제경제교류에서 파생되는 법적 문제들을 해결하기 위해 관련 법령을 제정했다. 이와 관련한 법령을 보면, 「외국인기업법」(1992.10.5. 채택, 2011.11.29. 6차 수정보충), 「외국투자기업 및 외국인세금법」(1993.1.31. 채택, 2015.9.9. 7차 수정보충), 「토지임대법」(1993.10.27. 채택, 2011.11.29. 3차 수정보충), 「외국투자은행법」(1993.11.24. 채택, 2011.12.21. 3차 수정보충), 「외국인투자기업파산법」(2000.4.19. 채택, 2011.12.21. 수정보충), 「외국투자기업등록법」(2006.1.25. 채택, 2011.12.21. 2차 수정보충), 「외국투자기업회계법」(2006.10.25. 채택, 2011.12.21. 2차 수정보충), 「외국인투자기업재정관리법」(2008.10.2. 채택, 2011.12.21. 수정보충), 「외국인투자기업노동법」(2009.1.12. 채택, 2015.8.26. 2차 수정보충) 등이 마련되어 있다.

이처럼 당시 대외경제개방 관련하여 외국투자에서 관계되는 여러 법률적 문제들을 다루기 시작했는데, 2000년대 초에 비로소 그 연구가 진행되기 시작했다. 예컨대 강정남 학자(2000)는 “공화국외국투자관계법의 발생발전과 그 체계”를, 진길상 학자(2000)는 “라진-선봉경제무역지대의 법적지위”를, 강정남 학자(2003)는 “공화국외국투자보호제도의 기본내용”을, 리현철 학자(2011)는 “공화국외국투자관계법제정에 대한 고찰”을, 김금호 학자(2012)는 “공화국외국인투자법에 규제된 외국투자기업에 대한 법률적리해”를, 리광혁 학자(2012)는 “공화국특수경제지대 관리기구제도의 기본내용”을, 강정남 학자(2013)는 “현실발전의 요구에 맞게 새로 수정보충된 라선경제무역지대법체계에 대한 리해”를, 강정남 학자(2013)는 “라선경제무역지대 관리제도의 주요내용”을 학술지에서 다루었다. 라선경제무역지대의 법적 지위와 관리지구에 대한 법제도적 내용들을 다룬 것이 눈 여겨 볼만하다.

보험법 관련해서는, 최승혁 학자는 2013년 처음으로 북한의 국가보험계약의 본질에 대해 논문을 썼다.[124] 북한의 「보험법」 제정은 1995년 4월 처음 제정되었으며,[125] 국가는 보험당사자가 자원보험과 의무보험에 맞게 자원성과, 의무성, 신용의 원칙을 정확히 지키도록 내각이 관여하고 있다. 이 법에서 소개하고 있는 보험의 분류는 보험대상에 따라 인체보험, 재산보험으로 나누며, 인체보험에는 생명보험, 불상사보험, 어린이보험, 여객보험 같은 것이 속하고, 재산보험에는 화재보험, 해상보험, 농업보험, 기술보험, 자동차보험, 신용보험, 배상책임보험, 보증보험 등으로 열거해 놓고 있다(보험법 제3조 참조).

북한의 보험법에 대해 지금까지 공개된 학술논문으로는 유일무이한 것으로 보인다. 다만, 자본주의국가에서 보험에 대한 비판적 시간의 연구논문은 몇 편 눈에 띤다. 리광범 학자는 2013년에 “보험회사에 대한 4대례외규정은

124) 북한의 국가보험계약과 관련해서는 최승혁, “우리 나라 국가보험계약의 본질”, 「김일성종합대학 학보: 력사, 법률」 제59권 제4호(루계480호), 평양: 김일성종합대학출판사, 2013 참조 바람.

125) 북한 보험법은 1995.4.6. 최고인민회의 상설회의 결정 제58호로 채택되었으며, 1999.2월, 2002.5월, 2005.9월, 2008.12월, 2015.4월까지 총 5차례 수정보충되었다.

무질서한 자본주의 경제제도의 산물"로 논문을 표현했고, 같은 해 "보험계약자배당에 관한 규제의 립법배경을 통하여 본 자본주의나라 생명보험회사의 략탈적성격"에 대해 논문을 썼다.[126)]

북한은 대외경제계약 시 사회주의건설의 현실적 요구와 경제 사정, 외화수급 문제, 그리고 자본주의국가의 경제동향과 국제시장의 경기변동 등을 감안하여 체결해야 할 것을 유념하도록 하는 논문이 있어 예사롭지 않다. 특히 국제기술양도계약 역시 대외경제계약 과정에서 계약이 철저히 현실적 조건에 맞게 해결하도록 하기 위해서는 국제기술양도계약의 '제한성조항'(Restrictive clause)에 대해 옳게 인식해야 함을 주지시키고 있다. 국제기술 양도계약에서의 '제한성조항'이란 기술사용권의 이전과 관련한 여러 항목들에 한해 제한적 측면을 설정한 계약조건들의 총체를 가리키는 국제용어이다.[127)] 국제기술양도 관련한 법학연구 논문으로는, 김철웅 학자 2004년 처음 "국제기술양도계약에서의 〈제한성조항〉에 대한 리해"를 선보였고, 이후 2008년 "〈유엔국제기술양도행위준칙〉〈초안〉에 대한 리해"와 2013년에 쓴 "국제기술양도법의 특징"에 대한 논문을 썼는데, 이 또한 김철웅 학자가 독보적으로 유일하다.[128)]

---

126) 이에 대해 자세히는 리광범, "보험회사에 대한 4대례외규정은 무질서한 자본주의 경제제도의 산물", 「김일성종합대학 학보: 력사, 법률」 제59권 제2호(루계474호), 평양: 김일성종합대학출판사, 2013; 리광범, "보험계약자배당에 관한 규제의 립법배경을 통하여 본 자본주의나라 생명보험회사의 략탈적성격", 「김일성종합대학 학보: 력사, 법률」 제59권 제2호(루계474호), 평양: 김일성종합대학출판사, 2013 참조 바람.

127) 김철웅, "국제기술양도계약에서의 〈제한성조항〉에 대한 리해", 「김일성종합대학 학보: 력사, 법학」 제50권 제3호(루계369호), 평양: 김일성종합대학출판사, 2004, 72면.

128) 김철웅, "국제기술양도계약에서의 〈제한성조항〉에 대한 리해", 「김일성종합대학 학보: 력사, 법학」 제50권 제3호(루계369호), 평양: 김일성종합대학출판사, 2004; 김철웅, "〈유엔국제기술양도행위준칙〉〈초안〉에 대한 리해", 「김일성종합대학 학보: 력사, 법학」 제54권 제3호(루계417호), 평양: 김일성종합대학출판사, 2008; 김철웅 "국제기술양도법의 특징", 「김일성종합대학 학보: 력사, 법률」 제59권 제3호(루계477호), 평양: 김일성종합대학출판사, 2013 등 참조 바람.

3.7. 자본주의법 및 타국의 법학연구

3.7.1. 자본주의법학에 대한 비판적 연구

자본주의에 대응한 비판적 시각은 [김일성종합대학 학보: 력사, 법학]이 처음 발간된 1993년부터 시작된다. 이 때는 법학적 관점이라기 보다 북한의 역사적 관점에서 접근했는데, '미국식 민주주의'에 대한 소수 특권계급을 위한 부르주아민주주의에 대한 비판[129]이었다. 이후 1997년 김명철 학자(1997)는 "군국기무처는 근대 우리 나라에서 부르죠아개혁실현을 위하여 창설된 국가기구"를, 도남철 학자(1997)는 "부르죠아 〈수령리론〉의 발생변천과 사회력사적배경"을, 김명철 학자(1998)는 "근대 우리 나라 부르죠아 갑오개혁시기 인재등용법제정과 그 규제내용에 대한 고찰"을, 전미영 학자(2000)는 "〈신해혁명〉을 통하여 본 근대중국부르죠아 민족운동의 제한성" 등의 논문이 실렸다.

법학적 관점에서 자본주의와 부르주아사회에 대한 본격적인 비판은 다음에서 보는 바와 같이 2000년대 이후부터라고 할 수 있다. 이와 관련한 논문으로는, 리현숙 학자(2000)는 "부르죠아민법에 규제된 점유권제도의 반동성"을, 백성일 학자(2002)는 "자본주의헌법에 규제된 〈국민주권〉의 반동성"을, 리현숙 학자(2003)는 "자본주의민법에서 규제하고있는 리용물권의 형태와 그 특징에 대한 법적고찰"을, 김형기 학자(2004)는 "자본주의나라상법의 발생과 그 변화과정에 대한 력사적고찰"을, 류경만 학자(2004)는 "자본주의국가형태에 대한 고찰"을, 김경현 학자(2004)는 "자본주의헌법의 반동적특징"을, 리현숙 학자(2005)는 "자본주의나라들에서 채권채무법의 존재형식과 그 변천에서의 특징"을, 최일복 학자(2005)는 "현대부르죠아법치주의의 반

129) 이러한 비판을 처음 게재하기 시작한 사람은 북한의 김용철 학자였다. 이에 대해 자세히는 김용철, "〈미국식민주주의〉는 소수 특권계급을 위한 반동적인 부르죠아민주주의", 「김일성종합대학 학보: 력사, 법학」 제39권 제4호(루계214호), 평양: 김일성종합대학출판사, 1993, 73면 이하 참조 바람.

동성"을, 천정수 학자(2006)는 "자본주의민사재판에서 증거평가방법의 반동성"을, 남철진 학자(2006)는 "자본주의국가의 형벌제도를 미화분식하는 부르죠아형벌리론의 반동성"을, 김명옥 학자(2007)는 "자본주의로동법의 발생을 외곡하는 부르죠아법리론의 반동성"을, 리학철 학자(2008)는 "자본주의경제법의 발생변천에 대한 고찰"을, 김영명 학자(2008)는 "현재자본주의〈민주화론〉의 반동성"을, 김경남 학자(2010)는 "현대부르죠아법해석론의 반동성"을, 리결철 학자(2011)는 "〈영미법계〉의 형성에 대한 력사적고찰"을, 조광협 학자(2011)는 "부르죠아 〈형사신학파〉의 형벌에 대한 견해의 반동성"을, 김유청 학자(2011)는 "〈목적형론〉을 제창하는 부르죠아형벌리론의 반동성"을, 한철룡 학자(2012)는 "외국민법에 규제되여있는 소유권의 원시취득에 대한 리해"를, 채영철 학자(2012)는 "현대부르죠아 〈사회적법치국가〉론의 발생과 그 반동적특징"을, 리광혁 학자(2013)는 "통일적인 로동법전의 형식을 배제하는 자본주의로동법리론의 반동성"을, 리성일 학자(2013)는 "자본주의국가들에서 표방되는 〈사법독립〉 원칙의 기만성"을, 채영철 학자(2013)는 "자본주의국가의 〈의회제민주주의〉는 부르죠아독재를 가리우기 위한 위장물"을, 최일복 학자(2013)는 "부르죠아 〈법률의 류보〉제도의 반동적이며 반인민적성격"을, 리광혁 학자(2013)는 "통일적인 로동법전의 형식을 배제하는 자본주의로동법리론의 반동성"을, 리성일 학자(2013)는 "자본주의국가들에서 표방되는 〈사법독립〉 원칙의 기만성" 등 상당히 많은 발표를 했다.[130)]

130) 그밖에 [정치법률연구] 학술지에서도 '국제경제법'을 다루고 있는 연구논문이 있다. 이들 논문이 발표된 시기를 보면 손정화 학자가 2건 모두 2007년에 처음 게재한 것을 알 수 있다. 이에 대해 자세히는 손정화, "국제경제법이 〈국제법의 새로운 가지〉라는 견해와 그 제한성", 「정치법률연구」 제2호(루계제18호), 평양: 과학백과사전출판사, 2007; 손정화, "국제경제법은 국제경제관계를 규제하는 법규범의 총체", 「정치법률연구」 제3호(루계제19호), 평양: 과학백과사전출판사, 2007 등 참조 바람.

3.7.2. 타국의 법학에 대한 비판적 연구

1) 미국 및 영국

미국의 독점자본가에 대한 문제는 결국 미국대통령의 권력을 이용해 영향력을 행사하고 확대해 입법에 대한 거부권 행사 및 교서권을 이용해 독점자본가의 이익을 옹호한다고 비판한다. 미국 대통령의 입법활동 간섭 수단의 하나인 거부권은 우선 독점자본가들의 정치 경제적 이권을 침해하는 법이 절대로 채택될 수 없도록 대통령의 권한이 작동하는 법적 공간으로 이용되고, 또한 미국 노동법은 노동운동을 탄압하고 말살하는 법이라는 비판을 쏟아낸다. 뿐만 아니라, 미국 형법과 법인범죄에 대한 재판기관의 반동성을 강조하고 가석방제도의 폐해에 대해서도 쓰고 있다.

미국 헌법을 비롯한 선거제도, 형법, 재판제도 관련한 법학논문으로는, 김용철 학자(1993)는 "〈미국식민주주의〉는 소수 특권계급을 위한 반동적인 부르죠아민주주의"를, 전세관 학자(1997)는 "미국과 남조선사이에 경제분야에서 체결된 〈조약〉과 〈협정〉은 남조선에 대한 미제의 경제적예속을 합리화하는 수단"을, 김정순 학자(2002)는 "독점자본의 리익을 옹호하는 미국대통령의 립법간섭활동과 그 반동성"을, 리성일 학자(2002)는 "미국에서 조작된 〈셔먼반트레서트법〉의 반동성"을, 김명옥 학자(2003)는 "로동운동을 탄압말살하는 미국로동법에 대한 력사적 고찰"을, 리성일 학자(2003)는 "미국의 〈공산주의활동통제법〉의 반동성"을, 리성일 학자(2006)는 "1787년미국헌법은 반민주주의적통치악법"을, 김철희 학자(2007)는 "미국남조선 〈행정협정〉은 미제침략군의 온갖 범죄를 〈합법화〉하는 도구"를, 오인선 학자(2008)는 "미국재판기관과 그 반동성"을, 신명근 학자(2011)는 "미국형법에 규제된 법인범죄와 그 반동성"을, 김철희 학자(2011)는 "미국형법에 규제된 〈범죄의 요소〉는 온갖 범죄를 조장하고 정당화하는 법률적공간"을, 리성일 학자(2011)는 "미국 〈국내안전법〉에 의하여 조직된 전복활동통제국의 반동성"을,

김철희 학자(2011)는 "범죄의 근원에 관한 미국범죄학리론과 그 반동성"을, 조광협 학자(2011)는 "부르죠아 〈형사신학파〉의 형벌에 대한 견해의 반동성"을, 신명근 학자(2011)는 "부르죠아형사법에 규제된 루진제와 그 반동성"을, 신명근 학자(2011)는 "미국형법에 규제된 법인범죄와 그 반동성"을, 리성일 학자(2011)는 "미국 〈국내안전법〉에 의하여 조직된 전복활동통제국의 반동성"을, 김철희 학자(2012)는 "미국의 가석방제도는 범죄를 더욱 조장시켜주는 반동적인 제도"를, 김희성 학자(2013)는 "미국대통령선거제도의 반동성"을, 김철희 학자(2013)는 "미국형법에 규제된 사형은 미국의 사회제도를 파쑈화하고 지배층의 반동적통치를 합법화하는 형벌적수단" 등이 게재되었다.

영국의 자본주의법의 특징과 영국-프랑스 협정에 대해서도 다룬 법학논문도 있다. 여기에는 리창국 학자(2010)는 "영국-프랑스 앙땅뜨협정의 조작과 그 침략적본질"을, 조철진 학자(2012)는 "영국자본주의법의 특징"을 다루었다.

2) 일본

일본과 관련한 법학논문도 있어 매우 관심을 끌었는데, 김길신 학자는 한일조약[131]과 앞서 언급한 종군위안부 문제를 다루었다. 일본군 성노예범죄에 대해 반인륜적 국가적 범죄로 지탄하는 내용을 다루었고, 조은향 학자는 일본의 〈치안유지법〉 제정이 주는 법적 의미와 그에 대한 비판적 시각을 드러내 놓기도 했다. 이 법은 일본제국주의자들이 제국주의 통치체제와 식민지통치질서를 반대하고 사회발전과 자주성을 지향하는 인민대중을 탄압하기 위한 반동적인 법이라고 비판하였다. 결국 이 〈치안유지법〉은 일본통치자들이 지배적 지위를 강화하고 인민대중의 투쟁을 탄압하기 위한 폭압수단으로

131) 북한의 김길신 학자는 한일회담을 주제로 논문에서 다루었고 남한에 대한 미국의 식민지배와 일본군국주의에 의한 강점지배를 합법화한 모든 '조약'에 대해 불법무효한 허위문서로 규정하였다. 김길신, "1965년 남조선일본〈조약〉은 비법무효한 협잡문서", 「김일성종합대학 학보: 력사, 법학」 제39권 제8호(루계218호), 평양: 김일성종합대학출판사, 1993, 24면.

탄생하게 되었다고 강조했다.[132)]

여기에는 김길신 학자(1993)는 "1965년 남조선일본〈조약〉은 비법무효한 협잡문서"를, 정금영 학자(1997)는 "일제의 〈종군위안부〉정책과 그의 국제법적범죄"를, 로금철 학자(2004)는 "〈한일합병〉 조약은 일제의 조선강점을 〈합법화〉한 범죄적인 〈조약〉"을, 림동춘 학자(2006)는 "일본군성노예범죄는 일본의 반인륜적인 국가적범죄"를, 박희철 학자(2006)는 "일본의 국가통치제도는 군국주의의 재생부활을 추구하는 반동적인 제도"를, 전경송 학자(2007)는 "일본군국주의자들에 의한 〈제물포조약〉의 조작에 대한 고찰"을, 조은향 학자(2010)는 "일본 〈치안유지법〉의 제정과 그 반동성"을 다루었다.

3) 중국

중국의 법학연구 관련해서는 2건 정도 게재되었다. 정광선 학자는 2011에 "고대중국의 신분제도에 대한 고찰"과 "고대중국의 정전제에 대한 연구"를 독보적으로 진행했다. 이 논문은 역사적 측면에서 고대 중국의 신분제도에 대해 "노예소유자사회, 봉건사회에서 사람들을 세습적으로 여러 계층으로 나누고 그 계층들의 등급에 따라 서로 다른 권리와 의무를 법적으로 고착시키는 반인민적인 제도"[133)]라고 설명하고 있으며, 고대 중국의 정전제에 대해서는 여러 학설이 주장되고 있으나 종합적으로 분석해 보면, "정전제의 성격은 한마디로 농촌공동체원들을 대상으로 노예소유자국가가 실시한 토지제도였다"[134)]고 규정했다.

132) 이에 대해서는 조은향, "일본 〈치안유지법〉의 제정과 그 반동성", 「김일성종합대학 학보: 력사, 법학」 제56권 제3호(루계441호), 평양: 김일성종합대학출판사, 2010, 147면 참조 바람.

133) 정광선, "고대중국의 신분제도에 대한 고찰", 「김일성종합대학 학보: 력사, 법률」 제57권 제3호, 평양: 김일성종합대학출판사, 2011, 74면.

134) 정광선, "고대중국의 정전제에 대한 연구", 「김일성종합대학 학보: 력사, 법률」 제57권 제4호, 평양: 김일성종합대학출판사, 2011, 86면.

참고로 같은 사회주의국가로 한때 어깨를 나란히 했던 러시아(구 소련) 관련 법학연구가 많이 생산되었을 법도 한데, 그 이유는 정확히 알 수 없으나 아직까지 단 한 편의 논문도 게재되지 않았다는 사실은 궁금증을 자아낸다.

4. 결론

이상으로 북한의 법학자가 연구해 온 법학 동향을 살펴보았다. 북한 법학연구자의 법학연구에 대한 학문적 편향성과 당국 차원에서의 연구의 통제 및 사회 전반의 통제를 통해 상당 부분 법학연구가 제약돼 온 것으로 분석된다. 다만, 외부적 환경 변화에 따라 북한사회 내 장마당 경제의 도입과 각종 사회일탈행위로 인한 부정부패, 도덕적 해이 및 제도적 이완 현상 등 비사회주의가 확산되는 것을 막기 위한 법학연구 성향이 나타나는 통제사회의 단면을 엿볼 수 있었다.

북한의 법학연구 동향을 큰 틀에서 정리해 보면, 기존의 북한의 법학연구 분야 중 헌법 및 행정법, 형사법, 민사법, 대외경제 및 국제법 관련 법학연구는 북한체제 유지를 위해 합리화 경향으로 연구되고 서술되어 있는 반면, 북한주민의 인간으로서의 최소한의 기본권 보장과 개인적 권리를 담보할 수 있는 사회보장제도와 인권 관련 법학연구는 법학연구의 범위 대상에서 인위적으로 제외되고 있다는 느낌을 받을 수밖에 없었다.

각 분야별 법학연구의 동향 내용을 정리해 보면, 첫째, 북한의 사회주의 법이론 핵심은 여전히 주체사상에 근간한 '주체의 법이론'이라는 사실이 모든 분야의 기본이론으로 강조되고 있음을 다시금 확인 할 수 있었다. 북한 당국 차원에서 법학연구 뿐 아니라 타학문에 있어서도 다양한 방식의 학문연구의 통제를 가하고 있는 것으로 파악된다. 북한 당국은 순수한 법학연구 차원의 근본적 학문 목적을 추구하기 보다는 북한체제 유지를 위한 전체주의 차원에서 주체사상에 근간한 법이론을 강조해 왔다. 이렇듯 모든 법정책적 결정 사항에 주체의 법이론을 그 배경으로 하고 있음을 이해할 수 있고, 주민들에게 법학적 이해를 도모하기보다는 사회주의법무생활과 법준수를 강제하면서 개인의 권리와 행복 추구보다는 집단주의를 우선하는 법정책으로 일관해 왔다고 하겠다.

둘째, 헌법과 행정법 연구 동향은 큰 틀에서 통치담론을 형성하는 정책 지향적 성격의 논문이 다수 발표되었고, 사회주의국가 정체성 관련해서는 이른바 '우리식 사회주의'를 고수하면서 경제개방을 도모했으나, 현실적인 큰 변화를 가져 오지 못한 연구의 한계를 보였다. 그럼에도 불구하고 공민의 기본권리와 의무에 대해 다룬 논문이 확인된다. 행정법학 연구는 주로 토지법과 공무원자격판정제도, 행정법의 특징과 행정강제에 대해서도 다룬 것은 과거에 비해 진전된 법학연구 성과로 판단된다.

셋째, 형사법 연구의 특징은 미국과 외국 형법에 대해 부르주아형법으로 비판적 시각으로 접근하는 논문이 다수를 이룬 특징을 보였다. 2008년에 형사법률 활동을 과학화, 합리화한다는 '형법조문탐색자료기지작성'이라는 표현을 사용하여 컴퓨터가 형법조문을 탐색하여 자동적으로 형벌량을 계산한다는 점은 학자들로 하여금 매우 흥미로운 관심을 유도하기도 했다.

넷째, 북한법 상 개인의 소유권 범위가 제한적인 상황에서 민사법학의 연구의 자유는 제약될 수밖에 없다는 점이다. 최근 북한 당국은 장마당의 확대로 인한 주민들의 사적 소유권 등의 권리 신장과 각종 비사회주의 현상이 만연되고 있다. 그래서 북한당국은 자본주의 내지 자유주의 사상의 확대를 경계하고 있고, 사회적 개방성으로 인한 북한주민의 법의식 변화를 경계해 왔다.

다섯째, 노동법 연구는 사회주의노동법에 관한 정당성을 직접 언급하기 보다는 주로 자본주의노동법에 대한 비판적 견해 논문이 주류를 이루었고, 지식재산권법은 우리의 특허권에 해당하는 공업소유권, 실용실안권에 해당하는 공업도안권, 그리고 저작권으로 대별해 다루었다. 하지만, 실질적인 개인

발명권 · 특허권이 인정되지 않는 한 법과 현실의 간극(gap)은 클 수밖에 없다는 판단이다. 우주 · 정보법은 우주공간의 평화적 개발과 이용 촉진을 위해 우주기술 응용 분야의 국제우주법 제도에 관심을 갖기 시작했다는 점은 향후 주목할 필요가 있다. 그리고 인권법 연구는 인권에 대한 주체적 이해 접근으로 이른바 '우리식 인권'을 강조하면서 인권 보장 관련한 국제법적 시각과 북한의 시각은 다를 수밖에 없다는 차별화 전략을 강조했다.

여섯째, 김일성 시대는 대외적 환경 변화에 따른 경제개방 관련 합영법과 합작법 제정 등 일부 법제 개편이 있었으나, 북한 경제법 관련한 기본적 이해는 사회주의경제건설의 경제관리규범으로 인식하고 있다는 점이다. 경제관리관계가 경제법의 규제대상으로 하고 있는 것도 사회주의경제관계에서 국가의 경제관리관계가 중요한 자리를 차지하고 있다고 판단하기 때문이다. 그리하여 국가의 통일적인 조직지도 아래 진행될 것으로 법규범과 규정들을 종합적으로 체계화하는 것이 북한 당국의 경제정책이며 사회주의 경제강국건설[135]이 목표라는 점을 다시금 확인하는 계기가 되었다. 경제법 관련한 법학연구의 결과물을 보면, 여전히 북한 법학연구는 자본주의 시장경제제도에 대해 매우 비판적이고 부정적 해석법학의 논문을 발표하고 있다. 근본적으로 북한의 법학연구 동향은 과거와 현재 법규범적으로는 전혀 달라진 게 없어 보인다. 그러나 북한의 현실은 오히려 시장경제적 요소를 부분적 수용 내지 도입이 필요한 실정이라는 사실을 그 누구보다 북한이 잘 알고 있다. 비판하면 할수록 역설적이게도 자본주의 법제도에 대한 관심과 갈증으로 나타나는 모습은 어떻게 해석해야 할까.

일곱째, 자본주의와 미국에 대한 비판적 시각의 논문이 타분야 보다도 양적으로 훨씬 많은 다수를 차지했다는 점이 놀라웠다. 김정은 집권 이후 지속적으로 비사회주의 현상의 확산을 방어하고 북한주민의 법적 권리를 다양한

135) 리학철, "공화국경제법에 대한 일반적리해", 앞의 글, 50면 참조.

법률로 제한해 왔으며 이러한 현상은 김일성 · 김정일 시대에 그치지 않고 현재까지도 지속되고 있다. 그럼에도 불구하고, 북한주민들은 북한사회의 학문체계 속에서 법학연구에 대한 접근 가능성이 어려운 학문영역이지만, 타 학문영역 보다도 법학연구에 대한 여전한 궁금증을 갖고 있으며, 기회가 주어진다면 법학공부를 하고 싶다는 심경을 보이기도 했다.[136)]

이제 북한 당국도 시대적 흐름에 역행하여 북한 법학자들의 학문의 자유에 대한 갈망을 계속해서 제한할 수는 없을 것이다. 특히 외부 세계에 대한 정보와 새로운 시대적 환경 변화에 따른 법적 호기심, 그리고 자유민주주의에 대한 인간의 욕구는 매우 자연스러운 현상으로 어느 누구도 완벽히 통제할 수는 없을 것이다.

본 연구를 통해 우리에게 남겨진 과제는 첫째, 향후 북한의 법학연구 동향 실태에 대한 더 많은 연구가 필요하다는 점이다. 북한 사회를 진단하고 법정책적 방향을 전망하기 위해서는 북한의 법학연구 동향 파악이 매우 유용한 자료가 될 것이다. 향후 북한 법학연구의 빅데이터(Big Data)로 활용할 수 있는 계기가 된다면 남북 법제통합 과정에서 큰 간극을 좁힐 수 있는 기대가 가능해 보인다. 이 경우 빅데이터로서 기능할 정도로 모든 법학연구 동향을 다 담지는 못하겠지만, 그동안 지속적으로 연구했던 북한의 법학연구는 지금도 꾸준히 진행되고 있음을 자신한다. 이러한 북한의 법학연구 동향 파악을 통해 북한법 및 통일법 연구자에게 멀리 있는 북한법이 아닌 우리 실생활에서 북한을 이해하는 실질적인 도움을 제공할 것이기 때문이다.

둘째, 북한 법학자들이 국제학술교류에 나설 수 있도록 국내 북한 법학연구자들이 남북 학술교류 등을 통해 접촉면을 넓히고 남북공동의 법학연구가 진행될 수 있도록 유도할 필요가 있다. 자유민주주의 체제에서 생각해 볼 수 있는 형태로 북한 법학연구의 범위와 영역을 하루아침에 바꿀 수는 없겠지

136) 이러한 사실들은 북한이탈주민의 증언을 통해서도 알 수 있다(북한이탈주민 ○○○씨, 2013.10.5.일 증언 내용 중).

만, 당국 차원의 적극적 연구 제한 행위는 국가적 수준에서 바꿀 수 있을 것이다. 한국을 위시한 국제사회는 북한의 법학연구와 법제지원 등에 상당한 관심을 갖고 있다. 특히 '법을 통한 민주주의 유럽위원회(베니스위원회)'는 민주주의 제도와 기본적 자유의 경험을 공유하고자 국가 간 활동에 매우 적극적이다. 무엇보다 북한 법학자가 국제무대에 나서야 북한의 미래와 법학연구 발전에 희망이 있다.

법, 식민주의와 근대성

– 비교의 시점으로 본 식민지기 감옥 법제의 고찰 –

임정우*

1. 머리말

청나라 통치하의 대만과 에도 시대의 일본, 그리고 조선 왕조에서, 수형자들에 대한 노동 시키는 징역은 이미 존재하고 있었다. 율령(律令)제 시대의 일본에서는, 중국에서 노역형의 본질인 도형(徒刑)을 수용했다. 조선 왕조의 법전 '경국대전'에는 도형에 처한 자에게 강제 노역을 시킨다는 규정이 있다.[1] 이 형벌은 언뜻 보기에 근대 감옥과 비슷하지만, 수형자의 노동 사역을 어떻게 인식하는지, 형벌의 기초가 된 학문적 지식은 어떠했는지, 관련 구조는 어떠했는지 등에 대해 전부 같다고는 말할 수 없다. 특히, 근대의 자유형은 서양에서 수용된 '문명적' 제도이기 때문에, 교회(教誨), 노동 작업과 토탈 케어 등 정비해야 할 요구가 있다.

일련의 국제법의 움직임에 의해, 일본 제국은 대한제국이 영사 재판권을

* 일본 교토대국제일본문화연구센터 특별공동이용연구원

1) 金淇春, 『朝鮮時代刑典:經國大典刑典을 中心으로』, 三英社, 1990, 93–94쪽.

철폐 할 수 있도록 보호 지도한다는 명목을 가지고 조선을 식민지화 하여, 근대의 감옥제도를 한반도에 정비할 기회를 만들었다. 따라서 일본 제국의 식민지 감옥 법제는 어떻게 형성되었고, 어떻게 수형자를 규율했는지, 그리고 조선과 대만 두 식민지는 어떤 공통점과 차이점이 있는지에 대해 밝히고자 한다.

식민지 조선의 감옥 정책과 수용자의 지위 등에 관해서는 중요한 선행 연구가 있다.[2] 또한 식민지 대만 감옥에 관한 연구는 최근에 활발해지고 있다.[3] 게다가 연구 있어서 같은 식민지로서 제도나 운용 등 여러 사항을 참조하는 것으로 보인다. 두 식민지의 비교와 참조의 중요성이 점점 드러나고 있지만, 두 식민지 감옥 법제를 함께 다루는 연구는 아직 충분하지 못하다고 본다.[4] 이 논문은 이상의 선행 연구를 토대로 비교 법제사 연구 쪽으로 연구 기반을 구축하고자 한다.

이 연구는 법사회사라는 연구 방법을 채택하였다. 법사회사적 연구 방법이란 법이 법조문과 같은 정지 상태가 아니라, 법이 사회에 어떤 영향을 주는

---

2) 이종민, 「1910년대 근대감옥의 도입 연구」, 『정신문화연구』 제22권 제2호, 1999, 185-205쪽. 이종민, 「식민지 시기 형사 처벌의 근대화에 관한 연구—근대 감옥의 이식. 확장을 중심으로」, 『社會와 歷史』 55권, 1995, 11-39쪽. 이종민, 「태평양전쟁 말기의 수인(囚人) 동원 연구(1943~1945)－형무소 보국대를 중심으로－」, 『한일민족문제학회』 제33권, 2017, 67-11쪽. Jin Woong Kang, “The Prison and Power in Colonial Korea” Asian Studies Review Vol. 40, No.3, 2016, pp.413-426. 朴慶穆, 「일제강점기 서대문형무소 여수감자 현황과 특징」, 『한국근현대사연구』 제66권, 2014, 43-103쪽. 朴慶穆 「1930년대 서대문형무소의 일상」, 『한국근현대사연구』 제66권, 2013, 65-116쪽. 朴慶穆, 「일제강점기 서대문형무소 수감자 현황과 특징」, 『한국근현대사연구』 제78집, 2016, 75-114쪽. 山本邦彦, 「1920年代朝鮮における監獄教誨の一考察：勤労の強調をめぐって」, 『佛教大学大学院紀要. 文学研究科篇』 제38권, 2010, 73-88쪽. 山本邦彦, 「一九二〇年代植民地朝鮮における監獄教誨」, 『近代仏教』 제16권, 2009, 75-108쪽.

3) 檜山幸夫, 「台灣における監獄制度の確立」, 檜山幸夫편 『臺灣総督府文書目録』 제5권, ゆまに書房, 1998, 465-513쪽. 林政佑, 『日治時期臺灣監獄制度與實踐』, 国史館, 2014. 蔡宛蓉, 「日治時期臺灣監獄制度之研究(1895-1945)」, 台灣師範大學臺灣史研究所碩士論文, 2010.

4) 선구적인 연구의 내용, 예를 들면, 이종민, 「제국 일본의 ‘모범’ 감옥 – 도쿄 · 타이베이 · 경성의 감옥 사례를 중심으로」, 『동방학지』 제177권, 2016, 271-309쪽.

지, 법과 사회의 상호 작용은 어떻게 되는지도 파악해야 한다는 접근방법이다.

이 논문은 법 제도에 관한 공문서 뿐만 아니라 교회나 감옥에 관한 잡지 및 재소자의 체험기나 일기와 문학 작품 등도 참고하였다. 그렇지만 수용자의 기록은 주로 사상범의 것이 많아, 사상범 이외의 일반적 재소자에 관한 자료는 거의 역사상에 있지 않았다. 사상범은 사회의 도덕에 위반한 일반적 범죄자들과 달리, 그들에 대한 사회의 태도나 그들이 감옥에서 받는 대우에 꽤 차이가 있다. 그러므로, 사상범인 수형자의 기록에도 일정 부분 한계가 있다. 또 이 논문이 채택하고 있는 연구의 관점은, 단지 식민지 조선의 감옥 법제의 변천에 주목할 뿐만 아니라 당시 일본 국내와 대만 법제 및 운용 실태와 비교 분석하고자 한다.

이런 관점에서 보면 당시 제국 일본과 식민지 조선의 법제를 비교함으로써, 식민지주의와 법의 폭력의 관계에 대해서 더 규명할 수 있다. 또한 같은 식민지였던 대만과의 비교를 통해서 식민지 조선 특유의 감옥 법제의 특징과 성격도 밝히고자 한다. 이 논문의 구성은 다음과 같다: (1) 일본 국내의 감옥 법제를 개략적으로 소개하면서 식민지 조선과 대만의 감옥 법제 성립과 과정을 밝힌다. (2) 행형의 운용 실태에 대해 일부의 사례만을 다루기로 한다. (3) 이상의 구성에 초보적인 비교 분석을 시도해보고자 한다.

2. 내지 연장 감옥 법제

본 절에서는 일제에 의해 식민지화 되는 과정에 따라, 대만과 조선에서 근대적 감옥 법제가 어떻게 정비되었는가를 검토한다.

2.1. 대만

일본 내지에서 공표된 1872년의 감옥칙(監獄則)은 메이지 정부의 감옥 개량의도를 토대로 小原重哉 등의 노력으로 만들어졌다. 수형자에게 인애를 가지고 대우하는 방침을 내건 개선주의 행형을 채용하고 있었으므로, 근대적 감옥의 효시라고 볼 수 있다. 이 감옥칙은 계단누진처우법(階段累進的役法)을 채용해, 일반인에 대한 징역을 다섯 등급으로 나누고 기간이 경과할수록 승급하여 노동 조건을 완화할 수 있게 하였다. 그러나 지조개정 전 재정난에다가 정치적 불안정에 의해 이 감옥칙은 거의 실시되지 않았다.[5)]

1881년 구형법 및 치죄법(治罪法)과 아울러 본격적인 감옥법령인 감옥칙이 정해졌다. 그 후, 1881년 감옥칙이 너무 관대하여 야기된 '폐해'를 시정하기 위해, 징계주의에 치우친, 1889년 감옥칙이 제정되었다. 예를 들어, 1881년 감옥칙은 계급처우적역법(階級処遇的役法)이나 업종 지정을 폐지하고, 제42조에 작업의 부과는 형명(刑名)에 따라 참작한다고 규정되었다.[6)] 이 개정은 형명에 따른 형무 작업의 부과는 실행이 곤란한 데다 징계주의를 관철할 수 없다는 이유로, 부과 준거의 방침을 '체력'으로 수정했다.

일본의 통치이전인, 청나라 통치하의 대만에서는, 대청율예(大清律例)에 의해 공식형벌이 태(笞), 장(杖), 도(徒), 유(流), 사형(死刑)이 '오형(五刑)'을 공식 형벌로 규정되어 있었다. 그 중 '도형(徒刑)'은 수형자를 대만이외의 장소에서 강제 노동시키는 형벌이었다. 당시 대만에서 도형에 처해진 사람들은 가까우면 펑후(澎湖), 멀게는 천주(泉州)까지 갔다고 기록되어 있다.[7)] 하지만 다른 규정을 보면, 신강 같이 천주보다 더 먼 곳으로 가게 되어 관병(官兵)의 종으로 노동 했다고도 한다.[8)] 즉, 청나라의 '도형'은 추방과 강제 노동이라는 두 가지 측면이 있었음을 알 수 있다. 그러나 도형의 강제 노동은 감옥 같은 시설에 한정되어 있던 것은 아니었다.

---

5) 姫嶋瑞穂, 『明治監獄法成立史の研究』, 成文堂, 2011, 39-41쪽.

6) 小澤政治, 『行刑の近代化：刑事施設と受刑者処遇の変遷』, 日本評論社, 2014, 203쪽.

7) 連横, 『台湾通史』, 台湾銀行經濟研究室, 1962, 286쪽.

8) 『清會典台湾事例』, 台湾銀行經濟研究室, 1966, 163-164쪽.

일본 식민 통치기의 대만에서는, 대만감옥령(台湾監獄令)이 대만주민형벌령(台湾住民刑罰令) · 대만주민치죄령(台湾住民治罪令)으로서 1895년 11월 20일부터 시행되었다. 구체적으로는, 대만 주민 형벌령 제4조에 의해 형벌에 징역형이 더해졌다. 추후에 징역의 규정은 제6조에 의해 '1일 이상 15년 이하로 징역장에 유치하여 징역에 처한다.'라고 정의되었다. 이 대만 감옥령은 어디까지나 감옥의 종류, 위치, 감독에 대해 규정하고 있는 것이었지만, 수형자를 어떤 식으로 처우할 것인가를 정한 세부 규정은 민정 국장 총독의 인가를 받아 제정한다는 수권의 규정만 존재했다. 다음 달 대만 총독부는 '감옥가규칙'(監獄假規則)을 제정했다.

1897년 감옥교회사수업수여감취테및압성의분장례(監獄教誨師授業手女監取締及押丁ノ分掌例)를 발부했다. 감옥서에 수업수, 교회사(教誨師), 여감단속(女監取締), 압정(押丁)을 두고 급액(給額)도 규정했다. 여감단속, 압정에게는 명확한 급액을 규정했지만 교회사와 수업수에게는 '적당한 급액'이라 되어 있었다.[9] 당시 대만 총독부가 계호(戒護)를 중요시하는 한편 경비가 부족하였던 사정도 반영된 결과이다. 같은 해, 대만 총독부에서는 각 감옥 전옥을 초대하여 회의를 열었다. 그 이유는 총독부가 통치한 직후였기 때문에, 총독부에 저항하는 자들과 싸우고 있는 바쁜 시기에 대만 감옥가규칙이 제정되었으며, 명칭 그대로 임시변통의 방책일 뿐, 당시 그대로 방치할 수 없었다. 게다가 당시는 재감자가 나날이 증가하는 가운데 옥무가 복잡해지는데도 감옥칙은 간략했기 때문에, 재감자를 다루는 데에 여러 불편이 있었다. 당시 감옥에서는 제도가 통일되어 있지 않았고, 갑(甲) 감옥은 을(乙) 감옥과 재소자에 대해 전혀 다른 조치를 취하고 있었다. 감옥칙 개정이 필요한 또 하나의 이유는 타국인이 때때로 대만에 구금되었기 때문에, 감옥칙의 미비가 나날이 외국인의 주목을 받았고, 언젠가는 크게 외교적 협상을 야기하여 결과적으로

9) 『台湾総督府府報』 제76호, 1897년 5월 11일, 7쪽.

열강의 심기를 건드릴 것으로 예상되었다. 따라서 대만 감옥칙 제정은 목하의 급선무였다는 것이다.10) 마지막으로, 율령 제3호로 공포한 대만 감옥칙의 제1조가 메이지 22년 칙령 제93호 감옥칙에 의한다고 규정했다. 기본적으로 내지의 감옥칙에 의거하는 형태로 감옥을 통제했다. 그런데 같은 해 일본에서 감옥칙과 관료 시행 세칙이 개정되었다.11) 이로 인해 1899년 12월 대만 감옥칙이 개정되어 제1조에 메이지 32년 칙령 제344호를 추가했다.12)

1900년 일본 내지에서는 지방 장관 감옥 관리는 죄수의 대우, 행형 방법이나 관리자 감독 등이 각 지방에 따라 달라 통일성이 부족했다. 이것은 치옥(治獄)의 발달을 직접 또는 간접적으로 저해했다고 볼 수 있다. 그러므로 일본 내지의 감옥 관할은 중앙으로 이전되었다. 이 개혁과 함께 1900년 대만 전체 섬의 감옥 관할도 총독부로 옮겼다. 대만 총독부는 식민지 대만의 감옥을 직접 관리할 수 있게 되어, 따라서 대만 총독부는 감옥 관제를 제정하여 공포했다. 각 감옥에 전옥, 감리, 통역 등을 두었지만, 교회사는 두지 않았는데, 1905년 대만 총독부 감옥 관제 개정으로 교회사를 인정하였다. 이로서 총독부는 교회사를 치옥 발달에 중추적인 직무로 인정해 충분한 대우를 해야 한다고 생각하는 한편, 같은 해 칙령 제252호로 대만 총독부 감옥 교회사 봉급령을 공포하여, 이듬해 4월부터 시행했다. 감옥 교회사의 봉급은 마침내 내지의 교회사와 같은 수준이 되었다.13)

1908년 내지 감옥칙이 1903년 감옥 관할 국고 지급이 되었다고 할 뿐만 아니라, 1907년 당시 형법의 제정, 시행 등의 변경에 따라 새로운 감옥법이 제정 · 시행되기에 이르렀다.14) 대만 총독부 또한 이 변경에 따라 기본적으

10) 「監獄則制定ニ付各監獄署長召集」(1897년 3월 1일), 『台湾總督府檔案』, 國史館台湾文獻館典藏號 : 00004516005, 89-90쪽.

11) 国立公文書館蔵, 「監獄則中ヲ改正ス」, 『公文類聚』.

12) 『台湾総督府府報』 제662호, 1899년 12월 21일, 29쪽.

13) 真宗本願寺派本願寺, 真宗大谷派本願寺변, 『日本監獄教誨史』, 真宗本願寺派本願寺, 1927, 128-129쪽.

로 내지의 감옥법에 의거한 대만 감옥령을 제정, 시행하였다. 이 개정은 구 감옥칙의 작업 공전(工銭)을 국고와 취업자 소득으로 분속 시키는 것이었지만, 입법자들은 국가가 행형에 관한 모든 비용을 부담하기 때문에, 작업의 대가는 국고 수입으로 해야 한다고 생각하였다. 또한, 국가의 형행을 토대로 감옥 작업 공법적 국권 작용으로 인해 사법 계약 관계는 존재하지 않는다는 이유로 이번 감옥법은 수익을 전부 국고에 귀속하는 것으로 바뀌었다.[15]

2.2. 조선

조선에서 근대적 감옥 제도를 자발적으로 수용한 것은 19세기 말 갑오개혁 이후였다. 감옥 개혁에서 경무청(警務廳)하에 감옥을 신설하고 종래 형조에 소속된 전옥서를 경무청으로 이관하여 감옥 사무의 일원화를 도모했다. 이후, 조선 정부는 근대적 감옥 제도를 이미 인식하여, 1894년 監獄規則, 1895년 懲役處斷例, 1898년 改正監獄規則 및 監獄細則 등 일련의 감옥 개혁을 행하였다. 예를 들어, 미결감과 기결감과의 구분, 형의 종류에 근대적 자유형인 징역형을 붙이는 등의 규정이 정해졌다. 이러한 규정은 이미 만들어져 있었지만, 이전부터의 관행과 재정난 등을 이유로 규정에 따른 운용 실태가 있었던 것은 아니었다.[16]

1902년 주한 공사들이 외부대신에게 보낸 감옥 개선 청의서에 따르면, 그들은 당시 감옥 수형자의 높은 사망률에 따른 과잉 수용 문제를 지적했다.[17] 게다가 이 시기의 감옥 처우 규정을 관찰해 보면, 노동 작업은 제정되어 있었지만, 대한제국의 경우 교회에 관한 규정에 대해서는 별로 염두에 두고 있지

---

14) 「監獄法案他五件 第一讀会」, 『貴族院議事速記録第四号』, 1908년 2월 8일, 71-72쪽.

15) 小河滋次郎, 『監獄学』, 五山堂書店, 1989, 300쪽.

16) 원재연, 「1890년대 호남지역 감옥의 운영실태 일단(一端)」, 『조선시대사학보』, 제78호, 2016, 283-316쪽.

17) 「刑務所管理改善을 위한 駐韓各國公使連名 請議書」, 『규장각자료』, 奎23531.

않았다.[18] 감옥관은 전옥(典獄) 이하의 간수 및 여감단속에 이르기까지 필요한 직원은 모두 두었지만, 교회사만 직원에서 제외하고 두지 않았다. 그 대신, 각 감옥의 경비 계상에 촉탁 교회사를 설치하여 사실상 교회를 실시하였다.[19]

1907년 을사조약으로 감옥서의 관할은 법부로 이전되었고, 경찰청에서 독립해 나가는 동시에 일본의 감옥칙에 따라 모범으로 감옥 관제가 칙령 제52호로 공포되어, 이듬해부터 시행되게 되었다.[20] 이 관제에서 전옥, 간수장, 감옥의, 통역이 설치되었다. 그러나 이 감옥 관제는 교회사 제도는 규정되지 않았다. 이 시기에 수용자에 대한 교회는 다수의 감옥에서 시행 할 수 없었다.[21]

1909년 '한국 사법 및 감옥 사무 위탁에 관한 각서'에 따라 한국의 감옥제도가 완비될 때까지 감옥의 관리를 일본에 위탁했기 때문에 한국의 관리들은 일본의 지휘하에 행동하기에 이르렀다. 게다가 '통감부 감옥 사무 취급에 관한 건'으로 감옥 사무의 권한은 통감이 행한다는 규정이 정해졌다. 같은 해 통감부 감옥 관제가 시행되었다. 이 관제 제7조: '감옥에는 제3조에 언급된 직원 외, 감옥의, 교회사, 교사, 약제사, 간수 및 여감단속을 둔 정원, 직무 및 징계에 관한 규정은 통감이 이것을 정한다'에 교회사 및 교사 명칭이 나타났다. 같은 조 제2호에 의해 일본 내지와 마찬가지로 '교회사는 주임관 및 판임관의 대우를 한다'라고 되어 있다.

1910년에 이르러 조선 총독부가 설치됨에 따라, 조선 총독부 감옥으로 바뀌었다. 대만은 일찍부터 교회사 제도가 정착하여 교회사의 대우는 1911년에

18) 宋炳基변, 『韓末近代法令資料集2』, 書景文化社, 1970-1972, 324-331쪽.

19) 教誨百年編纂委員会, 浄土真宗本願寺派本願寺, 浄土真宗大谷派本願寺변, 『教誨百年 下巻』, 浄土真宗本願寺派本願寺 真宗大谷派本願寺, 1973-1974, 302-303쪽.

20) 『官報』, 1907년 12월 18일, 19-20쪽. 韓國矯正史編纂委員會변, 『韓國矯正史』, 法務部, 1987, 252쪽.

21) 「司法及監獄事務概要 明治四十二年」, 『倉富勇三郎文書』.

주임관으로 증설되었다. 조선은 교회사 제도의 정착이 대만보다 느리긴 했으나, 대우면은 빠르게 정비되었다. 이 시기의 감옥 교회는 두 세 감옥을 제외하고 실시되었으며, 더욱이 미성년 수형자에 대한 교육도 비교적 다수에 대해 수행되기에 이르렀다.[22)]

이상의 두 식민지 감옥 법제의 변천을 보면 두 식민지의 감옥 법제 구조는 기본적으로 일본 내지의 감옥 법제를 연장했다는 것을 알 수 있다. 다만 법제 구조는 유사하나, 실제 운용은 어떠했는지 다음 절에서 검토해본다.

3. 감옥 법제의 운영

다음은 두 식민지 감옥 행형의 운용면 몇 가지를 분석해보자 한다.

3.1. 다수 수감자의 양상

대만과 조선의 감옥 수감자 중 가장 많은 사람은 어떤 사람이었을까. 첫째, 민족 분포를 보면, 두 식민지의 통계서에서, 대만에서는 본도인(本島人)이 가장 많고, 조선에서는 조선인의 수가 많았던 것을 알 수 있다. 식민지 감옥에서 다수 수용자의 민족은 현지 인구 비율을 차지하는 많은 민족이다.

〈표 1〉 조선 감옥과 대만 감옥의 피식민지인의 재감옥인원수

	조선의 재감옥인원수	재감의 조선 인원수	대만의 재감옥인원수	재감의 대만 인원수
1915	9810	8754	3297	3023
1920	14450	13500	3032	2621

22)「司法及監獄事務概要 明治四十二年」,『倉富勇三郎文書』.

	조선의 재감옥인원수	재감의 조선 인원수	대만의 재감옥인원수	재감의 대만 인원수
1925	13119	12372	3075	2759
1930	17232	16507	3154	2835
1935	18440	17153	4147	3749
1940	19254	18614	4506	4168

자료: 대만총독부, 『台湾総督府統計書』. 조선총독부, 『朝鮮総督府統計年報』

과거의 많은 연구는 정치사상범에 초점을 두고 있지만, 전체 수용자 중 사상범의 비율이 가장 많지는 않았다. 두 식민지의 역대 총독부 통계 자료를 보면 재산 범죄가 수용자 수 1위를 차지한 것을 일 수 있다. 재산 범죄 중에선 절도죄가 가장 전형적이었다. 게다가 이것은 단순히 식민지 범죄의 특징이 아닌 일본 내지도 동일하게 재산 범죄의 수형자가 형무소 중 다수였다.23) 또한, 감옥 수형자 생활 수준을 보면 매우 많은 감옥 수형자의 본래의 생활 수준은 높지 않고, 중하층이었다.24) 이러한 상황을 감안할 때, 물론 사상범은 제국의 사상 통제와 탄압의 한 측면으로서 매우 중요한 고찰할 만한 과제이지만, 사회 계급 등의 요인과 식민지주의가 교차하여 만들어내는 절도 범죄 등의 일반 범죄 또한 재검토할 필요가 있다고 생각한다.25)

〈표 2〉 조선과 대만 감옥에서 신입감인원수와 절도죄의 신입감 인원수 비율

	조선의 신입감인원수	절도죄의 신입감인원수 비율	대만의 신입감인원수	절도죄의 신입감인원수 비율
1915	11570	28%	3190	67%
1920	14450	43%	2129	38%

23) 小澤政治, 『行刑の近代化 : 刑事施設と受刑者処遇の変遷』, 日本評論社, 2014, 134쪽.

24) 林政佑, 『日治時期臺灣監獄制度與實踐』, 国史館, 2014, 208쪽. 森浦藤郎, 「犯罪上より觀たる朝鮮の世相」, 『治刑』, 제15권 제2호, 1937, 14쪽.

25) 正木亮, 『行刑累進処遇令に就て』, 1934年, 新光閣, 14-15쪽.

	조선의 신입감인원수	절도죄의 신입감인원수 비율	대만의 신입감인원수	절도죄의 신입감인원수 비율
1925	13119	39%	3434	39%
1930	17232	43%	2977	32%
1935	18440	48%	3027	35%
1940	19254	51%	3286	54%

자료: 대만총독부, 『台湾総督府統計書』. 조선총독부, 『朝鮮総督府統計年報』

3.2. 감옥 관리가 되는 피식민지인

한일 합방 초기부터 조선 총독부 통계 연보와 조선 총독부 직원 기록을 보면 조선인 간수장과 간수가 일정 비율을 차지한 것이 확실히 알 수 있다. 이에 반해 대만 총독부 통계 연보 감옥 직원의 인원 통계에는 출신 민족별분석이 실려 있지 않다. 대신 감옥 직원 기록과 대만 총독부 직원 기록을 종합적인 참조하면 대만인 간수장과 간수의 비율은 상대적으로 매우 낮았다. 예를 들어 1935년 간수는 23명, 압정은 7명, 간수장은 없었다. 같은 해 간수의 정원 비율 보면, 대만인의 간수는 겨우 4%로 나타났다.[26] 같은 해 조선 감옥의 조선인 간수의 비율은 43%에 이르렀다. 또한 조선인의 간수장은 14명이었다. 조선인은 감옥 관리가 될 가능성이 대만보다 높았다는 것이다.

3.3. 교회

일제 하의 내외 지역은 어찌 됐든, 감옥 교회 사업은 기본적으로 정토 진종 혼간지(本願寺) 파 및 오타니(大谷) 파가 독점했다. 감옥 법제에 다른 종교의 교회를 관여 금지하는 규정은 없었기 때문에, 이따금 다른 종교와 종파가 교회에 관여한 예외도 있었지만, 정토가 독점 체제에 있었던 감옥 교회에 교

26) 大槻三郎, 『臺灣刑務職員錄 昭和十年十二月一日現在』, 臺灣刑務協會, 1936.

회에 참여하고자 하는 정토 진종 이외의 불교 종파의 종교는 들어가기 어려운 상황이었다고 생각된다.

〈표 3〉을 보면, 대만의 감옥 교회사의 구성은 정토 진종 혼간지 파가 압도적이었던 것을 알 수 있다. 왜 일까. 첫째, 혼간지 파는 일제 통치 초기에 개교사를 파견하여 군대와 동행해 대만에 온 예를 들 수 있다. 혼간지 파의 개교사는 감옥 교회 기선을 파악하여 대만의 근대 감옥 교회를 전개 해왔다.[27] 또한 1899년경부터 각 본산(本山)의 경제상의 어려움으로 인해 선교 정책이 변화 해왔다. 아마도 이런 이유에서 다른 종파의 교회 사업에 대한참여 의도에 영향을 준 것이 아닐까 생각한다.[28]

〈표 3〉 대만 교회사의 명단과 종파

씨명	종파	씨명	종파
川原教道	A	當山勇貫	C
王岱修	C	山田諦聽	A
黄玉楷	C	吉留義憲	C
中津超音	A	西明龍賢	A
小川信道	A	出原了乘	A
下野了政	A	戸田我聞	A
野崎行滿	A	青木博愛	A
瀬川了全	A	閑林利劔	A
掬月晴臣	A	櫛本善真	A
荻野善雄	A	福永覺也	A
宍戸了要	A	久長興仁	A
澤井岱峨	A	池田志幹	A
藤野立性	C	陸鉞巖	C

27) 大橋捨三郎,『真宗本派本願寺臺灣開教史』, 真宗本派本願寺臺灣別院, 1935, 8-13쪽. 真宗本願寺派本願寺, 真宗大谷派本願寺변『日本監獄教誨史』, 1927, 1805-1809쪽.

28) 臺灣總督府文教局社會課,『臺灣ニ於ケル神社及宗教』, 臺灣總督府文教局社會課, 1934, 23쪽. 蔡錦堂,『日本帝国主義下台湾の宗教政策』, 同成社, 1994, 28쪽.

씨명	종파	씨명	종파
甲斐寬英	A	藤田超宗	A
小佐野玉眠	C	宮本英龍	A
鈴木泰圓	C	鈴川知之	A
金子曹嚴	C	秋田霊巖	A
加藤廣海	B	藤井恵照	A
金子曹嚴	C	長松猶雷	A
加藤廣海	B	土山得之	A
福田行夫	C	原田最雄	A
西武雄	A	那須寂圓	A
故選義貫	A	岡駿逸	A
藤本周憲	A	寺町實順	A
林鵬霄	C	田中行圓	A
藤岡常慙	A	菊池龍象	A
村上靈順	A	松本順了	A
太田憲彰	C	宮內昇住	A
長田觀禪	C	中山唯然	A

자료: 『臺灣総督府公文類纂』,『臺灣刑務所月報』,『日本監獄教誨史』,『臺灣総督府職員録』
설명: A: 정토 진종 혼간지 파. B: 오오타니 파 C: 불명나라 기타

하지만 일제 초기에 일본인 교회사는 대만어를 하지 못했고 수감자에게 신뢰받지 못했기 때문에 대만인 교회사도 고용되었다. 그러나 메이지 말기 이후부터 1945년까지 교회사는 일본인만 되었다.

조선의 교회사의 구성은 표 4에 따르면, 혼간지 파의 교회사도 있었지만 대만과 달리 오오타니 파의 교회사가 다수였다. 조선에서의 오오타니 파 포교는 오쿠무라 원심이 조선의 부산에서 별원을 건립하여, 선교에 착수한 것을 시작으로 한다. 그 후, 동파인 스님이 조선에 포교를 계속하여 사회 사업과 관련된 시설에도 손을 대었고, 감옥 교회에도 착수했다.[29] 한편 혼간지

29) 吉川文太郎, 『朝鮮の宗教』, 朝鮮印刷, 1921, 251쪽. 青柳南冥『朝鮮宗教史』朝鮮研究會,

파는 조선에 일본인수용 인원이 증가하고 있어 선교의 필요성을 느껴 왔기 때문에 1908년 영등포 감옥이 창설되었을 때, 전임 교회사를 파견하여 감옥 교회에 착수 했다.30) 이듬해 9 월 한국 감옥 관제가 공포되어 감옥 포교사 파견은 영등포 감옥 외의 감옥까지 확산되어 갔다. 부산, 평양, 대구, 경성 마산, 겸이포 인천에도 감옥 포교사를 두었다. 이들은 점차 각지의 감옥에 파급되었다.31) 이처럼 조선의 감옥 교회의 기선을 잡았기 때문에 오오타니 파는 조선의 감옥 교회 사업에 존재감을 가지게 된 것은 아닐까. 또한, 아마 마찬가지로 각 교단이 가지고 있던 자원과 관련된 이유도 있을 것 이다. 예를 들어, 정토종 승려는 합병 이전, 평양, 해주, 인천 등의 지역에서 교회 및 보호 사업에서 활약하고 있었지만, 후계자가 없어졌다.32)

〈표 4〉 조선 교회사의 명단과 종파

씨명	종파	씨명	종파
佐佐木最恩	B	藤本章宏	A
嚴常圓	A	遠藤銀藏	C
古澤慧誠	B	長島賢秀	A
津村淸澄	A	澤野彰	B
杉山顯正	A	立花龍圓	A
細川巧照	A	須床達仁	A
宮川專從	A	藤井人呆	B
吉田大了	A	高吹勇英	B
平塚龍馴	B	木村融	B
溪顕基	B	本多文映	B

1911, 123쪽.

30) 犀涯生, 「朝鮮刑務革略史(十)」, 『朝鮮治刑彙報』, 제4관 제9호, 1926, 39쪽.

31) 青柳南冥, 『朝鮮宗教史』, 朝鮮研究會, 1911, 133-4쪽.

32) 教誨百年編纂委員会, 浄土真宗本願寺派本願寺, 浄土真宗大谷派本願寺편, 『教誨百年 下』, 309쪽.

씨명	종파	씨명	종파
見義馨	B	渡邊貞治	C
佐佐木鴻文	A	安達唯信	A
桑原貫一	A	豊田包春	A
七里鐵男	A	西氷貞政	A
小笠原彰眞	A	辻弘之	C
流水最勝	A	志熊龍猛	A
和田教範	A	浦本智嚴	A
猪原現昭	B	磯江幸雄	A
首藤戒定	B	中島敏	B
良永猛	C	末森尚治	B
土井秀哲	B	末森正義	A
細川巧照	A	村上了昭	A
上月信雄	A	北龍靈韶	B
平野護	B	樹林晴美	A
百濟慶勝	A	武田龍興	C
淺井暎雄	A	石浦義光	B
神崎禾念	A	渡邊智賢	B
佐長秀雄	B	佐藤秀義	B
古賀靜開	B	伊東惠	B
首藤嶺雲	B	江上直治	C

자료: 『국가기록원 일제문서』, 『教誨百年』, 『朝鮮総督府職員及所属官署職員録』, 『旧植民地人事総覧 朝鮮編』

설명: A: 정토 진종 혼간지 파. B: 오오타니 파 C: 불명나라 기타

이러한 정토 진종 오오타니 파 및 혼간지 파가 독점하는 체제하에서 조선, 대만 수감자는 신앙의 자유가 제한되었다. 이에 대해 일본 내지와 조선의 감옥의 수감자는 이러한 교회 체제에 반발한 적이 있었다.[33] 두 식민지에 종래

33) 小山六之助, 『活地獄』日高有倫堂, 1910, 42-45쪽. 金九, 梶村秀樹역, 『白凡逸志: 金九自叙伝』, 平凡社, 1973, 208-209쪽.

부터 존재하는 종교를 형무소 교회에 도입하지 않고 일본 내지의 정토 진종으로 제한한 것은 피식민지인을 존중하지 않는 식민지주의의 표현이지 않았을까.

식민지 교회에 있어 가장 어려웠던 문제는 풍습과 습관, 인정이 다른 피식민지인에게 여러 가지 사정이 통하지 않았고, 특히 언어의 벽 때문에 서로 의사를 전달하지 못했다고 한다.[34] 그러므로, 현지어가 능숙하지 못한 교회사는 가르치는 데에 제한이 있다. 그러나 1924년 법무국장 松寺竹雄는 수용자의 교화 향상을 도모하기 위해, 치형협회를 설립하고, 조선인을 위한 감옥사업을 실시했다. 수용자 간독용 잡지 '길'을 발행하고 교회사가 집필후 조선어 번역을 넣어 자강총서를 발간했다. 반대로, 대만 수감자를 위한 중국어 버전의 교화 간독 서적은 존재하지 않았다고 한다.

1933년에 일본 내지에서는 '행형누진처우령'(行刑累進処遇令)이 제정되었다. 이 제도는 선고된 형기를 몇 가지 단계로 나누어 수형자에 대하여 그 행형 성적에 따라 점차 처우를 향상시킬 것으로, 수형자 스스로가 좋은 행형 성적을 보일 경우 그에 상응하는 혜택이 주어졌다. 행형누진처우제도는 인격주의 및 목적주의의 구체화로 간주된다. 正木亮는, 이 제도에 대해 수형자가 인간으로 취급받고 밝은 행형에 직면할 수 있을 뿐만 아니라, 사회 형성에 책임 관념을 함양시킬 수 있다는 두 가지 핵심이 있다고 말했다.[35]

그러나 조선에서는 각 감방의 협소, 간수 부족을 이유로 행형상 독방에 수용될 필요가 있는 사상범을, 잡거감방에 수용하던 현실을 감안해볼 때, 내지 수준의 행형 누진 처우 제도 실시에는 어려움이 있는 상황이었다.[36]

그러나 조선 총독부는 교육형(教育刑)을 표방한 행형 누진 처우 제도를 정

34) 眞木喬, 「台湾監獄視察談補遺」, 『監獄協会雑誌』, 제23관 제3호, 1910, 81-82쪽.

35) 正木亮, 『行刑累進処遇令に就て』, 新光閣, 1934, 14-15쪽.

36) 「行刑累進處遇法朝鮮では實施困難しかし囚人の待遇は斷じて內地に劣らぬ 」, 『大阪毎日新聞 朝鮮版』, 1933년 10월 30일.

비하고자 하였다. 재정적인 어려움과 시설 부족 상황에도 불구하고, 1938년에 있어서 행형 누진 처우 규칙이 실시되었다.[37] 행형과장 森浦藤郎은 이 제도가 획기적인 첫걸음을 내디딘 것이며, 국책에 따라 전체 조선의 수형자에게 확실한 황도 정신을 학습시키고 싶다고 말했다.

즉, 행형 누진 처우를 시행하여 수형자를 이상적인 국가 이미지에 걸맞게 만들어 낼 것을 겨냥한 것이다. 치안 유지법을 위반하여 서대문 형무소에서 복역한 金珖燮은 처음에는 인간이 아닌 동물로 취급당하는 자신이 행형 누진 처우 규칙에 따라 형무소의 열악한 생활 환경에서 서서히 좋은 처우를 얻었다고 말했다.[38]

대만에서 시행되는 계급 누진 처우 제도도 마찬가지로 수형자를 여섯 계급으로 나누었다. 규정을 보면 행형 누진 처우 제도 같이 다른 분야의 전문 지식과 연계 및 과학화 요구는 없었다. 행형 누진 처우 제도에 대해 대만 간수들은 긍정적으로 평가했으며, 대만에서도 적용해야 한다고 주장했다. 하지만 아마도 대만의 '민도의 차이' 법무 당국의 빈약함과 종래의 계급 처우 제도의 충분 등을 이유로 적용되지 않았다고 추측된다.[39] 또한 조선과 대만의 교회사가 1인당 몇 명의 수형자에게 교회를 하는지 비율 보면, 만약 형행 누진 처우 법령 등을 대만에 실시했다면 대만 교회사에는 그 부담이 과중될 수 있었을 것이다.

37) 「訓示」, 『治刑』, 제16관 제7호, 1938, 2쪽。

38) 金珖燮, 『나의 옥중기』, 창작과 비평사, 1976, 30-33쪽.

39) 「官房法務課報告案」(1932年01月01日), 〈自昭和七年至昭和十五年主管事務報告綴〉, 《臺灣總督府檔案》, 國史館臺灣文獻「台灣總督府官制中改正ノ件(敕令第二號)」(1939年01月01日), 〈昭和十四年永久保存第一卷〉, 《臺灣總督府檔案》, 國史館臺灣文獻館, 典藏號 : 00010415004。館, 典藏號 : 00011483006, 224쪽.「台灣總督府官制中改正ノ件(敕令第二號)」(1939年01月01日), 〈昭和十四年永久保存第一卷〉, 《臺灣總督府檔案》, 國史館臺灣文獻館, 典藏號 : 00010415004, 270-271, 282쪽.

〈그림 1〉 조선과 대만의 교회사 1인당 수감자 수의 비율

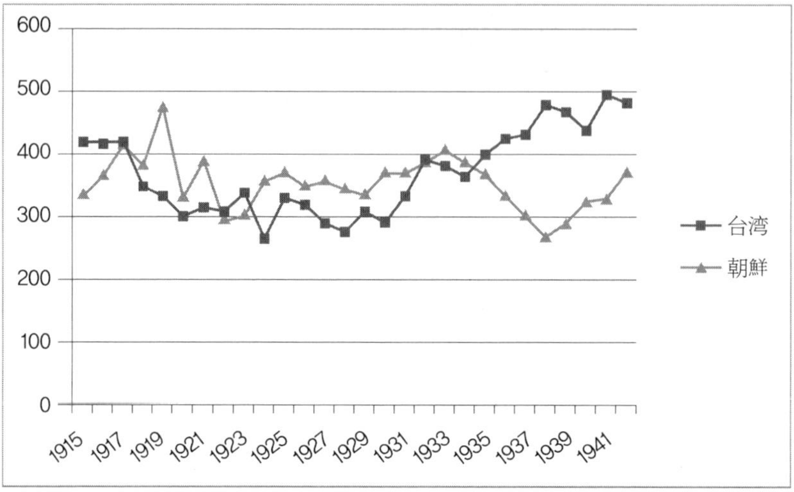

자료: 대만총독부, 『台湾総督府統計書』, 조선총독부, 『朝鮮総督府統計年報』

3.4. 작업

감옥 작업은 단순히 재감자를 취역(就役)시키는 것이 아니라 재감자를 감시하는 간수 등의 인력 및 작업 위치, 재료 등도 정비하지 않으면 감옥 작업의 운영에 어려움이 발생할 수 있다. 대만 최초의 감옥에서는 시설과 공간이 불충분했기 때문에 재감자 취역은 아직 완전하지 않았다. 따라서 재감자는 감옥의 '경리 작업'에 출역시킬 일이 많았다. 감옥서는 취사, 운반, 또한 청소 등을 재감자에게 시키는 일이 다수였지만 일부 감옥에서는 간수 부족으로 시킬 수 없던 경우도 있었다.[40] 작업 조건이 아직 불충분한 상황에서 형기 십년 이상의 수형자 팔백 명을 선정하여, 규슈 미이케 탄광에 출역 시킨다는 제안이 나왔다. 결국 반대 의견이 다수였기 때문에 이 방안은 채택되지 않았

40) 「監獄則制定ニ付各監獄署長召集議事録」(1897年04月01日), 〈明治三十年十五年保存第二卷〉, 《台湾總督府檔案》, 國史館台湾文獻館, 典藏號 : 00004516006, 110-114쪽.

다. 반대 이유는 당시 내지와 대만 사이에 사법 사무 공조 법이 제정되지 않았기 때문에 내지에 적용되지 않은 대만의 율령에 의해 처단된 수형자는 일본 내지에 와도 법의 효력은 미치지 못했다는 것이다. 따라서, 형을 집행할 수 있느냐는 의문을 해결하지 못한 것 때문이라고 본다.[41]

작업 시행 방법은 세 가지다. 하나는 관사업(官司業)이다. 관사업의 경우는 감옥이 스스로 작업에 필요한 재료, 기계를 구입하여 전문 기술자의 지도하에 재감자에게 작업을 시킨다. 다음은 위탁업이다. 소위 위탁자가 재료, 기계를 제공하고 감옥 측은 단순히 전문 기술자의 지도하에 재감자에게 위탁물품을 제조 시킨다는 것이다.[42] 하청업은 감옥과 민간의 계약에 의해 감옥이 수형자의 노력에 대한 보수를 청부자에게 받는 대신 수형자의 노력을 생산을 위해 청부자에게 대여하여 사용하도록 하는 제도이다. 이 제도의 민간이 참여하는 정도는 심한 편으로, 반대로 국가의 수고를 줄일 수 있기 때문에 당시 내지에서는 가장 널리 행해지고 있었다.[43]

내지 감옥 작업은 작업에 청부업 비중이 매우 높은 반면, 대만의 감옥 작업은 관사업이 주였다.[44] 내지 감옥 작업의 대부분은 지역 상공인의 청부 및 군수품 제작이 주를 이루었다. 구외 작업과 하청업의 이용은 다이쇼 말기까지 또한 주류했다. 채광 등 중노동을 사역했다. 자료에 따르면, 1926년 채광 작업 수감자 연인원은 전체 감옥 작업 연인원 34%에 이르렀다. 그리고 관사업은 단지 22.9%로 다른 경영방식은 비교적 많았다.[45] 내지 감옥에서는 작

41) 君島三郎,「台湾刑務回顧録－志豆機さんは語る－(六)囚人の内地出役」,『臺法月報』, 제28관 제4호, 79-81쪽.

42) 小河滋次郎,『監獄学』, 五山堂書店, 1989, 264-265쪽.

43) 예를 들면, 司法省行刑局,『日本帝国司法省行刑統計年報 第25』, 司法省行刑局, 1925, 61-65쪽.

44) 예를 들어, 1925년 대만 총독부 통계서에 의해 관사업의 작업연인원 수는 80% 이상으로 나타낸다. 대만총독부,『台湾総督府統計書 大正14年』, 294-296쪽.

45) 渡邊武,『自由刑の執行と刑務作業』, 司法省調査課, 1928, 48-49,59쪽.

업 지도자를 둘 필요가 없고, 제품의 판매 수고도 없기 때문에 경영은 매우 간단했다. 이에 반해 대만의 감옥은 대부분이 관사업이기 때문에, 지도자를 두거나 제품 판매 등 해결책이 필요했다.[46] 관사업의 취역자는 청부업자보다 다수를 차지했다.

그러나 한편으로는 '경리 작업'에 속하는 작업 취역 인원이 다수였다. '경리 작업'은 취사, 청소, 간호 등 감옥의 경리를 위한 작업이다. 즉 감옥의 일상 업무를 운영하기 위한 일을 가리킨다. 넓은 의미로는 감옥 청사의 건축 수선도 경리 작업에 속한다.[47] '경리 작업'은 수형자에 어느 정도 개선을 베푸는 것도 있지만, 수형자의 출옥 후 생계 유지점에서 보면 경리 작업이 가져오는 효과는 거의 없다.

조선의 감옥 작업은 초기부터 관용의 운영은 그다지 강하지 않았다. 통계를 참조하면 청부업과 하청업자의 작업은 절반 이상의 비중을 차지했다. 1932년 이후, 관동군과 만주 국가의 용품 주문을 맡아, 관의 통제 정책이 강해지면서, 관용주의(官用主義)는 더욱 강화되었다.[48] 그리고 조선에서 富田儀作은 총독부의 법무 당국과의 합의 후, 1918년 평양 감옥 진남 포 출장소 지소 금산포(金山浦)출장소를 건립하고 수감자를 채광 사업에 사역하고 있었다.[49] 이 사례는 조선 총독부와 일본인 사업가가 수감자를 염가의 노동자로 간주 한 것을 나타낸다.

조선 감옥에서 짚공의 작업은 절반 이상 차지했으나 이 작업 공전(工銭)은 가장 낮았다. 수형자의 사회 복귀를 위해, 이 작업은 좋지 않다고 말할 수 있다.[50] 그후, 구루메직물(久留米絣)이 조선 각 감옥의 중요한 작업이 되었

46) 君島三郎, 「台湾刑務回顧録－志豆機さんは語る－(二)刑務所作品を愛翫した佐久間總督」, 『臺法月報』, 제28권 제9호, 1934, 64쪽.

47) 渡邊武, 『自由刑の執行と刑務作業』, 31쪽.

48) 朝鮮總督府, 『朝鮮總督府施政年報 昭和16年度』, 朝鮮總督府, 1943, 385쪽.

49) 永島広紀編集, 『富田儀作伝 : 富田儀作』, ゆまに書房, 2010, 319-320쪽.

50) 「監獄作業ノ概況」, 『朝鮮総督府月報』, 제1권 제6호, 104쪽.

다.[51] 한편, 조선 감옥도 많은 수형자를 관용부(官傭夫)로 사역했다.[52] 이것도 경리 작업의 하나이다. 수형자 기술 학습이 불충분할 뿐 아니라 흉무 작업의 수익에도 영향이 있었다.

대만통치 초기에 재감자 외역책은 내지와 같은 식으로 전개되었으나, 재감자의 도주 등이 빈번하고 감옥 내의 질서가 불안정하기 때문에 일시적으로 외역을 중지시켰다.[53] 이러한 경험을 바탕으로 구외 작업이 활발해지는 내지와 달리, 대만 총독부는 구외 작업에 그다지 적극적인 태도였다고 생각되지 않는다. 하지만 1920년대부터 내지의 규정과 마찬가지로 외역 제한이 완화되었다. 초기 조선 감옥 작업은 공장이 부족하여 수감자 감옥의 수위를 사역하고 민간 기업의 요청에 따라 외부 작업했다.[54] 예를 들어, 평양의 하수 공사에 수감자를 사역시켰다.[55] 또한 조선 감옥령 시행 규칙 제 66조를 보면 형사 피고인만은 구외 작업 할 수 없다고 규정한 이외에는 1920년 이전의 대만과 일본 내지의 규정보다 외부사역에 대하여 매우 허용적이었다.

대만 감옥작업 시간은 기본적으로 내지의 규정을 따라 갔다. 1920년경 재감자 노동 작업 시간에 대해 비난이 일어났다. 사회 일반 공장 산업은 일반적으로 노동 시간이 11시간에서 12시간 정도, 가내 공업은 13시간에서 14시간으로 인식되고 있었다. 이와 비교하여 감옥 작업 시간은 제재 효과가 없을 뿐만 아니라 일을 통해 교양의 사명을 다할 수 없다고 비판이 있었다. 따라서, 내지에서 다이쇼 십년 법무부 훈령 850호를 토대로 감옥 작업 시간은 12시간에서 13시간으로 늘어났다. 작업 시간을 늘리는 풍조에 대만도 휩쓸려 1922년 6월 14일 이후 작업 시간이 연장됐다. 조선은 감옥 전등 설비가 불충

51) 土居寛申, 「監獄作業に就て」, 『朝鮮』 제128호, 152쪽. 司法省行刑局, 「瀧川書紀官鮮内司法事務視察報告」, 1926년.

52) 「法務局長注意事項」, 『司法協会雑誌』 제3권 제11호, 1924, 25-26쪽.

53) 「外役暫停」, 『台湾日日新報』, 1902년 1월 29일, 3쪽.

54) 「監獄作業ノ概況」, 『朝鮮総督府月報』 제1권 제6호, 104쪽.

55) 「下水工事と囚徒」, 『京城日報』, 1916년 6월 1일, 1쪽.

분하여 대만과 일본 내지처럼 노동 시간을 연기하는 것이 곤란했다.[56]

1926년부터 일본 내지의 일부 감옥에서는 수형자직업훈련개칙(受刑者職業訓練概則)이 시행되었지만, 대만에서는 이러한 제도는 설립되지 않았다. 이 제도는 온전한 기능인을 만들기 위해 더욱 엄격한 훈련과 과정을 정비하는 것이다.[57] 1933년 조선의 감옥 작업 장정이 시행되었다. 이듬해 1934년에는 수형자직업훈련개칙이 시행되었다. 이 변화로 인해 조선의 감옥 작업을 통합 관리하고자 한 것으로 보인다.

〈표 5〉 조선 감옥의 작업 종류의 연인원 비율

	관사업 공전을 수지한다.	관사업 공전을 수지하지 않는다.	청부업	하청업
1915	12.98%	24.25%	43.64%	19.13%
1920	19.17%	24.14%	45.23%	11.45%
1925	27.65%	20.49%	41.70%	10.16%
1930	37.59%	23.00%	31.73%	7.67%
1935	39.31%	22.85%	27.84%	10.00%
1940	42.59%	20.32%	16.93%	20.16%

자료: 조선총독부, 『朝鮮総督府統計年報』

4. 전시기의 변화

중일전쟁이 시작된 이래 국수주의가 더욱 활발해졌기 때문에, 국체의 관철은 한층 강화되었다. 식민지 조선과 대만에서도 황민화 정책이 강화되었다. 황민화 풍조가 감옥에 파급되면서 교회와 노동 작업에도 영향을 미쳤다.

56) 「罪囚의 作業時間延長說」, 『동아일보』, 1927년 3월 9일, 1쪽.

57) A生, 「職業訓練所を覗いて」, 『刑政』, 제39권 제9호, 1926, 58쪽.

4.1. 국어 교육

일본 고전의 내용을 정확하고 자유롭게 해독 할 수 있으면, 국체 및 일본 정신이 더욱 강화된다. 따라서 진정으로 일본 정신을 터득 할 수 있도록 국어를 충분히 이해시켜야 했다.[58] 이 풍조에 따라 조선의 감옥에서 국어 보급을 실시하고 국어 교육을 더욱 강화했다. 서대문 형무소는 매주 수요일에 국사, 금요일에는 국어강좌를, 입방(入房) 후 삼 사십 분간 방송했다.[59] 대구 형무소에서는 '국어로 쓰고 국어로 생각하고 국어로 말하기'를 실시, 수형자의 황민화를 도모하기 위해 매주 월, 화, 수, 목, 금요일에 15분간 국어 강좌를 개설했다.[60]

대만감옥도 황민화를 도모하고, 국어에 더 익숙해지도록 형무소에서도 국어 교육이 강화되었다. 타이페이 형무소는 언어 교습 규정을 제정하고 실시했다.[61] 피수용자의 점심 식사가 끝난 후 계호 인력과 교무 인원에서 국어를 배우고 국어 교습회도 실시했다.[62] 국민 정신 작흥(作興) 주 감옥은 국어 능력 시험을 실시하여 우수한 시험 결과를 낸 사람을 뽑아 격려했다.[63]

4.2. 황국신민의 강화

1936년 대만 감옥에 구내 신사가 건립되었다. 이 구내 신사의 건립은 일본 제국에게 있어서 중요한 뉴스로, 대만의 감옥에 관한 기관지 및 일본 형정에도 기재 되어있다.[64] 그해 여름 전국 감옥 소장 회의에서 행행 국장의 지시

58) 樹林晴美, 「国語愚痴論」, 『治刑』, 제17권 제2호, 1939, 51쪽.

59) 「彙報」, 『治刑』, 제17권 제4호, 1939, 64쪽.

60) 磯江幸雄, 「第一回国語講座を終わりと」, 『治刑』, 제18권 제12호, 1940, 37쪽.

61) 冠川, 「 第一線に立ちて(九)」, 『臺湾刑務月報』, 제7권 제7호, 1941, 36-37쪽.

62) 冠川, 「第一線に立ちて(十八)」, 『臺湾刑務月報』, 제8권 제7호, 1942, 24-25쪽.

63) 「宜蘭支部」, 『臺湾刑務月報』, 제3권 제1호, 1937, 21쪽.

64) 「台南刑務所に神社建立」, 『刑政』, 제49권 제3호, 1936, 90-91쪽. 「臺南刑務所に神社奉

사항 중, 전국의 감옥 구내에 요배소를 설치하는 지침이 명확하게 나왔다.65) 이처럼 감옥 구내에 신사를 설치하고 신사 참배를 강화시켜 나갔다. 신죽(新竹) 소년 감옥에서는 소내 직원이 신사의 건축을 위해 자발적으로 사비를 냈다. 신사 참배로 피수용자는 일본 신민의 정신을 함양하고, 충직한 국민이 될 수 있을 것을 기대되었다.66)

신사 참배의 바람은 조선의 감옥도 마다하지 않고 있었다. 1938년부터 1939년까지 감옥 구내에 요배소를 설치했다.67) 조선 전체의 형무소장 회의에서 일본 제국은 심각한 시국에 국민 정신을 총동원하고 황민화의 기회로 삼아 교육칙어를 기조로 일본 행형의 완성에 대한 연구와 노력을 촉구한다고 미나미 지로 총독은 강조했다.68) 이에 따라 총집 교회의 의식의 예를 새롭게 황궁 요배(遥拝), 칙어 봉독(奉読), 맹세 제창을 추가하도록 개정했다.69) 그리고 1940년대 무렵, 법무국장으로부터 각 형무소장에게, 소내 신사(神祠) 건조에 대한 통첩이 있었다.70)

이상의 변화를 보면, 전쟁 전의 국가 신도 및 천황 통치의 상징으로서 신사는 담 내에서 신사와 요배소 등 일련의 건립을 통해 '동화'라는 목표에 조응하여 수용자의 참배라는 '통과 의례'를 거쳐 '충성스러운 제국 신민' 을 만들어내는 것을 기대한 것으로 보인다.

祀」, 『まこと』, 제228호, 1936年, 8쪽.

65) 「全国刑務所長会同」, 『刑政』, 제49권 제8호, 1936, 68-69쪽。

66) 「構内神社を建て 囚人教育に活用 所内職員の醵金て近く竣工 新竹少年刑務所の佳話」, 『臺湾日日新報』, 1937년 4월 26일, 9쪽.

67) 教誨百年編纂委員会, 浄土真宗本願寺派本願寺, 浄土真宗大谷派本願寺편, 『教誨百年 下』, 320-321쪽.

68) 教誨百年編纂委員会, 浄土真宗本願寺派本願寺, 浄土真宗大谷派本願寺편, 『教誨百年 下』, 317쪽.

69) 教誨百年編纂委員会, 浄土真宗本願寺派本願寺, 浄土真宗大谷派本願寺편, 『教誨百年 下』, 318-319쪽.

70) 澤野彰, 「受刑者の神祠神社に關する考へ方」, 『治刑』, 제18권 제11호, 1940, 24쪽.

4.3. 교회 주제와 전쟁과의 연관성

대만 감옥의 총집 교회의 주제는 중일 전쟁 혹은 일본의 황도 정신과 강하게 연결되어 있었다. 예로, 1937년에는 '황도 정신', '일본 국민의 자각', '국체 관념의 강조', '일본해 해전에 대해서', '해군 기념일을 맞아', '총동원의 의미', '북지사변의 진상과 국민의 자각', '황군장사의 상냥함', '일지사변의 경과와 우리들의 각오', '전체주의', '일본 제국의 사명', '후방의 방비', '후방의 힘', '황민들의 자각', '국민 정신 총동원 운동'이라는 주제의 교회를 실시했다.[71] 조선에서는 '국체의 의미', '해군 무조약 시대에 처한 우리들의 각오', '국체 명징과 국민의 각오', '북지사변의 진상과 각오, 인간의 본심', '후방의 진심', '시국을 인식하고', '북지사변 발발에 대해서' 등을 주제로 한 교회도 실시했다.[72]

4.4. 군수 작업과 전쟁 동원

선행 연구에 의하면 1933년 이후 관동군과 만주군의 군수로 인하여 조선의 감옥 작업의 운영 때문에 바뀌었다고 한다.[73] 대만 감옥에서는 군수용품 제조는 1934년부터 시작되었다.[74] 감옥 작업의 군수품과의 관계가 강해졌다. 군수용품 제작은 작업의 업종 중 하나가 되었다. 예를 들어 타이난(台南)

---

71) 「表 : 集合教誨教題一覽」, 『臺湾刑務月報』, 제3권 제6호, 1937, 47쪽. 「表 : 集合教誨教題一覽」, 『臺湾刑務月報』, 제3권 제7호, 1937, 55쪽. 「表 : 集合教誨教題一覽」, 『臺湾刑務月報』, 제3권 제9호, 1937, 45쪽. 「表 : 集合教誨教題一覽」, 『臺湾刑務月報』, 제3권 제10기, 1937, 56쪽.

72) 「總集教誨題目一覽」, 『治刑』, 제15권 제4호, 1937, 82-83쪽. 「總集教誨題目一覽」, 『治刑』, 제15권 제7호, 1937, 72쪽. 「總集教誨題目一覽」, 『治刑』, 제15권 제9호, 1937, 86-87쪽.

73) 이종민, 「태평양전쟁 말기의 수인(囚人) 동원 연구(1943~1945) - 형무소 보국대를 중심으로 -」, 『한일민족문제학회』, 제33권, 2017, 73쪽. 朝鮮總督府, 『朝鮮總督府施政年報 昭和16年度』, 385쪽.

74) 「台湾の刑務所と作業統制官用品製作と民業との關係」, 『台湾日日新報』, 1934년 9월 4일, 2쪽.

형무소는 해군으로부터 물품들(陣営具)을 주문 받았다.[75] 조선에서도 감옥이 예를 들어 함흥형무소와 대구형무소, 관동군과 만주 국가의 주문을 맡아 제조했다.[76] 감옥 작업 제작 순서에 대해서는 군수를 우선으로 하고 관수, 민수의 순서로 하는 방침이 있었다.[77] 한편 구외 작업의 확대의 움직임도 빨라졌다. 타이페이 형무소는 일본 내지의 주둔작업(泊込作業)을 받아,[78] 수형자를 금과석(金瓜石) 박입 작업을 시켰다.[79] 조선의 단천 주둔 외역 작업도 했다.[80] 또한, 두 식민지의 수형자를 점령지에 파견하기도 했다.[81]

5. 맺음말

이상의 실증적 고찰을 바탕으로, 이 논문은 몇 가지 발견을 정리해본다.

우선, 법제면에 대해 두 식민지 감옥 법제는 내지 연장 방침을 가지고 운영되고 있었다. 일본 내지의 감옥 행형에 관한 법제 · 명령은 처음에 잘 제정 · 시행되고 있었다. 대만보다 식민지 조선의 감옥 법제 · 명령 등의 적용은 일본 내지에 가까웠다. 예를 들어, 행형 누진 제도 및 수감자의 직업 훈련 제도 등이다.

75) 「臺南刑務所巡閲ノ件」(1943年01月01日), 〈昭和十八年巡閲ニ關スル書類綴〉, 《台湾總督府檔案》, 國史館台湾文獻館, 典藏號 : 00011151006, 231쪽.

76) 행정자치부 국가기록원 수집관리과 편집, 『국가기록원 일제문서해제-행형(行刑)편-』, 국가기록원장, 2012, 142-146쪽.

77) 「臺南刑務所巡閲ノ件」(1943年01月01日), 〈昭和十八年巡閲ニ關スル書類綴〉, 《台湾總督府檔案》, 國史館台湾文獻館, 典藏號 : 00011151006.231쪽.

78) 일본 내지 수감자의 전쟁 동원에 대한, 참조: 戦時行刑実録編纂委員会編, 『戦時行刑實録』, 矯正協会, 1966.

79) 「臺北刑務所巡閲ノ件」(1943年01月01日), 〈昭和十八年巡閲ニ關スル書類綴〉, 《台湾總督府檔案》, 國史館台湾文獻館, 典藏號 : 00011151002, 16쪽.

80) 단천주둔외역작업시행에 관한 건(함흥형무소), 1942(소화17년).

81) 衣笠一, 『海南島派遣の朝鮮報国隊始末記』, 衣笠一, 1997, 8쪽.

두 번째 일본 내지와 두 식민지 감옥 수감자 중 가장 다수였던 범죄 유형은 재산 범죄를 저지른 수감자이다.

세 번째, 식민지 조선과 대만 감옥에서 상층부 관리직을 차지한 사람이 일본인인 것은 마찬가지였다. 조선 하층 관리들에 대해 특히 간수는 조선인도 차지했다. 이에 비해 대만은 간수 등 감옥 관리가 된 사람도 극히 드물었다.

네 번째, 일본 내지와 두 식민지 감옥 교회 사업은 정토 진종이 독점했다. 세 지역의 수감자의 종교의 자유는 어느 정도 제한되었다. 그리고 두 식민지 감옥 교회에는 언어의 장벽이 있었기 때문에 침투되었다고는 할 수 없었다.

다섯 번째, 감옥 노동 작업에 대만은 처음부터 관영 특색이 계속 하여왔지만, 일본 내지와 조선은 처음부터 하청업의 비율이 높고, 구외 작업도 자주 사용되었다.

여섯 번째, 전쟁 기간에 접어든 뒤 감옥 행형은 점차 변화하였다. 일본 내지의 수감자 뿐만 아니라 두 식민지 수감자도 인적 자원으로 동원되었다. 이 논문은 이와 같은 변화가 감옥 본래 행형 목적에 부합하지 않았다고 본다.

대만과 조선의 감옥 법제에서 공통점은 다수 있었지만 차이점도 존재했다. 그 차이점은 무엇 때문에 생긴 것 일까. 더욱 검증할 여지가 있다고 보지만, 몇 가지 가능한 이유를 지적해보고자 한다.

우선, 경로 의존성이다. 대만 교회사 종파는 혼간지파에 치우쳐 있었으나 조선은 오오타니파와 혼간지파도 있었다는 교회사의 고용 상황을 보면 식민지화가 되기 전 조선에서 이미 오오타니파 승려가 포교 활동을 했던 사정에 따라, 식민지화 이후 이러한 경로를 다시 이용하고 있었다고 봐도 좋을 것이다. 즉, 기존의 경로를 이용하여 일제의 고려도 더하는 것은 식민지 통치의 한 형태가 되었다.

다음은 대만과 조선은 식민지가 되는 유래가 다르다. 전자는 청나라의 패전으로 시모노세키 조약에 의해 양도 된 것으로, 후자는 조약에서 한일 합방이라는 명목에 의해 식민지가 된 것이다. 즉 조선은 원래 독립 운영되던 국가로서 일본이 '지도자'의 자세를 가지고 조선을 식민지화하여 왔다. 따라서 식민지 조선 감옥의 운영에는 수많은 조선인을 고용하였다. 대만은 청나라 주변의 한 부분으로서, 자체 국가 운영 체제가 부족했다는 차이점이 존재한다. 따라서 이러한 유래의 차이로 인해, 조선과 대만의 운영의 차이가 생겼다고 본다.

또한, 대만과 조선의 인구와 면적 등의 차이에 따라, 재정 자원의 분배의 차이가 있다.

일본 내지의 감옥 법제 및 실태를 비교하면, 내외 불문하고 처벌에 폭력적인 면이 보였다. 식민지 조선의 감옥 법제도에서 형벌의 폭력과 식민주의이라는 두 가지의 측면이 보여졌다. 또한 식민지 대만과 비교를 통해, 일제에 의한 조선의 지배에서는 일본의 대만 지배로부터의 영향을 볼 수 있을 뿐만 아니라, 두 식민지의 공통점 및 차이점도 발견 할 수 있었다. 이상의 고찰에서, 식민지기의 법적 계수에선 식민주의와 법적 폭력이 혼합하면서, 감옥 법제도가 유한 근대법의 형태로 식민지 조선에 침투했다는 것을 알 수가 있었다. 이러한 비교 법제사의 방법을 통한 연구로 조선과 대만, 일본 독 국가의 법의 계승과 교류 과정을 명확하게 할 수 있다고 제언한다. 또한 저자는 다른 면을 탐구하고, 두 식민지 감옥에 대한 전체상 해명하는 것은 금후의 과제로서 해명해 나간다.

참고문헌

〈저서〉

金珖燮, 『나의 옥중기』, 창작과 비평사, 1976.
金淇春, 『朝鮮時代刑典:經國大典刑典을 中心으로』, 三英社, 1990.
宋炳基편, 『韓末近代法令資料集2』, 書景文化社, 1970-1972.
韓國矯正史編纂委員會편, 『韓國矯正史』, 法務部, 1987.
행정자치부 국가기록원 수집관리과 편집, 『국가기록원 일제문서해제-행형(行刑)편-』, 국가기록원장, 2012.
青柳南冥, 『朝鮮宗教史』, 朝鮮研究會, 1911.
小河滋次郎, 『監獄学』, 五山堂書店, 1989.
小澤政治, 『行刑の近代化：刑事施設と受刑者処遇の変遷』, 日本評論社, 2014.
大橋捨三郎, 『真宗本派本願寺臺灣開教史』, 真宗本派本願寺臺灣別院, 1935.
大槻三郎, 『臺灣刑務職員錄 昭和十年十二月一日現在』, 臺灣刑務協會, 1936.
小山六之助, 『活地獄』, 日高有倫堂, 1910.
金九, (梶村秀樹), 『白凡逸志:金九自叙伝』, 平凡社, 1973.
教誨百年編纂委員会, 浄土真宗本願寺派本願寺, 浄土真宗大谷派本願寺편, 『教誨百年』, 浄土真宗本願寺派本願寺 : 真宗大谷派本願寺, 1973-1974.
衣笠一, 『海南島派遣の朝鮮報国隊始末記』, 衣笠一, 1997.
蔡錦堂, 『日本帝国主義下台湾の宗教政策』, 同成社, 1994.
真宗本願寺派本願寺, 真宗大谷派本願寺편, 『日本監獄教誨史』, 1927.
戦時行刑実録編纂委員会편, 『戦時行刑實録』, 矯正協会, 1966.
臺灣總督府文教局社會課, 『臺灣ニ於クル神社及宗教』, 臺灣總督府文教局社會課, 1934.
永島広紀編集, 『富田儀作伝:富田儀作』, ゆまに書房, 2010.
檜山幸夫, 「台灣における監獄制度の確立」, 檜山幸夫편, 『臺灣総督府文書目録』 제5권, ゆまに書房, 1998, 465-513쪽.
姫嶋瑞穂, 『明治監獄法成立史の研究』, 成文堂, 2011.
正木亮, 『行刑累進処遇令に就て』, 新光閣, 1934.
吉川文太郎, 『朝鮮の宗教』, 朝鮮印刷, 1921.

渡邊武, 『自由刑の執行と刑務作業』, 司法省調査課, 1928.
林政佑, 『日治時期臺灣監獄制度與實踐』, 国史館, 2014.
連横, 『台湾通史』, 台湾銀行經濟研究室, 1962.
蔡宛蓉, 「日治時期臺灣監獄制度之研究(1895-1945)」, 台灣師範大學臺灣史研究所碩士論文, 2010.
『清會典台湾事例』, 台湾銀行經濟研究室, 1966.

〈로문〉
이종민, 「1910년대 근대감옥의 도입 연구」, 『정신문화연구』, 제22권 제2호, 1999.
이종민, 「식민지 시기 형사 처벌의 근대화에 관한 연구—근대 감옥의 이식, 확장을 중심으로」, 『社會와歷史』 55권, 1995.
이종민, 「제국 일본의 '모범' 감옥 - 도쿄 · 타이베이 · 경성의 감옥 사례를 중심으로」, 『동방학지』, 제177권, 2016.
이종민, 「태평양전쟁 말기의 수인(囚人) 동원 연구(1943~1945)-형무소 보국대를 중심으로-」, 『한일민족문제학회』, 제33권, 2017.
朴慶穆, 「일제강점기 서대문형무소 여수감자 현황과 특징」, 『한국근현대사연구』 제66권, 2014.
朴慶穆, 「1930년대 서대문형무소의 일상」, 『한국근현대사연구』 제66권, 2013.
朴慶穆, 「일제강점기 서대문형무소 수감자 현황과 특징」, 『한국근현대사연구』 제78집, 2016.
원재연, 「1890년대 호남지역 감옥의 운영실태 일단(一端)」, 『조선시대사학보』 제78호, 2016.
山本邦彦, 「1920年代朝鮮における監獄教誨の一考察 : 勤労の強調をめぐって」, 『佛教大学大学院紀要, 文学研究科篇』 제38권, 2010.
山本邦彦, 「一九二〇年代植民地朝鮮における監獄教誨」, 『近代仏教』 제16권, 2009.
Jin Woong Kang, "The Prison and Power in Colonial Korea", Asian Studies Review Vol. 40, No.3, 2016.

〈자료〉
대만총독부, 『台湾総督府檔案』

대만총독부, 『台湾総督府府報』
대만총독부, 『台湾総督府統計書』
대만총독부, 『臺灣総督府職員録』
台湾刑務協会, 『臺湾刑務月報』
台湾三成協会, 『まこと』
台湾日日新報社, 『台湾日日新報』
台湾総督府高等法院, 『臺法月報』
조선총독부, 『국가기록원 일제문서』
조선총독부, 『朝鮮総督府官報』
조선총독부, 『朝鮮総督府施政年報』
조선총독부, 『朝鮮総督府統計年報』
조선총독부, 『朝鮮総督府月報』
조선총독부, 『朝鮮総督府職員及所属官署職員録』
조선총독부, 『朝鮮』
治刑協會, 『治刑』, 『朝鮮治刑彙報』
司法省行刑局, 『日本帝国司法省行刑統計年報』
刑政協会, 『刑政』, 『監獄協会雑誌』
司法省行刑局, 「瀧川書紀官鮮内司法事務視察報告」, 1926년, 矯正図書館 소장
『旧植民地人事総覧: 朝鮮編全8巻セット』, 日本図書センター, 1997.
『大阪毎日新聞 朝鮮版』
『倉富勇三郎文書』
『公文類聚』, 일본국립공문서관 소장문서.
『帝国議会会議録』
『동아일보』
『京城日報』

[사회]

북한의 경제체제와 자본주의

'반 제국주의 시선'에서 생존과 경쟁의 공간으로*
- 북한이 보는 세계경제 -

정영철**

1. 들어가며

북한은 세계경제를 어떻게 바라보고 있을까? 일반적으로 사회주의-공산주의 진영에서 자본주의 세계경제는 제국주의적 시선으로 해석된다. 즉, 제국주의 - 독점자본주의 - 의 침략과 약탈이 벌어지는 불공정한 공간이라는 시선을 갖는다. 이는 맑스의 자본주의 시장경제에 대한 비판으로부터 레닌의 제국주의론에 이르기까지 일관된 입장이었고, 북한 역시 이러한 입장의 연장선에서 세계경제를 바라본다. 특히, 북한은 1980년대 이래 김정일에 의해 현재의 자본주의 세계경제를 '현대 제국주의'의 창을 통해 새롭게 해석하였고, 최근까지도 지속되고 있다.

북한이 바라보는 현대 세계경제에서 제국주의는 과거 1,2차 세계대전에서

* 이 글은 2018년 6월 30일 「통일과 평화」 10집 1호에 〈김정은 시대 북한의 세계 경제 인식의 변화〉라는 제목으로 실린 글이다.
** 서강대 공공정책대학원 교수

드러났던 갈등과 대결의 관계가 아니라 '공모와 결탁'의 관계로 재편되었고, 이를 과거와 구분되는 현대 제국주의의 주된 특징으로 인식하고 있다.[1] 특히, 세계대전 이후, 미국을 중심으로 하는 제국주의 국가들의 새로운 재편은 과거의 직접적 식민지 지배로서 강압과 수탈의 방식이 아닌 자본의 국제화와 다국적 기업을 통한 신식민지 지배로의 전환, 보다 더 교활한 방식으로의 수탈체제로 전환되었다고 인식하고 있다.[2] 이의 연장선에서 오늘날 세계적으로 확대되고 있는 세계화에 대해서도 결국은 미국을 중심으로 한 제국주의 침략의 '세계화'에 불과하며, 세계 '일체화'라는 표현에서 알 수 있듯이, 자본주의적 착취를 보다 더 확대하고 있는 것으로 인식한다.

그러나 1990년대 이후, 북한의 이러한 세계경제에 대한 인식은 변화하고 있다. 즉, 과거 '반 제국주의 시선'을 통해 인식하던 세계경제의 공간이 이제는 자신들의 생존과 경쟁의 공간으로 변모하고 있으며, 어쩔 수 없이 자신들이 직접 상대해야 할 경제 공간으로 인식되고 있다. 특히, 김정은 시대에 들어와 이러한 시각이 더욱 강화되면서 대외무역을 통한 세계경제로의 진출, 경쟁, 실리의 확보를 추구해야 할 공간이 되고 있다. 이러한 북한의 세계경제에 대한 인식의 변화는 결국 현재의 북한 체제가 당면하고 있는 탈냉전의 공간 즉, 진영이 사라진 뒤 일원화되어 있는 세계경제를 있는 그대로 받아들이고 있음을 의미하며, 이 공간 속에서 경제건설을 추구해야 한다는 현실을 보여주고 있다. 이에 따라 북한의 매체들은 한편으로는 불공정한 세계경제에 대한 비판을 지속하면서도, 이 공간 속에서 자신들의 경쟁력을 높이기 위한 지식과 기술의 습득과 생존의 방식에 더욱 관심을 기울이고 있다.

이러한 북한의 변화는 결국 북한 역시 현재의 세계경제의 공간 속에서 살아가기 위한 방법의 습득과 그 길로서 세계 경제와의 공존을 추구하는 것으

1) 김정일, 「반제투쟁의 기치를 더욱 높이들고 사회주의, 공산주의길로 힘차게 나아가자(1987.9.25.)」, 『김정일선집 12권(증보판)』, 조선로동당출판사, 2011, 47쪽.

2) 김정일, 위의 논문, 48-49쪽.

로 나타나고 있으며, 개혁-개방으로 대표되는 사회주의 체제의 변화의 물결 속으로 조심스럽게 한 발을 들이밀고 있는 것으로 드러나고 있다. 특히, 김정은 시대에 들어와서는 이러한 모습이 더욱 적극적으로 추진되고 있고, 이는 앞으로의 남북관계, 북한의 세계경제와의 공존, 체제의 변화 등으로 나타날 것으로 예상된다. 이 글은 북한이 바라보는 세계경제에 대한 인식을 시론적으로 검토하는 것을 목적으로 한다. 주로는 북한의 『경제연구』를 중심으로, 그 속에서 나타나고 있는 세계경제에 대한 변화된 인식을 분석의 대상으로 삼고 있다. 특히, 2000년대 이후, 그 중에서도 김정은의 등장을 전후한 시점부터 분석의 대상으로 삼았다.

2. 북한의 세계 경제에 대한 인식의 변화

2.1. 현대 제국주의의 침략과 약탈의 공간

냉전은 세계를 바라보는 시선의 이분법적 분단의 시기였다.[3] 북한 역시 이러한 냉전의 시선에서 자유로울 수 없었고, 따라서 세계경제를 바라보는 시선 역시 자본주의와 사회주의의 전형적인 분할의 시선이었다. 냉전 시기 북한은 자본주의와 사회주의의 불가피한 투쟁과 혁명의 공간으로서 세계경제를 바라보았다. 즉, 레닌의 제국주의의 연장선에서 2차 대전 이후의 새로운 제국주의 즉, 현대 제국주의론의 시각에서 세계경제를 바라보았다. 그러나 북한의 제국주의를 바라보는 입장은 레닌의 그것과는 일정하게 구분되었다. 직접적인 지배의 시대에서 간접적인 지배의 시대로의 전환이었다. 그러나 이러한 제국주의적 지배는 단지 방식에 있어서만 변화가 있었던 것은 아

3) 시선을 권력이자 헤게모니의 응집력이다. 즉, 시선은 세계관의 계기이자, 현실 인식의 통로이며, 가치판단의 문제와 중첩되어 있다. 김희봉, 「시선의 미학: 시선에 관한 현상학적 반성」, 『철학연구』 89집, 2010, 40쪽.

니었다. 앞서 말한 바, 갈등과 대립의 관계에서 공모와 결탁의 관계로의 변화였고, 동시에 다국적 기업체를 통한 경제적 침투와 자본의 국제화에 따른 보다 더 교활한 방식으로의 변화였으며, 동시에 미국을 정점으로 한 피라미드식 지배구조의 구축이었다. 그 결과 현대제국주의가 지배하는 자본주의는 물질생활의 기형화, 정신문화생활에서의 빈궁화, 정치생활에서의 반동화를 기본 특징으로 하게 되었다.[4)]

이처럼 현대제국주의가 지배하는 공간으로 세계경제를 인식하는 것이 냉전 시기의 북한의 기본적인 세계경제를 바라보는 시선이었다. 따라서 이에 대한 저항은 곧 사회주의 국가와의 협력의 강화, 세계 경제의 모순과 약탈을 비판하고 이에 대해 민족해방–사회주의 혁명 투쟁을 강화하는 것이 기본적인 혁명의 전략과 전술이었다.[5)] 제국주의는 필연적으로 멸망하지만, 결코 저절로 멸망하지 않으며 오로지 혁명 투쟁을 통해서만 멸망시킬 수 있다는 실천적 지침이 이로부터 제기되었던 것이다. 따라서 북한이 바라보는 반(反)제국주의 투쟁의 전선은 곧 자본주의 세계경제와 사회주의 경제의 전선이었고, 이로부터 사회주의 국가들과의 경제적 협조의 강화, 반제국주의 국가들과의 연대성 강화 등으로 나타났다. 이미 1960년대 제3세계 식민지 국가들의 독립과 이들이 국제무대에서 무시할 수 없는 세력으로 떠오르자 '남남협조'라는 명분으로 이들과의 경제적 협력을 강화하는 전략적 선택을 취하였다.[6)] 물론, 1970년대 세계적인 데탕트 국면에서 선진 자본주의 국가들과의 무역을 확대하는 조치를 취하였지만,[7)] 기본적인 방향은 사회주의 진영과의

4) 김정일, 앞의 논문, 53쪽.

5) 이 당시 북한의 외교의 기본방향은 사회주의 국가들과의 관계강화, 비동맹과의 관계 강화, 그리고 우호적인 자본주의 국가들의 관계 형성이었다. 이에 대해서는 정규섭, 『북한의 외교의 어제와 오늘』, 일신사, 1997; 김계동, 『북한의 외교정책과 대외관계』, 명인문화사, 2016.

6) 남남협조의 강화는 김일성, 「남남협조와 대외경제사업을 강화하며 무역사업을 더욱 발전시킬데 대하여(1984.1.26.)」, 『김일성저작집』 38권, 조선로동당출판사, 1992.

7) 1970년대 북한의 서방 국가들과의 관계 강화에 대해서는 앞의 정규섭, 김계동의 책을 참조

단결을 우선시하고, 비동맹 국가 혹은 제3세계 국가들과의 관계를 강화하는 것이었다. 북한의 세계 경제 인식을 연구했던 탁용달(2010)에 의하면, 1990년대까지 북한이 바라보는 세계경제는 첫째, 국가독점자본주의의 출현과 그 이유를 '제국주의의 정치경제적 위기의 산물'로 규정하고 있으면서 이러한 국가형태의 출현이 일반적인 현상이라고 설명하고 있으며, 둘째, 통치수법과 약탈방법이 교활해지고, 식민지에 대한 지배가 강화되고, 원조행위를 통해서 경제적 예속화가 계속되고 있으며, 셋째, 미국을 중심으로 하는 세계체제가 형성되었고, 국가들 사이의 결탁과 더불어, 다국적 기업의 활동이 강화되고 있다고 설명하면서, 멸망의 불가피성을 언급하고 있는 것으로 정리된다.[8] 이러한 북한의 인식은 냉전의 시기동안 일관된 것이었다. 비록 우호적인 자본주의 국가들과의 관계를 개선하고자 시도하였고, 제국주의 미국에 대해서도 '인민외교'를 통한 접근을 강화하였지만, 사회주의 진영의 단결을 최 우선시하는 입장에는 변화가 없었다. 이러한 북한의 모습은 냉전이 가져온 구조적 한계로부터 자유롭지 못한 점, 세계 경제를 기본적으로 제국주의적 지배가 관철되는 경제적 공간이자 제3세계 국가들에 대한 지배와 약탈의 공간으로 인식했음을 보여주고 있다. 또한, 이 과정에서 자신들이 추구해야 하는 자립경제는 철저히 반제국주의 노선의 일환으로 해석되었다. 따라서 이 공간 속에서 자신들이 추구해야 할 것은 사회주의 - 비동맹(반제자주) - 우호적 자본주의 국가들과의 '협력의 위계질서'를 구축하는 것이었다.

할 것.

8) 탁용달, 「북한의 세계경제에 관한 인식과 정책변화에 관한 연구: 2000년대 전후를 중심으로」, 『북한학보』 35(2), 2010, 129쪽; 북한의 세계 경제에 대한 인식 연구는 거의 존재하지 않는다. 현재까지 학술 논문으로서 탁용달의 논문이 거의 유일한 것으로 보인다.

2.2. 현대 제국주의와의 공존: 생존의 공간

1980년대 말 이후, 냉전의 붕괴는 북한에게 생존의 문제로 다가왔다. 이와 함께, 동시에 밀어닥친 정치적 위기(김일성 사망 등), 북핵 문제를 매개로 한 미국과의 갈등(외교적 고립), 그리고 내부의 경제 구조가 붕괴 직전에 이르는 상황(식량난 등의 경제적 위기)은 북한으로 하여금 새로운 생존의 방식을 고민하도록 하였다. 이 과정에서 세계 경제에 대한 인식에서 일부 변화가 발생하였다. 즉, 더 이상 사회주의적 시장(사회주의 경제진영)이 사라진 조건에서,[9] 과거와 같은 '협력의 위계질서'는 변화할 수밖에 없었다. 그래서 1990년대 초 김일성은 사회주의를 대신하여 아시아 국가들을 특별히 강조하는 발언을 하였고, 이들 나라들과의 경제협력을 강화할 것을 주문하였다.[10]

이 시기 북한에서 나타난 세계 경제에 대한 기본적인 인식은 전통적인 현대 제국주의론에 근거한 불평등 교환의 공간이자 동시에 자신들이 헤쳐나가야 할 생존의 공간이었다. 즉, 이중적 인식이었다. 1990년대까지 세계 경제에 대해 부정적인 것으로만 일관했던 것에서의 변화였다. 물론, 거시적 구조의 측면에서 세계 경제는 여전히 극복하고 비판해야 하는 공간임에는 여전했지만, 미시적으로는 세계 경제를 대상으로 한 인식과 대응에 있어서 변화할 수밖에 없는 상황이었던 것이다. 그리고 이러한 세계 경제에 대한 인식의 변화는 북한의 대외경제정책에 있어서도 변화를 가져왔다. 즉, 과거 '사회주의

9) 이 지점에서 그 동안 북한이 주장했던 자립경제가 사실은 '사회주의 시장'을 전제로 한 것이었음이 드러난다. 따라서 자립경제에 대해서도 일부 이론적 변화들이 발생하게 된다. 이에 대해서는 정영철, 『북한의 개혁 · 개방: 이중전략과 실리 사회주의』, 선인, 2004.

10) 김일성의 1991년 신년사는 사회주의 붕괴 이후, 북한의 대외정책의 변화를 보여주고 있다. 즉, 김일성은 신년사에서 "오늘 아세아는 새로운 발전단계에 들어서고 있습니다. 근면하고 재능있는 아세아인민들이 자주성과 평등, 호혜의 원칙에서 서로 단결하고 긴밀히 협조해나간다면 아세아의 안전과 공동의 번영을 이룩할 수 있으며 세계평화위업에 이바지할 수 있습니다"라고 하여, 아시아와의 협조를 강화할 것으로 주장하였다. 김일성의 이러한 언급은 사회주의 붕괴 이후, 북한의 변화된 환경에서의 대외정책의 변화를 보여주고 있다. 김일성, 〈1991년 신년사〉.

– 비동맹 – 우호적 자본주의'의 협력적 위계질서에 근거한 대외경제정책이 제시되었다면, 이제는 1990년대의 경제특구 설치에서 볼 수 있듯이 자신들의 경제 건설에 도움이 되는 대상이라면 특별한 제한을 두지 않는 방향으로의 변화를 보여주었다.11)

이 시기 『경제연구』에서 드러난 북한의 세계경제에 대한 인식 역시 유사한 경향을 보여준다. 즉, 2000년대 이후 『경제연구』에 게재된 세계경제와 관련된 항목을 살펴보면, 크게 세 가지 특징을 찾을 수 있다. 첫째, 세계경제 혹은 자본주의 경제이론에 대한 비판, 둘째, 세계화 현상에 대한 비판과 경계, 그리고 마지막으로 발전도상 나라들의 협력 강화에 대한 것 등이다.12)

물론, 이 시기 『경제연구』에 나타난 변화의 특징은 이 뿐만이 아니다. 과거 주로는 이론적 혹은 제국주의적 약탈을 이론적으로 비판하는 것에 중심을 두었다면, 이 시기에는 보다 더 다양한 분야에서의 자본주의 경제의 '이해'를 위한 항목이 점차 확대되어 나타나고 있다. 즉, 세계화 및 정보화, 대외무역의 동향과 봉사무역 등의 서비스업에 대한 현황과 강조 등이 나타나고 있다. 조금 더 구체적으로 살펴보면, 세계 경제 시스템에 대한 인식 대상이 구체화되었다는 점이다. 즉, 경제제도로는 자본주의적 국가소유제도, 부르주아국가제도, 기업제도, 시장거래 제도 등에 대한 논문이 실리고 있고, 경제 이론 및 사상 분야에서는 다양한 거시 및 미시 경제론에 대한 이해와 비판 등에 대한 언급이, 그리고 재정 및 금융 분야에서는 통화금융위기, 증권투기, 실업대란, 금융세계화 등에 대해 언급하고 있다. 또한, 대외 경제 분야에서는

11) 이러한 변화는 북한의 대외정책 전반의 변화와도 궤를 같이한다. 즉, 1990년대 이후, 북한은 사회주의 진영이 소멸된 상황에서 아시아 국가들, 비동맹 국가들, 미국과 일본까지도 포함하는 아시아 국가들까지도 적극적인 외교의 대상으로 설정하였다. 특히, 1990년대 일본으로의 접근은 '북일관계정상화'를 내걸고 상당히 구체적인 협상으로까지 발전하였다. 그러나 북핵문제는 이 모든 것들을 가로막는 장애물이었다. 북일관계에 대해서는 신정화, 『일본의 대북정책』, 오름, 2004; 손기섭, 『동북아 국제관계와 한반도』, 부산대출판부, 2017 등을 참조할 것.

12) 2000년부터 2010년까지의 『경제연구』에 실린 논문을 대상으로 하였다. 『경제연구』의 세계경제에 대한 항목은 〈부록〉을 참조할 것.

원조, 투자, 외자도입, 관세방벽 등에 대한 언급이 실리고 있다.[13]

이를 간단하게 범주별로 구분해보면, 첫째 세계경제에 대한 이론적 비판과 이해, 둘째, 발전도상 나라들을 중심으로 한 경제협력의 현황과 이해, 셋째, 대외무역에서 나서는 변화와 그 이해와 기술적 지식의 습득, 넷째, 정보산업의 확장과 그 이해, 그리고 마지막으로는 자신들에 대한 경제봉쇄와 그를 극복하기 위한 방도 등이다.

〈표 1〉『경제연구』에 나타난 세계경제에 관한 주요 내용(2000-2010)

구분	주요 내용
세계경제에 대한 비판과 이해	자본주의 부르죠아 이론의 비판 자본주의 경제의 모순과 제국주의적 약탈 미국 패권의 약화와 경쟁의 심화 〈세계화〉 현상에 대한 비판 자본의 국제화, 다국적 기업의 진출 통화와 금융
지역적 경제협력과 이해	발전도상 나라들의 국제적, 지역적협력 유로의 출현 동남아시아 국가들의 협력 아프리카 나라들의 지역적 경제 협력 생산과 기술의 협조
대외 무역에 대한 이해	자유경제무역지대 대외무역의 환경 변화 국제시장의 변동 무역에서의 실리(수출입) 환율 및 금융 시장
정보산업의 이해	정보산업의 발전과 자본주의적 이해 정보산업과 자본주의 시장의 변화 정보산업과 착취의 강화 및 소득 분배의 왜곡 지능로동 및 정보산업의 발전과 경쟁의 악화

13) 탁용달, 앞의 논문, 130쪽.

구분	주요 내용
경제봉쇄와 그 극복	제국주의 국가의 경제봉쇄 미국 및 일본의 대조선 경제봉쇄 경제 봉쇄 및 제재의 극복 방도

물론, 이의 범주에 속하지 않는 다양한 분야의 세계경제의 변화와 그를 위한 지식의 습득 등을 강조하고 있다. 이러한 변화는 과거 제국주의적 비판으로 일관하였던 데에서 벗어나 생존의 공간으로 세계 경제의 이해의 필요성이 증대하고, 발전도상나라들로 표현되는 아시아 및 아프리카 나라들의 경제발전의 노력과 반제국주의 투쟁을 강조함으로써 한편으로는 (대외) 경제 관료들에게 세계경제에 대한 교육을, 다른 한편으로는 북한이 나아가야 할 방향을 제시하는 목적을 수행하고 있는 것으로 보인다. 또한, 논조 역시 과거와 달리 자본주의에 대한 비판 일변도에서 벗어나 – 물론, 여전히 비판적이다 – 자본주의에 대한 이해와 '경제 일꾼'들의 대외 경제를 대하는 자세를 강조하는 것이 눈에 띄게 증대하고 있다. 특히, 다음과 같은 표현은 북한이 대외경제를 어떻게 인식하고 있는지를 분명하게 드러내주고 있다.

"지난 시기 우리 나라의 주되는 대외 시장은 사회주의 시장이였다..... 사회주의 시장에로의 진출은 크게 어려운 것이 없었으며 수출품종도 사회주의 시장조건에 맞는 것이면 되었다. 그러나 사회주의시장이 없어진 오늘의 조건에서는 자본주의 시장을 대상으로 하지 않으면 안되게 되었다."14)

물론, 위의 언급은 단지 이 시기에만 등장한 것은 아니었다. 이미 1990년대 사회주의 시장이 붕괴된 이후, 북한으로서는 유일하게 자본주의 시장을 대상으로 할 수밖에 없었다. 그러나 당시 김일성의 발언에서 알 수 있듯이,

14) 강영일, 「현시기 수출무역지표의 합리적 설정은 나라의 대외지불능력 제고의 중요담보」, 『경제연구』 2010년 1호, 36쪽.

북한은 자본주의 시장을 마주하면서 이를 정면으로 응시하기에는 어려웠다. 따라서 (동남)아시아–제3세계–자본주의 국가라는 협력적 위계질서를 상정하고, 이에 맞추어 대외경제관계를 조심스럽게 상대하고자 하였다. 이후, 1990년대의 경제위기와 '고난의 행군'을 거치면서, 2000년대 경제강국 건설을 본격적으로 추진하기 시작하면서 대외경제관계의 확대발전이 필수적으로 요청되었다. 즉, 2000년대 이후, 자본주의 시장에로의 진출이 더욱 중요해졌으며, '오직 너 아니면 나라는 극도의 개인주의 리념하에 가치법칙의 작용에 의하여 조절되'는 '자본주의 시장에 적극적으로 진출하여야 하'는 것이[15] 경제강국 건설을 위해서 확대발전시켜야 하는 과제로 나서게 된 사정과 관련되었다. 이에 따라 앞서 〈표 1〉에서 보듯이, 자본주의 시장에 대한 다양한 지식의 습득을 위한 연구가 보다 더 활성화되었다. 이후, 이러한 과정은 김정은 시기에 더욱 강화되고 확장된 형태로 나타나게 된다.

결국 1990년대 이후의 탈냉전 시기, 그리고 김정일 시기 북한은 사회주의 시장의 소멸이라는 대외적 환경 속에서 자본주의 세계 경제를 '생존을 위한 공간'으로 인식하고, 이 공간 속에서 대외경제 관계를 어떻게 만들어나갈 것인가에 관심의 초점을 두었다고 할 수 있다.

3. 김정은 시기, 생존과 경쟁의 공간으로서 세계경제

3.1. 생존과 경쟁의 공간으로서 세계 경제

김정은 체제가 본격적으로 출범하는 2012년을 기점으로 『경제연구』에서의 세계경제에 대한 인식은 여러 가지 측면에서 변화하고 있다. 먼저, 앞서의

15) 오승일, 「현시기 대외무역에서 가치법칙의 옳은 리용은 대외경제관계발전의 중요담보」, 『경제연구』 2010년 2호, 37쪽.

2010년까지의 『경제연구』와 비교하여 그 항목이 대폭 늘어났다.[16] 『경제연구』의 항목을 양적으로만 비교하여 북한의 변화된 세계경제에 대한 인식을 평가하는 것은 조심스럽지만, 최소한 양적인 증가는 그 만큼 세계경제에 대한 다양한 연구를 수행하고 있으며, 관련 경제 관료들에게 지식을 전달하고자 하는 목적이 커졌음을 의미한다. 또한, 그 내용에 있어서도 무역, 금융, 재정, 회계 및 봉사(관광), 정보, 국제법률 등으로부터 세무, 합영 및 합작, 지역화와 투자, 보험, 환율 등으로까지 확장되고 있다. 특징적인 것은 세계경제의 〈세계화〉에 대한 비판이 지속되고 있지만, 그 초점이 점차 변화하고 있다는 점이다. 즉, 과거 〈세계화〉를 〈일체화〉로 해석하고 제국주의적 지배의 일환으로 해석했다면 - 그리고 이는 2010년까지 간헐적으로 등장하고 있다 - 최근 들어서 세계화에 대한 명시적 비판은 사라지고, 세계화에 대한 대응이나 혹은 그를 인정하고, 그 공간에서 어떻게 대외경제관계를 헤쳐나갈 것인지에 집중하고 있다.[17] 즉, 초기 세계화에 대해서는 제국주의의 지배 전략으로서 원칙적인 비판으로 일관했다면, 김정은 집권 이후에는 세계화를 세계경제 변화의 하나로 인정하고, 그 공간 속에서 어떤 전략과 전술로 임할 것인가를 말하고 있는 것이다.

16) 『경제연구』에 실린 대외경제관련 항목을 구분해보면 2000년부터 2010년까지는 한 호당 약 5.4편의 관련 논문이 실렸다. 반면, 2011-2016년 사이에는 약 9.5편에 달한다. 약 2배 이상 증가하고 있는 것이다. 이는 곧 2011년 이후, 대외경제관련 연구가 양적으로 확대되었고, 이를 적극적으로 발표하고 있는 것을 의미한다. 구체적인 항목은 〈부록〉을 참조할 것.

17) 『경제연구』 대외경제관련 항목에서 세계화에 대한 명시적 비판은 2010년도에 등장한 이후, 2013년에 새롭게 등장하였다. 그러나 그 특징은 2010년까지가 세계화에 대한 그 자체의 비판이었다면, 2013년의 세계화는 오히려 '세계화'에 대한 대응을 말하고 있다. 즉, '세계화'의 공간 속에서 어떤 전략을 취할 것인가가 중심이 되고 있다. 그나마도 세계화와 관련된 글도 한편에 불과하다.

〈표 2〉『경제연구』에 나타난 세계경제에 대한 주요 내용(2011-2016)

구분	주요 내용
세계경제에 대한 비판과 이해	자본주의 경제 이론 비판 자본주의 사회의 변화와 시장 세계경제 연구의 필요성 강화
경제특구 및 경제개발구	자유경제무역지대 경제특구 및 개발구에 대한 이해 경제 특구의 운영 및 특혜 제도 법과 제도의 운영 합영과 합작
대외 무역에 대한 이해	대외무역의 환경 변화 국제 자본주의 시장의 변동 수출입 관련 관세와 비관세 무역의 다각화와 다변화 무역에서의 국제경쟁력 관광 및 봉사
금융 및 환율	국제 금융시장의 동향과 특징 환율 시세에 대한 이해와 대응 보험 및 자본 시장의 변화 대외결제 은행 등
경제봉쇄와 그 극복	미국 및 일본의 대조선 경제봉쇄 경제 봉쇄 및 제재의 극복 방도

특징적인 것은 세계경제에 대한 비판이 여전함에도 불구하고, 그 핵심 내용은 주되게 세계경제에 대한 '이해'에 초점이 맞추어져 있다는 점이다. 앞서의 이론적, 실천적 비판을 넘어 이에 대해 적극 대응해야 함을 강조하고 있는 것이다. 특히, 김정은 시기 『경제연구』 만을 대상으로 나타난 특징이라고 한다면, 세계의 환율 및 그 변화 등에 대해 대단히 민감하게 반응하고 있다는 점이다. 여기에 국제 금융시장의 동향에 대한 항목이 상대적으로 증가하였고, 이에 대한 비판적 설명이 자주 나타나고 있다는 점이다. 이 역시 대외무역을 강화하기 위한 대외경제 환경에 대한 이해를 증진시키기 위한 목적, 그

리고 이를 적절히 활용하기 위한 교육의 목적으로 판단된다. 앞의 〈표 1〉과 〈표 2〉를 비교한다면, 세계경제에 대한 이해와 비판, 대외무역, 그리고 경제봉쇄에 대한 내용이 주요하게 등장하고 있는 것은 유사하지만, 이 시기에 와서는 경제특구 및 금융과 환율 등에 대한 내용이 양적으로만이 아니라 그 내용에서 있어서도 다양하게 소개되고 있다는 점이다. 또한, 대외무역이나 세계경제에 대한 항목에서 그 내용에 있어서는 전혀 다른 모습을 보여준다. 즉, 2010년까지의 대외무역에 대한 내용이 주로 대외시장의 변화와 실리 추구의 강조였다면, 그 이후에의 내용은 훨씬 더 다양한 내용이 등장하고 있고, 대외무역에서의 경쟁력 강화를 위한 다양한 방도들이 강조되고 있다. 이는 북한의 대외무역 정책이 더욱 적극적으로 변화했음을 보여주는 것이라 할 것이며, 무역에 있어서도 단순한 물자의 수출입을 벗어나서 관광, 봉사, 기술, 자문 등의 다양한 형태의 무역을 추구하고자 함을 말해준다.

그렇다면 이러한 변화를 어떻게 이해할 수 있을까? 가장 분명한 것은 자신들의 경제발전을 위해 대외 경제 분야로의 진출을 적극적으로 독려하고, 변모된 세계경제의 공간 속에서 경쟁을 위한 다각적인 모색을 강화할 것이 요구되고 있다는 점이다. 주목할 만한 것은 이처럼 자본주의 시장에서의 생존을 넘어 경쟁을 제고하기 위해 광고, 상품가격과 품질 등에 중요성을 부여하고 있다는 점이다. 광고의 경우, '자본주의 시장에 뚫고 들어가 상품수출을 늘이기 위해서는 반드시 상품광고에 힘을 넣으며 그 질을 높여야 하'며,[18] 나아가 '상표가 시장에 진출하여 상품을 실현하는 데서 중요한 요인으로 작용'하고 있음을 강조하면서,[19] 이의 개발과 활용에도 주목해야 한다고 강조하고 있다. 상품 가격의 경우, 아예 '국제경쟁력을 규정하는 직접적 요인은 첫째로 상품생산물의 가격, 둘째로 상품생산물의 품질'이라고 규정하고 있

18) 리금철, 「수출무역에서 광고의 역할」, 『경제연구』 2011년 4호, 51쪽.

19) 김혁, 「국제무역에서 상표장벽과 그 특징」, 『경제연구』 2016년 2호, 49쪽.

다.[20] 이러한 표현은 북한의 대외무역이 단지 생존만을 위한 것이 아니라 적극적인 경쟁을 추구하고 있음을 보여준다. 여기에 국제 자본주의 시장에서 논란이 되는 금융분야에 이르기까지 적극 진출하거나 혹은 그에 대한 대책을 제대로 세워야 함을 지속적으로 강조하고 있다.[21] 여기에 자본주의 시장에 진출하기 위한 물가변동, 환율변동, 시세변동 등 항시적인 변동에 적절히 대척할 것을 요구하고 있다.[22]

이와 함께, 2011년 이후, 눈에 띄는 변화는 경제특구 및 경제개발구 건설을 지속적으로 강조하고 있다는 점이다. 2013년 북한이 중앙급 경제특구와 더불어 지방급 경제개발구를 선정하고, 이를 통한 자본과 기술의 도입, 합영-합작의 강조라는 정책적 요구에 부응하여, 경제특구에 대한 세무, 금융, 봉사, 생산과 수출 등의 다방면에서 이의 적극적인 대책을 요구하고 있는 것이다. 특히, 북한은 경제특구와 경제개발구를 분리하여, 그 동안 내부와의 연계를 차단해왔던 경제특구 개발과 달리 경제개발구는 내부와의 연계를 적극적으로 요구하고 있다.[23] 즉, 북한이 주장하는 경제개발구의 특징의 하나는

20) 김현아, 「경제의 세계적인 경쟁력에 대한 일반적리해와 그 규정요인」, 『경제연구』 2013년 3호, 46쪽.

21) 흥미로운 점은 대외 금융 분야에 대한 지식 습득을 넘어 이를 적절히 활용할 것은 요구하고 있다. 『경제연구』 2013년 2호에는 다음과 같은 구절이 보인다. 길지만 그대로 인용한다. "지금 국제금융시장에서는 통화파생금융상품개발경쟁이 치렬하게 벌어지고 있다. 누가 더 효과적인 통화파생금융상품을 개발하는가 하는데 따라 조작의 성과가 크게 좌우지되는 것만큼 경쟁적으로 통화파생금융상품개발에 박차를 가하고 있다. 때문에 우리도 우리 실정에 맞는 통화파생금융상품개발기술을 확립하여 통화파생금융상품에 의한 환자조작의 성과를 확대해나가야 한다....... 일부 통화파생금융상품에 의한 환자조작은 적은 자금밑천과 일정한 지식만 있어도 진행할 수 있는 것만큼 대외경제거래에 참가하는 모든 일군들이 참가할 수 있다. 대외경제거래에 참가하는 모든 경제일군들에게 통화파생금융상품조작방법과 예측기술에 대한 강습을 조직하여 그에 대한 견해와 확신을 가지도록 하면서 점차적인 방법으로 거래를 확대하고 그 성과를 공고히 해나가야 한다." 림호성, 「통화파생금융상품조작에서 나서는 중요한 문제」, 『경제연구』 2013년 2호, 57쪽.

22) 김세영, 「대외경제교류의 경제적 효과성 타산에서 지켜야 할 중요원칙」, 『경제연구』 2015년 1호, 53쪽.

23) 북한의 합영-합작의 원칙에서 사상문화적 침투에 대한 입장은 다음과 같다. "합영,합작을

'개발구밖에 있는 국내기업체들과의 생산소비적련계가 필수적요구로 제기된다는데 있다.… 개발구 밖에 있는 국내기업체들에 대한 생산소비적의존도가 매우 높고 따라서 지대 밖과의 생산소비적련계를 필수적 요구로 하고 있다는데 바로 경제개발구의 중요한 특징이 있다"고 하여,[24] 기존에 사상문화적 침투가 내부에 스며들지 못하게 하여야 한다는 입장과는 차이를 보이고 있다. 더욱이 경제개발구의 원칙으로서 다음과 같은 지적은 북한이 세계경제를 대하는 입장이 과거와는 확연히 다르다는 것을 명확하게 보여주고 있다.

"생산과 봉사의 국제경쟁력을 높이는 원칙을 지켜야 한다. 생산과 봉사의 국제경쟁력을 높인다는 것은 개발에서 대외시장을 중시하는데 선차적인 주의를 돌림으로써 경제개발구에서 생산되는 제품과 제공되는 봉사수준이 다른 나라들의 것과 당당히 맞서 경쟁할 수 있게 하며 상표들을 국제적으로 지명도가 높은 이름있는 상표로 만드는데 힘을 넣는다는 것이다"[25]

이러한 현상은 곧 북한의 세계경제에 대한 인식이 기존의 생존의 공간에서 치열하게 경쟁해야 하는 공간으로 변화였음을 보여준다. 즉, 이제 북한은 1990년대 이후, 단지 자본주의 시장을 상대해야 하는 입장에서 벗어나, 이를 자신들의 '국제경쟁력'을 강화시켜 경쟁해야 하는 공간으로 인식하고 있으며, 이를 위해서는 현재의 세계경제에서 벌어지고 있는 다양한 현상들에 대한 지식의 습득, 자본과 기술의 습득, 생산과 봉사의 경쟁력 확보 등의 준비를 갖추어 나가야한다는 것을 말하고 있는 것이다. 이러한 북한의 입장은 2010년대 이후, 국제사회의 봉쇄에 따른 대응과도 관련된다. 한편으로는 국제경쟁

진행하는데서도 경제개발구와 같은 일정한 지역에 집중시켜 적들의 사상문화적침투가 우리 내부에 스며들지 못하게 할 것을 요구하고 있다." 박윤철, 「합영,합작대상선정사업에서 견지하여야 할 주요원칙」, 『경제연구』 2015년 3호, 55쪽.

24) 김영철, 「각 도에 창설되는 경제개발구들의 특징」, 『경제연구』 2016년 4호, 49쪽.

25) 김일민, 「경제개발구개발에서 나서는 몇가지 원칙」, 『경제연구』 2016년 3호, 55쪽.

력을 높여야 하는 과제와 함께, 자신들 앞에 놓여있는 거대한 봉쇄망을 뚫어내야 하는 과제를 동시에 안고 있는 것이다. 이는 세계경제에 대한 인식의 변화와 더불어, 이를 위한 적극적인 대책을 만들어야 하는 것과도 관련된다.

3.2. 경제봉쇄와 북한의 대응

북한은 스스로를 세계경제와 단절했다고 주장하지 않는다. 오히려, 경제봉쇄를 통해 단절을 당하고 있다고 주장한다. 실제로 북한에 대한 경제봉쇄는 한국전쟁 이후 지속되었고, 최근에는 북한의 핵-미사일 실험으로 인해 국제사회의 강력한 제재와 봉쇄가 실시되고 있다.

〈표 3〉 국제사회의 북한 제재 현황

제재	원인
제825호 (1993년 5월 11일)	- 1993년 3월 12일 NPT 탈퇴 선언 - IAEA 사찰 거부
제1695호 (2006년 7월15일)	- 2006년 7월 5일 대포동 2호 장거리 미사일 발사
제1718호 (2006년 10월 14일)	- 2006년 10월 1일 제1차 핵 실험
제1874호 (2009년 6월 12일)	- 2009년 6월 12일 제2차 핵 실험
제2087호 (2013년 1월 12일)	- 2012년 12월 12일 장거리 미사일 은하 3호 발사
제2094호 (2013년 3월 7일)	- 2013년 2월 12일 제3차 핵 실험
제2270호 (2016년 3월 2일)	- 2016년 1월 6일 제4차 핵 실험 - 2016년 2월 7일 장거리 미사일 광명성 4호 발사
제2321호 (2016년 11월 30일)	- 2016년 9월 9일 제5차 핵 실험

제재	원인
제2356호 (2017년 6월 2일)	– 2016년 9월 9일 이후부터 실시한 일련의 탄도 미사일 실험
제2371호 (2017년 8월 5일)	– 2017년 7월 4일 대륙간탄도미사일(ICBM급) 발사
제2375호 (2017년 9월 11일)	– 2017년 9월 3일 제6차 핵 실험
제2397호 (2017년 12월 22일)	– 2017년 11월 29일 화성–15형 발사

위의 〈표 3〉에서 보듯이, 1990년대 이후 북한에 대한 국제사회의 제재는 총 12차례에 걸쳐 이루어졌다. 북한이 목표로 하는 경제강국 건설을 위해서는 이러한 경제제재를 돌파하지 않으면 안 되는 상황인 것이다. 이는 김정은 시대에 들어와 세계경제를 생존을 넘어선 경쟁의 공간으로 인식하는 변화를 보여주었지만, 이를 헤쳐나가기 위해서는 현재 진행되고 있는 봉쇄와 제재를 극복하는 것이 더욱 중요한 요구가 되고 있음을 말해준다. 따라서 북한으로서는 내부적으로는 자력갱생/자강력 제일주의를 내세우면서도 한편으로는 국제경쟁력의 확보, 경제특구를 통한 돌파, 무역의 다원화/다각화 등을 시도하고 있는 것으로 보인다. 그러나 현재 진행되고 있는 제재와 봉쇄는 결국 북한의 핵과 미사일 문제의 근원적 해결을 통해서만 가능하다는 점에서 경제정책의 수단을 통해서는 해결되기 어렵다.

그럼에도 불구하고 『경제연구』에서는 이러한 경제봉쇄를 극복하기 위한 다양한 방안과 원칙들이 제시되고 있다. 먼저, 국제사회의 제재에 대해서는 원칙적으로 식민지 지배와 약탈을 위한 제국주의자들의 책동으로 파악하면서[26] 이러한 제재를 뚫고 나가기 위해서는 대외경제관계를 강화, 발전시켜야 한다고 주장하고 있다. 북한은 미국에 의한 경제 봉쇄/제재로 인하여 자

26) 김복덕, 「진보적나라들에 대한 제국주의의 경제제재책동의 약탈성」, 『경제연구』 2002년 1호.

신들의 '무역, 금융, 투자, 과학기술교류, 부동산, 보험, 수송, 우편통신, 주민래왕 등 모든 분야'에서 어려움을 겪고 있음을 토로하고 있다.[27] 따라서 이를 극복하는 것은 대외경제관계를 확대하고, 경제강국을 건설하는 데서 필수적으로 요구되는 것이라고 강조한다. 따라서 이를 극복하기 위해서는 먼저, 무역의 다각화와 이를 위한 수출품종의 다양화를 추구해야 하며, 특히 봉사무역, 이 중에서도 관광봉사무역을 발전시키는 것,[28] 경제개발구 사업을 밀고 나가는 것,[29] 대외 신용업무를 확대하는 것[30] 등을 들고 있다. 중요한 것은 북한이 김정은 시기에 들어와 국제경쟁력 개념을 적극적으로 사용하고 있고,[31] 국제경쟁력을 높이기 위한 일련의 노력을 강조하고 있다는 점이다. 이미 2000년대부터 국제경쟁력을 강조하였던 북한은 대외무역의 확대를 더욱 적극적으로 주장하면서, 국제경쟁력을 갖추기 위한 몇 가지 원칙들을 말하고 있다.[32] 이러한 주장은 김정은 시기 더욱 강조되어 아예 '우리가 합영,합작사업을 진행하는 목적의 하나도 국제시장에서 경쟁력이 있는 제품을 생산, 수출하여 더 많은 외화를 벌자는데 있다'거나[33] '생산과 봉사의 국제경

27) 고영남, 「우리 나라의 대외경제적련계를 차단하여온 미제의 악랄한 책동」, 『경제연구』 2011년 2호, 62쪽; 특히, 이 글에서는 대외금융업무가 상당한 어려움에 처해있음을 시인하고 있다. 즉, '미제의 악랄한 금융제재 속에 우리 나라 은행들이 다른 나라 은행들과 딸라 결제를 하는 경우 미국은행들에서 해당자금이 무조건 동결되는 것으로 하여 국제시장에서의 금융결제가 이루어지지 못하고 무역활동에서 커다란 재정적 손실을 보게 되었다.'고 하고 있다(64쪽).

28) 김대룡, 「현실발전의 요구에 맞게 무역단위와 수출품을 결정적으로 늘이는데서 나서는 몇가지 중요한 문제」, 『경제연구』 2014년 3호, 44-45쪽.

29) 김영철, 「경제개발구개발사업을 적극 밀고나가는 것은 경제강국건설의 중요요구」, 『경제연구』 2015년 4호, 42쪽.

30) 김성철, 「국제금융시장에 적극 진출하는데서 나서는 몇가지 문제」, 『경제연구』 2010년 3호, 51쪽.

31) 전은숙, 「자본주의증권류통시장과 그 기능」, 『경제연구』 2005년 1호, 43쪽; 한편, '국제경쟁력은 한 라나의 경제가 대외시장수요에 질량적으로, 시공간적으로 대처하며 지속적으로 이익을 얻을 수 있는 능력'이라고 규정하고 있다. 김현아, 앞의 논문, 45쪽.

32) 탁용달에 따르면, 이 시기부터 북한의 세계경제에 대한 미시적 변화는 '국제경쟁력'이라는 이름으로 해석하면서, 다양한 방식으로 무역을 진행하며, 경쟁력을 높이기 위한 연구와 방도를 찾아야 한다고 주장하고 있다고 한다. 탁용달, 앞의 논문, 132쪽.

쟁력을 높이는 원칙을 지켜야 한다. 생산과 봉사의 국제경쟁력을 높인다는 것은 개발에서 대외시장을 중시하는데 선차적인 주의를 돌림으로써 경제개발구에서 생산되는 제품과 제공되는 봉사수준이 다른 나라들의 것과 당당히 맞서 경쟁할 수 있게 하며 상표들을 국제적으로 지명도가 높은 이름있는 상표로 만드는데 힘을 넣는다는 것'으로 설명하고 있다.[34] 그리고 이러한 국제경쟁력의 강화는 곧 경제제재/봉쇄를 돌파하는 것이 되며, 이렇게 함으로써 대외경제관계를 확대발전시키고, 경제강국 건설을 이룩할 수 있다고 주장하고 있다.

현재 진행되고 있는 경제제재와 봉쇄에 대한 북한의 대응책은 앞서 말한 것처럼, 내부적으로는 자력갱생-자강력 제일주의의 강조와 함께 다양한 방식으로의 대외무역을 확대하는 것이라고 할 수 있다. 그리고 이러한 대외무역에는 단순히 물자의 수출입만이 아니라 봉사무역-관광, 금융분야의 확대, 합영과 합작 등의 추진이라 할 수 있다. 무역에 있어서도 무역의 다각화만이 아니라 '창조적(?)'인 방식을 통한 다양한 무역의 방식을 개발할 것을 요구하고 있다.[35]

그럼에도 현재의 경제제재를 돌파하기는 쉽지 않아 보인다. 의욕적으로 추진했던 경제개발구의 성과는 미미하며, 대외무역은 오히려 축소되고 있는 듯이 보인다. 현재의 국제제재가 이전과 달리 촘촘하게 이루어질 뿐 아니라,

33) 박윤철, 앞의 논문, 54쪽.

34) 김일민, 앞의 논문, 55쪽.

35) 이와 관련해서 Hastings는 북한의 무역이 대외환경의 엄혹한 조건에서도 창조적이며, 적응적인 성격을 갖추고 있고, 따라서 제재가 외부세계가 원하는 만큼의 성과를 거두기 힘들다고 주장하고 있다. Hastings의 주장은 북한의 무역이 formal-informal, licit-illicit 사이를 가로지르고 있으며, 무역의 주체로서 북한의 기업 역시 private - hybid - state enterprise로서의 모호한 성격을 가지고 있다고 주장하고 있다. 또한 그 활동무대 역시 우리의 예상과는 달리 전 세계(glaoba)를 대상으로 하고 있고, 그 형태 또한 바퀴살 모양(hub-and-spoke)으로 형성되어 있다고 주장한다. 이에 대해서는 Hastings, Justin V., *A Most Enterprising Country: North Korea in the Global Economy*, Cornell University Press, 2016.

중국이 제재에 동참하면서 내부의 경제적 어려움이 가중되고 있는 듯이 보인다.[36] 이에 따라 북한은 '혁명적 대응전략'을 통해 제재에 대처하고 있는 듯이 보인다. 지난해 열렸던 당 정치국회의에서 '혁명적 대응전략'이 논의되었고, 2018년 신년사에서도 '혁명적 대응전략'을 되풀이하여 강조하고 있다.[37] 또한, 지난해 12월 열렸던 당 세포위원장 대회에서는 김정은이 직접 폐회사를 통해 "우리가 지금까지 해놓은 일은 다만 시작에 불과하며 당 중앙은 인민을 위한 많은 새로운 사업들을 구상하고 있다"고 함으로써,[38] 경제와 관련된 새로운 조치를 취할 것임을 암시하고 있다. 현재로서는 어떠한 내용인지 확인되지 않고 있지만, 현재의 제재와 봉쇄를 뚫고 경제 건설을 위한 새로운 조치들을 구상하고 있는 것만은 분명해보인다.[39] 그러나 그것이 무엇이든 현재의 제재와 봉쇄는 정치-군사적인 문제로부터 비롯되었고, 그 해제 역시 정치-군사적인 문제가 풀리지 않으면 어렵다는 점에서 전반적인 국가전략의 틀을 수정하거나 국면을 전환할 것을 요구받고 있다. 이는 단지 북한의 세계경제에 대한 인식을 변화시키는 것 뿐 아니라, 변화된 인식에 맞게 현실에서의 구체적인 정책의 변화 또한 필수적이라 할 것이다. 지금까지 김정은 시기의 경제정책이 개혁과 개방으로의 움직임을 보여주었다면, 앞으로 세계경제를 향한 북한의 정책 역시 지금까지와는 다른 방식으로 나타날 것으로 예측된다.

36) 북한의 경제제재 효과에 대해서는 크게 두 가지로 의견이 나뉘고 있다. 즉, 경제제재의 효과가 북한에 심각한 타격이 되고 있다는 주장과 제재의 효과가 분명하지만 북한을 무릎 꿇게 할 정도로 효과적이지는 못하다는 것이다. 그러나 어느 경우든 제재가 최소한 일부분 효과를 발휘하고 있음에는 틀림없어 보인다.

37) 김정은, 〈2018년 신년사〉. 북한의 경제정책의 변화에 대해서는 이창희, 「제7차 조선로동당대회로 살펴본 북한 경제정책의 변화」, 『현대북한연구』 19권 3호, 2016.

38) 김정은, 〈세포위원장 대회 폐회사〉.

39) 이와 관련, 지난해부터 북한은 '핵무력완성'은 선언한 이후, 제재 국면임에도 불구하고 '평양시 개발구상'이나 6개의 경제특구 개발을 발표하였다. 그러나 이러한 조치는 결국 제재와 봉쇄를 해제하지 않으면 실현되기 어려운 것이다. 따라서 현재의 제재와 봉쇄 국면을 해체하는 전반적인 국가발전전략이 구상되고 있는 것으로 판단된다.

4. 나가며

지금까지 북한을 둘러싸고 크게 두 가지 시선이 교차하였다. 하나는 '북한 불변론'으로 북한 체제의 변화하지 않는 모습을 강조하는 시선이며, 다른 하나는 '북한 변환론'으로서 북한 체제가 변하하고 있다는 것이 그것이다. 그러나 '북한 불변론'은 주로 북한의 정치-군사적인 측면에 집중하고 있고, '북한 변화론'은 주로 경제-사회적인 측면에 집중하고 있다는 점에서 동전의 한 면만을 배타적으로 강조하고 있다고 할 수 있다. 적어도 지금까지 살펴본 북한의 세계경제에 대한 인식은 끊임없는 변화의 모습을 보여주고 있다. 그리고 그 방향은 '반(反) 제국주의의 시선'을 통해 세계경제를 인식하던 데에서 점차 '생존과 경쟁의 공간'으로서 실리를 중심에 놓는 시선으로 변화하고 있다. 물론, 북한은 여전히 세계경제가 불평등한 공간으로서 제국주의의 경제적 지배와 약탈이 이루어지는 공간으로 바라보고 있다. 그러나 사회주의진영의 붕괴로 인해 이러한 시각은 자본주의 시장만을 상대해야 하는 현실 속에서, 생존을 위한 공간으로 변할 수밖에 없었으며, 김정은 시기에 들어와서는 생존을 넘어선 '경쟁의 공간'으로 변모하고 있다.

'경쟁의 공간'으로 세계 경제를 인식하는 것은 곧, 북한 스스로가 이야기하듯이 경쟁력을 높여 자국의 경제발전을 위한 무대가 된다는 것을 의미한다. 즉, 북한에게 이제 세계경제는 자국의 '발전'의 승패를 가르는 장소가 되어 가고 있으며, 따라서 북한으로서는 내부의 경제개혁을 넘어서서 개방을 통한 본격적인 경쟁의 길로 들어서야 함을 의미한다. 이미 북한은 '5.30 조치' 등을 통한 내부 경제개혁을 꾸준히 진행하고 있으며, 화폐를 매개로 한 경제 논리를 적극적으로 도입하고 있다.[40] 여기에 대외무역을 중심으로 한 대외경제관계의 확대를 위한 시도를 지속하고 있다. 이것이 의미하는 바는,

40) 북한의 경제를 화폐를 매개로 분석한 논문으로는 김기헌, 「북한 '화폐경제'의 원형과 붕괴에 대한 연구 : 1990년대 중반을 중심으로」, 북한대학원대학교 경제학과 박사논문, 2015.

비록 현재의 핵과 미사일 문제로 인해 한반도의 상황이 불안정하고 정치-군사적 대립이 전면에 부각되고 있지만, 다른 측면으로는 북한을 개방의 길로 이끌어내고 남북한의 경제협력 및 북한의 세계 경제 속에서의 행위자로 이끌어내는 것이 가까운 미래의 현실로 될 가능성이 높다는 것을 의미한다. 김정은 시대의 '병진노선'이 결국은 경제발전으로 귀착되리라는 것이 가까운 미래에 현실화될 것으로 예상된다.[41]

최근 북한이 보여주고 있는 파격적인 변화 역시 이와 관련이 깊다 할 수 있다. '핵무력 완성' 이후, 적극적인 평화공세의 이면에는 경제발전을 목적으로 하는 북한의 국가전략이 놓여있는 것이다. 결국 우리에게는 이러한 북한의 변화를 읽어내고, 이에 맞는 적절한 정책을 수립하고 실천할 수 있는가가 중요한 문제로 나선다. 그러기 위해서도 북한이 바라보는 세계경제(혹은 국제질서)를 면밀히 파악하고, 이에 대한 준비를 게을리 하지 않아야 할 것이다.

41) 이런 점에서 정영철과 이정철은 북한의 병진노선이 경제발전과 밀접한 관련을 맺고 있음을 주장하고 있다. 이에 대해서는 Chung, Youngchul et al. "State strategy in the Kim, Jong-un era: The "Byongjin" policy of pursuing economic and nuclear development, Korea Observe, Vol.47, No.1; 이정철, 「북한의 공세적 대외정책과 경제확장전략: 핵-경제 병진 노선의 역조합」, 『사회과학논총』 18, 2016.

참고문헌

강영일, 「현시기 수출무역지표의 합리적 설정은 나라의 대외지불능력 제고의 중요담보」, 『경제연구』 2010년 1호.

고영남, 「우리 나라의 대외경제적련계를 차단하여온 미제의 악랄한 책동」, 『경제연구』 2011년 2호.

김계동, 『북한의 외교정책과 대외관계』, 명인문화사, 2016.

김기헌, 「북한 '화폐경제'의 원형과 붕괴에 대한 연구 : 1990년대 중반을 중심으로」, 북한대학원대학교 경제학과 박사논문, 2015.

김대룡, 「현실발전의 요구에 맞게 무역단위와 수출품을 결정적으로 늘이는데서 나서는 몇가지 중요한 문제」, 『경제연구』 2014년 3호.

김복덕, 「진보적나라들에 대한 제국주의의 경제제재책동의 약탈성」, 『경제연구』 2002년 1호.

김성철, 「국제금융시장에 적극 진출하는데서 나서는 몇가지 문제」, 『경제연구』 2010년 3호.

김세영, 「대외경제교류의 경제적 효과성 타산에서 지켜야 할 중요원칙」, 『경제연구』 2015년 1호.

김영철, 「각 도에 창설되는 경제개발구들의 특징」, 『경제연구』 2016년 4호.

김영철, 「경제개발구개발사업을 적극 밀고나가는 것은 경제강국건설의 중요요구」, 『경제연구』 2015년 4호.

김일민, 「경제개발구개발에서 나서는 몇가지 원칙」, 『경제연구』 2016년 3호.

김일성, 「남남협조와 대외경제사업을 강화 하며 무역사업을 더욱 발전시킬데 대하여(1984.1.26)」, 『김일성저작집』 38권, 조선로동당출판사, 1992.

김일성, 〈1991년 신년사〉.

김정은, 〈2018년 신년사〉.

김정은, 〈세포위원장 대회 폐회사〉.

김정일, 「반제투쟁의 기치를 더욱 높이들고 사회주의, 공산주의길로 힘차게 나아가자(1987.9.25)」, 『김정일선집 12권(증보판)』, 조선로동당출판사, 2011.

김혁, 「국제무역에서 상표장벽과 그 특징」, 『경제연구』 2016년 2호.

김현아, 「경제의 세계적인 경쟁력에 대한 일반적리해와 그 규정요인」, 『경제연구』

2013년 3호.
김희봉, 「시선의 미학: 시선에 관한 현상학적 반성」, 『철학연구』 89집, 2010.
리금철, 「수출무역에서 광고의 역할」, 『경제연구』 2011년 4호.
림호성, 「통화파생금융상품조작에서 나서는 중요한 문제」, 『경제연구』 2013년 2호.
박윤철, 「합영,합작대상선정사업에서 견지하여야 할 주요원칙」, 『경제연구』 2015년 3호.
손기섭, 『동북아 국제관계와 한반도』, 부산대출판부, 2017.
신정화, 『일본의 대북정책』, 오름, 2004.
오승일, 「현시기 대외무역에서 가치법칙의 옳은 리용은 대외경제관계발전의 중요담보」, 『경제연구』 2010년 2호.
이정철, 「북한의 공세적 대외정책과 경제확장전략: 핵-경제 병진 노선의 역조합」, 『사회과학논총』 18, 2016.
이창희, 「제7차 조선로동당 대회로 살펴본 북한 경제정책의 변화」, 『현대북한연구』 19권 3호, 2016.
전은숙, 「자본주의증권류통시장과 그 기능」, 『경제연구』 2005년 1호.
정규섭, 『북한의 외교의 어제와 오늘』, 일신사, 1997.
정영철, 『북한의 개혁 · 개방: 이중전략과 실리 사회주의』, 선인, 2004.
탁용달, 「북한의 세계경제에 관한 인식과 정책변화에 관한 연구: 2000년대 전후를 중심으로」, 『북한학보』 35(2), 2010.
Chung, Youngchul et al. "State strategy in the Kim, Jong-un era: The "Byongjin" policy of pursuing economic and nuclear development, *Korea Observe*, Vol.47, No.1, 2016.
Hastings, Justin V., *A Most Enterprising Country: North Korea in the Global Economy*, Cornell University Press, 2016.

〈부록〉 2000-2016년 『경제연구』 대외경제관련 항목

년,호	제 목
2000.1	발전도상 나라들의 국제경제기구는 새로운 국제경제질서 수립의 담보
	〈아시아개발은행〉은 낡은 국제통화금융질서의 산물
	미제의 〈전아메리카자유무역권계획〉과 그 침략적,략탈적 본질
2000.2	발전도상나라들 사이의 생산기술적협조의 중요형태
	현대부르죠아경제이론은 현대제국주의를 변호하는 반동적인 리론
	다국적기업체의 략탈적,침략적 정체
	자본주의가 복귀된 여러나라들에서 〈부익부,빈익빈〉현상의 심화와 특징
	1990년대 일본에서 회수불가능한 채권의 증대와 그 후과
	현시기 미일사이의 투자분쟁을 통한 경제적 대립과 모순
	미제에 의한 세계경제 〈일체화〉책동의 반동적 본질
2000.3	발전도상나라들의 지역경제통합 추세와 사회경제적 배경
	유로의 출현과 일반적 특징
	아세안자유무역지대의 창설과 지역내 무역의 확대
	제국주의의 지역경제통합이 세계경제발전에 미치는 파국적 후과
	인플레가 직접투자형태의 자본수출에 미치는 심각한 영향
	독점의 현대적 형태와 제국주의의 침략적,략탈적 본성의 강화
	경제의 〈세계화〉의 〈필연성〉에 대한 제국주의 변호론자들의 설교의 반동성
2000.4	2000년대에 들어선 동남아시아 나라들의 결제발전과 그 전망
	발전도상나라들의 경제적 자립과 생산기술적 협조
	자본주의예금시장변화에서 주목되는 몇 가지 문제
	제국주의의 국제경제기구가 세계경제발전에 미치는 부정적 영향
	자본주의렬강들의 시장분할대상에서 일어난 변화
	통화선물거래와 가격설정방법
2001.1	가공무역형태의 자유경제무역지대 발생발전과 그 특징
	현시기 발전도상나라들 사이의 생산기술적협조를 확대발전시키는데서 나서는 중요한 문제
	자본주의 기업의 〈다국적화전략〉은 다른 나라에 대한 경제적 침략과 략탈의 수단
	자본주의 나라들에서 기형적인 인구고령화가 사회의 경제생활에 미치는 심각한 후과
2001.2	국제시장에 대한 연구에서 나서는 중요한 문제
	〈인재양성〉 및 〈전문가파견〉 은 발전도상나라들에 대한 제국주의자들의 과기술적지배와 예속의 주요형식
	현시기 자본주의통화금융위기의 일반적특징
	부르죠아속류상품가치론의 반동적 변화과정
	자본주의시장경제생태의 취약성
2001.3	제국주의자들의 경제의 〈세계화〉책동을 짓부시는 것은 사회주의 경제제도를 고수하기 위한 중요한 요구
	메콩강유역개발을 통한 동남아시아나라들의 지역내 경제협력의 강화
	최근 자본주의 부동산 시장에서 일어나고 있는 변화

년.호	제 목
	경제에 대한 국가적 간섭의 강화와 시장의 자동적 조절의 경향을 합리화하는 현대부르죠아변호론의 반동성
	침략전쟁을 통한 일본독점자본의 팽창과 부활
	세계경제 〈일체화〉를 반대하는 발전도상나라들의 투쟁
	소유〈다양화〉와 반인민적자본주의시장경제의 복귀
2001.4	싱가포르 국제금융시장의 특징
	일본종합상사의 세계 여러나라들에 대한 경제적침투수법의 교활성
	일본 〈산군복합체〉형성의 력사적 과정
	자본주의 회계에서 적용되는 련결재무결산제도의 반동성
	세계의 〈일체화〉는 제국주의 강권과 전횡, 지배주의적 책동의 경제적 도구
	자본주의 나라들에서 로년인구의 사회경제적처지의 악화
2002.1	환자시세변화와 통화팽창에 의한 국제시장가격변동
	1980년 이후 자본주의 세계경제의 경기변동의 일반적 특징
	진보적나라들에 대한 제국주의의 경제제재책동의 약탈성
	낡은 국제경제질서의 략탈적 성격
2002.2	1991~1993년 세계경제공황의 특징
	자본주의 사회에서 정보산업의 발전과 〈부익부〉, 〈빈익빈〉 현상의 심화
2002.3	현시기 국제상품시장에서 나타나고 있는 주요 변화
	현대제국주의나라들에 류포되어 있는 기회주의적인 〈복지국가론〉의 반동성
	경제에 대한 제국주의 국가들의 전면적 간섭
	국가독점자본주의는 현대제국주의의 정치경제적 기초
	일본종합상사의 해외진출과 다국적기업화
	제국주의자들에 의한 무역의 〈세계화〉책동과 그를 반대하는 발전도상나라들의 투쟁
	〈세계화〉와 그 경제적 후과
2002.4	정보산업의 발전과 자본주의사회에서 근로대중의 경제생활의 악화
	제국주의 독점자본의 기술집약적산업침투책동과 그 후과
	부르죠아어용통계의 리론적 전제와 그부당성
2003.1	대외무역의 발전은 발전도상나라들의 경제건설에서 나서는 중요한 요구
	소득에 대한 국제2중과세방지협정체결에서 나서는 원칙적 요구
	유로의 류통과 그것이 주요 자본주의 나라들의 경제에 미치는 영향
	정보산업의 발전과 자본주의 리윤경제
	현대 자본주의분업체계의 중요특징
	자본주의가 복귀된 나라들에서 날로 표면화되고 있는 녀성들의 사회경제적 처지의 악화문제
2003.2	대외무역에서 실리를 보장하기 위한 방도
	수출품의 판로선택에서 타산하여야 할 요인
	현 시기 자본주의나라들에서 림시고용의 증대와 그를 통한 자본주의적 착취의 강화
	부르죠아국가는 식민지 및 발전도상나라들에 대한 다국적기업체의 경제적 침략을 위한 권력수단
2003.3	현시기 국제보험시장에서 일어난 변화의 중요특징

년.호	제 목
	자본주의 〈조세원칙〉의 반동성
	자본주의 〈회계일반원칙〉의 기만성
	자본주의적 재생산에 대한 연구
	인플레를 합리화하는 부르죠아변호론의 반동성
	사회주의경제에 대한 당과 국가의 지도를 부인하는 현대사회민주주의 경제리론의 반동성
	미 제국주의의 침략적, 략탈적 본성의 사회경제적 기초
2003.4	무역거래에서 실리의 원칙
2003.4	현시기 수입무역에서 제기되는 중요한 문제
2003.4	기술무역을 발전시키는데서 나서는 원칙적 요구
2003.4	국제보험시장에서의 보험료수입과 그에 영향을 주는 요인
2003.4	최근 아프리카지역에서 강화되고 있는 지역경제통합의 특징
2003.4	국가의 간섭을 주장하는 〈신보수주의〉발생과 기본특징
2003.4	〈유효수요〉에 대한 거시경제리론의 반동성
2003.4	현대사회민주주의자들이 설교한 〈완전독립채산제〉의 반사회주의적 성격
2003.4	자본주의중앙은행의 〈인플레목표정책〉의 부당성에 대하여
2003.4	제국주의자들의 아시아지배전략과 경제적예속화책동
2004.1	정보산업시대 자본주의고용제도의 특징과 실업의 장성
2004.1	세계경제 지역화와 그 심화발전
2004.1	잉여가치학설이 나오게 된 시대적 배경과 그 리론의 제한성
2004.1	국민소득구조에 대한 부르죠아적 견해 비판
2004.1	부르죠아미시경제학의 특징과 반동성
2004.1	자본주의기업에서 리윤분배의 반인민성
2004.2	동북아시아나라들과 무역을 확대발전시키는데서 나서는 중요요구
2004.2	사회주의배신자들의 사회주의경제의 집단주의적 성격과 본질에 대한 비방의 반동성
2004.2	발전도상나라들에 대한 국제독점의 경제적략탈의 강화
2004.2	부르죠아미시경제리론이 설교하는 〈소비자행동〉리론의 반동성
2004.2	부르죠아사회개량주의적 〈혼합경제론〉비판
2004.2	1990년대 발생하여 류포된 현대부르죠아경제리론 비판
2004.2	현 시기 해외경제적 팽창을 둘러싼 제국주의렬강들 사이의 모순의 심화
2004.3	발전도상나라경제지역화의 본질과 특징
2004.3	정보산업시대 자본주의로동시장의 특징
2004.3	부르죠아미시경제학이 설교하는 〈소득분배리론〉의 반동성
2004.3	아프리카나라들에 대한 제국주의렬강들의 경제적지배정책에서 일어난 새로운 변화
2004.3	자본주의회계검증제도의 기만성
2004.3	현시기 심각화되고 있는 일본의 경제위기와 그 요인
2004.4	대외상품시장체계와 그 구조
2004.4	국제무역에서 적용되고 있는 〈가공공정기준〉에 의한 원산지규제에 대하여
2004.4	현시기 확대발전하고있는 발전도상나라들의 봉사무역
2004.4	자본주의경기순환에 대한 연구

년.호	제 목
	리윤에 대한 현대부르죠아경제리론의 특징과 반동성
	현대자본주의주식회사 의사결정제도의 중요특징
	자본주의나라들에 류포된 기회주의적인 우익사회민주주의 경제리론의 발생과 특징
	〈동아시아경제권〉을 조작하려는 일본반동들의 책동
	미제에 의한 일본독점자본의 부활과 그 후과
2005.1	경제지역안의 발전도상나라들 사이 금융통화분야에서 협조의 강화
	자본주의증권류통시장과 그 기능
	〈로동조합관계관리〉는 로동자들에대한 착취를 강화하기 위한 기만적인 수단
	자본주의사회에서 정보산업의 발전과 실업문제의 악화
	〈기술적호상작용론〉의 반동성
	미제의 대조선경제봉쇄책동의 특징
2005.2	자본주의유한회사와 그 특징
	현대자본주의기업의 업무집행기구는 독점자본의 의사집행기구
	환경보호의 사회경제적성격을 외곡하는 부르죠아리론의 반동성
	〈호상의존성론〉의 반동성
	〈효과적인 국가의 경제정책〉에 대한 현대부르죠아경제리론의 반동성
	제국주의변호론자들이 설교하는 〈지구공동체론〉의 반동성
	딸라위기의 심화
	현시기 유럽동맹과 미국사이의 통화금융적대립과 모순의 심화
	미제의 대조선경제봉쇄책동의 반동적 본질
2005.3	국제보험시장에 적극 진출하는 것은 대외보험사업발전의 중요한 요구
	국제금융기구들의 〈지도적역할론〉
	현시기 세계적인 원유가격파동과 그 주요원인
	자본주의 〈회계정보론〉의 부당성
	자본주의 〈경제기술적진보〉와 〈부익부, 빈익빈〉의 심화
	정보산업시대 자본의 착취의 특성
	장기침체에서 벗어나지 못하는 미국경제의 구조적 취약성
	미제에 의한 경제의 군사회책동의 강화
2005.4	대외상품시장체계의 안정성과 그 보장방도
	국제보험시장에 대한 조사연구에서 나서는 기본요구
	발전도상나라들의 통화금융체계의 〈개혁론〉의 반동성
	현대사회민주주의자들이 추구한 〈스웨리예식사회민주주의〉와 그 위기
	자본주의사회에서 정보산업발전의 제한성
	현시기 자본주의 나라들의 고용로력자구성에서 지능로동자들의 비중의 증대
	자본주의나라 세종구성에서 나타나는 반인민성
	자본주의사회에서 화폐자본운동의 특성
	미제의 대조선경제봉쇄책동파산의 불가피성
2006.1	국제시장에서 유럽동맹의 경쟁력의 강화
	부르죠아고전정치경제학이 제기한 〈소득분배론〉의 반동성

년,호	제 목
	현시기 자본주의무역에서 강행적인 수출촉진에 의한 수입규제의 심화
	정보산업시대 자본주의사회에서 근로인민대중의 생활처지의 악화
	일본농업의 락후성과 그 요인
	제국주의자들의 경제 〈세계화〉의 책동과 그 파산의 불가피성
2006.2	국제은행업의 특징
	세계적으로 우심한 환자시세파동과 그 요인
	원유가격의 상승과 원유자원을 둘러싼 국제원유회사들의 쟁탈전
	현대제국주의의 착취적본질을 부인한 현대수정주의경제리론의 반동성
	자본주의회계에서 충당금과 그 기만성
2006.3	정보기술제품 및 봉사에 대한 국가적 구매를 통한 제국주의 국가의 경제적 간섭책동
	자본주의적국제분업의 〈현대화론〉의 반동성
	심각한 문제점을 안고있는 경제의 〈세계화〉
	현시기 자본주의나라들에서 림시고용형태의 대대적인 고용
	정보산업시대에 더욱 강화되고있는 자본의 착취적 본성
	현대제국주의의 침략적 본성을 부인한 현대수정주의경제리론의 반동성
2006.4	국제회계기준의 부당성
	1980년대에 류포된 현대부르죠아경제리론의 특징
	〈경제적적응론〉의 반동성
	국제수지의 불균형을 둘러싼 자본주의렬강들간의 갈등과 대립의 첨예화
	소득분배의 본질에 대한 부르죠아리론비판
	랭전종식후 제국주의무역전쟁의 침략적,략탈적 성격
	현시기 미제의 국제원유자원독점책동의 본질
2007.1	국제시장에서 위조상품의 류통이 사회경제생활에 미치는 영향과 그를 극복하기 위한 세계적 움직임
	자본주의나라들에서의 재정과 금융의 융합에 대하여
	정보설비에 의한 생산과정에서의 자본의 착취
	현대제국주의의 사회경제적 위기의 심화
	우리나라에 대한 미제의 경제제재 및 봉쇄책동의 악랄성과 그 침략적 성격
2007.2	대외결제은행들에서 은행위험과 그 방지
	자본주의채권시장에서의 변화추이와 그 요인
	정보산업시대 자본주의사회의 계급적모순과 대립의 격화
2007.3	현시기 세계광물자원리용에서 주목되고 있는 몇가지 문제
	소득과세와 그 특징
	현 시기 자본주의 경제의 구조적 특징과 그 위기
	현대제국주의하에서 다국적기업체는 자본의 국제화 추진의 기본형태
	현대제국주의하에서 피착취근로대중의 처지를 외곡하는 현대부르죠아변호론의 반동성
	침략과 략탈로 살쪄온 미국경제
2007.4	세계 식량문제가 해결되지 못하고 있는 근본원인
	화폐경제의 외곡된 모습(1)

년,호	제 목
	인플레에 대한 〈사회제도주의리론〉 비판
	경제위기극복방도에 관한 현대부르죠아 〈신경제장성리론〉의 반동성
	남조선어용통계의 리론적전제의 부당성
2008.1	자본주의 사회에서 증권투기행위와 그로 인한 경제위기의 심화
	자본주의상업은행들이 다국적은행화에로 나가게 된 원인
	현시기 자본주의나라들에서 인민대중과 자본가계급사이의 수입격차로 인한 〈부익부, 빈익빈〉현상의 심화
	미국 〈산군복합체〉의 주도적세력으로서의 군수독점의 고도팽창
	일본경제의 대미종속화의 후과와 위험성
2008.2	금융의 《국제화》와 그 파국적후과
	현대제국주의사회의 계급적대립을 부인하는 현대부르죠아 변호론의 방동성
	우리 나라에 대한 일본반동들의 범죄적인 경제적제재책동
2008.3	세계무역기구하에서 적용되고있는 비관세장벽의 특징
	현대자본주의상업에서의 광고전략과 그 특징
	자본주의금융기관경영원칙의 기만성
	현대자본주의적생산조직에서의 변화
	자본주의시장에서의 부정거래행위에 대한 〈규제〉조치와 그 취약성
2008.4	해상집함수송을 발전시키는데서 나서는 몇가지 문제
	화폐의 구매력에 영향을 주는 요인
	외국세무회계와 그 특징
	최근시기 원유가격이 오르는 원인과 후과
2009.1	수출입상품판매원가계산방법에서 제기되는 몇가지 문제
	국제투자관계에서 적용되고 있는 기업소득세회피수법
	지능로동은 정보산업시대 자본주의적착취의 주요대상
	자본가계급의 기업지배권을 은폐하는 〈사회제도주의〉의 반동성
	정보산업시대 첨단과학기술의 독점을 위한 제국주의자들의 약육강식의 경쟁의 주요형태와 그 특징
	현시기 지속되고있는 미딸라시세의 저하와 그 원인
	일본에서 〈산군복합체〉의 형성과 그에 기초한 군수산업구조의갱신
2009.2	독점지표를 가지고 무역거래를 하는것은 현시기 수출무역발전의 중요요구
	정보제품의 가치형성에 대한 리해에서 제기되는 몇가지 문제
	경제장성속도 타산을 위한 경제수학적 모형
	현시기 발전된 자본주의나라들의 생산부문구조에서 나타난 변화
	세계금융위기의 원인과 주요특징
	더욱강화되는 일본군사독점자본의 해외팽창책동
2009.3	사회주의사회에서 중앙은행의 대외적기능
	현시기 발전도상나라들에서 국내자원보호를 위하여 실시하고 있는 수출관세정책
	현시기 유럽동맹의 수출무역정책
2009.4	봉사무역의 본질적특징과 그 기본형태

년,호	제 목
	부동산투자위험과 그를 극복하기 위한 방도
	국제채권시장의 구조상 변화
	현시기 발전된 자본주의나라들에서 경제의 대외의존성의 심화
	자본주의 사회에서 사회와 개인의 리익의 〈실현〉을 설교하는 〈사회적시장경제론〉에 대한 비판
	현시기 자본주의나라들에서 시장관리를 통한 착취의 강화
	자본주의사회에서 소비자신용의 확대는 경제공황의 폭발을 촉진시키는 요인
	자본주의국가의 통화금융적간섭과 후과
	현시기 수출무역지표의 합리적설정은 나라의 대외지불능력제고의 중요담보
	부동산관리에서 나서는 몇가지 문제에 대하여
	정보산업의 발전과 실업의 증대
	현대제국주의를 변호하는 〈신제도학파〉리론의 발생과 특징
2010.1	현대제국주의의 전반적위기를 부정하고 국가독점자본주의를 미화분식한 현대수정주의경제리론의 반동성
	〈고도기술발전〉을 위한 자본주의렬강들의 국가독점자본주의적간섭책동의 강화
	제국주의자들이 떠는 경제의 〈세계화〉는 국제회계기준발생의 근원
	자본주의사회에서 리자의 리용과 그 반인민성
	현시기 대외무역에서 가치법칙의 옳은 리용은 대외경제관계발전의 중요담보
	쏘프트웨어제품의 무역가격제정에서 나서는 몇가지 문제
	국제상품전람회조직에서 림시허가제도의 역할
2010.2	기술자문봉사와 그 역할
	정보산업시대 자본주의적임금제도의 특징
	정보산업시대 변동보수제하에서 자본가계급과 로동계급사이의 소득격차의 심화
	자본주의경제위기는 자본주의시장경제의 필연적 산물
	신보호무역주의와 자본주의렬강들사이의 모순의 표면화
	현시기 대외무역에서 가치법칙리용의 몇가지 문제
	대외무역발전에서 국제상품전람회조직운영의 중요성
2010.3	국제금융시장에 적극 진출하는데서 나서는 몇가지 문제
	기술자문봉사의 옳은 조직과 진행에서 제기되는 몇가지 문제
	미국에서 금융위기와 그 후과
	외화수지관리의 본질
	체선료 및 조출료 계산에서 류의해야 할 문제
	국제해운시장의 일반적특징과 그 합리적 리용이 가지는 의의
2010.4	부르죠아거시경제학의 〈계획화〉리론 비판
	정보산업시대 자본주의적착취로 인한 저임금근로자들의 급속한 증대
	세계적판도에서 높은 리윤을 얻기 위한 다국적기업들의 악랄한 경영전략
	최근 국제금융위기의 특징
2011.1	수출무역의 독점지표설정에서 나서는 기본요구
	증권투자를 위한 수익률타산에서 제기되는 몇가지 문제

년,호	제 목
	외국인투자기업창설대상의 경제적효과성평가를 위한 기초계산자료에 대한 연구
	력사적으로 본 자본주의회계의 반동성
	현시기 자본주의나라들에서의 저리자정책의 파탄
	우리나라의 대외경제적련계를 차단하여 온 미제의 악랄한 책동
2011.2	환자시세예측에서 칼만려파예측모형
	라선경제무역지대 외국투자기업 및 외국인세금제도의 특징과 그 운영을 개선하는데서 나서는 몇가지 문제
	투자은행의 변동추세
	외화통계지표체계설정에서 제기되는 문제
	현시기 자본주의나라들의 대외경제정책의 특징
2011.3	국제청부건설에서 적용되고 있는 원가계산방식과 그 특징
	현시기 수입무역에서 품질규제의 합리적리용
	국제상품거래소의 특징
	외화수지관리를 개선하는데서 나서는 기본원칙
	투자유치를 위한 세금제도수립에서 나서는 몇가지 문제
	현시기 여러나라들의 우주산업발전동향
	세계적범위에서 널리 도입되고있느 보험업무의 정보화
	자본주의나라 상업은행의 경영관리기구에 대한 리해
	로력리용상태를 특징짓는 지표계산방법
	〈인간자본〉론 비판
	미국식금융방식의 부당성
2011.4	대외시장확대는 현시기 대외무역발전의 중요요구
	현시기 선진기술도입전략에 기초한 투자유치활동을 전개하는데서 나서는 몇가지 문제
	쏘프트웨어수출무역발전전략수립의 기본요구
	현시기 국제기술이전과 그 변화
	국제상품거래소에서의 현물거래방법
	수출무역에서 지불화폐의 합리적선택을 통한 지불위험의 해소
	수출무역에서 광고의 역할
	현시기 무역거래에서 리용되고 있는 전자지불봉사의 일반적특징
	경제의 저탄소화는 새로운 경제발전방향
	자본주의시장에서 부동산가격에 영향을 미치는 기본요소
	현시기 지역경제통합의 정치군사적성격의 강화와 그 요인
	제국주의적국제경제기구의 침략적,략탈적 성격
	독점자본의 탐욕과 실업의 증대
	로동시간단축을 통하여 실업문제의 해결을 주장하는 현대부르죠아경제리론의 반동성
2012.1	무역외화수입과 지출에 대한 은행통제에서 중요한 문제
	외화수지관리를 개선강화하는데서 중요한 문제
	수출품의 광고리용에서 나서는 몇가지 문제
	현대부르죠아 〈신자유주의〉경제리론의 반동적본질과 특징

년.호	제 목
	현대자본주의국가재정정책의 반동성
	정보산업시대 자본주의하에서 리윤률변화경향에 대한 분석
	현 미딸라기축통화제의 부당성
2012.2	대외결제은행관리에서 지켜야 할 기본요구
	국제대부와 그 형태
	아시아태평양경제협력회의에 의한 전지역적인 경제권의 추진과 그에 대한 〈아세안〉의 전략적 동향
	국제금시장에서 금의 공급과 수요에 영향을 주는 요인
	자본주의사회에서 리윤률계산의 몇가지 문제
	〈공정성〉의 간판밑에 가리워진 자본주의세금제도의 반인민적이며 기만적인 성격
2012.3	수출무역거래위험과 그 극복방도
	기술적분석에 의한 환자시세예측의 정확도를 높이기 위한 몇가지 방도
	손익한계점의 경제적내용과 그 리용의 필요성
	투자기회분석에서 나서는 중요문제
	보험업종구분과 그 내용
	세계보험시장에서 재보험거래의 다양화
	합영기업경영수입의 본질적특징과 역할
	외화수지불균형과 그에 영향을 주는 요인
	대외경제거래에서 신용위험의 발생요인
	현시기 국제무역분쟁해결에서의 새로운 변화에 대하여
	투기적금융자본의 일반적 특징
	자본시장에 대한 〈신제도경제학〉비판
2012.4	국제시장경기예측지표의 론리적분석에서 제기되는 몇가지 문제
	화폐류통통계지표의 합리적 설정
	외국투자기업 현금류동표와 그 의의
	현실발전의 요구에 맞게 외국투자를 효과적으로 리용하는데서 나서는 원칙적 요구
	〈봉사무역에 관한 일반협정〉의 체결과정에 대하여
	외국투자기업에서 설비투자의 효과성분석방법
	경제특구와 그 발전방향
	경제무역지대에서 투자대상융자업
	〈브릭스〉의 출현으로 이한 국제경제관계에서의 주요변화
	남조선.미국〈자유무역협정〉의 반동성과 그 후과
	현시기 자본주의나라들에서 기간산업의 해외류출로 인한 생산부문 감퇴와 봉사부문의 기형적 팽창
2013.1	사회주의사회에서 대외결제은행관리운영의 특징
	무역회사들이 국제상품전람회를 통하여 상품수출을 확대하는 것은 대오무역발전의 필수적요구
	대외결제은행 회계분석의 본질적 내용
	〈봉사무역에 관한 일반협정〉에서 규제된 봉사의 분류에 대하여

년,호	제 목
	외국세액공제와 그 적용에서 나서는 몇가지 문제
	경제범주로서의 금융자본
	자본주의기업에서 비용의 본질과 그 특징
	정보산업시대 독점적 고률리윤법칙작용조건에서의 변화
2013.2	대외결제은행들에서의 류동성위험과 그 관리
	보험사고류형과 그 특성
	최근시기 외국환자분야에서 나타난 특징적현상
	〈BOT〉개발방식의 본질적특징
	통화파생금융상품조작에서 나서는 중요한 문제
	아시아나라들과의 대외경제협조관계의 특징
	세계무역기구의 위기
	정보산업시대 자본주의적착취관계비밀해명의 중심문제
	기업통합 및 매각을 통한 다국적기업체의 정보기술독점화책동과 그 후과
2013.3	경제의 세계적인 경쟁력에 대한 일반적리해와 그 규정요인
	우리나라 외국투자기업회계관련법규의 규제범위와 국제회계기준의 리용가능성
	우리나라에서 외국인투자활동에 대한 일반적 분석
	국제상품매매계약과 그 특징
	국제증권투자위험과 그 분류
	금융교환거래와 그 종류
	신용카드의 종류와 경제적기능
	환사지세관리의 본질적내용
	자본주의사회에서 은행위기의 원인
	자본주의회계의 련결결산제도는 대독점기업의 리익분식을 위한 온상
	굴욕적이고 불평등한 남조선-미국 〈자유무역협정〉
2013.4	로씨야 원동지역경제발전의 최근 특징
	전통제품생산은 강화하는 것은 경제의 세계화책동을 분쇄하기 위한 중요방도
	국제금융의 투기화와 금융위기의 심화
	자본주의경제성장을 합리화하는 현대부르죠아 〈경제성장론〉의 발생 및 변천
	독점들의 시장을 확대하기 위한 자본주의국가들의 간섭책동
2014.1	대외진출기업의 경쟁력을 높이기 위한 전략작성에서 나서는 몇가지 문제
	현시기 상표발전의 특징
	관광업에서 지역적운영단위설정의 필요성
	합영,합작 기업에 대한 세무관리를 강화하는 것은 국가의 투자정책을 실현하기 위한 중요요구
	라선경제무역지대에서 봉사업의 본질적 특징
	금융선물거래와 그 기능
	국제은행간거래에서 적용되고있는 손실보장리자의 계산방법
	자본주의사회의 필연적산물 지하경제
	정보산업시대 자본주의적분배에서 일어난 중요한 변화

년,호	제 목
2014.2	주체적립장은 대외경제발전의 주요담보
	첨단기술개발구창설은 지식경제시대의 필수적 요구
	우리나라에서 외국인투자기업을 관리운영하는데서 제기되는 몇가지 문제
	대외경제지대의 발생발전과 류형
	임금지불제도의 변화에 의한 자본주의적착취의 강화
	자본주의나라들에서의 주택세와 화폐구매력의 호상관계와 그를 리용한 환률예측가능성 연구
	자본주의조세제도의 특징
2014.3	현실발전의 요구에 맞게 무역단위와 수출품을 결정적으로 늘이는데서 나서는 몇가지 중요한 문제
	국제금융시장에서 증권투자의 기술적분석과 그 방법
	중계무역의 특징과 형태
	국제세무분야에서 적용되고 있는 소득원천지확정기준
	국제세무관계에서 2중과세의 발생원인
	국제투자방식 BOT와 그 적용에서 나서는 기본요구
	세계경제를 연구하는데서 제기되는 몇가지 문제
	현시기 세계적으로 치렬해지고있는 에네르기자원쟁탈전의 사회경제적 요인
	발전도상나라들의 식량안전을 파괴하는 제국주의자들의 책동과 그것을 짓부시기 위한 방도
	자본주의은행위기와 그 특징
	자본주의사회에서 기업통합의 특징과 목적
2014.5	국제적인 화물중계수송기지로서의 라선경제무역지대의 유리성
	경제무역지대에서 금융업조직의 일반적원칙
	오존층보호에 관한 국제환경협정과 그것이 국제무역에 미치는 영향
	기한부환자시세와 리자률에 의한 그의 예측방법
	국제경쟁력의 본질과 그 평가
	현시기 발전도상나라들에 대한 다국적기업체들의 지배와 략탈의 강화
	자본주의은행위기 심각화와 필연성
	부르죠아 〈내생경제장성리론〉의 발생은 자본주의경제위기의 필연적 산물
	신자유주의적경제정책과 2008~2009년 세계경제위기
2015.1	관광에 대한 리해
	대외경제교류의 경제적효과성타산에서 지켜야 할 중요원칙
	증권선물거래에서 선물가격타산방법
	대외결재은행들에서 경영위험과 그 평가방법
	혼합보험에서의 순보험료제정기초타산
	환자시세제도와 그의 류형
	현시기 자본주의나라들의 〈유연성〉제고를 통한 〈고용안정화〉정책과 그 반동성
2015.2	각 도들의 실정에 맞게 경제개발구들을 창설운영하는데서 나서는 몇가지 문제
	경제개발구의 개념과 주요류형

년,호	제 목
	새로운 수출제품의 판로개척방법에 따르는 상표의 제정
	국가외화관리의 본질과 내용
	첨단기술개발구의 발전동향
	무역품에 대한 세관신고수속과 승인절차
	비무역품에 대한 세관신고수속과 승인절차
	대외금융거래에서 신용위험과 그 평가방법
	아세안의 창설과 확대
	현시기 국제금융시장에서 파생금융상품거래의 확대와 그 요인
	생산력발전이 자본주의사회에 미치는 영향
	현대은행업의 발생발전과 자본주의금융기관의 확대
2015.3	현시기 독립채산제기업소들에서 무역상품생산 필요한 자금보장에서 지켜야 할 기본요구
	보세제도에 대하여
	보세창고와 보세화물에 대한 일반적리해
	관세의 경제적기능을 바로 리용하여야 할 필요성
	현금류동표와 그 특징
	합영,합작대상선정사업에서 견지하여야 할 주요 원칙
	세계제약산업의 특징
	온실기체방출을 방지하기 위한 국제환경협정과 국제무역
	세계 여러 나라의 특수경제지대들에서 외국주자를 받아들이는데서 주목되는 몇가지 문제
	자본주의상업은행과 그 위기
	자본주의사회의 필연적산물인 지하경제의 특징
	개성공업지구
2015.4	첨단기술개발구의 경제기술적특성
	경제개발구개발사업을 적극 밀고나가는 것은 경제강국건설의 중요요구
	환자선택권거래와 그 특징에 대하여
	분산투자에 대한 일반적리해
	자본주의회사의 소유제에 대한 분석
	최근자본주의나라들에서 실시되는 금융정책과 그 파탄의 불가피성
	발전된 자본주의나라 다국적기업체의 출현과 그 특징
	우리 나라에 대한 미제의 경제제재책동과 그 전면적 파산
2016.1	현시기 경제개발구를 개발하고 관리운영하는데서 나서는 몇가지 문제
	라선경제무역지대에서의 관세감면대상
	경제무역지대에서 화폐류통의 안정성보장조건
	경제무역지대에서 은행대부담보의 경제적내용과 그 특징
	국가외화수지전략작성방법
	대외금융상품가격제정원리
	송금경제의 일반적내용
	경제자문봉사의 합리적조직에서 나서는 중요요구
	보세가공무역에 대한 세관감독

년,호	제 목
	수체결제에서 수출자의 위험과 그 방지조치
	공동해손청산을 위한 합리적방법연구
	원협약과 국제무역거래규칙의 호상관계
	자본주의금융의 증권화와 그 사회경제적 후과
	〈련대체제의 정합성〉에 대한 현대부르죠아경제리론과 반동성
2016.2	국제무역에서 상표장벽과 그 특징
	국제해상화물수송에서 기간용선계약과 그 특징
	환자시세예측에서 신경망을 통한 기술적분석방법과 요인적분석방법의 경향
	국제금융시장에서 신용위험평가와 그 방법
	투자도입국의 국제수지균형에 미치는 환국직접투자의 경제적작용효과에 대한 분석
	자본주의국제관리의 수탈적 본성
	자본주의구매력평가설의 비과학성
	〈헌법적신자유주의〉리론의 파산의 불가피성
	현대제국주의하에서 국가시장의 확대에 의한 경제의 파국적 후과
	미국에서 이민로동자들의 로동생활처지의 악화
2016.3	려행사업무의 발전추세
	경제개발구 개발에서 나서는 몇가지 원칙
	대외무역인증의 본질
	유전알고리듬에 의한 분산투자자산구성방법
	경제개발구회계제도의 주요특징
	현대자본주의공표회계제도의 반동적본질과 그 경제리론적 기초
	낡은 국제통화금융기구를 통한 경제적침략을 합리화하는 브르죠아변호론의 반동성
	자본주의나라들에서의 은행상품과 그 특징
2016.4	대외가격관리의 책략화는 대외진출기업체의 필수적요구
	호텔봉사사업의 본질과 특징
	각 도에 창설되는 경제개발구들의 특징
	원산-금강산국제관광지대의 특징
	라선경제무역지대의 중계무역발전에서 나서는 몇가지 문제
	전자상업의 발전추세
	투자계획에 대한 민감도분석방법에 대하여
	모험투자와 그 특징
	유럽보험시장의 형성과 발전
	국제금융시장에서 교환거래의 확대와 그 특징
	국제금융시장에서 분산투자방법과 그 류형
	생명보험업무에서 사망분포가정의 리용
	발전도상나라들사이의 금융분야에서 협조를 강화하는데서 나서는 문제
	중앙아시아나라들의 자원을 둘러싼 대국들의 대립과 모순의 첨예화

북한사회와 자본주의 세계의 공존*

- 이론과 가능성 -

김진환**

1. 머리말

북한사회를 바다에서 항해 중인 배에 비유해보자. 이 배는 어디에서 어디로 가고 있는 것일까? 북한사회가 냉전 시대에 '사회주의 세계'와 '자본주의 세계'라는 양대 대양 중 '사회주의 세계'에서 항해를 주로 했다는 건 대다수가 알고 있는 사실이다. 그런데 북한사회 구성원 입장에서 볼 때 자기 사회의 항해와 관련해 중대한 '문제'가 수십 년 전 발생했다. 1980년대 후반~1990년대 초반 탈냉전 시대를 거치면서 사회주의 세계라는 대양의 면적이 과거와 비교가 무색할 정도로 줄어든 것이다. 자본주의 사회와 사회주의 사회의 구분 기준을 무엇으로 삼는가에 따라 달라지겠지만, 아래에서 제시할 이 글 기준에 따르면 사회주의 세계를 근거지로 두고 항해 중인 배는 이제 4개 사회(중국, 베트남, 쿠바, 북한)에 불과하다.

---

* 이 글은『북한학연구』제14권 제1호에 게재한 논문을 수정 · 보완한 글이다.

** 통일교육원 교수

지난 몇 년 동안 북한사회 외부인들이 부쩍 주목하고 있는 북한사회 내부 현상, 곧 북한경제의 '시장화'도 바로 이 시점에 본격화되기 시작했다. 자본주의 세계의 확장, 사회주의 세계의 축소라는 역사의 흐름 앞에서 좌초하지 않고 항해를 계속할 수 있는 방법은 무엇일까? 북한사회 지배집단인 조선노동당 또는 '북한 당국'[1]은 한편으로는 '시장기구' 역할 확대를 핵심으로 체제를 개혁하고, 한편으로는 선군정치를 앞세워 체제위기를 극복하려 했다. 북한사회 피지배집단인 노동자 · 농민도 미증유의 체제위기 앞에서 두 손 놓고 있지는 않았다. 이들은 주로 불법적인 시장 활동에 의지해 경제난을 헤쳐 나갔고, 누군가는 체제 밖으로의 이탈까지 감행하며 살 길을 찾았다.[2]

2018년 현재 북한사회는 좌초 위기에서는 어느 정도 벗어났다고 평가 받고 있다. 최고 권력자인 김정은 조선노동당 위원장은 북 · 중정상회담, 남북정상회담, 사상 첫 북 · 미정상회담을 잇달아 치러내며 안정성을 과시하는 중이다. 경제난이 심할 때는 잘 모이지도 못했던 조선노동당이 이제는 주기적으로 회의를 개최하며 북한사회의 진로와 관련된 중요 결정들을 하고 있다. 북한사회 밖 관찰자들이 내놓는 북한경제 지표들, 예를 들면 경제성장률, 식량 사정, 시장 물가 등도 체제위기의 심화가 아니라 완화라는 방향을 가리키고 있다. 1990년대 중 · 후반 '북한붕괴론'의 단골 증거로 제시되곤 했던 '대량 탈북'도 이제는 찾아보기 힘든 게 사실이다.[3]

그럼에도 불구하고 '문제'는 변함없이 남아 있고, 이 글은 바로 이러한 현실에서부터 출발한다. 사회주의 세계라는 바다의 면적은 소련 해체, 동유럽

1) 일반적으로 당국(當局)은 정당보다는 국가행정기관을 가리킬 때 사용하는 단어다. 하지만 사회주의 체제에서는 사회주의 정당이 국가행정기관을 수단으로 삼아 통치하므로 '당국'을 사회주의 정당과 국가행정기관을 포괄하는 단어로 쓸 수도 있다.

2) 김진환, 『북한위기론 : 신화와 냉소를 넘어』 (서울: 선인, 2010).

3) 물론 2018년 현재도 탈북은 이어지고 있다. 하지만 북한이탈주민 입국자 숫자가 2009년 2,714명으로 정점을 찍은 뒤 2017년 1,127명까지 하락했듯이 양적으로는 감소하는 추세다. 북한이탈주민 입국자 숫자는 통일부 홈페이지에서 확인할 수 있다. http//www.unikorea.go.kr(검색일: 2018. 4. 16).

사회의 체제전환 등으로 극적으로 줄어든 이후 지난 30여 년 동안 거의 달라지지 않았다. 이 좁아진 바다에서만 안전하게 항해하기 어렵다고 판단한 중국 · 베트남 · 쿠바 당국은 북한사회가 위기에 빠져 있던 그 즈음 자본주의 세계라는 한결 넓어진 대양으로 가는 항로를 부지런히 개척했다. 달리 말해 중국 · 베트남 · 쿠바사회는 북한사회와 마찬가지로 아직 사회주의 세계라는 바다가 항해 근거지지만, 필요에 따라 자본주의 세계라는 넓디넓은 바다에 출입하며 자본주의 세계와 '공존'하고 있는 것이다.[4]

그렇다면 이제 막 좌초 위기를 벗어난 북한사회도 자본주의 세계와 공존하는 항로를 열 수 있을까? 달리 질문하면, 북한사회가 자본주의 세계라는 바다에 출입하기 위해 갖춰야 할 안팎 요소들은 무엇이며, 그러한 요소들은 북한사회 안팎에 실제로 얼마나 갖춰지고 있을까? 이 글의 목적은 이 질문에 대답하는 것이고, 이러한 목적을 이루려면 필수적으로 다음과 같은 단계를 거쳐 가야 한다.

첫째, 북한사회와 자본주의 세계의 공존을 이론적으로 정의할 필요가 있다. 이는 북한사회와 자본주의 체제를 구별 짓는 차이점이 무엇이고, 북한사회 안팎에 과연 어떤 요소가 존재할 때 북한사회가 자본주의 세계와 공존할 수 있는지를 이론적으로 해명하는 작업이다. 둘째, 북한사회와 자본주의 세계의 공존을 가능하게 해 주는 요소들이 오늘날 북한사회 안팎에 실제로 어느 정도 갖춰져 있는지를 북한사회의 경제적 변화를 중심으로 살펴볼 것이다.

4) 사회주의 세계의 사회가 자본주의 세계와 '공존'하는 실제 형태는 다양할 수 있다. 중국 · 베트남사회처럼 국제통화기금(IMF), 세계무역기구(WHO) 같은 자본주의 세계의 대표적 국제경제기구에 가입해 활동하는 경우를 높은 수준의 공존이라고 한다면, 이러한 국제경제기구의 정식 회원국이 아니더라도 자본주의 세계의 국가, 기업, 개인 등으로부터의 투자가 늘어나고, 자본주의 세계와의 무역이 활발해지는 경우는 낮은 수준의 공존이라고 할 수 있다.

2. 이론 : 국가사회주의와 자본주의의 '공존'

'공존'(共存)의 사전적 정의는 두 가지 이상의 사물이나 현상이 함께 존재하는 것이다. 또한 서로 도와서 함께 존재한다는 뜻도 있다. 따라서 두 사회의 공존은 두 사회를 구별해 주는 '차이점'의 존재, 두 사회의 '협력 의지' 등을 전제로 한다. 북한사회가 자본주의 세계의 사회들과 같은 요소만으로 이루어진 사회고, 북한사회가 자본주의 세계의 사회들과 대결만을 원한다면 공존관계는 애당초 성립되지 않는 것이다. 그렇다면 북한사회 같은 사회주의 체제와 자본주의 체제의 차이점은 무엇일까? 다양한 범주에서 비교해볼 수 있겠지만, 이 글에서는 사회체제를 구성하는 여러 가지 요소들 중 사회 구성원의 생활과 가장 밀접한 '정치구조'와 '경제구조'를 중심으로 비교해보겠다.

먼저 북한사회를 정의해보자. 북한사회는 "한반도 군사분계선 이북(以北)에 실존하는 국가사회주의 체제"라고 정의할 수 있다.[5] 이러한 정의에는 북한사회도 사회주의 체제의 본질적 · 보편적 특징을 공유하고 있다는 사실, 북한사회에서 가장 큰 영향력을 가진 행위자는 사회주의 정당과 국가기구라는 사실 등이 내포돼 있다.

모든 사회주의 체제의 당 · 국가는 항상 자신이 사회주의의 전통과 이상에 충실한 주체라고 주장한다. 하지만, 밖에서 이 체제를 관찰해온 연구자들은 마르크스-엥겔스의 '구상'과 후대에 등장한 사회주의 체제의 '실제'는 같지 않았다는 점, 이상적이고 대안적인 사회주의 체제도 얼마든지 실현 가능하다는 점 등에 주목한다. 따라서 이들은 이 체제를 실존사회주의(actually existing socialism)[6] 또는 현실사회주의(real socialism)라고 부르자고 주장한다.

---

5) 김진환, 『북한위기론 : 신화와 냉소를 넘어』 (서울: 선인, 2010), p.34.

6) Rudolf Bharo, David Fernbach (trs.), *The Alternative in Eastern Europe* (London: New Left Books, 1978), pp.138-139.

이들이 보기에 현실사회주의에서는 당 · 국가가 주로 경제를 계획하고 관리하며, 계획적 경제운영 과정에서 권력의 전제적 성격이 강화되는 경향이 있는데,[7] 이처럼 당 · 국가의 영향력이 크고 주도성이 강하다는 사실에 주목한 정의가 바로 '국가사회주의'(state socialism)다.[8] 국가사회주의 체제는 스탈린 시대 소련을 원형(prototype)으로 삼아 성립됐다. 과거에는 소련, 동유럽을 포함해 수십 개의 국가사회주의 체제가 존재했지만, 오늘날 세계에서 국가사회주의 체제로 분류할 수 있는 사회는 중국 · 베트남 · 쿠바 · 북한사회 정도다. 이 체제들의 정치 · 경제구조와 자본주의 체제의 정치 · 경제구조는 큰 틀에서 보면 다음과 같은 차이점이 있다.[9]

첫째, 두 체제의 정치구조는 모두 체제 안 주체들의 권력(power)을 둘러싼 갈등의 산물이지만, 권력의 소재(所在), 지배-피지배관계의 양상 등을 보면 다른 점이 확인된다. 자본주의 체제에서는 체제 안의 여러 집단이 권력을 나눠 가지고 있다. 국가행위자, 자본가계급, 노동자계급 등 다양한 주체들이 각각 권력을 놓고 치열하게 다투기 때문에 어떤 집단도 권력집단으로서 독점적 · 배타적 지위를 누릴 수 없다. 이에 비해 국가사회주의 체제의 권력은 전체 주민의 의지와 이해를 대변한다고 주장하는 하나의 사회주의 정당에 독점된다. 물론 자본주의 체제에도 특정 정당 · 개인 독재가 존재한다. 그렇지만 20세기 이래 자본주의 체제의 어떠한 정당 · 개인도 조선노동당, 중국공산당, 베트남공산당, 쿠바공산당만큼 오랜 기간 권력을 독점하지는 못했다.

한편, 자본주의 체제에는 사회로부터 독립적 목표를 공식화하고 추구할 수 있는 국가,[10] 다양한 계급 · 계층의 이해를 대변하는 정당, 언론, 시민사회단

7) 알렉 노브 지음, 대안체제연구회 옮김, 『실현 가능한 사회주의의 미래』 (서울: 백의, 2001), pp.245-249.

8) 데이비스 · 스케이스 지음, 한상진 옮김, 『체제비교 사회학 : 서구 자본주의와 국가 사회주의』 (서울: 느티나무, 1990), pp.123-125.

9) 두 체제 정치 · 경제구조의 공통점과 차이점은 아래 글을 수정 · 보완했다. 김진환(2010), pp.34-44.

체, 민간기업 등이 공존한다. 이 때문에 권력을 장악한 정당 · 개인, 국가기구의 자율적 행위자, 권력을 장악하지 못한 정당들과 그 정당들이 이해를 대변하는 계급 · 계층, 언론, 시민사회단체, 민간기업 사이에는 복잡한 지배–피지배관계가 형성된다. 이에 비해 국가사회주의 체제에서 국가기구는 사회주의 정당의 지배를 실현하는 도구로 기능한다.[11] 만약 사회주의 정당의 지배도구에 불과했던 국가기구가 사회주의 정당으로부터 독자성을 확보할 경우 이 체제는 더 이상 국가사회주의 체제로 볼 수 없다. 또한 국가사회주의 체제에서는 당 · 국가에 비판적인 언론과 시민사회단체의 영향력이 미약하다. 따라서 국가사회주의 체제의 지배–피지배관계는 당 · 국가–노동자 · 농민관계로 단순화된다.

둘째, 두 체제 모두 재화(goods)의 충분한 축적을 추구한다는 점은 같지만, 이러한 목적 달성을 위해 사회 구성원들이 맺는 생산관계는 다르다. 먼저, 자본주의 체제에서는 토지, 건물, 기계설비, 운송수단, 산림, 지하자원, 원료 같은 중요 생산수단을 개인이 사적으로 소유하고 있으며, 이러한 소유구조를 기반으로 생산력 발전을 추구한다. 이에 비해, 국가사회주의 체제에서는 중요 생산수단을 국가 또는 협동단체가 가지고 있다. 사회주의 혁명은 생산수단의 사적 소유 철폐가 노동해방 조건이고 소유구조의 사회주의적 변형이 생산력 발전에도 유리할 것이란 마르크스–엥겔스의 이론을 나침반 삼아 전개됐다. 혁명에 성공한 사회주의자들은 개인이 갖고 있던 중요 생산수단을 국가소유 또는 협동소유로 돌리는 데 우선적으로 주력했다.

---

10) 스카치폴은 국가를 "영토와 국민에 대한 통제를 주장하며 사회집단, 계급 또는 사회의 요구나 이해를 단순히 반영하지 않는 목적들을 공식화하고 추구하는 조직"으로 정의한다. Theda Skocpol, "Bringing the State Back In : Strategies of Analysis in Current Research", in Evans, Peter, B. & Rueschemeyer & Theda Skocpol eds., *Bringing the State Back In* (New York: Cambridge University Press, 1985), p.9.

11) 북한 헌법은 "조선민주주의인민공화국은 조선로동당의 령도 밑에 모든 활동을 진행한다"(제11조)는 조항으로 이러한 정치구조를 제도화했다.

다음으로, 자본주의 체제에서는 인간생활과 생산에 필요한 자원(resources) 대부분이 '시장기구'(market mechanism)에 의해 배분되는 데 비해, 국가사회주의 체제에서는 국가가 관할하는 '계획기구'(plan mechanism)를 통해 대부분 배분된다. 시장기구와 시장(market place)은 혼용되기도 하는데, 엄밀히 구분하면 시장기구는 일종의 구조 또는 시스템이고, 시장은 장소를 가리킨다. 시장기구란 재화와 서비스의 가격이 수요자와 공급자의 상호작용에 의해 결정되고, 이렇게 결정된 가격이 다시 수요자와 공급자의 행위 전반에 영향을 끼침으로써 거시경제 전체의 자원배분까지도 조정하는 시스템이다. 이러한 시스템이 발전하려면 장소로서의 시장(market place)도 필요하므로 시장기구와 시장은 함께 성장한다.[12] 현실사회주의의 초기 당국자들은 자본주의 체제의 주기적 공황, 실업, 빈곤 등은 시장기구의 '무정부성' 때문에 나타난다고 보았고, 이를 극복하기 위해 시장을 계획으로 대체했다.[13]

끝으로, 사적 소유와 시장기구를 중심으로 운영되는 자본주의 체제에서는 경제 주체의 자율적 의사결정이 활발하게 이루어진다. 경제 주체들은 엄밀한 수요 조사를 기반으로 상품 생산을 결정하고, 판매 가격도 시장 상황에 맞춰 자율적으로 결정한다. 이에 비해, 국가 · 협동적 소유와 계획기구를 중심으로 한 국가사회주의 체제에서는 중앙계획당국의 지도, 명령 지표, 국정가격 등이 경제활동 주체의 의사결정 기준이 된다. 물론 자본주의 체제에서도 국가가 경제 주체의 의사결정에 개입하지만, 중심적인 자원배분기구가 시장기구인 조건에서는 국가사회주의 체제에서만큼 영향력 · 강제력을 갖기 어렵다(〈표 1〉).

---

12) 양문수, "북한에서의 시장의 형성과 발전", 『비교경제연구』 제12권 제2호(한국비교경제학회, 2005), pp.6-7.

13) 데이비스 · 스케이스(1990), pp.69-85; 마이클 부라보이 지음, 정범진 옮김, 『생산의 정치 : 자본주의와 사회주의의 공장 체제』 (서울: 박종철출판사, 1999), pp.206-209; Janos Kornai, *The Socialist System : The political economy of Communism* (Princeton, New Jersey: Princeton University Press, 1992), p.51.

〈표 1〉 자본주의 체제와 국가사회주의 체제의 정치 · 경제구조 차이

		자본주의 체제	국가사회주의 체제
정치구조	권력 소재	권력 분점	권력 독점
	지배-피지배관계	복잡	단순
경제구조	생산수단 소유	개인 소유 중심	국가 · 협동적 소유 중심
	자원배분	시장기구 중심	계획기구 중심
	의사결정	자율적 의사결정 중심	타율적 의사결정 중심

그런데 두 체제를 비교하면서 놓치지 말아야 할 사실이 한 가지 있다. 〈표 1〉에 적었듯이 자본주의 체제에서는 사적 소유, 시장, 자율적 의사결정이, 국가사회주의 체제에서는 국가 · 협동적 소유, 계획기구, 타율적 의사결정이 '중심적'이라는 점이다. 달리 말하면, 자본주의 체제에는 국가 · 협동적 소유, 계획기구, 타율적 의사결정이, 국가사회주의 체제에는 개인 소유, 시장기구, 자율적 의사결정이 주변적 · 보조적으로 존재한다는 점을 간과해서는 안 된다. 요컨대 두 체제의 경제구조 사이에는 접점이 존재한다.

20세기 세계사를 돌아보면, 각 체제 경제구조의 주변적 · 보조적 요소들은 외적으로는 두 체제가 정치적 · 군사적 · 경제적으로 경쟁하고,[14] 내적으로는 개별 사회가 처한 정치적 · 경제적 난관에 대응하는 과정에서 점차적으로 체제 안에서 지위를 넓혀왔다. 샤방스의 관찰에 따르면 그가 '전통적 소비에트 체제'로 정의한 국가사회주의 체제의 원형(prototype)은 1950년대 이래 본

14) 예를 들어 1970년대 후반~1980년대 초반 소련 브레즈네프 정권과 미국 레이건 정권의 군비 대결은 고르바초프의 페레스트로이카에 영향을 끼쳤다. 물론 반대 방향의 영향력도 있다. 월러스틴은 러시아 혁명과 냉전이 자본주의 유럽에 끼친 영향을 다음과 같이 정리한다. "러시아혁명의 교훈은 범유럽세계라고 약칭할 수 있는 강대국들의 세계와 비유럽세계에 각기 다른 영향을 끼쳤다. (…) 이는 범유럽 국가의 노동계급을 무마하기 위해 자유주의가 나눠주는 꾸러미에 담아야 할 분담금을 상당히 증액시키는 결과를 가져왔다. 특히 소련의 군사적 · 정치적 힘이 그토록 크게 다가오는 듯했던 1945년 이후 시기에, 그 꾸러미의 복지국가적 요소를 크게 확대하는 것으로 이어졌다. 러시아혁명을 겪지 않은 세계에서 우리가 경험한 것과 같은 범유럽적 케인즈주의가 성립했을 가능성은 거의 없다." 이매뉴얼 월러스틴 지음, 백영경 옮김, 『유토피스틱스 또는 21세기의 역사적 선택들』 (서울: 창작과비평사, 1999), p.44.

격적으로 변용되기 시작했다. 논리적으로 추론해 봐도, 각 사회의 인구 구성, 산업발전 수준, 당 · 국가의 경제전략, 역사적 경험, 문화 특성 등 여러 변수에 따라[15] 국가사회주의 체제의 원형과 다른 변형(variation)이 등장하는 건 필연적이라고 할 수 있다.

샤방스는 일당독재와 국가소유가 제도적 기초를 이루고 여기에 중앙계획이 더해진 체제를 전통적 소비에트 체제로 정의한다. 그리고 집단화된 농업, 무역의 국가독점, 제한된 사적 부문, 전제적 기업관리 등을 이 체제의 핵심은 아니지만 체제를 구성하는 제반 요소로 꼽는다. 그는 1950년대 이래 소련과 동유럽을 시작으로 전통적 소비에트 체제의 개혁(reform)이 시작된다고 본다. 개혁은 크게 '체제의 조정'과 '급진적 개혁'으로 구분되는데, 전자는 체제의 제도적 기초나 중앙계획은 훼손하지 않는 개혁, 후자는 중앙집권적 계획 주도의 경제운영구조를 바꾸려는 시도다. '체제의 조정' 수단은 다양한 인센티브 도입, 매출, 비용, 수익 같은 재정적 지표를 중심으로 기업경영 평가, 독립채산제 강화, 기업합병, 의사결정 분권화 등이고, 1950년대 중반 이후 폴란드, 소련, 동독 등에서 이러한 수단이 도입됐다.

이와 달리 '체제개혁'은 '계획과 시장의 결합'을 추구하는데, 계획기구는 장기적 전망과 유연한 투자관리를 통해 성장을 이끌어가고, 시장기구는 일상적인 미시경제적 결정을 책임지는 식으로 경제운영구조를 바꾸는 식이다. 이는 농업, 무역, 사적 부문, 기업관리 영역의 변화와 함께 이루어지는데, 1950년 이후 자주관리제도를 도입한 유고슬라비아, 1960년대 중반 체코와 헝가리, 1978년 이후 중국이 체제개혁 사례들이다.[16] 코르나이도 사회주의 체제를 소유구조, 자원배분기구, 조정기구 차이를 중심으로 크게 '고전체제'와 '개혁체제'라는 두 개 모델로 구분하고 고전체제의 긴장과 모순이 누적되면서 개

15) 데이비스 · 스케이스(1990), pp.145-146.

16) Bernard Chavance, Charles Hauss (trs.), *The Transformation of Communist System* (Boulder, San Francisco, Oxford: Westview Press: 1994).

혁체제가 형성됐다고 분석한다. 개혁체제에서는 공산당의 권력독점은 근본적으로 변화하지 않지만 정치적 자유화 경향이 관찰된다. 무엇보다 자영업, 자영농 같은 사적 영역이 부활하고, 시장적 조정이 경제의 기본적 조정자 또는 적어도 관료적 조정과 같은 지위를 갖게 되며 이에 따라 가격체제도 변화된다(〈표 2〉). 코르나이가 예로 든 개혁체제는[17] 샤방스의 체제개혁 사례들과 거의 겹친다.[18]

〈표 2〉 국가사회주의 체제의 경제구조 개혁

범주	국가사회주의 체제		자본주의 체제
	개혁 이전	개혁 이후	
생산수단 소유	국가 · 협동적 소유 중심	사유화 진전	개인 소유 중심
자원배분	계획기구 중심	시장기구 역할 확대	시장기구 중심
의사결정	타율적 의사결정 중심	의사결정 분권화	자율적 의사결정 중심

샤방스, 코르나이 등이 주목한 개혁 요소들이 바로 국가사회주의 체제와 자본주의 체제의 공존을 가능케 해 주는 체제 안 요소들이다. 달리 말해, 국가사회주의 체제의 본질적 · 보편적 특징을 유지하면서도 생산수단의 사유화 진전, 자원배분기구로서 시장기구의 역할 확대, 경제적 의사결정의 분권화 등이 이루어지지 않을 경우 이 사회는 애당초 자본주의 세계라는 바다로 항해를 시작할 수 없다. 개인 소유권 보장, 시장의 자유, 의사결정의 자율성이 전혀 없거나 극히 미약한 사회의 경제 주체들과 자본주의 사회의 경제 주체들이 과연 무엇을 위해 함께 협력할 수 있을까? 당국자, 노동자, 농민이 시장

17) 코르나이가 예로 든 개혁체제들은 소련의 스탈린 사후 후르시초프 시대(1953~1964)와 페레스트로이카(1985~1990), 헝가리의 임레 나지 집권기(1953~1954)와 정치적 억압 완화기(1963~1989), 체코슬로바키아의 '프라하의 봄'(1968), 폴란드의 자유연대노조가 조직되고 활동하던 시기(1980~1981), 중국의 개혁 선언 이후(1978~현재), 베트남의 개혁 선언 이후(1987~현재) 등이다. Kornai(1992), p.393.

18) 김진환(2010), pp.53-56.

경제에 눈을 뜨고, 시장경제 경험을 통해 의사결정의 자율성과 개인주의를 익히며, 무엇보다 노동자 · 농민이 개인(자본가)과 임금노동관계를 맺는 때와 국가에 고용됐을 때가 무엇이 다른지를 아는 건 국가사회주의 체제가 자본주의 세계라는 바다로 나아가는데 필수적이다.

바로 이 지점에서 소유구조와 자원배분기구의 '친화성'에 대해 생각해볼 필요가 있다. 중요 생산수단의 개인 소유는 시장기구 활성화에 유리하고, 중요 생산수단의 국가 · 협동적 소유는 계획적 자원배분에 유리한 조건이 된다. 따라서 소유구조와 자원배분기구의 지위는 함께 변화하는(共變) 경향이 있다. 곧 국가사회주의 체제에서 시장기구의 역할이 커질수록 사유화 흐름이 빨라질 수밖에 없고, 이는 자본주의적 임금노동관계 성장으로 이어지게 된다. 결국 시장기구 활성화는 그것이 당 · 국가가 의도적으로 추진했든, 노동자 · 농민의 요구와 불법적 시장 활동으로 촉진됐든 상관없이 국가사회주의 체제 경제구조를 전반적으로 자본주의 체제의 그것과 유사하게 만드는 여정의 출발점이 된다. 소련사회와 동유럽의 여러 사회주의 사회들은 이 여정에서 정치민주화 요구, 탈소련 압력 등이 더해지면서 결국 국가사회주의 체제의 본질적 특징까지 훼손되는 체제전환(transformation)으로 나아갔다.[19)]

이제 남은 이론적 문제는 국가사회주의 체제 안에 이러한 요소들만 있으면 자본주의 세계와의 공존이 가능한지를 따져보는 것이다. 결론은 국가사회주의 체제의 경제구조 개혁은 공존의 필요조건이기는 하지만 그것만으로 충분하지는 않다는 것이다. 다시 항해에 비유해보면, 시장화, 사유화, 자율화 등을 갖춘 배는 자본주의 세계라는 바다로 항할 수는 있지만 그것만으로 그 바

19) 동유럽 3개 사회(폴란드, 헝가리, 체코슬로바키아)의 체제전환 과정은 아래 책 참조. 진승권, 『동유럽 탈사회주의 체제개혁의 정치경제학 1989~2000』(서울: 서울대학교출판부, 2003). 한편, 현실사회주의를 국가자본주의로 바라보는 이들은 1980년대 후반~1990년대 초반 소련, 동유럽의 변화를 사회주의에서 자본주의로의 이행이 아니라 국가자본주의에서 '다국적 자본주의'로의 이행이라고 주장하기도 한다. 크리스 하먼 · 마이크 헤인즈 지음, 이원영 편역, 『소련의 해체와 그 이후의 동유럽』(서울: 갈무리, 1995).

다에 들어설 수는 없다. 두 바다 사이에 놓인 문을 열겠다는 경제개방과 경제협력 의지, 항해 근거지를 인위적으로 옮기게 하지는 않겠다는 약속(체제안전보장) 등이 제도화되어야만 비로소 두 바다를 오가는 항해가 가능해진다. 이러한 요소는 자본주의 세계와 공존하려는 국가사회주의 체제 입장에서만 필요한 것이 아니라, 사회주의 세계와 공존하려는 자본주의 체제 입장에서도 필요하다. 국가사회주의 체제와 자본주의 세계의 공존을 논의하는 과정에서, 국가사회주의 체제 안의 경제개혁뿐 아니라, 당 · 국가의 경제개방 의지와 노력, 정치 · 군사적 대외정책 등에도 주목하는 건 바로 이런 이유 때문이다.

3. 북한사회와 자본주의 세계의 공존 '가능성'

이 정도로 이론적 논의를 정리하고 북한사회 안팎 현상을 살펴보면서 북한사회와 자본주의 세계의 공존 '가능성'을 검토해 보자. 앞에서 논의했듯이 국가사회주의 체제가 자본주의 세계와 공존하기 위해서는 체제 안에는 시장화, 사유화, 자율화 같은 현상이 존재해야 한다. 또한 체제 밖으로는 경제개방이 이루어지고, 자본주의 세계로부터 체제안전도 보장받아야 한다. 이러한 대내 · 외적 '공존' 요소들은 현재 북한사회 안팎에 얼마나 갖춰져 있을까?

3.1. 대내적 조건 : 시장화 진전, '사실상의 사유화', 사적 고용 증가

'시장화'(marketization)는 국가사회주의 체제 자원배분 과정에서 시스템으로서의 시장기구, 장소로서의 시장 등의 역할이 확대되는 현상을 가리키는 개념이다.[20] 시장화는 당 · 국가의 의지에 따라 위로부터 이루어지기도 하고, 노동자 · 농민의 필요와 요구에 따라 아래로부터 이루어지기도 하는데,

20) 양문수(2005), p.6.

북한사회 시장화는 '위로부터' 시작됐다.

북한 당국은 1980년대 초반까지 생산주체들의 활동을 주로 법적 · 행정적 수단을 이용해 자극 · 통제해왔다. 곧 관료적 조정이 주된 경제운영수단이었다. 그러다 1980년대 중반부터 시장적 조정, 곧 독립채산제, 원가, 가격, 이윤, 노동보수제 같은 '경제적 공간'을 이용한 자극 · 통제를 조금씩 강화해갔고, 1980년대 후반에는 도경제지도위원회 설치, 연합기업소 기능과 역할 확대 등 지역별 · 부문별 분권화도 시동을 걸었다.[21] 또한 북한 당국이 1980년대 중반부터 개인부업경리 활성화를 추진하면서 '농민시장'[22]의 기능과 역할도 점차 커져 갔다.[23]

이러한 경제개혁은 다른 국가사회주의 체제에 비해 시기적으로 10년 이상 늦은 편이었다. 쿠바 당국은 이미 1971년부터 물질적 인센티브 강화, 생산주체 분권화에 나섰고, 국영기업의 계획 외 생산, 자재매매시장 등도 허용했다. 또한 1978년에는 가족 이외 고용 불허 같은 규제를 수반하기는 했지만, 개인 수공업제품 생산 및 서비스 자영업을 합법화하고 이들이 제품 · 서비스를 판매할 수 있는 '공예품시장'까지 개설했다. 1980년 4월에는 협동농장과 자영농[24]이 초과 생산물을 합법적으로 파는 '자유시장'도 설치했다.[25] 중국 당국도 1978년 이후부터 생산단위에 '자주권' 부여, 경제운영 과정에서 가치법칙

21) 김진환(2010), pp.198-215.

22) 농민시장이란 "협동농장들의 공동경리와 협동농민들의 개인부업경리에서 생산된 농산물과 축산물의 일부를 농민들이 일정한 장소를 통하여 주민들에게 직접 파는 상업의 한 형태"다. 김일성, "사회주의경제의 몇 가지 리론문제에 대하여", 『김일성 저작집 23권』 (평양: 조선로동당출판사, 1983), p.465.

23) 김진환(2010), pp.92-101.

24) 국가사회주의 체제에서 개인경작지는 보편적으로 허용됐지만, 폴란드, 유고슬라비아를 제외하고는 규모가 0.25~0.5㏊는 넘지 않았다. 이에 비해 쿠바 자영농들은 20~60㏊를 소유하고 있었다. 이들은 생산물의 일부를 국가에 수매하고, 의무 수매량을 넘겨 생산한 농산물은 암시장에서 거래했다. 신석호, 『김정일과 카스트로가 경제위기를 만났을 때 : 북한과 쿠바 경제의 위기와 개혁』 (서울: 전략과문화, 2008), pp.100-102.

25) 신석호(2008), p.108.

전면화 등을 골자로 한 경제개혁을 본격화했다. 또한 1984년 10월 중국공산당 12기 3중 전회에서 「경제체제 개혁에 관한 결정」(이하 '84결정')을 채택하며 시장을 계획의 보조적 조절메커니즘으로 공식화했다.[26] 베트남공산당이 농가 생산물의 시장 판매 허용, 국영기업 경영자유화, 실적임금제 도입 등이 담긴 '신경제정책'을 채택한 해는 1979년이다.[27]

북한사회 시장화의 특징은 이처럼 출발은 다른 국가사회주의 체제보다 늦었지만, 곧이어 닥친 경제난으로 인해 '아래로부터' 시장화가 단기간 급진전됐다는 점이다. 예를 들어 중국사회 시장화 진전이 성공적 농업개혁을 동력으로 삼은 데 비해,[28] 북한사회 시장화 진전은 경제난에 처한 노동자 · 농민의 생존의지가 핵심 동력이었다.

1990년대 초 · 중반 북한사회는 탈냉전에 따른 사회주의 시장 상실, 거듭된 자연재해, 중앙집권적 계획경제의 비효율성 누적, 노동자 · 농민의 생산의욕 저하 등의 영향으로 원자재 부족과 공장 가동 중단, 심각한 식량 부족 등 최악의 경제난을 겪게 된다. 국가의 식량 배급이 끊기고, 국영상점 진열대는 점차 비어가자 노동자 · 농민은 농민시장 뿐 아니라 전국 각지 암시장을 떠돌며 부족한 식량과 생필품을 구했다.[29] 이런 맥락에서 북한사회와 쿠바사회의 시장화 양상은 비슷한 측면이 있다고 평가할 수 있다. 쿠바사회에서도 1989년부터 경제위기가 시작되면서 북한사회처럼 몇 년 사이에 암시장이 크게 활성화됐기 때문이다.[30]

---

26) 박희진, 『북한과 중국 : 개혁개방의 정치경제학』 (서울: 선인, 2009), pp.59-97.

27) 이재춘, 『베트남과 북한의 개혁 · 개방』 (서울: 경인문화사, 2014), pp.43-46.

28) 박희진(2009), pp.154-190.

29) 김진환(2010), pp.302-304.

30) 쿠바사회는 소비에트 블록경제의 붕괴와 미국의 경제봉쇄, 쿠바경제의 근본적 모순과 취약성, 1986년부터 시작된 교정정책(경제개혁 후퇴)으로 인한 경제침체 등으로 1989년부터 경제위기에 처했다. 페레스 로페스의 분석에 따르면, 이 결과 쿠바사회의 암시장 거래액이 1990년 20억 페소에서 1992년 140억 페소로 증가했고, 9개 생필품의 공식가격 대비 암시장 가격은 1990년 8배에서 1993년 50배로 뛰었다. 신석호(2008), pp.109-110, pp.137-142.

암시장의 급성장에 직면한 북한 당국의 선택은 시장기구를 계획기구의 '보완재'로 수용하는 것이었다. 김정일은 2001년 10월 3일 당과 국가경제기관 책임간부들과의 담화에서 경제적 공간 활용 심화, 분권화 심화, 시장 확대 등을 밝혔고(이하 '10.3담화'), 이에 따라 '번수입지표' 도입을 통한 국영기업 경영활동 평가제도 개혁, 국영기업의 자립 조건 마련을 위한 가격 인상(7 · 1 경제관리개선조치), 지방 공장 · 기업소에 가격제정권 · 계획권 분산, '사회주의물자교류시장' 도입 등이 이뤄졌다.[31] 중국공산당의 '84결정'이 중국사회 경제구조 변화의 분기점이었듯이, 김정일의 '10.3담화' 이후 북한사회 경제구조 변화도 되돌릴 수 없는 흐름이 됐다.

북한 당국의 '계획과 시장 공존' 의지가 가장 뚜렷하게 드러난 조치가 바로 '종합시장' 설치다. 북한 당국은 2003년 3월에 농민시장을 종합시장으로 확대 · 재편했다. 종합시장에서는 농민 뿐 아니라 북한 주민이라면 누구나 장사를 할 수 있고, 그동안 농민시장에서 거래가 금지됐던 양곡, 공업제품 등도 합법적으로 거래할 수 있다. 상인은 시장관리소에 시장사용료를 납부해야 하고, 매월 소득액 신고 뒤 소득액의 일정 비율로 책정된 '국가납부금'도 국가에 내야 한다. 북한 당국 입장에서 보면 종합시장은 부족한 재정을 채우는 수단도 되는 셈이다.

식량과 소비품 부족이 여전한데다 북한 당국의 활용 의지가 결합되면서 종합시장 숫자는 빠르게 늘어났다. 평양에서는 2003년 통일시장을 필두로, 중구시장, 송신시장, 칠골시장 등이 차례로 문을 열었고, 신의주, 청진, 평성 등에 일종의 도매시장 역할을 하는 거점시장도 형성됐다. 2007년 당시 전국적으로 300여 개의 시장이 운영되는 것으로 알려졌다.[32]

이렇게 시장이 급성장하면서 당연히 폐해도 나타났다. 북한 당국은 종합시

---

31) 김진환(2010), pp.464-488.

32) 전현준 외, 『북한의 국력 평가 연구』(서울: 통일연구원, 2009), p.321.

장 설치 초기 개인이기주의 성장, 빈부 격차 확대, 상인과 관료의 부정 · 부패 행위 증가,[33] 계획경제 부문에서 노동력 이탈 같은 문제들이 발생하자 2007년부터 시장 통제에 나섰다.[34] 예를 들어 장사 연령 제한, 물품 판매 총액 제한 같은 조치가 이어졌고, 2009년 11월에는 화폐개혁을 단행해 시장 열기를 식히려 했다. 나아가 북한 당국은 2010년 1월부터 종합시장을 농민시장으로 환원하려 했다. 하지만 시장 통제 결과 북한 원화 가치 추락, 달러화 · 위안화 선호가 심화되고, 물가 불안, 공급 부족이 심해지자 북한 당국은 결국 다시 종합시장을 확대하는 쪽으로 전환했다.[35]

김정일이 종합시장 제도화로 속도를 붙인 경제개혁은 '후계자' 김정은이 이어 가고 있다. 김정은은 2014년 5월 30일 당, 국가, 군대 기관 책임간부들과의 담화(이하 '5.30담화')에서 '현실발전의 요구에 맞는 우리식 경제관리방법 확립'을 강조했다.[36] 그가 말한 '우리식 경제관리방법'의 핵심은 공업부문에서는 '사회주의기업책임관리제',[37] 농업부문에서는 '포전담당책임제'다. 전자는 제품 개발, 보수 분배, 수출까지 생산 · 분배 전 과정에서 경영책임자인 지배인의 자율권과 역할을 강화함으로써, 후자는 협동농장의 생산 · 분배 단위를 사실상 가족 단위로까지 축소함으로써 생산주체들의 생산의욕을 높이게 되고,[38] 이 결과 공업 · 농업 생산량이 늘어나면 시장에 나오는 제품과 식

33) 전현준 외(2009), pp.323-327.

34) 당시 북한 당국이 시장 통제에 나선 배경에 당국 내부의 세력 갈등이 놓여있다는 분석도 있다. 아래 글이 대표적이다. 한기범, "북한 정책결정과정의 조직행태와 관료정치 : 경제개혁 확대 및 후퇴를 중심으로(2000~09)", 경남대학교 박사학위논문(2010).

35) 양문수, "2000년대 북한의 반(反)시장화 정책 : 실태와 평가", 『현대북한연구』 15권 1호(북한대학원대학교, 2012), pp.90-94; 양문수, "북한정부는 시장화를 관리할 수 있는가", 『통일정책연구』 제19권 1호(통일연구원, 2010), pp.132-134.

36) http://www.tongilnews.com/news/articleView.html?idxno=110421(검색일: 2018.4.21)

37) 김정은은 '5.30담화'에서 사회주의기업책임관리제를 "공장, 기업소, 협동단체들이 생산수단에 대한 사회주의적소유에 기초하여 실제적인 경영권을 가지고 기업활동을 창발적으로 하여 당과 국가앞에 지닌 임무를 수행하며 근로자들이 생산과 관리에서 주인으로서의 책임과 역할을 다하게 하는 기업관리방법"으로 정의했다.

량도 함께 늘어난다.

북한사회에서는 2018년 현재 400개가 훨씬 넘는 시장이 합법적으로 운영 중인 것으로 파악되는데,[39] 북한이탈주민 증언에 따르면 합법 · 비합법 시장은 이제 일상생활의 불가결한 요소가 되고 있다. 예를 들면 2011년 이후 북한사회를 벗어난 북한이탈주민 중 90% 이상은 북한에 살 때 공식 · 비공식시장에서 옷을 구매했다고 증언한다(〈표 3〉).[40] 도시 노동자들은 직장에서 공급 받는 식량 외에 부족한 식량을 스스로 경작하거나[41] 시장에서 구매해 해결하고 있다.[42] 북한 당국이 경제난 이후 주택을 제대로 공급하지 못하면서 개인 간 주택 매매도 이루어지고 있다.[43] 북한이탈주민들은 이러한 불법 주택 매매가 2000년대 중반 이후부터 활성화됐다고 증언한다.[44] 이 시기는 종

---

38) http://www.tongilnews.com/news/articleView.html?idxno=109997(검색일: 2018. 4. 21). http://www.tongilnews.com/news/articleView.html?idxno=110895(검색일: 2018. 4. 21). http://www.tongilnews.com/news/articleView.html?idxno=110318(검색일: 2018. 4. 21). http://www.tongilnews.com/news/articleView.html?idxno=112573(검색일: 2018. 4. 21).

39) 2018년 2월 미국 존스홉킨스대학 한미연구소의 커티스 멜빈 연구원이 북한을 촬영한 위성사진을 분석한 결과 시장이 482개로 확인됐다고 밝혔는데, 이는 2017년 8월 집계한 468개보다 최소 14개 늘어난 숫자다. http://www.yonhapnews.co.kr/dev/9601000000.html(검색일: 2018. 4. 18). 한편, 통일연구원은 구글어스(google earth)의 인공위성 이미지, 문헌자료, 북한이탈주민 면담 등을 통해 2016년 12월 현재 404개 공식시장이 있다고 추정했다. 홍민 외, 『북한 전국 시장 정보 : 공식시장 현황을 중심으로』(서울: 통일연구원, 2016).

40) 장용석 외, 『북한사회변동 2016 : 시장화, 정보화, 사회분화』(서울: 서울대학교 통일평화연구원, 2017), pp.41-47.

41) 식량 배급제가 무너지자 도시 노동자들은 도시 인근에 '소(燒)토지'를 일궈서 직접 식량을 생산하고, 자가소비 이후 남는 식량은 시장에서 판매하기도 한다. 정은이, "북한 도시노동자의 식량조달메커니즘에 관한 연구 : 함경북도 무산지역의 소(燒)토지 경작사례를 중심으로", 『동북아경제연구』 제26권 제1호(한국동북아경제학회, 2014).

42) 장용석 외(2017), pp.32-34.

43) 정은이, "북한 부동산시장의 발전에 관한 분석 : 주택사용권의 비합법적 매매 사례를 중심으로", 『동북아경제연구』 제27권 제1호(한국동북아경제학회, 2015); 이종태, 『햇볕 장마당 법치』(서울: 개마고원, 2017), pp.126-131.

44) 장용석 외(2017), pp.55-56.

합시장이 본격적으로 늘어나던 때와 일치한다. 2011년 이후 북한사회를 벗어난 북한이탈주민 중 북한에 살 때 살림집을 개인적으로 구매했다는 비율이 50~60%에 이를 정도로(〈표 4〉) 이제 북한사회의 주된 주택 공급자는 국가가 아니라 시장이 되고 있다.

〈표 3〉 북한 주민의 의류 구입 경로 (단위: 명, %)

구분	2012*	2013	2014	2015	2016
시장(또는 장마당)	113(91.9)	126(94.7)	135(94.4)	130(90.3)	126(91.3)
국영상점	1(0.8)	1(0.8)	0(0.0)	0(0.0)	0(0.0)
직매점	0(0.0)	0(0.0)	1(0.7)	0(0.0)	0(0.0)
백화점	1(0.8)	0(0.0)	0(0.0)	5(3.5)	2(1.4)
외국에서 직접 구입	8(6.5)	6(4.5)	6(4.2)	9(6.3)	9(6.5)
합계	123(100.0)	133(100.0)	143(100.0)	144(100.0)	137(100.0)

* 조사년도. 조사대상은 조사 직전 연도에 북한에서 나온 북한이탈주민.

※ 출처: 장용석 외, 『북한사회변동 2016 : 시장화, 정보화, 사회분화』 (서울: 서울대학교 통일평화연구원, 2017), p.47.

〈표 4〉 북한 주민의 살림집 장만 경로 (단위: 명, %)

구분	2012*	2013	2014	2015	2016
국가에서 배정받음	36(28.6)	19(14.3)	34(23.6)	29(20.0)	28(20.3)
내가 돈주고 샀음	58(46.0)	89(66.9)	77(53.5)	80(55.2)	68(49.3)
내가 직접 지었음	13(10.3)	9(6.8)	10(6.9)	7(4.8)	21(15.2)
조상/부모로부터 물려받음	17(13.5)	13(9.8)	20(13.9)	25(17.2)	19(13.8)
친척/주변사람한테 받음	2(1.6)	3(2.3)	3(2.1)	4(2.8)	2(1.4)
합계	126(100.0)	133(100.0)	144(100.0)	145(100.0)	138(100.0)

* 조사년도. 조사대상은 조사 직전 연도에 북한에서 나온 북한이탈주민.

※ 출처: 장용석 외, 『북한사회변동 2016 : 시장화, 정보화, 사회분화』 (서울: 서울대학교 통일평화연구원, 2017), p.54.

이 글 2장에서 자원배분구조와 소유구조는 '친화성'을 가지고 함께 변화하는 경향이 있다고 말했는데, 실제 북한사회에서도 시장화가 진전되면서 소유구조에 중요한 변화가 나타나고 있다. 바로 '사실상의 사유화'다. '사실상의 사유화'란 '법률상의 사유화'와 대비되는 개념으로, 생산수단의 개인 소유가 법 · 제도적으로 인정되지는 않지만, 시장 활동에 적극 참여한 개인이 화폐를 무기로 국가 · 협동단체 생산수단을 개인적으로 이용하는 경우를 가리킨다.[45) 북한사회에서 사실상의 사유화를 진전시키고 있는 주체는 바로 '돈주'다.

'돈주'는 북한사회 시장화 과정에서 개인적으로 화폐를 축적한 신흥 부자를 가리키는데, 2006년 발간된 북한 조선말대사전 증보판은 '돈주'를 "돈의 주인", "여럿이 하는 장사에서 돈을 틀어쥐고 있는 주되는 사람"으로 정의했다. 1992년 발간된 조선말대사전에는 돈주라는 단어가 없었다. 돈주는 북한사회 경제구조가 바뀌면서 등장한 신조어인 셈이다.[46) 에릭 올린 라이트(Eric Olin Wright)는 생산수단 소유자를 부르주아지, 소고용주, 프티부르주아지로 크게 나누고, 이 중 노동자를 고용할 충분한 자본을 소유하나 일할 수도 있는 자를 '소고용주'라고 정의했는데,[47) 아래에서 볼 북한 '돈주'[48)의 행태는 라이트의 소고용주 정의에 거의 부합한다.

북한사회에서 돈주가 계획경제 부문을 잠식하거나 직접 고용을 통해 화폐

45) 윤인주, "북한의 사유화 현상 연구 : 실태와 함의를 중심으로", 『북한연구학회보』 제18권 제1호(북한연구학회, 2014), pp.58-66.

46) 사회과학출판사 편, 『조선말대사전(증보판) 1』 (평양: 사회과학출판사, 2006); 이종겸, "북한 신흥 상업자본가의 출현에 관한 연구", 『북한학연구』 제4권 제2호(북한학연구소, 2008), pp.160-165.

47) '부르주아지'는 노동자를 고용할 충분한 자본을 소유하고 일하지 않는 자, '프티부르주아지'는 스스로 일하는 데 충분한 자본을 소유하나 노동자를 고용할 만큼 충분치 못한 자다. 스테판 에젤 지음, 신행철 옮김, 『계급사회학』 (서울: 한울아카데미, 2001), p. 46.

48) 돈주가 얼마나 많은 화폐를 소유하고 있는지는 정확히 파악하기 어렵다. 한 북한인 증언에 따르면, 종합시장 제도화 초기였던 2007년 당시 돈주의 재산 규모는 적게는 5,000~1만 달러, 많게는 3만~5만 달러 정도였다고 한다. 김병로, "북한의 시장화와 계층구조의 변화", 『현대북한연구』 16권 1호(북한대학원대학교, 2013), p.194.

를 자본화하는 양상은 다음과 같다. 첫째, 대부투자다. 돈주는 협동농장에 자금이나 비료를 빌려준 대가로 농산물을 팔아서 번 돈이나 농산물을 나누고, 공장 · 기업소에 돈이나 자재를 빌려준 뒤 수익금을 나누고 있다. 이런 맥락에서 보면 '사회주의기업책임관리제', '포전담당책임제'처럼 의사결정의 자율화 · 분권화를 촉진하는 제도는 돈주에게도 분명히 유리한 제도다. 좀 더 많은 생산을 하려는 생산주체와 투자를 통해 이득을 취하려는 돈주의 결합이 활성화될 수 있기 때문이다.

둘째, 명의대여다. 개인이 수산사업소에서 어선을 직접 빌리거나 기관명의만 빌리고 직접 선박, 어장, 어업도구 등을 마련하는 사례, 개인이 기관명의를 빌려 광산을 운영하는 사례, 개인이 전력공급을 안정적으로 받기 위해 명의를 대여한 뒤 기계 설비를 갖추고 인력을 고용해 국수, 인조고기(콩깻묵을 원료로 만든 부식물) 등을 생산하는 사례, 개인이 기관명의를 빌려 수매상점, 식당 등을 운영하는 사례, 개인이 기관의 자동차를 사적 목적을 위해 대여하거나 개인이 구입한 화물차를 기관 명의로 등록하는 사례[49] 등이다.

셋째, 북한에서 공식적으로 등록될 수 없고 형체가 잘 드러나지 않는 사영기업까지 나타나고 있다. 사영기업은 대부투자, 명의대여와 달리 국가기관과의 연결고리가 없거나 약하다. 돈주들은 협동농장 이외 경작 사례가 점차 늘어나자 텃밭(개인경작지), 부업밭(기관경작지) 같은 합법 경작지나 뙈기밭 같은 불법 경작지에 투자하거나 직접 경작에 나서고 있다. 돈주가 직접 소토지 경작을 하는 경우에는 당연히 고용이 이루어진다. 광산 근처에 사는 사람들이 명의대여식 광산이 아니라 아예 감독자, 노동자 등을 고용해 사굴(私窟)을 운영하는 사례도 있다.[50]

이러한 '사실상의 사유화'는 북한사회가 자본주의 세계와 공존하기 위해 필

49) 이렇게 등록된 차량들은 개인 돈벌이를 위해 유료 운송 · 여객 서비스에 투입되기도 하는데, 북한사회에서는 이러한 차량을 '써비차'라고 부른다.

50) 윤인주(2014), pp.63-76; 이종태(2017), pp.111-118

요한 또 하나의 체제 안 요소, 곧 북한 주민의 사적 고용 경험 확대로 이어지고 있다. 바로 앞에 적었듯이 돈주가 기관 명의를 빌려 사업하거나 개인기업을 불법적으로 운영하는 과정에서 사적 고용이 활발하게 이루어진다. 돈주가 국가기관을 끼고 아파트를 건설할 때 인력을 고용하는 사례도 있다고 한다.[51] 돈주 뿐 아니라 도시 노동자도 인력을 고용한다. 몇 년 전 조사에 따르면 불법 소(燒)토지(뙈기밭) 개간 · 경작 과정에서 일용 노동자를 고용하거나 자신이 상사로서 직장 종업원을 동원해 경작한 사례가 응답자 중 62%나 되는 것으로 나타났다.[52]

북한사회에서 사적 고용은 현재까지는 불법이다. 다른 국가사회주의 체제 당국과 달리 북한 당국은 아직 '법률상의 사유화'도, 사적 고용도 인정하지 않고 있다. 중국사회에서는 이미 1980년대 초반부터 사영기업이 합법화됐고, 특히 '84결정' 이후 국유기업이 노동자 선발과 해고를 자유롭게 하면서 2차 · 3차 산업부문에서 비국유기업이 성장했다.[53] 베트남공산당도 1980년대 중반 10명 이하 소규모 사영기업을 허가했고 1990년대에는 「사영기업법」 제정(1990년 12월), 헌법에 사유재산제 명시(1992년 4월), 사영기업법을 보완 · 계승한 「내국인투자촉진법」 제정(1994년 6월) 등 사유화를 제도해나갔다. 이 결과 베트남사회의 비국유기업은 1991년 770개에서 1995년 15,000개로 급증했고, 가내수공업은 60만 개, 가내상업과 서비스업은 130만 개를 넘어섰다.[54] 자영업자의 가족 외 고용을 불허하던[55] 쿠바 당국은 2010년 하반기부터 가족이 아닌 직원의 합법적 고용이 가능한 자영업 분야를 확대시

51) 임을출, "북한 사금융의 형성과 발전 : 양태, 함의 및 과제", 『통일문제연구』 제27권 1호(통일연구원, 2015), pp.379-380.

52) 정은이(2014), p.271.

53) 박희진(2009), pp.159-183.

54) 이재춘(2014), pp.48-49, pp.60-69.

55) 가족 외 고용 불허는 쿠바 경제위기 이후 사실상 사문화됐다. 1990년대 중반 쿠바 자영업자들은 평균 2~4명의 노동자를 불법 고용하고 있는 것으로 알려졌다. 신석호(2008), pp.242-243.

켜나가고 있다.

그렇다면 북한사회에서 앞으로도 사영기업이 합법화될 가능성은 없는 것일까? 이와 관련해 2014년 11월 개정 「기업소법」을 주목할 필요가 있다. 북한 당국은 2010년 11월에 기업소법을 제정했는데, 이후 4년 만에 돈주의 국영기업 투자를 합법화했다. “기업소는 정해진 데 따라 부족되는 경영활동 자금을 은행으로부터 대부받거나 주민유휴화폐자금을 동원 · 이용할 수 있다”(제38조)고 새롭게 규정한 것이다. 또한 개정 기업소법은 ‘사회주의기업책임관리제’를 처음으로 법에 명시하고(제4조), 국영기업에 생산조직권, 노력조절권, 제품개발권, 품질관리권, 인재관리권, 합영 · 합작권, 재정관리권, 가격제정권과 판매권 등 실제 기업 경영에 필요한 권한을 구체적으로 부여했다.[56] 특히 2010년 제정 당시에는 없던[57] ‘로력조절권’을 기업소에 부여함으로써[58] 북한사회에서 공식 · 비공식 ‘노동시장’[59]이 성장할 가능성도 열렸다.

이러한 북한 당국의 움직임은 다른 국가사회주의 체제 당국의 국영기업 개혁 초기 행태를 생각나게 한다. 예를 들어 베트남 당국은 1990년부터 국영기업의 주식회사 전환을 추진하면서 기업 내 임직원, 국내 경제단체, 국내 개인 순으로 주식 매각 대상을 지정했다.[60] 개인의 국유기업 주식 보유를 합법화

56) ttp://www.yonhapnews.co.kr/bulletin/2017/06/02/0200000000AKR2017060215370014.HTML?from=search(검색일: 2018. 4. 25).

57) 2010년 제정 기업소법 내용은 아래 글 참조. http://www.tongilnews.com/news/articleView.html?idxno=97662(검색일: 2018. 4. 25).

58) “로력을 내보내거나 받아들이거나 기업소사이에 주고받을 경우에는 정해진 등록질서를 지켜야 한다.”(제33조 ‘관리기구와 로력조절’). 개정 기업소법 전문은 법제처 통일법제정보센터 홈페이지에서 볼 수 있다.

59) 이전까지 북한사회에서는 당국이 개인의 직업과 직장을 결정했기 때문에 노동시장이 없었다. 각 기업소 지배인이 당국에 인력을 요청하면 당국이 교육기관 졸업자나 퇴역 군인 등을 심사해 적절한 사람을 각 기업소에 보내는 방식으로 직장 배치가 이루어져왔다. 이종태(2017), pp.88-90.

60) 이재춘(2014), pp.66-67.

한 것이다. 따라서 아직은 돈주의 국유기업 투자를 합법화한 수준이지만, 북한사회에서도 향후 국가와 돈주가 합법적으로 지분을 공유하는 기업이 나타날 가능성을 배제할 필요는 없다. 한편, 중국 당국은 1984년 이후 국유기업의 고용 · 해고 자율화, 쿠바 당국은 2010~2011년 국유 부문 고용 인력 50만 명 감축[61] 등을 통해 결과적으로 사영기업, 사적 고용의 성장 토대를 제공했다. 북한사회에서도 사회주의기업책임관리제 도입, 기업소법 개정 등으로 국유기업 지배인의 자율권이 대폭 증대된 상황에서, 합법적 시장화, '사실상의 사유화' 등이 지금처럼 진전된다면 사적 고용도 빠르게 성장할 수 있다. 국유기업에서 조절된 노력이 불법적인 사영기업에 고용되는 사례가 늘어날 수 있다는 뜻이다. 조만간 북한 당국은 늘어나는 불법 사적 고용을 계속 처벌하고 통제할지, 아니면 불법 사적 고용의 합법화, 곧 '법률상의 사유화'를 허용할지를 선택해야 할 것이다.

3.2. 대외적 조건 : 경제개방 확대, '핵무기-안보 교환' 시도

북한사회와 자본주의 세계의 공존은 그것이 위로부터 이루어졌든, 아래로부터 이루어졌든 북한사회 안의 '경제구조 변화'만으로 가능하지는 않다. 특정 국가사회주의 체제가 자본주의 세계와 공존하려면 이 배의 조타기를 잡고 있는 당국이 자본주의 세계라는 바다에서도 항해하고 싶다는 의지, 곧 경제개방 의사를 확실히 밝히고, 외자 유치를 위해 적극 노력해야 한다. 또한 자본주의 세계의 주요 당국들은 이 배가 자본주의 세계라는 바다에 들어설 수 있도록 출입문을 열어주어야 하고, 나아가 이 배가 본래 항해 근거지로 언제든지 돌아갈 수 있다는 약속, 곧 체제안전을 보장해줘야 한다. 한마디로, 북한사회와 자본주의 세계의 공존은 경제구조 변화와 대외관계 변화, 안의 변

61) http://news.khan.co.kr/kh_news/khan_art_view.html?artid=201009142159435&code=970201(검색일: 2018. 4. 25).

화와 밖의 변화가 결합될 때 현실이 된다.

먼저 북한 당국의 경제개방 현황을 살펴보자. 북한 당국은 '위로부터의 시장화'를 시작하던 시점에 대외경제관계의 질적 전환도 시작했었다. 1984년 「합영법」을 제정하면서 이전까지 무역과 정부 간 교류협력에 국한돼 있던 대외경제관계의 폭을 직접적인 외자 · 기술 도입으로까지 확대한 것이다. 1991년 12월에는 함경북도 라진시와 선봉군 일대 621㎢ 지역을 자유경제무역지대로 선포하고 라진항, 선봉항, 청진항을 자유무역항으로 지정했다. 1992년 10월에는 「외국인투자법」, 「합작법」, 「외국인기업법」 등을 제정했다.[62] 하지만, 1990년대 들어 안에서는 경제난에 처하고, 밖으로는 미국과의 핵공방이 이어지면서 별다른 성과를 거두지는 못했다.

상황이 달라진 건 2000년대 들어서다. 북한 당국은 2002년 7 · 1경제관리개선조치 이후 신의주특별행정구(2002. 9), 개성공업지구(2002. 10), 금강산관광지구(2002. 11) 지정 등 경제개방을 확대했다. 2002년 10월에는 박남기 국가계획위원장을 단장으로 한 18명의 경제시찰단이 1992년 시찰 이후 10년 만에 남한을 방문해 주요 공장과 무역 · 유통시설을 꼼꼼히 둘러보고 돌아갔다. 1990년대 초반 이후 두 번째 경제개방 시도 때는 남한 당국과 기업이 개성공업지구, 금강산관광지구에 적극적으로 투자했고, 이 결과 북한 당국도 자본주의 세계와의 '공존 경험'을 본격적으로 축적할 수 있게 됐다.

예를 들면 이런 식이다. 북한 당국은 이미 1993년 10월 「토지임대법」을 제정하면서 중국 제도를 벤치마킹해 외국인의 '토지이용권'을 보장했다. 하지만, 지적도처럼 토지이용권 제도 운용을 위해 필수적인 자료가 없었던 탓에 외국인 투자자 입장에서는 유명무실했다. 북한사회에서 외국인 투자자 토지이용권이 실질적으로 보장된 건 2007년 대한지적공사가 개성공업지구를 측량해 토지대장과 지적도를 작성한 이후다. 북한 당국은 개성공단 관련 실

62) 김진환(2010), pp.229-235.

무를 통해 비로소 토지이용권 제도를 이해하고 경제개발에 활용할 수 있게 된 것이다. 북한 당국이 개인 간 재산권 분쟁 해결을 위해 국가가 발동하는 '강제집행권'이 무엇인지 알게 된 곳도 개성공단이고, 북한 당국이 세금 · 회계 관련 개념을 실질적으로 이해하기 시작한 것도 개성공단 덕분이다.[63]

북한 당국 뿐 아니라 주민도 개성공단에서 자본주의 경제를 본격적으로 체험했다. 이전에도 북한 주민이 한반도에너지개발기구(KEDO) 경수로 건설사업, 위탁가공 교역업체, 민간 투자협력사업체 등에서 일했던 적은 있다. 그렇지만 규모도 크지 않고 장기간 지속되지도 않았기 때문에[64] 본격적인 자본주의 기업 체험은 개성공단에서 이루어졌다고 평가할 수 있다. 2004년부터 2016년까지 개성공단에서 일한 수만 명의 북한 주민은 비록 남한 기업에 직접 고용되지는 않았지만, 남한 기업가와 함께 일하면서 국가사회주의와 자본주의의 차이, 시장경제 운영 원리 등을 생생히 학습했다.[65] 개성공단 입주 남한 기업 역시 북한사회 분위기, 북한 주민 특성 등을 반영해 제각각 독창적인 노사관계 모델을 만들어나갔다.[66] 향후 북한사회에서 사영기업, 사적 고용 등이 합법화될 경우 개성공단에서 10년 넘게 쌓은 '노사관계' 경험은 다른 국가사회주의 체제 사례와 함께 북한 당국 · 주민 모두에게 중요 참고 사례가 될 것이다.

북한 당국의 경제개방 기조는 2012년 김정은 집권 이후에도 유지되고 있

---

63) 이종태(2017), pp.167-168.

64) 개성공단 이전 북한 주민의 자본주의 기업 경험에 대해서는 아래 글 참조. 선한승 외, 『북한 인력에 관한 법제 · 실태와 활용방안』(서울: 한국노동연구원, 2004), pp.152-192.

65) "북측의 관료와 근로자들이 세무와 회계를 배우고, 북측 근로자들이 남측 기업에 근무하면서 일상적으로 물량 수준, 상품, 판매, 납기준수, 성과급, 생산성 등의 시장경제 개념들을 배우고 있다는 것은 참으로 간단치 않은 실례들이다. 그들은 사회주의 경제의 병폐인 '평균주의'를 배격하고 생산성과 이윤의 중요성을 점진적으로 인식하게 된다. 사회주의 국가경제, 즉 자급자족 국가공급(배급) 경제를 위한 목표량 생산이 아닌 기업가의 이윤 창출을 위해, 전체 생산성을 높이기 위해, 평균주의가 아닌 경쟁체제에서, 집단주의가 아닌 개인주의적 경제질서를 체험하고 있는 것이다." 김진향, 『개성공단 사람들』(서울: 내일을 여는 책, 2015), pp.62-63.

66) 이종태(2017), pp.160-162.

다. 대표적인 조치는 경제개발구 신설이다. 북한 당국은 2013년 5월 「경제개발구법」[67]을 제정해 기존 5개 경제특구(라선, 금강산, 개성, 신의주, 황금평 · 위화도[68]) 외에 '경제개발구'라는 새로운 개방지대를 설치했다. 경제개발구법은 경제개발구를 "국가가 특별히 정한 법규에 따라 경제활동에 특혜가 보장되는 특수경제지대"로 정의하고(제2조), 중점개발 분야에 따라 공업개발구, 농업개발구, 관광개발구, 수출가공구, 첨단기술개발구로(제2조), 관리소속에 따라 중앙급 경제개발구와 지방급 경제개발구로 크게 구분했다(제3조). 북한 당국은 2013년 11월부터 2017년 12월 현재까지 중앙급 경제개발구 4개, 지방급 경제개발구 18개 등 총 22개 경제개발구를 지정했다.[69]

이처럼 경제특구와 경제개발구를 나눠서 경제개방을 심화시킨 원조는 중국 당국이다. 중국 당국도 경제특구 외에 경제기술개발구, 첨단산업개발구, 보세구, 수출가공구, 변경경제합작구, 관광개발구 등 6개 유형과 국가급 · 성급 · 시급 · 현급 · 향진급 등 5개 등급의 개발구를 운용하고 있다. 중국 영토 내 5대 경제특구(션전, 주하이, 산터우, 샤먼, 하이난)는 중국 경제체제와는 전혀 다른 시장경제로 관리 · 운영하는 경제지역이다. 이에 비해 '개발구'는 경제특구에서 거둔 성과를 전국에 확산시키는 교두보 역할을 하는 곳으로, 1984년 14개 연해도시를 시작으로 설치되기 시작해 현재는 수천 개에 달한다. 개발구는 시장경제와 계획경제가 혼재하는 혼합경제체제로 관리 · 운영되는데, 외국인 직접투자 활성화를 위해 투자 여건은 경제특구와 유사하게 보장해준다.[70]

---

67) 경제개발구법 전문은 법제처 통일법제정보센터 홈페이지에서 볼 수 있다.

68) '황금평 · 위화도경제지대'는 2011년 6월 8일 설치됐다.

69) 북한 당국은 2017년 12월 21일 최고인민회의 상임위원회 정령으로 평양시에 '강남경제개발구'를 설치한 뒤 아직까지 추가 경제개발구 지정을 하지 않고 있다. 통일교육원, 『2018 북한이해』 (서울: 통일교육원, 2018), p.141.

70) 유현정, "북한의 「경제개발구법」에 대한 평가와 전망", 『국가전략』 제20권 1호(세종연구소, 2014), pp.43-44.

북한 당국이 영토 외곽 및 국경지대에 설치했던 경제특구와 달리 영토 안쪽에 경제개발구를 설치하고 다양한 특혜를 약속하며 외자 유치에 나선 건[71] 분명히 한 단계 진전된 경제개방 시도다. 하지만, 지방급 경제개발구에 상당한 자율성을 부여했던 중국 당국과 달리, 북한 당국은 지방급 경제개발구에 대한 중앙정부의 관리 · 통제를 강조하고 있다. 또한 경제개발구 지역선정원칙 중 하나로 '주민지역과 일정하게 떨어진 지역'을 명시했다(제11조).[72] 아직은 외자 유치 자율화로 발생할 수 있는 부작용, 시장경제 요소가 내지(內地) 경제로 빠르게 전파되는 것 등은 경계하고 있는 셈이다.

문제는 앞으로 북한 당국이 정책을 바꿔 지방정부나 관리기관의 독자성을 보장하고, 경제개발구와 북한 내지 연계발전을 추구하더라도,[73] 지금 같은 대외관계가 지속될 경우 경제개발구 활성화는 어렵다는 사실이다. 북한 당국이 지난 몇 년 동안 핵 · 미사일 시험을 거듭하자 국제사회는 광범위한 대북제재를 실행하고 있고, 이 결과 외국인의 대북 투자가 위축되거나 차단됐다. 따라서 국제사회, 정확히 말하면 국제사회 대북제재를 주도 중인 미국 당국과의 관계정상화야말로 북한 당국의 경제개방 노력이 성과를 내려면 필수적인 대외적 조건이다. 중국 · 베트남 · 쿠바와 북한의 핵심 차이는 오직 후자만이 여전히 미국과 외교관계 없이 '정전상태'를 지속하고 있다는 점이다.

잘 알려져 있듯이 북한 당국이 미국 당국으로부터 체제안전을 보장받기 위해 선택한 핵심 수단은 핵무기다. 1990년대 들어 소련 · 중국이 미국, 남한으로 완전히 기울면서 고립감과 안보불안이 극대화되자 북한 당국은 핵무기 개발 '가능성'을 지렛대로 대미 협상에 나섰다. 1994년 10월 북 · 미 기본합의 채택으로 일단락 된 1차 북 · 미 핵공방은 기본적으로 북한 당국이 핵무기 개

71) 경제개발구법 제5조 '투자가에 대한 특혜', 제7조 '투자가의 권리와 리익보호', 제47조 '외화, 리윤, 재산의 반출입', 제6장 '장려 및 특혜'(제52조~제58조) 등 참조.

72) 유현정(2010), pp.43-53.

73) 유현정(2010), pp.54-55.

발에 본격적으로 나서지 않게 하도록 미국 · 일본 · 남한 등이 제공해야 할 대가가 무엇인지를 두고 벌인 외교대결이었다. 하지만 북 · 미 기본합의는 2001년 부시 행정부 등장 이후 파탄 났고, 마침내 북한 당국은 2003년부터 핵무기 개발에 본격적으로 나서면서 '실존하는' 핵무기를 지렛대로 안보를 확보하려는 전략, 곧 핵무기-안보 교환 전략을 구사하기 시작했다.[74)]

북한 당국은 김정일 건강 악화를 계기로 2009년부터 대내적으로는 '김정은 후계체제' 구축을 본격화하고, 대외적으로는 대북 관계개선을 공언한 오바마 행정부를 상대로 핵무기-안보 교환 전략을 진화시켰다. 한반도 평화협정 체결, 미국 핵무기의 남한 출입 · 통과 금지, 미국의 대북 핵위협 제거[75)] 등을 요구하며 핵무기 포기를 대가로 달성하려는 안보 목표를 높이는 동시에, 이러한 목표 달성 수단으로 기존 플루토늄 핵무기에 우라늄 핵무기를 추가한 것이다.[76)]

이렇게 진화한 핵무기-안보 교환 전략은 미국 오바마 행정부와의 '2 · 29 합의'가 파탄 난[77)] 2013년부터 눈에 띄게 가속화됐다. 북한 당국은 2013년 2월 12일 제3차 핵실험을 단행했고, 3월 31일에는 조선노동당 중앙위원회 전원회의에서 '경제건설과 핵무력건설 병진노선'을 공식 채택했다. 또한 4월

---

74) 김진환, "북한의 안보 전략 변화 : '핵무기-안보 교환 전략'의 등장, 진화, 전환?", 『동북아연구』 제28권 1호(조선대학교 동북아연구소, 2013), pp.92-93

75) 북한 외무성 대변인은 2009년 1월 13일에 9 · 19공동성명(2005년) 1항에 명시된 '검증가능한 비핵화'(verifiable denuclearization)와 관련해 "미국 핵무기의 남조선반입과 배비, 철수경위를 확인할 수 있는 자유로운 현장접근이 담보되고 핵무기가 재반입되거나 통과하지 않는가를 정상적으로 사찰할 수 있는 검증절차가 마련되여야 한다"고 주장했다. 북한 핵무기를 포기시키려면 그 대가로 미국 역시 핵으로 운용되거나 핵무기를 탑재한 무기의 남한 기항, 기착까지 포기해야 한다고 요구한 셈이다. 곧이어 2월 2일에는 외무성 대변인 담화로 "조선반도의 비핵화는 어디까지나 남조선에서의 핵무기생산과 반입, 그 배비와 리용, 남조선과 그 주변지역에서 우리에게 가해지고 있는 모든 핵위협에 대한 근원적인 청산을 목표로 하고 있는 조선반도전역에 대한 비핵화"라며 '한반도 비핵화=북핵 폐기'론을 반대했다. 김진환(2013), pp.107-108.

76) 김진환(2013), pp.105-109.

77) 2012년 '2 · 29합의' 내용, 합의 파탄 과정 등은 아래 글 참조. 김진환(2013), pp.116-122.

1일 최고인민회의에서는 이 노선을 법적으로 뒷받침하기 위해 총 10개 항목으로 이뤄진 「자위적 핵보유국의 지위를 더욱 공고히 할 데 대하여」를 최고인민회의 법령으로 채택하는 등 핵무기 개발을 제도화했다. 이후 북한 당국은 2015년 5월에 잠수함발사탄도미사일 시험발사 최초 공개, 2016년에 2차례 핵실험, 중 · 장거리 미사일 시험발사, 잠수함발사탄도미사일 개발, 2017년에는 1차례 핵실험(9. 3), 3차례 대륙간탄도미사일 시험발사('화성 14형' 7. 4, 7. 28, '화성 15형' 11. 29) 등 핵전력 강화에 매진했다.

북한 당국은 마침내 2017년 11월 "국가핵무력 완성"을 선언하더니[78] 이후부터 2018년 평창 동계올림픽 참가를 계기로 남북화해, 북 · 미대화, 국제사회의 제재 완화 등을 추구하고 있다. 단기적으로 보면 이러한 행보는 북한 당국의 정책 '변화'로 읽을 수 있다. 2013년 이후 비핵화는 안중에도 없다는 듯 핵 · 미사일 시험을 거듭 단행해왔기 때문이다. 하지만, 북한 당국이 2003년부터 핵무기-안보 교환 전략을 지속적으로 구사해온 사실에 주목하면 다른 평가도 가능해진다. 북한 당국이 "완성"했다고 주장하는 "핵무력" 포기 대가로 체제안전을 보장받으려는 협상에 본격적으로 나섰다고 평가할 수도 있는 것이다. 조선노동당의 '4 · 20결정'도 이러한 평가를 뒷받침해준다. 조선노동당 중앙위원회는 2018년 4월 20일 제7기 제3차 전원회의에서 "병진로선의 위대한 승리"를 선언하면서 "전당, 전국이 사회주의경제건설에 총력을 집중하는 것"을 "새로운 전략적로선"으로 제시했다. 핵시험과 대륙간탄도로케트 시험발사 중지, 북부 핵시험장 폐기 등을 시작으로 "사회주의경제건설을 위한 유리한 국제적환경"을 마련하겠다는 게 조선노동당이 이날 천명한 입장이다.[79] 또한 김정은은 곧이어 열린 4월 27일 남북정상회담에서 "완

78) 북한 당국은 2017년 11월 29일 '화성 15형' 미사일을 시험발사한 뒤 "국가핵무력 완성"을 선언했다. 김정은도 2018년 신년사에서 국가핵무력 완성 주장을 반복했다. 『로동신문』, 2017년 11월 30일, 2018년 1월 1일.

79) 『로동신문』, 2018년 4월 21일.

전한 비핵화"라는 목표에도 공개적으로 동의했다.[80]

이처럼 북한 당국이 유화적 태도를 보이자 미국 트럼프 행정부도 북한 당국과의 협상에 나섰고, 우여곡절 끝에 2018년 6월 12일 싱가포르에서 사상 첫 북·미정상회담이 개최됐다. 북·미 정상은 이 회담에서 양국 간 "새로운 관계 수립", 한반도의 지속적·안정적인 평화 구축 노력, 북한의 완전한 비핵화를 향한 작업 등을 약속했다. 북한 당국은 핵무기를 내려놓는 대가로 미국 당국으로부터 체제안전을 보장받을 수 있을까? 미국 트럼프 행정부는 북한사회가 자본주의 세계라는 바다에서 안전하게 항해할 수 있도록 관문을 열어줄까? 북한 당국과 미국 당국의 정상회담 후속조치들이 판단 근거가 될 것이다.

4. 맺음말

현존 국가사회주의 체제 중 자본주의 세계와 공존하는 중국·쿠바·베트남사회는 안팎에 여러 가지 요소를 공통적으로 갖추고 있다. 대내적으로는 시장화가 진전되고, 시장화 진전에 따라 생산수단의 사유화, 경제적 의사결정의 자율화 등이 이루어져 있다. 대외적으로는 국가사회주의 체제 당국이 먼저 적극적으로 경제를 개방하고, 국가사회주의 체제와 관계를 맺은 자본주의 체제 당국은 국가사회주의 체제의 자본주의 체제로의 전환을 인위적으로 시도하지 않으면서 상호 경제발전을 위해 협력하고 있다.

북한사회에서도 1980년대 초반부터 위로부터의 시장화가 추진되면서 이러한 공존 요소가 갖춰지기 시작했다. 1990년대 경제난은 아래로부터의 시

---

80) 문재인 대통령과 김정은 국무위원장은 2018년 4월 27일 판문점에서 회담을 갖고 「한반도의 평화와 번영, 통일을 위한 판문점 선언」을 발표했다. 이 선언에는 "남과 북은 완전한 비핵화를 통해 핵 없는 한반도를 실현한다는 공동의 목표를 확인하였다"고 명시되어 있다.

장화를 촉진했고, 2003년 종합시장 제도화 이후에는 시장화 진전이 불가역적 현상이 됐다. 이러한 시장화 진전에 따라 북한사회에서도 '사실상의 사유화' 현상이 나타났고, 상인, 국영기업, 협동농장 등 경제주체의 자율적 의사결정도 증가하고 있다. 밖으로는 1991년 자유경제무역지대 설치를 시작으로 꾸준히 경제개방을 시도했고, 개성공업지구에서는 2004년부터 10년 이상 북한 당국 · 주민이 자본주의 기업과의 공존 경험을 축적했다. 북한 당국은 2013년부터 기존 경제특구 외에 '경제개발구'라는 새로운 개방지대를 설치하며 경제개방 기조를 유지하고 있다.

그럼에도 불구하고 아직 북한사회는 자본주의 세계와의 공존을 시작하지 못하고 있다. 공존을 위해 필수적인 체제안전을 보장받지 못했기 때문이다. 북한 당국은 한국전쟁 이후 70년 가까이 지속되고 있는 미국 당국과의 적대관계를 청산하고 미국 당국으로부터 체제안전을 보장받기 위한 수단으로 핵무기 개발에 매진해왔다. 북한 당국은 마침내 2017년 11월 핵무력 완성을 대외적으로 선언했고, 2018년부터는 미국 당국과 핵무기와 안보를 맞바꾸기 위한 협상을 시작했다. 앞으로 북 · 미 당국이 핵무기와 안보를 맞바꾸는 거래에 성공한다면 북한사회는 자본주의 세계와의 공존을 시작할 수 있다. 특히 북한사회가 미국 · 일본 · 남한사회 등과 본격적으로 접촉하고 협력할 경우, 시장화, 사유화, 자율화 같은 북한사회 안의 공존 요소들도 점점 더 안정적으로 자리 잡고 확대되어 나갈 것이다.

이미 자본주의 세계라는 바다로 항해하기 시작한 북한사회는 이제 그 바다로 들어서기 위한 입구 앞에 서 있다. 북한 당국이 이 배에 실린 핵무기를 내려놓고 자본주의 세계라는 바다로 진입할 수 있을지, 또한 중국 · 베트남 · 쿠바사회처럼 무사히 자본주의 세계와 사회주의 세계를 오가며 경제발전에 매진할 수 있을지 지켜보자.

참고문헌

김병로. “북한의 시장화와 계층구조의 변화.”『현대북한연구』 16권 1호(북한대학원대학교, 2013).

김일성. “사회주의경제의 몇 가지 리론문제에 대하여.”『김일성 저작집 23권』. 평양: 조선로동당출판사, 1983.

김진향.『개성공단 사람들』. 서울: 내일을 여는 책, 2015.

김진환. “북한의 안보 전략 변화 : ‘핵무기-안보 교환 전략’의 등장, 진화, 전환?.”『동북아연구』 제28권 1호(조선대학교 동북아연구소, 2013).

김진환.『북한위기론 : 신화와 냉소를 넘어』. 서울: 선인, 2010.

데이비스 · 스케이스 지음, 한상진 옮김.『체제비교 사회학 : 서구 자본주의와 국가 사회주의』. 서울: 느티나무, 1990.

마이클 부라보이 지음, 정범진 옮김.『생산의 정치 : 자본주의와 사회주의의 공장 체제』. 서울: 박종철출판사, 1999.

박희진.『북한과 중국 : 개혁개방의 정치경제학』. 서울: 선인, 2009.

사회과학출판사 편.『조선말대사전(증보판) 1』. 평양: 사회과학출판사, 2006.

선한승 · 문무기 · 윤문희 · 이종원 · 김진환.『북한 인력에 관한 법제 · 실태와 활용방안』. 서울: 한국노동연구원, 2004.

신석호.『김정일과 카스트로가 경제위기를 만났을 때 : 북한과 쿠바 경제의 위기와 개혁』. 서울: 전략과문화, 2008.

알렉 노브 지음, 대안체제연구회 옮김.『실현 가능한 사회주의의 미래』. 서울: 백의, 2001.

양문수. “2000년대 북한의 반(反)시장화 정책 : 실태와 평가.”『현대북한연구』 15권 1호(북한대학원대학교, 2012).

양문수. “북한에서의 시장의 형성과 발전.”『비교경제연구』 제12권 제2호(한국비교경제학회, 2005).

양문수. “북한정부는 시장화를 관리할 수 있는가.”『통일정책연구』 제19권 1호(통일연구원, 2010).

유현정. “북한의 「경제개발구법」에 대한 평가와 전망.”『국가전략』 제20권 1호(세종연구소, 2014).

윤인주. “북한의 사유화 현상 연구 : 실태와 함의를 중심으로.” 『북한연구학회보』 제18권 제1호(북한연구학회, 2014).
이매뉴얼 월러스틴 지음, 백영경 옮김. 『유토피스틱스 또는 21세기의 역사적 선택들』. 서울: 창작과비평사, 1999.
이재춘. 『베트남과 북한의 개혁 · 개방』. 서울: 경인문화사, 2014.
이종겸. “북한 신흥 상업자본가의 출현에 관한 연구.” 『북한학연구』 제4권 제2호(북한학연구소, 2008).
이종태. 『햇볕 장마당 법치』. 서울: 개마고원, 2017.
임을출. “북한 사금융의 형성과 발전 : 양태, 함의 및 과제.” 『통일문제연구』 제27권 1호(통일연구원, 2015).
장용석 · 정은미 · 정근식 · 김경민. 『북한사회변동 2016 : 시장화, 정보화, 사회분화』. 서울: 서울대학교 통일평화연구원, 2017.
전현준 · 김국신 · 정영태 · 최수영 · 김진환. 『북한의 국력 평가 연구』. 서울: 통일연구원, 2009.
정은이. “북한 도시노동자의 식량조달메커니즘에 관한 연구 : 함경북도 무산지역의 소(燒)토지 경작사례를 중심으로.” 『동북아경제연구』 제26권 제1호(한국동북아경제학회, 2014).
정은이. “북한 부동산시장의 발전에 관한 분석 : 주택사용권의 비합법적 매매 사례를 중심으로.” 『동북아경제연구』 제27권 제1호(한국동북아경제학회, 2015).
진승권. 『동유럽 탈사회주의 체제개혁의 정치경제학 1989~2000』. 서울: 서울대학교 출판부, 2003).
크리스 하먼 · 마이크 헤인즈 지음, 이원영 편역. 『소련의 해체와 그 이후의 동유럽』. 서울: 갈무리, 1995.
통일교육원. 『2018 북한 이해』. 서울: 통일교육원, 2018.
한기범. “북한 정책결정과정의 조직행태와 관료정치 : 경제개혁 확대 및 후퇴를 중심으로(2000~09).” 경남대학교 박사학위논문(2010).
홍민 · 차문석 · 정은이 · 김혁. 『북한 전국 시장 정보 : 공식시장 현황을 중심으로』. 서울: 통일연구원, 2016.

『경향신문』(온라인), 『로동신문』, 『연합뉴스』(온라인), 『통일뉴스』(온라인)

Bernard Chavance, Charles Hauss (trs.), The Transformation of Communist System. Boulder, San Francisco, Oxford: Westview Press: 1994.

Janos Kornai, The Socialist System : The political economy of Communism. Princeton, New Jersey: Princeton University Press, 1992.

Rudolf Bharo, David Fernbach (trs.). The Alternative in Eastern Europe. London: New Left Books, 1978.

Theda Skocpol. "Bringing the State Back In : Strategies of Analysis in Current Research." in Evans, Peter, B. & Rueschemeyer & Theda Skocpol eds.. Bringing the State Back In. New York: Cambridge University Press, 1985.

[교육]

한국 통일교육의 변화와 발전과제

통일교육의 과제와 '통일교육헌장'

한만길*

1. 문제제기

지난 4월 27일 남북한 정상은 온 국민과 전 세계가 지켜보는 가운데 판문점선언을 발표했다. 한반도에서 전쟁을 종식하고 화해협력을 추구하는 평화통일의 이정표라 할 수 있다. 그런데 우리 청소년들이 판문점 선언에 담겨있는 통일의 희망을 간직하기에는 한참 부족하다. 우리 청소년과 시민들은 통일에 대하여 관심이 그리 많지 않기 때문이다. 통일의 필요성에 대하여 절실하게 인식하는 사람들도 많지 않다.

통일의식 조사 결과(통일부, 2017년)를 보면 초등학생은 74.4%가 통일 필요성에 공감하지만 중학생은 59.6%, 고교생은 50.2%만이 공감한다. 서울대 통일평화연구원의 조사[1]에 따르면 지난 2007년부터 2016년까지 시기에 따라 점차적으로 통일의 필요성에 대하여 회의적인 반응이 증가하는 경향을 보이고 있다. 또한 세대에 따라 통일에 대한 관심과 필요성 인식이 낮아지는

* 한국교육개발원 석좌연구위원.

1) 정근식 외, 「2016 통일의식 조사」, 서울대 통일평화연구원, 2016, 32쪽.

경향을 보이고 있다. 특히 20대의 경우 2007년에는 통일 필요성을 53.3%가 인정하였는데 2016년에는 36.7%, 2017년 41.4%로 낮아졌다. 또한 북한을 지원과 협력의 대상으로 인식하는 비율은 전체적으로 2007년에는 78.4%인데 비해서 2016년에는 60.3%로 떨어지고, 특히 20대는 78.5%에서 43.1%로서 다른 세대에 비해서 더욱 크게 떨어지고 있다. 이러한 경향은 지난 9년 동안 경색된 남북관계의 영향이며, 우리의 대북정책과 통일교육으로 인하여 나타난 문제라고 할 수 있다.

그러면 통일은 왜 필요한가? 그리고 북한은 우리에게 어떤 존재인가?, 이런 질문과 의문에 대하여 어떻게 답해야 할 것인가? 우리 청소년이나 국민들이 통일에 대하여 어떤 관심을 갖고 있는지, 통일의 필요성을 어떻게 인식하고 있는지, 또한 북한에 대하여 어떻게 인식하고 있는지, 통일은 과연 무엇이고, 어떤 상태라고 할 수 있는지, 통일을 어떻게 실현할 수 있는지 등 많은 문제를 제기할 수 있다. 이런 질문에 통일교육은 제대로 답해야 할 것이다.

2. 통일교육의 변화와 문제

2.1. 정부의 통일정책과 통일교육의 변화

지난 대통령 선거 토론회에서 유승민 후보는 문재인 후보에게 '북한을 주적으로 보는데 동의하십니까?'라는 공격적인 질문을 던지면서 논란이 되었다. 북한을 '주적'으로 분명히 단언하든지, 그렇지 않으면 마치 대통령으로서 심각한 문제가 있는 것으로 몰아부치는 장면을 보았다. 이렇게 북한은 '주적'인지 아닌지를 양자택일해야 할 문제인가?, 그리고 북한을 '주적'으로 단정하지 않으면 대통령으로서 자격이 없다고 단정할 수 있는가?

이런 북한에 대한 부정적, 적대적 인식은 남북분단 이후 북한과의 대결의 역사, 반공교육의 영향, 언론을 통한 북한에 대한 부정적 이미지 확산 등의 수 많은 요인들이 복합적으로 작용한 결과라고 볼 수 있다. 무엇보다도 남북 분단 이후, 그리고 한국전쟁을 거치면서 우리 교육에서 자리잡고 있던 반공 교육, 안보교육이 북한에 대한 부정적 이미지를 형성하였으며, 지금까지 북한을 '주적'으로서 우리 의식을 지배하고 있는 것이다.[2] 여기에 최근 들어 북한의 핵실험과 미사일 발사로 비롯된 남북관계의 경색되는 상황이 북한에 대한 적대적 인식을 심화시키고 있는 것이다. 이와 같이 북한에 대한 적대적 관계를 반영하는 통일교육의 한 형태가 바로 안보교육으로 지속되고 있다.

한편 지난 2000년 남북정상회담을 계기로 통일교육은 새로운 전환점을 맞이하였다. 이미 김대중대통령이 집권한 시기인 1998년부터 소위 햇볕정책으로 불린 김대중정부의 대북정책은 화해협력을 근간으로 하여 북한에 대한 인도적인 지원과 한반도의 평화정착을 위한 노력을 시도하였다. 그리하여 2000년 6월 남북정상회담을 개최함으로써 공동선언을 통하여 '한반도 문제의 자주적 해결원칙', '남측의 연합제안과 북측의 낮은 단계의 연방제안의 공통성을 인정하고', 친척방문단 교환 및 비전향장기수 문제의 인도적 해결', '경제협력 통한 민족경제의 균형 발전 및 사회, 문화, 보건, 환경 등 제반 문제의 협력과 교류 활성화를 통한 신뢰 구축', '남북한 당국간 지속적인 대화' 등을 합의하였다.

당시의 남북정상회담은 통일정책의 변화와 더불어 남북관계를 근본적으로 변화하는 데 크게 기여하였다. 중요한 것은 남북한 어느 일방에 의한 '흡수통일' 방식이 아니라 '단계적 평화통일'을 실현하는 것이 바람직하다는 데 남북한 정상은 합의했다고 볼 수 있다. 이로 인하여 다방면에 걸친 교류협력이 활발하게 전개되었으며 북한에 대한 실질적인 이해를 높이는데 기여하였다. 그리하여 이상적으로 남북통일의 실현이 중요하다기 보다는 현실적으로 교

2) 한만길, '유신체제 반공교육의 실상과 영향', "역사비평"(계간 36호), 1997년 봄호, 역사비평사.

류와 협력을 증진하면서 상호 공동의 이익을 도모하고 평화공존을 추구하는 것이 실질적인 통일정책의 목표로 부각되었다.

이어서 노무현정부는 김대중정부의 화해협력 정책을 계승하면서 평화번영 정책에 대한 네 가지 원칙을 제시하였다. 첫째, 평화번영정책은 통일, 외교, 국방정책 전반을 포괄하는 개념이라는 점이다. 말하자면 남북한의 평화번영을 위한 정부의 노력은 통일분야 뿐만 아니라 외교와 국방 정책을 함께 아우르는 포괄적인 정책으로 실행해야 한다는 점을 강조한 것이다. 둘째, 안보측면과 경제측면의 균형을 강조하였다. 이는 안보를 통하여 평화를 수호하면서 동시에 경제적인 이익을 추구함으로써 정치경제적인 접근을 강조한 것이다. 셋째, 한반도를 넘어 동북아의 평화와 공동번영을 추구하였다. 이로써 남북한의 평화정착은 동북아시아의 평화와 안정에 긴밀하게 관련되어 있다는 점을 명시하였다. 넷째, 국민의 참여 및 합의 형성 등 국내적인 기반 조성을 강조하였다.[3] 무엇보다도 통일문제에서 제기되고 있는 남한 사회 내부의 논쟁과 갈등을 해소하기 위한 노력이 중요하다는 점이다.

이러한 평화번영정책의 일환으로서 통일교육에서는 남북관계의 변화에 부응하는 균형적인 대북관과 건전한 통일관 형성을 제시하였다. 2006통일교육지침에서 통일교육의 목표로서, 1. '자유민주주의와 민족공동체 의식을 바탕으로 바람직한 통일관 정립', 2. '통일환경과 남북한 실상에 관한 객관적 이해와 건전한 안보관 확립', 3. '평화통일의 당위성과 통일 실현의지 함양'을 제시하였다.[4] 통일교육의 방향으로서 민주주의와 민족공동체의식, 그리고 안보의식을 강조하는 측면은 의미상으로 다소의 변화는 있지만 기본적으로 지난 통일안보교육에서 강조하던 과거의 내용과 동일선상에서 이해할 수 있다. 한편 북한사회에 대한 객관적 이해, 화해협력과 평화공존을 위한 노력

3) 통일부, "참여정부의 평화번영정책", 2003, 5-12쪽

4) 통일부, 2006 "통일교육기본 지침서", 2006

등은 시대상황과 남북관계의 진전에 따라 변화한 측면이 크다. 이로써 김대중정부와 노무현정부가 남북교류협력 정책을 추진하면서 통일교육은 남북한 평화공존을 지향하는 방향으로 많은 변화가 이루어졌으며, 다양한 논의가 활발하게 전개되었다. 2000년대 접어들어 통일교육의 지형은 그 동안 '안보교육', '민족공동체 교육', '승공통일교육'에서 이제는 '탈분단 교육', '다문화 이해교육', 갈등해결 교육', 북한이해 교육' 등으로 다변화하면서 훨씬 복잡해졌다.[5] 통일교육 지형의 다변화는 한편에서 보면 혼란스러워 보이지만 다른 한편 통일문제에 대한 다양한 입장이 공존할 수 있다는 점에서 과거 획일적인 교육에 비해 진일보하였다.

그런데 2008년 이명박 정부는 지난 김대중정부와 노무현정부의 통일정책을 근본적으로 문제삼으면서 북한에 대한 압박을 강조하는 방향으로 선회하였다. 이명박 정부는 대북정책으로서 북핵 폐기를 전제조건으로 내세우면서 북한문제를 해결하는 방안으로서 '비핵 · 개방 3000구상'을 선언하였다. 그리고 국정 과제로서 남북간 인도적 문제의 해결, 북한 군사위협 대비태세 강화, 남북협력 기금의 투명성 강화, 남북간 군사적 신뢰구축 및 군비통제 추진 등을 제시하였다. 그러나 실제로는 금강산 관광객 피습사건이 발생하고, 북한의 핵개발이 지속되면서 남북관계는 급격하게 경색되었으며, 급기야 이명박 정부는 인도적 지원 사업을 비롯하여 남북교류협력 사업은 전반적으로 중단되기에 이르렀다. 그리하여 이명박 정부의 통일교육은 평화보다는 안보를 우선하여 강조했다.[6] 말하자면 노무현 정부에서 강조한 남북화해협력, 평화공존보다는 대북경계심을 강조하고 안보의식을 배양하는 방향으로 선회하였다.

---

5) 함택영, 구갑우, 김용복, 이향규, '남북한 평화체제 건설과 통일교육: 연합제와 낮은 단계 연방제의 수렴을 중심으로', "국가전략" 2003년 제9권4호, 52쪽

6) 김홍수, '이명박 정부 시기 중등학교 도덕과 통일교육의 변화와 평가', "한국민족문화 51", 2014. 5, 417쪽

이어 박근혜 정부에서도 북한의 핵개발에 대한 강력한 견제와 압박으로 인하여 남북관계가 급격히 경색되었으며, 남북간의 대화와 교류협력이 전면적으로 중단되면서 갈등과 대립관계가 지속되었다. 이런 상황에서 통일교육은 남북관계를 반영하여 안보의식을 강조하는 방향으로 선회하였다. 통일교육의 기본 관점은 '안보 중심' '북한에 대한 객관적 이해'를 통한 북한에 대한 근본적인 변화 모색, 실질적인 통일을 대비한다는 점 등이다. 이는 정도의 차이는 있지만 큰 틀에서 보면 이명박 정부와 크게 달라지지 않다. 이것은 이명박 정부가 제시했던 '안보 중심', '북한에 대한 객관적 이해'의 관점과 큰 차이가 없기 때문이다.[7] 무엇보다도 안보관을 강조하면서 한반도에는 국제적 안보환경의 변화, 남북한의 군사적 대치, 북한의 핵문제 등 우리 국가안보를 위협하는 여러 요소가 존재하고 있음을 인식하는데 중점을 두었다. 이로써 이명박 · 박근혜정부에서 통일교육은 안보교육에 중점을 두면서 사실상 통일교육은 과거로 회귀하는 방향으로 후퇴하였다.

2.2. 이명박정부, 박근혜정부의 통일교육의 문제

지난 이명박정부와 박근혜정부 9년 동안 통일교육이라는 이름에 걸맞지 않게 안보교육에 중점을 두었다. 통일교육은 북한의 핵실험과 미사일 발사 등 군사적 위협을 강조하였으며, 북한을 독재체제, 핵개발, 인권탄압, 폐쇄적인 사회 등으로 부각시키는데 중점을 두었다. 그래서 북한 주민들은 경제난과 굶주림으로 고통받고 있으며 그 불만이 언젠가는 시위와 폭동으로 비화하거나, 아니면 쿠데타로 북한 정권은 붕괴할 것이라는 억측으로 결국 '흡수통일', '통일대박'이란 환상을 갖게 했다. 이것이 지난 정권의 통일논리이고 청소년 학생들이 갖게 되는 북한관, 통일관으로 형성되었다. 결국 북한을 부

7) 김홍수, '박근혜 정부 학교통일교육의 특징과 해결과제', "東洋文化硏究 第 17輯" 2014. 389쪽

정적으로 인식함으로서 북한 혐오증 나아가 통일 기피증을 심어주는 데 기여하고 있을 뿐이다.

2016년도 통일부의 통일교육지침서[8]를 보면 최근 북한사회의 변화에 대하여 부정적으로 기술하고 있다. 또한 북한의 주민생활, 시장 확대, 부분적이지만 개혁개방 등 객관적인 현실을 명시하지 않고 있고 있다. 지난해 제작해서 배포한 통일교육지침서는 지금도 여전히 교육현장에 통일교육의 지도방향으로서 작용하고 있다. 통일부 통일교육원이 지난 2007년(노무현정부 시기), 2016년(박근혜정부 시기)에 각각 발행한 "통일교육지침서"를 통하여 통일교육의 방향과 내용의 차이점을 발견할 수 있다.

우선 "북한에 대한 인식"에서 2007년에는 '북한은 통일의 동반자임과 동시에 경계의 대상이라는 이중성'으로 규정하였는데, 2016에는 '북한은 협력의 대상이자 안보를 위협하는 경계의 대상'으로 규정하였다. 북한을 이중성으로 규정하고 있다는 점에서 동일한데 비해서 2006년에는 '민족공동체 의식 함양'을 강조하고 있다는 점에서 차이를 보이고 있다. "북한의 통치이념과 정치체제"에서 2007년과 2016년에 '당 중심', '수령', '선군정치'라는 점에서 동일하게 설명하고 있는데, 2016년에는 '독재체제'로 규정한다는 점에서 차이를 보인다. "북한 주민의 인권"은 2007년에 없었던 내용이 2016년에 추가되었다. "북한의 대외정책"에서 2007년과 2016년에서 '핵과 미사일 개발'을 통하여 체제 안정과 실리 외교를 추구하고 있다는 점에서 유사한데, 다만 2007년에는 북한의 '외교의 다변화를 추구'한다고 진단하는 점에서 차이를 보이고 있다.

"북한의 경제"에 대하여 문제점을 지적하는 데에는 유사한데, 2007년에는 '개혁 · 개방을 확대하고 있다'고 진단하는데 비해서 2016년에는 '적극적인 개혁 · 개방 정책을 시행하지 않은 채 제한적인 대외개방'으로 진단하고 있

8) 통일부 통일교육원, 「2016 통일교육지침서」,

다. “북한 주민의 가치관과 생활”에 대하여 2007년과 2016년에 동일하게 북한의 변화를 설명하고 있다. 그런데 2007년에 ‘북한 주민의 대남인식은 점차 긍정적으로 바뀌고 있으며, 남한사회와 문화에 대한 거부감도 줄어들고 있다’ 그리고 ‘북한여성의 생계활동이 활발해지면서 여성의 지위가 보다 높아지고 있다’는 내용이 2016년에는 없어졌다. 특히 2016년에는 ‘배금주의적 가치관이 확산’ ‘외부 정보와 문화가 유입’ ‘사회적 일탈현상이 증가’와 같이 우리 관점에서 북한 주민생활의 문제를 진단하는 방식으로 서술하고 있다.

특히 “통일정책과 남북교류협력”에 관한 내용에서 2016년에는 남북교류협력의 현황 부분이 삭제되었다. 2007년에 남북교류협력의 현황에서 ‘남북교류협력은 분단 이후 존속하는 남북한간의 상호불신을 해소하고 민족의 동질성을 회복해 나가는 데 중요한 견인차 역할을 수행하여 왔다’라고 평가하면서 1)개성공단 개발 사업, 2)금강산 관광사업, 3)경의선과 동해선 연결 사업, 4) 교역의 확대, 5)사회문화 교류, 6)인도적 대북지원을 설명하고 있다. 이런 내용이 전면적으로 삭제된 것이다.

이러한 통일교육은 지난 2007년 통일교육지침서에서 서술한 북한을 우리와 동반자로서 인식하고 화해와 협력의 대상으로 접근하던 방식과 상반되고 있다. 우리의 공식적인 민족공동체 통일방안에 기초하여 화해협력 단계를 출발로 하는 우리의 통일정책을 사문화하고, 남북한 통일의 단초라 할 수 있는 교류와 접촉의 중요성을 과소평가하고 있다. 그리하여 남북한 교류협력, 북한과의 관계 개선을 위한 노력은 생략된 채, 통일준비 또는 통일 미래상을 제시하는 데 주력함으로써 통일에 대한 막연한 환상을 심어주고 있다. 통일교육지침서에서 통일을 실현하기 위하여 구체적으로 남북관계를 어떻게 풀어갈 것인지, 어떠한 과정과 절차를 거쳐서 통일을 실현할 것인지에 대한 방향은 찾아보기 어렵다. 이러한 통일안보교육은 결과적으로 통일에 대한 회의감을 심어주는 결과를 초래하고 있다.

지난 2009 교육과정에 이어 2015 교육과정에서 통일교육 내용은 전반적으로 축소되었다. 초등학교, 중학교, 고등학교 2개 학년별 학습요소에서 1개 단원씩 일괄적으로 축소되고 있다. 2009 교육과정 개정에서 초등 도덕과에 나타난 통일교육 관련 내용을 보면, 3-4학년의 16개 학습요소 중 1개, 5-6 학년 16개 학습요소 중 1개가 통일교육 관련 학습요소로 구성되어 있다. 중학교 도덕과 교육과정의 경우에는 1-3학년군의 30개 내용 요소 중 2개 요소가 통일교육 관련 내용으로 구성되어 있다. 통일교육은 2009 개정교육과정의 도덕과 수업시수에서 약 6.6%의 비중을 차지한다. 고등학교는 통일교육을 다루는 교과(도덕, 생활과 윤리, 사회)가 선택과목이어서 학교에서 채택하지 않는 경우 통일교육은 다룰 수 있는 기회는 거의 없다.

초등학교 도덕과의 경우 분량이 1/2 정도 감소된 것도 문제이지만, 그 내용 또한 대부분 통일의 필요성과 통일의 미래상에 대한 인식과 의지함양을 목표로 하는 내용으로 구성되어 있다. 초등 도덕과 통일교육 내용통일에의 의지와 통일미래상은 있으나 정작 통일을 이끌어가고 통일이후 함께 더불어 살아야 하는 사람들의 삶, 의식이나 가치관은 다루지 않는다는 것은 내용 구성에 있어 서론과 결론만 있고 본론이 없는 상황이 될 수 있다. 일선학교 교사들은 "고등학교에서는 사실상 통일교육이 사라졌다고 보아도 무방할 정도로 심각한 일이 아닐 수 없다"고 우려하는 경우가 많다.

학교 정규 교육과정 내에서 통일교육 관련 내용은 교과 간 유기적 연계 고리 없이 단편적으로 분산되어 있어 일정한 체계와 통합성이 부족하다. 창의적 체험활동을 포함하는 비교과 영역 학교통일교육의 경우, 교육방법과 관련 자료 활용지침이 명확히 제시되지 않고 있어 교육적 효과 측면이 충분히 고려되지 않은 내용을 다루는 일회성 행사 중심으로 진행되는 경우가 많다. 특히 통일, 북한의 실체를 파악할 수 있는 정보를 제공한다는 입장에서 북한에 대해 지나치게 선정적이고 극단적인 내용을 여과 없이 제공하여 통일에 대한 부정적 인식을 형성하게 하는 역효과가 나타나고 있다.

경기도 교육청의 사례로 보면 다양한 교과외 통일교육을 실행하고 있다.[9]

학교에서 행사나 계기교육 형태의 통일교육을 진행한다. 대표적인 행사활동은 통일교육구간(5월 넷째주)에 진행되는 계기교육이다. 지 주간에 초중학교에서는 교과시간과 창체시간에 최소 한 번 이상 통일 관련 계기교육을 하고 있다. 그래도 효과적이며 오래 지속되는 활동으로 백일장, 문예행사를 들 수 있다. 지역에 따라서 통일전망대, 통일관, 북한관, 군부대 방문 행사를 하고 있다.

지역사회의 민간사회단체와 연계하여 학교순회강좌를 개최하고 있는데, 통일부 통일교육원의 지원으로 이루어지고 있다. 지역에 따라 민간통일관련 단체가 있는 경우, 다양한 단체들이 학교 통일교육을 지원하고 있는데, 통일교육에 대한 시각이나 접근방식이 차이가 크다. 이를 테면 평화를 지향하는 민간시민단체가 첨여하기거나, 안보를 강조하는 군부대가 지원하기도 한다. 학교에서 개별적으로 연계하는 외부 강사나 기관의 계기교육도 방향이나 내용방법을 체계적으로 관리할 필요가 있다.

통일교육 시범학교는 시도에 따라 1-3개씩 교육부나 통일교육원의 지원으로 이루어지고 있다. 그래도 시범학교 운영은 통일에 무관심하고 부정적인 학생들에게 그래도 적극적인 관심을 갖게 하는 계기가 되고 있다. 통일교육 교사연수도 중요하다. 통일문제에 대한 교사의 관심과 자세, 시각이 학생들에게 미치는 영향이 크기 때문에 교사의 통일연수가 대단히 중요하다. 그런데 대부분 교사들은 통일문제를 다루는 데 있어서 시국에 대한 시각 차이, 그리고 정치적으로 이념적 갈등이 내포되어 있는 민감한 문제이기 때문에 다루기 어렵다고 호소하고 있다. 교육자료가 부족하다는 문제점도 지적한다.

9) 이승준, 양두영 외, “경기도 학교통일교육 실태 연구”, 경기도교육연구원, 2015

3. 통일교육의 방향 재정립

3.1. 통일교육의 모형

통일교육의 새로운 방안을 모색하기 위하여 지난 시기 통일교육의 접근 방향을 모형으로 진단하고 정리해 볼 수 있다. 통일교육의 접근 모형은 '통일안보 모형', 그리고 '평화공존 모형'으로 정리할 수 있다. 먼저 지난 2000년의 남북정상회담을 계기로 하여 다방면에 걸친 교류협력 사업이 활성화되면서 통일관, 북한관이 많은 변화를 가져왔으며, 통일교육은 이러한 시대적 상황을 반영하여 남북한의 화해협력과 평화공존을 강조하게 되었다. 2000년에 들어서 이전의 남북간 적대적 대립관계를 종식하고 화해와 협력, 평화공존의 가능성을 모색하는 방향으로 통일교육은 새로운 패러다임으로 전개되었다. 지난 김대중정부, 그리고 노무현 정부를 통하여 10년 동안 새롭게 모색하였던 통일교육 패러다임은 평화공존 모형[10]이라고 할 수 있다. 이렇게 볼 때 과거의 반공교육, 안보교육, 통일안보교육은 우리 체제의 우위를 입증하고 안보를 기반으로 통일을 지향하는 접근이라면 화해협력을 추구하는 통일교육은 평화공존을 지향하는 모형으로서 다음 [그림 1]과 같이 설정할 수 있다.[11]

10) 한만길 외, 『통일을 이루는 교육』, 교육과학사, 2016.

11) 한만길 외,『통일교육 실태조사와 활성화 방안 연구』(한국교육개발원, 1999, 208쪽) ; 한만길 외, 『통일을 이루는 교육』(교육과학사, 2016)을 참고하여 수정함: 한만길 외, "남북한 화해협력 촉진을 위한 통일교육의 과제", 한국교육개발원, 2000, 222쪽.

	안보체제 모형		평화공존 모형
기본방향	안보 · 통일 지향 : 통일안보 · 체제우위 강조	→	평화공존 지향 : 화해협력 · 평화공존 추구
목표	남북한 국가체제 통합	→	남북한 사회문화 통합
교육내용	ㅇ체제이념 ㅇ북한체제 ㅇ통일미래상	→	ㅇ생활문화 ㅇ북한이해 ㅇ평화공존
교육주체	정부주도 : 교수자 중심	→	민관협력 : 학습자 중심
교육방법	ㅇ홍보를 통한 강의식 ㅇ북한 및 안보 체험 ㅇ통일미래상 인식	→	ㅇ정보에 기초한 토론식 ㅇ북한이해 체험 ㅇ평화능력 함양

[그림 1] 통일교육의 모형 변화

먼저 통일안보교육은 과거의 냉전구조라는 남북관계 상황에서 남한체제의 우월성을 강조하고 북한체제의 열등성과 함께 부정적 특성을 부각시키는 접근이다. 교육목표는 남한 중심의 정치체제 통합을 지향하고, 자유민주주의, 자본주의 시장경제 중심의 통일을 목표로 하고 있다. 교육내용에서 주로 북한체제의 이념과 체제의 허구성을 비판하고, 남북한의 적대적 관계를 부각시키면서 북한의 대남 도발 가능성을 경계하는 내용으로 구성되어있다. 교육방법은 주로 남한의 비교우위적 접근, 교수자 중심의 정보전달에 치중하고 있다. 따라서 통일안보교육은 북한을 객관적으로 이해하고 통일을 대비하고 남북간의 이질화된 생활문화를 재통합하는 차원보다는 오히려 남북간의 이질화 및 적대감을 심화시키는 결과를 초래하였다.

반면에 평화공존 모형은 남북한의 화해와 협력을 추구하고 평화와 공존을 지향하는 방향으로 통일관을 형성하는 데 중점을 두고 있다.[12] 그래서 남북

12) 한만길, “통일교육의 이론과 실천”, 교육과학사, 2001, 40쪽.

한의 정치체제 통합을 지향하기보다는 사회 · 문화적 통합을 지향한다. 사회 · 문화 통합은 생활세계와 의식의 통합이라고 할 수 있다. 사회통합은 남북한 사이에 존재하는 가치관과 의식구조, 생활양식의 이질화, 차이, 차별, 불평등 상태를 극복하고자 한다. 남북한 주민들이 생활세계에서 발생하는 사회적 차이의 문제를 '더불어 살아가는' 삶의 방식을 터득함으로써 극복해 가는 과정을 뜻한다. 교육내용은 생활문화 중심으로서 북한사회 이해, 북한 주민생활을 주된 내용으로 다루고 있다. 남북한 사회 이해를 통한 상호 이해, 존중, 공존을 지향하고 있다. 교육방법은 사실적 객관적 자료를 바탕으로 개방적 토론을, 그리고 학습자 중심의 교수활동, 체험활동을 강조한다.

이러한 통일교육의 새로운 패러다임[13]은 '남북한 주민들이 하나의 공동체를 이루고 살아간다는 의미에서 통합이라는 용어를, 문화적 차원에서는 다양성이 인정되는 문화로서 공존이라는 용어가 적절하다'는 것이다. 더욱이 통일은 '남북을 하나의 정치체제와 단일한 제도로 수렴시키는 제도적인 통일일 뿐 아니라 사람의 통합과 의식의 통합'[14]이라고 보기 때문에 통일교육의 사회문화적 접근을 담고 있는 평화공존 모형은 새로운 의미를 지니고 있다.

3.2. 통일교육의 방향 정립

통일교육은 "대한민국은 통일을 지향하며 자유민주적 기본질서에 입각한 평화적 통일정책을 수행하고 이를 추진한다."(헌법4조)와 "국민으로 하여금 자유민주주의에 대한 신념과 민족공동체 의식 및 건전한 안보관을 바탕으로 통일을 이룩하는데 필요한 가치관과 태도 함양"(통일교육지원법 제2조 제1항) 등에 명시한 통일교육 목표에 충실해야 한다. 따라서 통일교육은 평화통

13) 이우영, "새로운 통일담론의 필요성", 「비교사회」, 제4호, 한국비교사회학회, 2002, 73쪽; 박광기 외, 「신패러다임 통일교육 구현 방안」, 통일연구원, 2005

14) 조정아, "통일교육의 쟁점과 과제", 「통일정책연구」, 제16권2호, 통일연구원, 2007

일의식을 함양하면서 '미래지향적 통일관', '균형 있는 북한관', '건전한 안보관'을 확립하는데 기여할 수 있도록 방향을 확실히 정립해야 한다.

그런데 지난 9년 동안 북한의 핵개발, 남한의 대북압박정책, 그리고 남북관계의 갈등이 심화되면서 국민들은 북한 혐오감, 통일 기피증이 확산되고 있으며 통일에 대한 관심도 낮아지고 있다. 이에 국민들이 통일 · 북한문제, 남북관계, 한반도 상황에 대한 정확한 이해를 바탕으로 통일 공감대를 형성하고 평화통일 의식을 함양하는 것이 시급한 과제이다. 이제 문재인 정부의 통일 정책은 다음과 같이 요약할 수 있다. 1) 남북대화 재개 및 남북관계의 개선, 2) 평화 · 통일 공감대 확산과 통일국민협약 추진, 3) 남북대화 창구를 복원하고, 다양한 교류를 추진, 4) 국민과 소통하면서 평화통일에 대한 공감대 확산, 국민적 합의를 도출하는 것이 필수다. 5) 한반도 군사적 위기 상황에서 평화통일의식과 안보의식의 균형을 갖추는 것이 중요하다. 이런 통일정책의 방향에 기초하여 통일교육의 방향을 재정립할 필요가 있다. 앞에서 통일교육의 접근 모형으로서 진단한 바 있는 '통일안보 교육 모형', 그리고 '평화공존 교육 모형'을 참고하여 통일교육의 방향을 설정해야 할 것이다.

현실적으로 통일교육은 평화의식에 기초하여 평화에 대한 공감대를 형성하고 남북한의 평화정착의 중요성을 인식하도록 방향성을 정립해야 한다. 남북한 평화정착을 기반으로 하여 평화통일의 필요성에 대한 인식을 강화해야 한다. 당위적으로 평화통일은 남북한의 민족적 과제인 동시에 한 민족으로서 통합을 실현해야 한다는 인식이 필요하다. 또한 평화통일은 남북한의 평화와 안정을 가져올 뿐만 아니라, 경제 외교적으로 국가에 막대한 이익과 혜택을 가져올 수 있다는 실질적인 인식이 필요하다. 더불어 남북한의 평화통일은 한반도의 안정과 함께 동아시아의 평화를 구축하는 데에도 절실한 과제라는 사실을 인식해야 한다.

4. '통일교육헌장'제정과 통일교육의 개선 방안

4.1. '통일교육헌장'제정 방안

문재인정부는 평화통일에 대한 국민적 합의를 도출하고 통일에 대한 공감대를 형성하기 위하여 '통일국민협약'을 제정하기로 방침을 세웠다. 이 '통일국민협약'은 국민의 의견을 수렴하여 국회 동의를 거쳐서 국민적인 합의 형태로 제정해야 할 것이다. 이를 위하여 통일문제, 북한문제에 대하여 국민 각계각층에서 활발하게 토론하고 논쟁하면서 합의점을 찾도록 노력해야 한다. 최종적으로는 국회의 의결을 거쳐서 통일국민협약을 제정하고, 이를 근간으로 하여 남북한의 통일정책과 관련되는 모든 정책을 수렴할 수 있도록 해야 한다. 말하자면 남북관계를 비롯하여 외교통일안보정책, 통일교육문화정책 등을 시행하는 기본 지침으로 삼아야 할 것이다.

특히 남한 사회 내부에서 통일문제, 대북정책에 대한 시각의 차이가 크고 사회적인 갈등 양상이 심각하다는 문제를 고려해 볼 때, 이에 적절히 대응하면서 갈등을 해소할 수 있는 접근이 필요하다. 말하자면 사회적 논쟁과 갈등을 해결해 나가는 과정에서 통일문제에 대한 해법을 찾도록 노력해야 할 것이다. 이런 노력의 일환으로 통일 전 서독에서 제시한 바 있는 '동서독 문제에 관한 교육지침'을 참고하여 우리가 통일문제에 대한 합의점을 찾아가는 지표로 삼을 수 있다. 서독의 '교육지침'은 우리에게 통일정책의 지침으로 활용할 수 있을 뿐만 아니라 교육현장에서 통일교육의 지침으로 활용할 수 있는 것이다. 이러한 취지에서 필자는 지난 2000년에 '통일교육헌장'을 제정할 것을 제안하였다.[15] 현재의 남북한 통일상황을 고려하여 다음과 같은 '통일교육방향'을 새롭게 제안하였다.

15) 한만길, "통일교육의 이론과 실천", 교육과학사, 2001, 29쪽

〈통일교육헌장 제정안〉

1. 남북한은 한 민족이며 인종 · 역사 · 문화적으로 공동체다. 남북한은 하나의 혈통과 역사, 문화와 언어를 가지고 발전해 온 공동체다. 이런 공동체 정신에 기초하여 남북관계를 비롯하여 통일정책, 외교안보정책, 교육문화 정책을 추진하도록 노력한다.

2. 남북한은 평화지향적인 관계를 통하여 상호 대립과 갈등을 해소하고 화해하고 협력하면서 공동번영을 추구하도록 노력해야 한다. 이런 정신에 기초하여 역대 정부의 '민족공동체 통일방안'을 공식적으로 제시하고 있다.

3. 남북한은 상호 이념과 체제의 차이를 인정하고 상대방을 비방하고 비난하지 않아야 한다. 북한 주민들의 생활방식과 의식구조는 남한과 다르다는 점을 인정해야 한다. 이를 비교하고 동질성과 이질성을 구별할 수 있도록 해야 한다.

4. 북한 내부에서 스스로 발전하고 변화하려는 노력을 기우리고 있다. 북한 사회는 점차 시장화하면서 변화하고 있으며, 주민들의 사고방식과 생활도 변화하고 있음을 알 수 있다.

5. 북한 주민들의 인권은 보장되어야 한다는 주장은 보편타당하며 인도주의적 의무이다. 북한 인권에 대한 요구는 남한의 헌법적 가치이며 국제법적으로 정당하다.

6. 남북한 주민들은 상호 동포에 대한 유대감과 결속력을 갖고 있으며, 이로 말미암아 남한 주민들은 북한 동포를 돌보아야 할 민족적 의무감을 갖고 있다. 남북한의 평화적 통일을 향한 노력은 남북한 주민들의 공통적인 의지이며 역사적으로 당연한 의무이다.

7. 남북한의 평화와 통일문제는 우리 민족의 문제이면서 동시에 동아시아의 평화의 문제이다. 남북한은 평화와 통일을 통하여 한반도의 항구적인 안정을 추구할 뿐만 아니라 동아시아의 평화에 기여할 것이다.

8. 남한 사회 내부에서 통일 · 북한 문제에 대하여 시각 차이가 있음을 인정하고 상호 이해와 소통을 통하여 합의점을 찾으려고 노력해야 한다. 이에 대한 비난과 비방은 삼가야 하고 객관적인 사실에 기초하여 자유로운 토론과 논쟁을 허용해야 한다.

9. 남한의 청소년, 시민들이 남북한의 평화적 통일문제를 올바르게 이해하기 위하여 다양한 학습활동을 지속적으로 실천해 나가야 한다. 평화통일교육은 시민교육과 더불어 학교교육, 평생교육의 차원에서 실행할 수 있도록 지원해야 한다.

4.2. 학교교육을 통한 통일교육

학교 통일교육 활성화를 위한 적극적인 조치가 필요하다. 앞에서 본 바와 같이 2015교육과정에 따라 현재 교과서 집필이 진행되고 있는데, 종전에 비해서 통일 · 북한 관련 내용은 축소되고 있다. 이에 현재 2015교육과정에 따른 교과서 집필 과정에서 통일관련 내용을 반영하도록 적극 요청하고 노력해야 한다.

우선 통일교육의 전통교과라고 할 수 있는 도덕과의 내용을 보완하도록 요청해야 한다. 현재의 교육과정으로 볼 때 초중고 교육에서 전반적으로 통일교육은 축소되고 있어서 사실상 학교교육에서 통일교육은 점차 소멸하고 있는 상태이다. 이를 복원할 수 있는 방안을 강구해야 한다. 현재 수준에서라도 통일교육을 보충할 수 있도록 보충자료를 개발해야 한다.

또한 국어과, 사회과, 예체능 교과 내 통일 및 북한 관련 단원을 강화하고 각 교과별로 남북한 언어 차이, 문화 차이 등의 요소들을 포함하는 교육 자료를 활용하도록 함으로써 전체 교과교육을 통해 체계적 · 지속적인 통일교육이 이루어질 수 있도록 해야 한다. 학교 단위 교육과정을 탄력적으로 운영하는 과정에서 통일교육 관련 내용이 다뤄지지 않을 수 있는 상황을 방지하기 위해 학교급, 학년, 교과별 관련 규정을 마련하여 모든 학생이 관련 내용을 이수할 수 있도록 해야 한다.

평화통일교육과 민주시민교육의 통합적인 접근 방식으로 내용과 방법을 강구해야 한다. 청소년 학생들이 이해하기 쉬운 생활문화 · 대중예술 컨텐츠 중심으로 개발하고, 다양한 평화통일교육 미디어를 개발해야 한다. 영화, 만화, 웹툰, 동영상 등을 제작하거나 이를 활용하여 평화통일의 매체로 활용할 수 있다. 무엇보다도 북한주민이 우리와 함께 살아갈 수 있는 이웃이자 동포라는 인식을 지닐 수 있는 통일교육을 지향하도록 해야 한다.

평화통일교육의 교수방법은 기존의 강의 중심, 주입식 교수방법에서 탈피하여 토론하고 참여하고 체험하는 방법을 강구해야 한다. 각종 동영상 자료나 시청각 교재 등, 학습자의 수준과 관심을 고려한 다양한 교수학습 자료와 교수방법을 개발하여 보급할 필요가 있다. 다양한 참여형 통일교육 모델을 개발하여 제공한다. 통일교육의 방법으로서 토론과 논쟁을 권장하고 적극 활성화할 필요가 있다. 우리 사회에서 통일문제와 북한문제는 어디서든지 정치사회적인 쟁점이 되고 있다. 사회현장에서와 마찬가지로 교육현장에서도 교육의 주제이면서 토론과 논쟁의 대상이 되는 것을 자연스럽게 수용하고 대응해야 한다. 우리 사회가 당면하고 있는 여러 정치사회적 쟁점에 대하여 토론하고 논쟁하면서 우리는 민주시민의 역량을 기를 수 있다.

4.3. 지역사회 중심의 통일교육

통일교육에 대하여 학교교육 중심에서 탈피하여 학교내외를 망라하여 교육 전반을 포괄하는 통합적인 접근이 필요하다. 이를 위한 학교와 지역사회의 연계, 지역사회에서 공공기관과 민간사회단체, 초중등학교, 대학이 연계하여 평화통일교육을 활성화하도록 통합적인 지원체계를 만들어야 한다. 민간사회단체의 평화통일교육 지원에서 교양강좌로서 통일강좌를 반영하고,

시민사회단체에서 다양한 컨텐츠로 평화통일교육을 실천할 수 있도록 지원해야 한다. 또한 지역사회 통일교육은 지역의 문화행사와 결합하는 형태로 주민생활 속으로 파고드는 평화통일 공감 프로그램이 되어야 한다.

이와 더불어 대학의 평화통일교육의 중요성을 부각시켜야 한다. 대학생을 대상으로 통일강좌를 개설하고, 평화통일 동아리를 지원하고, 통일연구, 평화통일 축제 등을 지원해야 한다. 교육 분야 통일 준비를 위해서는 학생 뿐 아니라 일반시민의 통일인식 함양이 매우 중요함에도 현재 일반 시민 대상 통일교육은 체계적으로 이뤄지지 않고 있으며 시민단체 등에 의해 제한적으로 실시되고 있다. 이에 학교 중심 통일교육을 평생교육 차원으로 확대하여 일반 시민들이 다양한 방법으로 통일교육에 접할 수 있도록 관련 체제를 마련할 필요가 있다.

지역사회의 평생교육, 시민교육, 교양교육의 차원에서 통일교육을 연계할 수 있는 지원체계를 만들어야 한다. 지역사회의 통일관, 북한관을 활용할 수 있으며, 시군구의 기초자치단체가 운영하는 주민센터, 문화교실 등을 활용하여 평화통일교육을 시민교육의 일환으로 운영할 수 있다. 그리하여 지역사회에서 주민자치기구와 초중등학교가 연계하여 평화통일교육, 시민교육, 문화강좌 등으로 통합적인 실천 방안을 마련해야 한다. 평화통일교육을 위한 행정지원 체제를 체계적으로 구축해야 한다. 이를 위해서 교육부와 시도교육청을 통한 교과서 · 교재 개발, 방과후학교, 동아리 지원 등을 활성하고, 정부 각 부처와 협력하여 공공 · 민간기관의 연수 · 연구활동을 지원하고, 지방자치단체 및 시민사회단체를 통한 통일공감 · 문화예술활동 지원 등을 지원해야 한다.

5. 맺음말

우리 사회에서 통일문제와 북한문제는 자주 정치적인 쟁점이 될 뿐만 아니라 교육적인 쟁점으로 비화하기도 한다. 이러한 쟁점들은 때로는 교육현장에서도 논쟁을 불러일으키고 있다. 이러한 논란을 여론 수렴과 토론의 과정을 통하여 합리적으로 조정해 나가는 것이 우리 사회의 과제이며, 교육적으로 풀어야 할 과제이기도 하다.

통일교육의 주제는 우리 사회가 민주사회로 발전하는 데 있어서 국민의 민주적 역량을 키우는 기본 소재라고 할 수 있다. 우리가 남북분단의 문제를 풀어갈 수 있는 해법을 찾아가면서 민주적 역량을 키우려는 노력이 필요하다. 이를 위하여 다양한 시각과 주장에 대한 자유롭고 개방적인 토론이 필요하다. 토론 주제로서 북한문제, 통일문제, 한반도문제, 국제적 환경문제 등 수 없이 많은 주제를 활용할 수 있다. 다양한 정치사회적 쟁점에 대하여 토론하고 논쟁하면서 합리적인 해결책을 찾아가는 민주시민의 역량을 기를 수 있으며, 이러한 과정을 거치면서 우리 사회가 민주주의 사회로 성숙할 수 있을 것이다. 그리고 이런 민주시민의 역량은 남북간의 평화를 정착하고 공동의 협력과 번영을 찾아가는 평화역량이기도 하다.

참고문헌

김상무 (2000) '서독의 독일 문제 교육 정책의 변천과정', "통일교육연구" 창간호.
김홍수, '박근혜 정부 학교통일교육의 특징과 해결과제', "東洋文化研究 第 17輯" 2014.
김홍수, '이명박 정부 시기 중등학교 도덕과 통일교육의 변화와 평가', "한국민족문화 51", 2014. 5.
문용린 외, 〈학교통일교육의 새로운 전개방향〉, 한국교육개발원, 1988.
이승준, 양두영 외, "경기도 학교통일교육 실태 연구", 경기도교육연구원, 2015.
이우영, "새로운 통일담론의 필요성", 「비교사회」, 제4호, 한국비교사회학회, 2002, 73쪽; 박광기 외, 「신패러다임 통일교육 구현 방안」, 통일연구원, 2005.
정근식 외, 「2016 통일의식 조사」, 서울대 통일평화연구원, 2016.
조정아, "통일교육의 쟁점과 과제", 「통일정책연구」, 제16권2호, 통일연구원, 2007.
통일부 통일교육원, 「2016 통일교육지침서」.
통일부, "참여정부의 평화번영정책", 2003.
통일부, 2006 "통일교육기본 지침서", 2006.
한만길 외, "남북한 화해협력 촉진을 위한 통일교육의 과제", 한국교육개발원, 2000.
한만길 외, 『통일을 이루는 교육』, 교육과학사, 2016.
한만길 외,『통일교육 실태조사와 활성화 방안 연구』(한국교육개발원, 1999, 208쪽); 한만길 외, 『통일을 이루는 교육』(교육과학사, 2016)을 참고하여 수정함.
한만길, '유신체제 반공교육의 실상과 영향', "역사비평"(계간 36호), 1997년 봄호, 역사비평사.
한만길, "통일교육의 이론과 실천", 교육과학사, 2001.
함택영, 구갑우, 김용복, 이향규, '남북한 평화체제 건설과 통일교육: 연합제와 낮은 단계 연방제의 수렴을 중심으로', "국가전략" 2003년 제9권4호.

북한교육의 이해와 과제*

박찬석**

1. 들어가며

북한 교육은 1945년부터 오늘에 이르기까지 북한 특유의 역사적 공간에서 형성되었다. 그러한 교육적 형성은 북한에서만 특수하게 존재하는 것은 아니다. 일반적으로 볼 때, 사회주의 국가가 지향하는 교육 방안은 늘 자기 이념의 기초를 잡는 입장을 밝히고 있다. 그들은 "사회주의교육은 사람들을 자주적이며 창조적인 사회적존재로 키우는 사업이다."로 밝히고 있다.[1]

이처럼 사회주의적 입장으로 철저화를 강조한 것이 북한교육이다. 해방 전후의 시기 북한 교육은 마르크스 레닌주의를 표방하며 전개되었다. 원래 마르크스 레닌주의는 공산주의 이론적 기초를 둔 마르크스의 사상을 이어받은 현실 사회에 적용하여 러시아에 실질적 성과를 거둔 이념이다.[2] 그들이 주

* 위 논문은, 본인 연구인 박찬석, 『북한교육연구』, 파주: 한국학술정보, 2013.의 내용을 재구성 보완한 것임을 밝힙니다.

** 공주교대 윤리교육과 교수

1) 『김일성저작집』 32권, p.373.

2) 박동운, "북한의 교육이념", 김창순 편, 『북한교육론』, 사단법인 북한연구소, 1977, p.14.

장하는 논리는 역사적 유물론에 입각하여 필연적으로 상호 모순을 갖는 사회가 공산사회로 이끌어진다는 것이다. 여기서 공산 사회로 가기 위한 노력은 새로운 인간에 의해 이루어지며 그러한 인간을 키우기 위한 교육을 북한 정권이 중시되며 이어 오고 있다.

정권 초기 북한 교육은 러시아의 전형적인 마르크스 레닌주의에 입각한 교육이 직수입되었다. 그와 동시에 당시 북한은 철저한 마르크스와 레닌의 사상을 더 교조적으로 강조한 스탈린식의 교육이 더욱 강조되었다. 이는 북한 교육이 스탈린 통치기에 그대로 모방하는 시기에 놓이게 된 것에 기인한다. 1945년 해방과 동시에 소련은 북한 지원에 있어서 전반적 분야의 내용과 형식을 소련 스탈린식의 모방을 강조하였다. 따라서 북한 교육도 목표, 이념, 교과 과정, 교육 행정 체계, 교육 방법 전체에서 철저하게 소련의 기존 이론과 방법 전반에 영향을 받았다.[3)]

이러한 북한 교육은 그들의 교육적 노력으로 소련에서 직수입된 교육적 내용과 형식을 주도적으로 변형하게 되었다. 시대적으로 구분하여 보면 북한 교육은 공산주의 사상 도입기(1945-1950), 정권 안정과 공산주의 정착기(1950-1960), 혁명전통 강화와 주체사상 도입기(1960-1970), 주체사상과 당의 유일사상 체제 강화기(1970-1980), 주체 교육과 인간 개조 교육 강화기(1980-1994) 파악하였다.[4)] 이후에 김정일 집권의 교육 시기(1994-2011), 김정은 집권의 교육 시기(2011- 현재)로 파악해 보고자 한다. 그 시기를 2개로 구분하자면 북한의 김일성 사후 결정적으로 식량난을 일으킨 시기(1994-1998)와 그 이후 김정일 정권의 제 1 시기와 그리고 새로운 문화적 영향을 받은 김정은의 제 2 시기로 나누어 분석할 수 있다.

---

3) 김동규, "북한 교육학의 성립 근거와 학교 교육의 전개 과정", 김형찬 편, 『북한의 인식 10 북한의 교육』, 서울: 을유문화사, 1990, p.20.

4) 이러한 구분은 김동규의 북한 교육 정책 반영의 틀에서 파악하는 것이다.(김동규(1990), op. cit., pp.20-26),

북한 교육제도의 변천 과정은 북한 교육의 전반적인 특성과 교육 발전 추세를 감안하여 사회주의 교육도입시기(1945.8-1950.6), 전쟁후 복구 시기(1950.6-1959.10), 기술교육 강화시기(1959.10-1966.12), 정치사상교양 시기인 유일사상 확립 시기(1966.12-1972.7), 11년제 의무 교육시기(1972-1985), 고등교육의 대중화 시기(1985-), 김정일 통치기(1994-2011), 김정은 통치기(2011-)으로 구분하였다.[5)]

이러한 북한 연구의 틀 속에서 김일성 · 김정일의 시기와 이후 전개되는 김정은 시기는 공통적으로 파악할 수 있는 점과 북한 사회 특유의 교육적 입장의 강화로 인한 사상교육과 더불어 현대적 교육 내용이 동시적으로 강조되어 이루어진 것을 파악할 수 있다.

2. 북한교육의 이해

북한 교육을 김일성 · 김정은 시기와 김정은 시기를 개괄적으로 나누어 파악하면 북한을 통치한 지도자의 성향을 통해 파악하는 것이 의미가 있을 것이다. 김일성 · 김정은 두 사람을 아우르는 것은 주체사상이다. 김일성의 통치기는 주체사상을 세워 가는 시기로 오늘날의 북한 교육의 기초를 세운 것을 의미한다. 그리고 김일성 통치기의 후반기 이후 등장한 김정일은 주체사상에 입각한 북한 교육을 정립한 교육적 스타일을 갖고 있다. 김일성 · 김정일 시기는 북한 교육의 개관을 통해 볼 때, 북한 교육의 사회주의적 정착기라고 할 수 있다. 그러한 시대를 지나 김정은의 통치기는 분명한 세계화가 북한 사회에 영향을 주고 세계적인 추세를 생각하게 한 것이다. 이에 북한 교육도 새로운 사회주의 국가로의 변화가 요구되는 21세기 중반을 향하는 교육 사회

5) 한만길, 『통일시대 북한교육론』, 교육과학사, 1997, pp.43-53.

를 구성하여야 한다. 따라서 북한 교육은 교육을 담는 철학, 공학 논리가 등장하게 되는 것이다.

2.1. 김일성 · 김정은 시대의 북한 교육

2.1.1. 김일성의 사회주의 교육 도입과 전통교육의 융합

김일성 시대의 북한 교육은 해방 이후 사회주의 교육의 도입과 전후 복구를 위한 시기로 파악할 수 있을 것이다. 1960년대 이전의 교육 상황을 파악하면, 북한 교육의 원천은 항일 빨치산 투쟁기간인 1930년대에서 그 교육적 연원을 찾을 수 있다.[6] 김일성은 무장 유경 투쟁 속에서도 유격 투쟁을 통해 1935년 5월에 반일 통일 전선체인 "조선광복회"를 조직하여 그 강령에 교육 문제를 반영하였다고 한다. 그 내용은 노예 노동과 노예 교육의 철폐, 강제 군사 복무 및 청소년에 대한 군사 교육을 반대하며, 우리의 말과 글로써 교육하며 의무적인 면비교육[7]을 실시할 것을 주장하였다.

이렇게 설정한 입장에 대해 북한 당국은 김일성의 특별한 사회적 인식과 탁견이라고 주장한다. 그러나 그 당시 조소앙의 삼균주의(三均主義)에 입각하여 볼 때, 1934년 '대한민국임시정부건국강령'이 임시정부 국무회의를 통과한 바 있는 교육적 정서는 다른 지역에도 존재한 것으로 볼 수 있다. 조소앙의 삼균주의는 정치 · 경제 · 교육의 균등을 골자로 한다. 따라서 일제에 항거하고 학비를 면하는 등의 조선광복회의 교육적 입장은 대한민국임시정부의 교육적 국시였던 삼균주의와 크게 다르지는 않는 것이다.

해방 직후 북한의 정권 수립기 이전의 북한 교육은 일제의 잔재를 없애려

6) 김영식, "북한의 교육제도와 그 운영", 김창순 편, 『북한교육론』, 사단법인 북한연구소, 1977, p.133.; 『해방후 10년간의 공화국 인민 교육의 발전』, 평양: 교육도서 출판사, 1955, pp.8-9.

7) 학비가 없는 무상교육을 의미함.

는 노력을 전개하고 동시에 사회주의 무상 교육을 전개하였다. 국가가 중심되어 인민교육의 위상을 통한 학교의 양적 팽창도 거듭났다. 학교 교육에서는 그 의식도 매우 강하였으며, 학교교육기회에 대한 열망이 북한에도 그대로 적용되었다. 1945년 이후 일제 강점기에 초등학교라고 불렸던 초등교육기관은 인민학교로 1945년 11월 '학교교육조치법'에 의하여 개명되었다. 또한 이 인민학교는 5년 사이에 2배에 가까운 증가를 이루었다. 1945년 2,200여 개 교였던 인민학교가 이후 5년 사이에 4000여개교로 확대된다.[8] 이러한 양적 성장은 기초 교육인 인민학교, 중학교, 고등기술학교, 대학 등 전체적인 양적 성장을 이루었다. 그러한 교육 기반 성장의 동력에는 북한 정권의 공산주의 논리인 무상 교육 논리가 주효하였다. 상당수 농민과 노동자로 구성된 북한 주민들에게는 북한 정권이 말하는 간단한 구호인 무상교육이 북한 사회의 혼란 속에서도 주민들의 자발적 참여를 촉발시켰다.[9]

특히 전쟁을 치르면서 북한의 김일성 체제는 공고화되고 더욱 더 사회주의적 입장과 스탈린 사후에도 식지 않는 군사 교육과 사상 교육이 전개되었다. 한편 전쟁으로 파괴된 시설을 복하기 위하여 사회의무노동제를 보충하였다. 각 급 학교는 인민학교는 연중 10일간, 중학교는 연중 2-4주, 기술학교는 연중 2개월, 고등기술학교는 년 5개월반, 대학은 년 3개월반 정도 실시하였다.[10]

---

8) 김기석 외, 『남북한 분단교육의 형성과 그 극복-통일 후 교육통합을 위한 새로운 지평의 탐색』한국학술진흥재단 국제협력공동연구 KRF-98-010-193, 2001, pp.185-186.

9) 북한 사회의 지주와 종교인들은 탄압받았지만 전체 인구를 차지하는 북한의 농민과 노동자들은 공산주의에 입각한 논리에 상당한 동조를 보였다. 그러한 양상의 근원에는 북한 정권이 일제의 잔재를 상대적으로 남한보다는 철저하게 해체한 것과 토지 개혁의 무상몰수 무상분배가 중요하게 자리 잡고 있었다. 이러한 정책은 실질적으로 공산화 과정에서 시도된 농민을 위한 사이비 정책이었다. 그러나 일련의 북한에서 실시된 공산화 과정의 정책에 대해 당시 북한 주민들의 반응이 얼마나 컸는지를 엿볼 수 있는 것이다(서동만 · 남기정 역, 와다 하루끼 지음,『북조선-유격대 국가에서 정규군 국가로』서울: 돌베개, 2002, pp.80-81).

10) 내각공보, 18호(평양: 내각사무국, 1959), 김영식, op. cit., p.136.에서 재인용.

또한 전쟁 이후 북한 당국의 입장은 북한 교육이 전형적으로 인문사회 계열의 비판적 인식을 잠재우고 북한 산업을 발전하려는 노동 규율을 강조하는 논리를 강화하였다. 그래서 1959년에 일반계 고등학교인 고급 중학교 제도를 폐지하고 기술학교와 고등기술학교로 대체하였다.[11] 학생들 중 다수가 고급 중학교에 진학하기를 원하는 상황에서 1959년 10월 최고인민회의에서 '인민교육체계를 개편할 데 대하여'라는 법령을 제정하고 고급 중학교를 폐지하는 조치를 취하였다.[12] 이 법령과 관련된 보고에서 당시 교육문화상 리일경은 "학생들이나 많은 학부형들이 고급 중학교는 대학으로 가는 길이며 이 길이 '출세'하는 길이라고 생각"하고 있다고 비판하였다.[13] 이러한 고등중학교에 대한 비판과 그 비판에 대한 보고는 무엇을 말하는가? 바로 북한 인민들 역시 교육을 통한 신분 상승이나 미래 보장에 더욱 강조점을 두고 있음을 알 수 있다. 북한 당국은 고급 중학교에서 배우는 것이 실생활과 유리되고 있는 추상적인 지식에 불과하다고 선전한다.

해방 직후 북한 주민들은 의무교육제의 확대에 대해 자발적인 참여를 강하게 지지하였다. 그 이유는 북한 교육 정책의 추진이 북한 주민들의 교육열을 강조하는 성과를 얻었기 때문이다. 그러한 국가의 조직적 학교증설운동은 주민들의 자발성과 헌신성에 기초하여 성과를 얻을 수 있었다.

그러나 고급 중학교를 폐지하려는 입장과 동시에 기술의무교육제의 추진은 중장기적인 북한의 성과주의의 단면을 보여 주었다.[14] 또한 이러한 의도

---

11) 조정아, "학교 규율과 '사회주의적 노동자 만들기", 이향규 외, 『북한 교육 60년 형성과 발전, 전망』(서울: 교육과학사, 2010), p.179.

12) 최고인민회의, "인민교육체계를 개편할 데 대하여", 1959.; 국토통일원 편, 『북한최고인민회의 자료집』제2집, 서울: 국토통일원, 1988, p.546쪽.(김지수, "기술의무교육제 실시: 급진적 사회주의 교육개혁의 좌절과 변형", 이향규 외, 『북한 교육 60년 형성과 발전, 전망』, 서울: 교육과학사, 2010, p.162.에서 재인용)

13) 리일경(1959), "인민교육체계를 개편할 데 관한 보고", 국토통일원 편(1988), 『북한최고인민회의 자료집』제2집, 서울: 국토통일원, p.546쪽.(김지수(2010), p.162.에서 재인용)

14) 김지수(2010), 앞의 논문, p.163.

는 북한의 시급한 기술 인력을 확보하려는 조급증을 보여 준다. 가시적인 성과를 얻으려는 경향에 빠져 있었다. 이러한 교육 정책은 일본 제국주의가 조선인 학생들에게 인문사회 교육을 받지 못하도록 극명하게 제한하고 실업계 교육을 육성하려고 했던 우민화 정책과 버금가는 내용을 갖는다. 마치 일본 제국주의에 대한 비판적 인식을 학생 시절부터 갖추지 못하게 하려는 의도를 비추는 것과 같이 북한 교육도 철저한 교육과 노동을 결합시킨다는 목적성을 지나치게 강조하면서 그 사회가 안고 있는 문제에 대해서는 비판을 차단하려는 의도를 가졌다. 즉 북한 사회는 사회적인 건전한 비판을 통한 발전을 추구하기 보다는 천황제와 같이 주체사상의 수령체제를 지향하는 사회를 위해 개인의 복종으로 귀착시키는 교육적 논리를 절대화하였다.

이러한 조치들은 북한 교육의 엄격성과 교육의 권위를 강하게 표출하는 사회주의적 교육의 한 속성에 기인한다. 이는 사회주의 교육제도의 성립과 더불어 유입된 마카렌코 식의 소련 교육의 영향이다. 마카렌코 식은 스탈린에 의해 조장된 사회주의 교육개혁 노선이다. 원래 사회주의 교육은 마카렌코 식과 샤츠키, 레닌의 아내였던 그룹스키야의 논리의 두 가지 흐름이 존재하였다. 여기서 전자는 스탈린 시대 이후 강화되었다. 그러나 후자의 사회주의 교육개혁은 진보주의적 교육의 기본적 원칙과 유사하였다. 이 사조는 진보주의의 입장과 상통했던 흐름으로 스탈린에 의해 금지된 사조가 되었다. 스탈린은 집단의 권위에 대한 복종을 중시하는 마카렌코 식의 교육에 중점을 두었고, 그러한 우세가 북한에 그대로 교육에 적용된 것이다.[15)]

결국 북한의 교육은 그토록 증오했던 일본 제국주의의 교육을 모사한 것이 많았다.[16)] 수업의 규율을 보면 일제시기의 수업 규율과 스탈린 시대의 소련

15) 조정아(2010), 앞의 논문, pp.194-195.

16) 최영표 · 박찬석, 『북한의 교육체계연구』, 서울: 집문당, 2010. 북한은 일제 강점기를 증오하지만 그 잔재에 대해 의미를 갖는 경향을 읽을 수 있다. 예를 들면 인사 직제에도 보면 학교의 부교장제가 존재한다. 4월 학기 시작도 유사하다. 심지어 일본은 소화(小和), 평성(平成)의 연호를 쓰는 데 북한도 주체라는 연호를 쓴다. 이러한 것을 보더라도 북한은 일본의 교육적

수업 그리고 과거로부터 오늘날에 이르기 까지 수업은 유사하였다. 모든 수업은 교사 중심으로 이루어지고 학생이 절대 복종하는 입장으로 전개되어 있었다.

북한의 60년대 이후의 교육은 철저한 스탈린 사회주의 방식의 교육을 선호하고 있다. 실제적으로 권력 세습이 전개되면서 혁명 전통의 교육이 뿌리 깊게 전개됨에 따라 사회주의 건설을 위한 노동자의 희생을 강조한다. 혁명 전통교육은 1970년 12월의 5차 당 대회에서 혁명전통교양을 강화할 것을 천명한 이후 더욱 강화되었다.17) 북한 교육은 이후 학생들의 창의성을 조장하기 보다는 1930년대 궁핍한 시대의 상황을 1970년대에 되살리기에 전념하였다. 그렇기에 북한의 공교육은 학생들이나 교사들에게도 그들의 창의적인 비판을 재생하지도 못하는 상황에 빠지게 하였다. 혁명전통은 집단주의, 사회주의적 애국주의, 노동에 대한 공산주의적 태도가 정치사상교육의 주요 내용을 갖추고 있었다. 혁명전통을 이어가는 북한 교육은 바로 개인의 집단에 대한 절대적인 복종과 희생이지 개인의 창의성은 아니었던 것이다.

한 인간을 철저하게 공산주의화하기 위해 하는 일은 혁명 과정의 창의적이며 급진적인 사고로 사회를 변혁하려던 것이다. 그러나 그러한 일을 도모한 세력들은 북한이 혁명전통을 갖추면서 더욱 사회 영합적이며 영도체계에 절대 복종하는 보수적 논의로 급선화하고 만다. 특히 북한에서 그러한 메커니즘이 작동한 근원에는 비판을 수용하지 못하는 권력 세습이 계속적으로 전개되기 때문이다.

학생들이 철저한 혁명전통의 입장을 견지하는 일은 일제의 천황제 논리에 일체의 부정을 할 수 없는 교육적 분위기를 조성하는 것이었다. 따라서 1970년대 북한은 경제적 성장을 도모할 수 있는 선진국과의 교류와 자체 산업 인

논의를 십분 이용한 경향을 읽을 수 있다.

17) 조정아(2010), 앞의 논문, p.225.

력의 확보가 매우 유리한 상황이었지만, 그것은 활용하지 못하였다. 북한의 경제 상황에서 연평균 성장률은 1960년대 이후 10% 이상이라는 고공행진을 하고 있었다. 그럼에도 외채가 늘어나게 됨에 따라 북한 지도자의 인식은 산업 인력을 국제적으로 활용하는 기회를 찾기 보다는 국가적인 자체 경제를 폐쇄하는 방향을 모색하였다. 즉 북한 지도부는 개방을 모색하기 보다는 시장을 신봉하기 보다는 계획 경제의 틀을 벗어나지 않으려는 생각을 더욱 굳게 가졌다.[18] 이러한 조치는 50년대 말 이후 추진하였던 교육에서의 산업 인력의 활성화를 이루지 못하였다. 한반도로 경제적 이익을 창출할 수 있는 교육적 기여가 좌절되었다. 동시에 북한 교육이 사회적 기여를 할 기회를 살리지 못하는 상황으로 빠져 들어가게 되었다.

2.1.2. 김정일 시대의 동원을 통한 북한 교육

1990년대에 북한의 모든 교육적 성장의 축은 거의 의미를 찾기 어려웠다. 북한 교육은 그 동력을 얻지 못하고 후퇴적 입장에 봉착하였다. 계획 경제를 주축으로 한 북한 교육은 개방적인 교육 지향을 포기하고, 이후 1990년대 직전까지 전형적인 공산주의 교육을 실시하는 성격을 갖추게 되었다. 즉 전문가를 키우는 교육보다는 이념가를 양성하는 교육 이념을 가진 것이다. 이는 1960년 전후하여 북한이 전쟁과 북한 내 사상 투쟁으로 김일성 독재의 구축으로 더욱 강화된 유일사상 체제의 기틀을 찾았고, 그 방안으로 교육이 사상 체제의 반영에 적극 동참한 것이다. 즉 사회주의 교육적 입장이 더욱 북한 특유의 혁명 전통 사상적인 교육을 강화하는 변화를 맞이하며 오늘에 이르고 있다.

북한의 교육 역시 변화와 조정의 핵심은 김일성 · 김정일의 지시와 고무에 의해 이루어진다. 그렇기에 교육계가 다루는 교육의 문제에서도 근본적으로

18) 조정아, 앞의 논문, p.227.

과거에는 김일성 오늘날에는 김정일에 의해 움직여지는 수동성을 일관할 수 밖에 없다. 그 단적인 사례는 다음과 같다.

위대한 김정일 동지의 현명한 령도 밑에 평남석탄공업대학의 기술교육사업에서는 근본적인 개선을 가져오게 되었다. 우선 우리나라의 실정에 맞게 설정되어 있지 못하였던 학과지표가 바로잡아지게 되었다. 우리나라에 풍부히 매장되어 있는 무연탄과 유연탄은 탄광개발에서 나 채굴방법에서 일련의 특성을 가지고 있었음에도 불구하고 대학에서는 이때까지 그것을 하나의 학과에서 가르치고 있었다. 이것은 나라의 주체적인 석탄채굴공학과를 전공별로 분리하여 무연탄채굴공학과와 유연탄채굴공학과를 내옴으로써 채굴전공기술자와 유연탄채굴기술자를 보다 실속 있게 영성할 수 있게 되었다.[19)]

위의 사례를 통해 볼 때, 1980년대 이후 북한의 교육은 김정일의 지도력에 의해 결정되어지는 교육적 상황이 매우 경직되어 있음을 단적으로 보여 주는 것이다. 학과의 구성과 결정이 학과 관련 학자보다도 최고 지도자가 지시하고 그것을 수용하여야 하는 상황이 북한 교육의 문제를 그대로 보여 주고 있다. 한마디로 정치적 종속성이 매우 이례적으로 작동되고 있는 북한 교육이라는 것을 알 수 있다.

그러나 그러한 북한의 교육이 새로운 세기를 맞이하여 변모하여야 하는 기로에 서 있다. 북한 사회가 갖고 있는 변화를 위해 교육도 자체적으로 전개되고 있다. 북한의 교육적 열의는 매우 헌신적이나 이념적으로 정치적 맹목적성을 갖고 있기에 현실적으로는 시대적인 조류와 세기적인 변화에 유용한가가 의문이다.

알뛰세르(Althusser)는 자본주의 산업사회를 정당화시키는 원리는 한편으로는 국가의 자아규제기능, 즉 억압적 국가기구인데, 이 기구들은 힘으로 다스리며 그 대표적으로는 군대, 경찰, 법원과 형무소를 들 수 있다. 다른 한편

---

19) 리영환,『조선교육사 6』, 평양: 사회과학출판사, 1995, pp.92-93.

으로는 이데올로기적 국가기구로서 이는 동의에 바탕을 두고 다스리며 학교, 가족, 법제도, 매스컴 또는 다른 사회기구로 구성되었다. 이러한 이론을 북한에 적용하면 북한은 사회주의 국가임에도 매우 전형적으로 규정된다. 북한에서의 국가 자아규제기능은 많은 북한이탈주민이 밝히듯이 매우 억압적 국가기구가 설정되어 있다. 북한은 그들의 '조선민주주의인민공화국' 성립이래 근 60년간 인민들에게 '당과 국가'를 강화시켜 왔다. 그러한 기준과 원리를 가진 사회주의 교육은 더욱 더 교조적인 입장이 강화되었다.

참으로 100만 지식인대군의 육성은 영생불멸의 주체사상을 빛나게 구현하시여 민족간부양성사업을 다른 모든 사업에 앞세우시고 고등교육발전을 위하여 모든 심혈을 다 바쳐오신 위대한 수령 김일성동지와 친애하는 지도자 김정일 동지의 현명한 령도와 크나큰 배려의 자랑찬 결실이였다.[20]

북한의 학교제도를 통해 북한의 유일사상을 더욱 과도하게 교육에 접목하였다. 그에 따라 북한 주민들의 반적으로 창의적이며 자율적인 정신이 악화되고 있는 실정이다. 실질적인 교육력이 사회적으로나 개개인에게 승화되지 못하고, 집단에 의해 정체되어있는 상황에 놓여 있다.

그렇다면 북한의 교육은 왜 이러한 상황에서 벗어나지 못하고 답보적 상황에 놓여 있게 되었는가? 북한의 교육을 결정하는 것은 북한 지도자의 정치적 성향이다. 그러한 면에서 북한은 확고한 김일성주의를 강화하기 위해 실험적으로 출현하였든지 중소 대립의 역사적 산물이었던지 주체사상이 확고히 뿌리내려 있다. 또한 그 후 주체사상을 견고히 하며 등장한 김정일 시대는 우리민족제일주의에 바탕으로 한 '우리식 사회주의'적 논의와 실천을 강조하였다. 이 시기는 한편 북한 인민들의 고난의 행군기였던 1994년부터 1998년의 힘겨운 상황이다. 당시 김정일 정권은 이 시기의 좌절과 고난을 이겨냈던 항일

20) 리영환, 『조선교육사 5』, 평양: 조선교육사, 1993, p.77.

투쟁기의 '붉은기 정신'으로 무장을 교육으로 강화하였다. 이러한 입장은 '사회주의 강성대국론'을 강조하면서 중국, 베트남, 쿠바 등의 다른 사회주의 국가와는 또 다른 사상적 무장을 강조하고 있다. 그리고 북한 당국은 일제 항쟁기의 '혁명전통'의 정신과 60년대 '자립적 민족 경제'의 도그마에 의해 스스로 교육 발전적 지향을 위한 동력을 지도자가 갖지 못하고 있다. 이러한 상황이 전반적으로 확대되면서 교육 발전의 돌파구를 적실하게 찾지 못하고 있는 실정이다.

북한의 교육은 한편으로는 선진적인 교육적 방법과 방향을 추구하면서 동시에 과거 일제에 항거하면서 그 나름의 교육적 기초를 다졌던 빨치산 회상기에 젖어 있는 이중적인 입장을 강고하게 지키려고 노력하며, 그 중에 하나를 택하라면 후자를 적극적으로 수용하는 경향을 갖고 있다. 이에 따라 대부분의 북한 교육의 지표는 그들 사회가 그리려 하는 매우 견고한 정치 공학적 수준에서 한 치도 벗어나지 못하고 있다. 한 마디로 창의적인 교육적 성과를 기대하기 어려운 정도의 그들 스스로 주장하는 "사회주의 경제 건설의 현실적 요구와 온 사회의 인테리화 구상"[21]이 1970년대 이후 계속 지속적으로 유지되고 있다. 그 이유는 70년대에 와서 북한은 당의 주체사상을 강조하고 그 속에서 주체사상이 주민들에게 침투되고 이러한 가운데 간부를 양성하기 위한 방법을 찾다 보니 100만 지식인 군단이 요구된 것이다.

그러한 전횡적인 사례로의 진척을 파악하면서 북한 교육에 대한 이해를 사적 접근과 현상적 접근으로 나누어 보고자 한다. 분단 이후 지속되어온 냉전 상황 때문에 북한 교육연구는 오랫동안 순수 학문적인 차원보다는 정치적, 이념적 이해관계와 정책적 수요 차원에서 이루어질 수밖에 없었다. 물론 현재도 이러한 상황에서 완전히 자유로운 것은 아니다. 그럼에도 불구하고 올바른 연구방법을 모색하는 것은 이론 · 현실 · 역사의 유기적 종합으로써 북

21) Ibid., pp.59-77.

한연구를 수행하기 위해서 필수적이다. 그런데 어떠한 사회현상도 한 가지 이론적 틀이나 방법론에 의해서 완벽하게 해명되는 경우는 없다. 다양한 방법론적 자원을 적절하게 동원 · 활용하는 것은 특정한 사회현상을 제대로 분석하기 위한 기본조건이다.

2.2. 김정은 시대의 북한교육 이해

김정은 시대의 북한 교육을 파악하기 위해 북한 사회가 추구해 온 방향성에 대해 올바르게 인식하는 것은 매우 어려운 상황이다. 왜냐하면 북한의 문헌은 거의 다 심각한 정보와 자료의 제약을 들 수 있다. 우리가 접근할 수 있는 북한의 교육 자료는 '고등교육', '인민교육', "교원수첩'이나 김일성종합대학 '논문집' 등과 김일성과 김정일의 저작집 등이다. 이러한 자료들에서는 북한 교육 체제에 대한 선전적 입장이 강조되고 있기에 이를 통해 북한의 교육적 상황을 파악하는 데는 한계가 있다.

그리고 우리 사회의 북한 교육에 대한 연구의 객관성 문제를 들 수 있다. 그 동안 남과 북이 체제대립으로 인해 남한의 교육학자들이 북한을 객관적 관점보다는 당위성 · 주관적 인식 등에 따라 분석 · 연구해 왔다. 즉 연구자의 가치 지향성에 따라 교육 연구 결과가 판이하게 다를 수 있다. 이러한 제약 때문에 북한 교육에 대한 객관적 분석이 이루어 져야 한다.

이러한 문제의식 속에서 북한 교육에 대한 기존의 연구를 충실히 파악하고 논의하다 보면 정치 · 경제 · 사회 · 문화 등에 영향을 받는 교육 분야에 관한 구체적인 연구가 내재적으로 파악될 수 있을 것이다. 아직은 상대적으로 미흡한 수준에 머물러 있는 북한의 교육의 전반적인 모습을 종합적 · 체계적으로 이해하는 노력이 요구된다. 북한 교육을 종합적으로 이해하기 위해서는 북한사회의 정치적 특성에 대한 기본적 분석과 함께 경제 · 사회 · 문화적인 측면까지 포괄한 교육에 대한 다면적 접근이 필요하다.

여기서 김정은 시대의 교육에 대해 주관적 인식이나 편견, 감정에서 벗어나 북한 교육을 객관적이고 종합적으로 이해할 필요가 있다. 그런 의미에서 북한 교육을 제대로 이해하기 위해서는 다음과 같은 점에 유의할 필요가 있다.

첫째, 김정은 시대의 북한 교육은 자체의 이념적 인식과 더불어 세계적 추세에 대한 올바르고 균형적인 인식을 견지하고 있다. 그 동안 우리는 북한 교육에 대해 지나치게 폄하하면서도 그들의 교육적 성과에 대해 은밀하게 수용한 과정을 겪었다. 그러한 사례가 북한의 산업화 건설 속에서 노동자 육성 교육이나 북한의 학생 군사 훈련 속에서 파악될 수 있다. 북한 교육에 대해 이중적인 성격을 우리 사회가 가질 수밖에 없었던 이유는 김정일의 통치 스타일과 베일에 가려진 북한의 정책결정과정, 북한 엘리트의 표리부동한 언행과 행동 등으로 규범화하고 공개하기 어려운 교조적 성격의 내용을 담고 있다.[22)]

그러한 차원에서 김정은 시대의 교육 정책은 객관적 현실에 기초해서 전개하고 있다는 것이다. 물론 북한 교육에서 정치사상교육은 아직도 특수하게 이해하여야만 하는 구조를 이루고 있다. 소학교, 초급중학교, 고급중학교 교육과정은 김일성과 김정일의 활동 내용과 업적을 이들의 탄생으로부터 사망에 이르기까지 연대기적으로 반복 제시되는 정치사상 교과가 전개되고 있다.[23)] 앙에 그럼에도 우리는 현재의 북한이 처한 대내외적 환경과 북한의 구체적인 실상에 근거하여 볼 때, '있는 그대로의 북한 교육'을 바라보아야 한다. 즉, 북한 교육과 관련한 사안을 무조건 부정적으로 보거나, 반대로 현실에 적합하지 않은 낭만적 시각으로 북한을 무조건 긍정적으로 이해하려는 것이 아니다. 북한 사회를 '있는 그대로의 북한'을 객관적인 시각에서 이해하고

22) 현성일, "북한의 국가전략과 파워엘리트–간부정책을 중심으로", 서울: 도서출판 선인, 2007, pp.48–49.

23) 조정아 · 이교덕 · 강호제 · 정채관, 『김정은 시대 북한의 교육정책, 교육과정, 교과서』 통일연구원 연구총서 15–03, 2015, pp.79–80.

이를 바탕으로 옳고 그름을 따져보는 분석적 자세가 필요하다.[24)]

북한은 다른 공산주의 또는 사회주의 국가에서는 찾아보기 힘든 부자세습 체제, 주체사상을 통치이념으로 하는 유일 독재체제를 유지하고 있다. 이러한 북한체제의 특성을 이해하지 못한다면 북한 사회의 본질을 정확히 파악하기 어렵다. 북한체제에 대한 외형적 이해를 넘어 서서 북한사회 내부를 구조적으로 이해하는 능력을 배양해야 한다는 입장이다. 따라서 본 연구에서는 내재적 · 비판적 접근에 기초하여 문헌연구, 북한이탈주민의 면접, 전문가 회의 등의 방법을 통해서 논의를 진행하고자 한다. 본 연구는 기존의 내재적 비판적 접근 방법이 한 마디로 우리가 북한 사회를 분석할 때 핵심적인 북한 인식이 되어서는 안 된다.

그러한 의미에서 북한 사회주의가 지향하는 이념의 이해와 그것이 만들어 낸 현실의 다양한 사회 작동 원리를 내재적 비판적 인식과 더불어 외재적 비판적 분석도 요구된다고 보겠다. 즉 북한사회 현실을 어떻게 구체적으로 파악하고 앞으로 교육적 전망이 현실정합성으로 예측할 수 있는가를 파악하고자 한다. 본 연구는 기본적으로 내재적 · 비판적 시각과 더불어 외재적 비판적 시각을 동시에 가지고 북한 교육 논의에 접근을 시도할 것이다. 이는 북한의 교육학을 안으로부터 이해한 뒤에 안과 바깥의 기준을 모두 사용하여 검토 · 평가함을 의미한다. 이러한 관점을 바탕으로 본 연구에서는 현상학적 접근법의 연구방식을 필요에 따라 수용할 것이다.

현상학적 접근 방법은 북한을 북한 사회의 신발을 신고, 북한 주민의 안경을 끼고 이해하려는 노력으로 설명될 수 있다. 이러한 현상학적 접근법은 북한 사회를 외부 관찰자의 관점에서가 아니라 내부 행위자의 측면에서 행위자의 이념과 가치, 동기, 목표를 중심으로 사회현상을 이해하고 해석하고자 한다는 점이다. 전반적인 현상적 접근은 내재적 접근법과 그 발상이 비슷하다.

---

24) 통일부 통일교육원, 『북한 이해』, 2017, pp.12-13.

그러나 현상학적 접근에서는 내재적 접근의 하나인 경험주의, 실증주의와는 달리 현상의 의미해석 과정, 감정이입, 이론적 해석, 상상적 재구성, 검증재구성 등 4단계를 중시하고 있다. 이점에서 이상적으로 북한 상황을 인식하고 북한의 입장에서만 파악하는 내재적 접근과는 차이가 있다. 이러한 분석을 통해 본 연구는 북한의 교육 현상에 대해 실질적인 상호주관성을 갖추면서 북한에 대한 내재 비판적 인식과 궤를 같이하는 접근을 시도하고자 한다. 이러한 인식은 북한에 대해 '있는 그대로'를 통해 북한 교육의 과거, 현재, 미래를 조명하고자 한다.

3. 북한 교육에 대한 고찰

북한 교육에 대한 일반적인 내용 측면에 대한 이해가 앞으로 더욱 중요하게 되었다. 김정은 시대는 분명 북한 교육의 중대한 기로를 보여 준다. 지금의 북한 교육은 중요한 사회주의적 방향성과 미래 지향적 실천을 강조하고 있다. 이에 북한 교육을 보다 학문적인 관점에서 파악하고 인식할 필요가 있다. 근자에 나온 북한 교육 연구는 북한에서 이루어지는 교육 활동에 더 주시하고 있다.[25] 이제 북한 교육연구는 북한 1차 자료를 더 충실하게 반영함으로써 전반적으로 북한 교육학의 실제를 잘 반영하고 있다.

앞으로 북한 교육은 2018년 4월 27일 남북정상회담을 전후로 하여 남북한의 새로운 시대를 맞이하여 북한에 대한 올바른 인식을 모색하는 기초를 제공하는 단서가 될 것이다. 따라서 본 연구는 북한교육 체계에 대한 전반적인 이해를 통해 실질적인 북한 교육의 분석에 대한 검토를 다음과 같이 파악할 수 있었다.

25) 조정아 · 이교덕 · 강호제 · 정채관(2015) 참조.

3.1. 컴퓨터 및 영어에 관심 집중

정보산업시대에 대한 인식이 북한 사회에 퍼져 있다. 이러한 시대적 요구에 맞게 북한에서는 소학교 3학년에서부터 컴퓨터교육을 진행하고 있다. 이러한 교육 사업을 실시하기 위하여 거의 모든 소학교들에서 컴퓨터교육을 진행하고 있다.

> 소학교에서 영어와 컴퓨터교육을 하는데 맞게 외국어학과목과 컴퓨터과목교수내용을 개선하도록 하였으며 사범대학의 모든 학생들에게 우리 식 조직체계 ≪붉은별≫을 배워주도록 하고 수학, 물리, 화학, 생물 등 자연과학 학과들에서 응용프로그람과 수학과 도학 제도 과목들에서 컴퓨터지원프로그람을 배워 주도록 하였다.[26)]

보통교육부분에서는 소학교 3, 4학년에 영어와 컴퓨터교육을 할 수 있게 소학교과정안을 전개하고 있다. 해방 직후부터 북한은 주민들의 교육열을 국가가 조직적으로 강화하며 국가의 공적 영역을 확대하였다. 그러나 2010년대 이르러서는 경제난 이후 주민들에게 "국가 교육을 전적으로 책임진다"는 무상교육의 신화가 깨져 나갔고, 그에 따른 교육의 분화도 두드러지게 나타났다.[27)] 이러한 가운데 소학교의 상황도 영재학교인 제1중학교와 일류대학을 진학하게 하려는 노력을 기울이는 학교가 있는가 하면, 있는 그대로의 교육 과정안만을 따라 가려는 학교들로 분화되기 시작하였다. 그러한 실례는 다음과 같은 중앙 중심의 교육 과정안을 강화하는 방법에서도 드러난다.

> 외국어학원(문학반포함) 과정안도 개작하여 다음 학년도와 관련된 수많은 교수문건들과 교수강습제강 및 교원재교육강습제강들을 만들어 시달하였으며 교원, 학생실력검토

---

26) 조선중앙통신사, 『주체98(2009)년 조선중앙년감』, 2009, p.205.

27) 조정아, "북한의 교육일상연구—과제와 접근방법", 박순성 · 홍민, 『북한의 일상세계연구』, 파주: 한울아카데미, 2010, pp.410-411.

시험지를 만들어 4월과 5월에 평안남도와 함경북도를 비롯하여 6개도의 수십개 학교에 나가 소학교, 중학교 교원들과 중학교 학생들을 대상으로, 9월에는 평양시안의 교원, 학생들을 대상으로 시험을 조직하고 그 결과를 분석하여 11년제 의무교육 내용의 수준과 범위를 바로 정하기 위한 사업을 진행하였다.[28]

3.2. 교육의 집단성 강조

북한 당국은 수령과 당, 학교, 부모, 학생의 관계를 더욱 긴밀히 하고 있어서 북한 체제가 매우 견고함을 보여 주려고 하고 있다. 이러한 입장의 교육을 계속 받다 보면 북한에서는 길일성–김정일–김정은 체제가 그대로 용인되는 그런 한계를 벗어날 수 없는 인간 전형이 그대로 표출된다.

나는 학부형들과 련계가 긴밀해져 학생들에 대한 교수교양사업에서 제기되는 문제들을 제때에 해결해나갈수 있었다. 학교에서의 학생들의 학습과 조직생활에 대하여 학부형들에게 알려주고 또 그들로부터 자녀들의 가정생활에서 나타나는 긍부정적인 현상들에 대하여 듣기도 하면서 서로 의논하고 교양대책을 세우니 그 효과는 눈에 띄게 나타났다. 난는 학부형들이 자녀들의 교양에 더 큰 관심을 돌리도록 하기 위하여 동, 인민반일군들과 관계를 맺고 학생들의 긍정적소행들을 통보해주는 사업도 진행하였다. 결과 학생교양에 대한 동, 인민반일군들과 주민들의 관심이 높아져 우리 학생들이 학습과 생활을 진행하는 모든 령역에서 교양대책이 세워지게 되였다. 2년후 내가 담임한 학급은 영예의 붉은기학급의 자랑을 안고 즐거운 야영의 길을 떠났다. 나는 오봉산지구의 학생들을 모범학생들로 키우는 과정에 학교교육과 가정교육, 사회교육을 결합시킬데 대한 당의 교육사상과 정책이 얼마나 과학적이고 정당한것이였는가를 다시금 깊이 느끼게 되였으며 내가 에돈 그 길은 결국 학생교양의 지름길이라는것을 새삼스럽게 깨닫게 되었다.[29]

28) 조선중앙통신사, 『주체97(2008)년 조선중앙년감』, 2008, p.178.

29) 송영숙, "에돌리길이 아니라 지름길이였다." 『인민교육』 주체99년 제5호, 2010, p.57.

교육의 환경 개선에 있어서 교육 일군의 헌신성과 실적을 강조하고 있다. 교육 일군인 교장은 매사에 앞장서길 북한 교육 당국은 강조하고 있다. 물품 자원이 부족한 북한 학교에서는 학생들에게 보다 상황에 알맞은 교실 환경을 만들어 주는 일에 학교장 이하 학교 일군들이 관심 갖기를 강조하고 있다. 따라서 학교장은 하교 현안 사업에 있어서 자신의 능력을 총동원하여 잘 만들어 가는 것에 깊은 관심를 두고 있다.

선군시대 일군들의 일본새는 인민군대지휘관처럼 ≪나를 따라 앞으로!≫이다. 홍원소학교 교장 김선희 동무는 이러한 사업기풍, 투쟁기풍을 지니고 당의 교육정책을 관철하는데 지혜와 열정을 다 바치고 있다. 학교를 선군시대의 맛이 나게 꾸려야겠다는 생각이 갈마들수록 선희동무의 마음에 제일 걸리는것이 교실바닥들이였다. 학교가 오랜 거물이 다보니 마루바닥을 통째로 들어내는 일은 결코 쉬운 일이 아니였다. 하지만 선희동무는 대담하게 이 공사를 시작했다. 당의 교육정책을 관철하는 길에 자기의 모든 지혜와 열정, 깨끗한 미음을 아낌없이 바쳐가는 이런 지휘관이 있는 곳에는 언제나 혁신이 창조되기마련이다. 선희동무는 오늘도 올해공동사설의 요구대로 학생들모두를 강성대국 건설의 믿음직한 역군으로 키우기 위해 ≪나를 따라 앞으로!≫의 구호를 늘 마음속으로 부르며 후대교육사업에 모든것을 다 바쳐가고있다.[30]

북한에서는 학교를 다시 보수하거나 변화를 주는 일까지도 전투로 인식하여 구호를 외치며 사업을 전개하도록 학교 일군, 교직원의 노력을 동원하고 있다. 북한에 있는 한 시골 학교의 경우를 보면 잘 알 수 있다. 그 학교는 2번에 걸친 150일전투, 100일 전투기간을 통해 2개 호동 교사의 보수사업과 중앙현관개건사업, 모범교실을 만들었다. 그리고 교원들의 사업수첩에 반영된 결의들을 참고로 하여 학교적인 결의목표를 세우고 분공조직사업도 진행하였다. 학교장을 포함하여 학교의 교원들이 그대로 학교의 교육사업성과를

30) 본사기자, “선군시대의 일본새로-홍원군 홍원소학교 교장 김선희동무-”, 『인민교육』 주체 98년 제1호, 2009, p.61.

만드는데 최선을 다하였다. 그러한 노력으로 학교가 더 나아졌다고 북한 당국은 선정하고 있다. 이러한 입장에서 볼 때, 북한 학교는 함께 집단적 동원을 통해 못해낼 일이 없는 정신력의 강자의 협동으로 환경, 교육 준비가 달라질 것이라고 강조하고 있다.[31)]

3.3. 북한의 교육 내용의 지속과 변화

3.3.1. 예술 교육의 강조

북한은 예술이 사회주의적 정서를 지극히 당연히 반영함을 잘 알고 있다. 그렇기에 북한은 소학교 과목인 도화교재를 통해서도 북한 사회의 이념을 철저히 방영하려는 노력을 갖고 있다.

> 사회주의교육의 본성에 맞는 옳은 교수방법을 적용하여야 학생들에게 교수내용을 똑똑히 인식시킬수 있다. 사물현상에 대한 표상은 도화의 모든 류형의 취급에서 기초로 된다. 상상화나 모사화, 사생화는 표상력에 의해 담보되고 표상화는 구상력, 상상력에 의해 훌륭히 표현된다. 도화교육에서는 새로 편찬된 교재내용들의 이러한 호상관계를 잘 알고 련관성의 원칙에서 교재들을 취급하여야 학생들에게 도화적재능을 더욱 원만히 키워줄수 있다. 이 교재에 대한 취급에 앞서 먼저 모레무지나 진흙무지를 준비해놓고 굴뚫기놀이, 산세만들기놀이 등 여러 가지 지형, 지물을 만드는 놀이를 진행하도록 하면 학생들의 흥미도 끌고 교육적인 효과도 좋을것이다. 소학교 도화교육을 맡은 모든 교원들은 새로 편찬된 도화교재의 류형별특성에 맞게 옳은 방법론을 적극 탐구함으로써 새 교재가 은을 내도록 하여야 할것이다.[32)]

31) 본사기자, "시대와 력사를 같이하는 집단으로 되기까지 "곽산군 영예의 붉은기 관산소학교 교장 김영춘동무의 사업에서-", 『인민교육』 주체 100(2011)년 제1호, 2011, pp.47-48.

32) 공인세, "새로 편찬된 소학교 도화교재취;급에서 나서는 몇가지 문제", 『인민교육』 주체 98년 제3호, 2009, pp.59-60.

북한은 '민족'이라는 개념을 지극히 재한적인 입장을 갖는 스탈린 식의 애국주의와 결부하면서 그들이 말하는 민족주의자에 대해 선을 긋고 북한식의 애국주의를 내세우고 있다. 이러한 논리가 매우 이론적이지 않고 애국과 민족이 구분되기에 어렵기 때문에 북한은 민족전통에 대한 강한 집중력을 보이고 있다. 그러한 현상이 주체사상의 토대가 되기 때문에 북한은 교육과정을 통해 전통적인 민속무용을 강조하고 있다.

> 학생들속에 민속무용을 널리 보급하는것은 그들에게 민족적정서를 풍부히 심어주며 무용예술분야에서 주체성과 민족성을 고수해나가는데서 중요한 의의를 가진다. 우리춤의 기법에서 기본은 팔동작이며 하체동작은 빠르지 않고 굴신이 많으며 발구르기에서 탄력이 있고 무게있는것이 특징이다. 또한 춤은 동작의 폭이 크고 부드러우면서도 굴곡이 많아 덩실덩실, 너울너울 흥겹게 추기때문에 사람들로 하여금 흥을 돋구고 즐거운 감정과 마음의 안정을 가지게 한다. 우리의 학교들에서는 학생들속에서 민속무용을 보급하고 장려하기 위한 사업을 적극 벌려나감으로써 무용예술분야에서 주체성과 민족성을 고수하고 우리 인민의 고유한 민족적정서를 살려나가는데 이바지하여야 할것이다.[33]

무엇보다 체력을 중시하는 북한 당국은 체육교육도 그들의 입장에서 철저히 강화하고 있다. 북한은 주체사상의 도입으로 교육에 있어서도 사회주의적 보편성에 멀리 떨어져 있다. 그들이 추구하는 교육관은 지, 덕, 체이다. 그 중에서 체는 체육교육을 통해 발현된다. 그들의 체육교육의 목적은 전쟁승리이다.[34] 이러한 입장에서 늘 전쟁의 기초를 내세우는 체육교육을 강조하고 있다.

---

33) 강정숙, "민속무용보급사업에 나서는 몇가지 문제", 『인민교육』 주체98년 제3호, 2009, p.62.

34) 차종환 · 신법타 · 양학봉, 『이것이 북한교육이다.』, 파주: 나산출판사, 2009, pp.26-27.

체육수업의 질을 높여하는 학생들에게 체육활동을 자립적으로 할수 있는 기초를 튼튼히 닦아주고 일상적으로 체육을 하는 습관을 붙여줄수 있다. 일반적으로 체육수업은 크게 3단계로 진행된다. 첫 단계는 준비운동을 하는 단계이고 둘째 단계는 주운동단계 즉 수업의 기본과업을 수행하는 단계이며 셋째 단계는 정리운동단계 즉 수업을 결속하고 총화하는 단계이다. 체육수업을 이렇게 세 단계로 나누어 진행하는것은 교육학적, 심리학적, 생리학적 요구와 관련된다. 이처럼 매 단계에서의 체육수업은 서로 다른 과업과 내용을 가지면서 호상 밀접한 련관속에서 순차적인 과정을 이룬다.[35]

3.3.2. 국어과목의 강조

북한은 소학교에서는 어휘를 통한 지능교육을 강화하고 있다. 이러한 노력을 실시하는 이유는 북한 사회가 추구하는 주체사상적 기초를 국어 교육을 통해 구현하려는 목적을 갖는다. 그러한 목적이 지나친 면으로 전개되어 증오사상 주입의 고취나 공산주의적 원리의 강조를 보인다.[36]

그러나 한편으로는 전통적인 가치에 입각하여 우리 말과 글에 대한 사회주의적 사실에 입각한 구체적 실천성을 강조하는 장점도 가지고 있다. 오늘날 우리 교육이 외국어 교육 특히 영어 교육으로 인하여 국어 교육에 많은 혼선을 빚는 것에 비하면 북한의 국어 교육의 철저성은 우리 국어 교육에 새로운 교육정책으로 시사하는 바가 크다.

북한은 소학교 국어교육을 통해 같은 언어라도 토의 차이에 따라 문장에서 쓰이는 위치와 역할이 달라지고 어울려 쓰이는 말도 달라진다는 것을 소학교 저학년 학생들이 잘 알고 배우도록 하고 있다. 또한 여러 가지 방법으로 어휘를 가르치면 학생들이 짧은 시간에 많은 어휘를 습득할 수 있고 그것을 언어생활에서 능숙하게 응요할 수 있으며 머리를 쓰는 지적능력도 빨리 발전하게 된다[37]는 점도 강조하고 있다. 이러한 북한 소학교의 국어교육은 다음과 같

35) 리길만, "체육수업의 일반적단계와 그에 따른 운동 조직", 『인민교육』 주체99년 제5호, 2010, p.52.

36) 차종환 · 신법타 · 양학봉, 앞의 책, pp.22-23.

이 구체적 사실에 입각하여 국어 교육의 표현과 문법 교육을 강조하였다.

표현이 매우 풍부한 우리 말을 능숙히 활용하자면 어휘련상이 잘 이루어져야 한다. 어휘련상은 사물과 현상을 규정하는 어휘를 지각하거나 되살릴 때 그와 련관된 다른 사물이나 현상을 나타내는 어휘가 연이어 되살아나는 과정을 말한다. 교육과 일상생활과정을 통하여 사람들이 습득하게 되는 어휘들은 서로 련관되어 있으며 또한 련된된 상태로 머리속에 반영된다. 소학교시기에는 글읽기를 통하여 교제의 내용을 파악하며 글쓰기를 할수있는 기초도 마련된다. 소학교 1-2학년시기에는 읽기속도가 느리지만 3학년시기부터 기준속도에 도달하며 4학년시기에는 기준속도를 넘어선다. 지나치게 빨리 읽는 경우 발음일면에만 치우치면서 글의 내용을 파악하는데 지장을 받을수 있다. 소학교 학생들의 어휘련상에서 나타나는 이러한 특성을 옳게 파악하고 그에 맞게 어휘련상능력을 높여주기 위한 지도방법을 적용하여야 할 것이다.[38]

또한 문법교육은 사람들로 하여금 문법지식을 습득하여 말과 글에 대한 정확한 리해력과 표현력을 소유할수 있게 한다. 무엇보다도 문법교육을 통하여 사고능력의 중요한 구성요소인 분석과 종합능력을 갖추게 된다. 문장성분들이 무엇을 기준으로 하여 분류되고 어떤 체계로 구체화되여 우리 말속에 존재하고있는가를 반영하는 문법지식의 습득과정은 체계화, 구체화와 같은 사고기능을 떠나서 생각할수 없다. 이상에서 보는바와 같이 사물현상을 구조적으로 련관시켜보는 사고능력의 주요구성요소들은 문법교육을 통하여 적극 발달되게 된다.[39]

---

37) 리희복, “국어과목에서 어휘교육을 통한 지능교육방법”, 주체 98년 제1호, 2009, pp.34-35.

38) 곽호웅, “소학교 학생들의 어휘련상에서 나타나는 특가지 특성”, 『인민교육』 주체98년 제2호, 2009, pp.32-33.

39) 량은숙, “지능교육리론 사고능력과 문법교육”, 『인민교육』 99년 제1호, 2010, p.36.

3.3.3. 영어 및 수재 교육의 강조

북한이 교육과정을 통해 노력해 온 것 중에 하나는 세계적인 표준에 대한 관심을 보인 것은 영어교육, 컴퓨터 교육과 수재교육이라고 하겠다. 분명 북한 사회가 발전하려면 이 두 교육은 매우 중요한 교육적 목표 지향이라고 하겠다. 기초적인 소학교에서부터 북한은 영어교육에 관심을 두기 시작하였다. 4학년 1, 2학기에 주당 1시간 정도로 외국어교육을 실시하고 있는데, 영어가 중심으로 이루어지고 있다.[40] 또한 정보산업시대의 요구에 맞게 소학교 3학년에서부터 컴퓨터교육을 진행하기 위한 사업을 짜고들어 거의 모든 소학교들에서 컴퓨터교육을 시작하였다. 이처럼 소학교에서 영어와 컴퓨터교육을 하는데 맞게 외국어학과목과 컴퓨터과목교수내용을 개선하도록 하고 있다.

사범대학의 모든 학생들에게 우리 식 (컴퓨터) 조직체계 ≪붉은별≫을 배워 주도록 하고 수학, 물리, 화학, 생물 등 자연과학 학과들에서 응용프로그람과 수학고 도학 제도 과목들에서 컴퓨터지원프로그람을 배워 주도록 하였다.[41] 보통교육부분에서는 소학교 3, 4학년에서 영어와 컴퓨터교육을 할수 있게 소학교과정안을 개작하였으며 중학교와 시, 군 제1중학교에서도 컴퓨터교육을 더욱 강화하기 위한 과정안과 교수요강들을 새로 작성하였다. 이와 함께 외국어학원(문학반포함) 과정안도 개작하여 다음 학년도와 관련된 수많은 교수문건들과 교수강습제강 및 교원재교육강습제강들을 만들어 시달하였으며 교원, 학생실력검토시험지를 만들어 4월과 5월에 평안남도와 함경북도를 비롯하여 6개 도의 수십개 학교에 나가 소학교, 중학교 교원들과 중학교 학생들을 대상으로, 9월에는 평양시안의 교원, 학생들을 대상으로 시험을 조직하고 그 결과를 분석하여 11년제 의무교육 내용의 수준과 범위를 바로 정하기 위한 사업을 진행하였다.[42] 소학교에서 영어공부놀이는 이미 배운 영어지식을 공고히 다지고 실지 써먹을수 있게 하는 효과적인 교육방법이다.

---

40) 차종환 · 신법타 · 양학봉, 앞의 책, p.90.

41) 조선중앙통신사, 『주체98년 조선중앙년감』, 2010, p.205.

42) 조선중앙통신사, 『주체97년 조선중앙년감』, 2009, p.178.

북한은 수재교육과 과학교육을 결합하여 단번 도약을 실천려고 하고 있다. 그러나 북한의 전반적인 인프라 조성이 안되어 있어 그 계획이 실현되는 데에는 많은 한계를 노정하고 있다.

2008년에 교육부문에서는 선군시대, 정보산업시대의 요구에 맞게 교육사업에서 혁명을 일으켜 강성대국에서 한몫할 수 있는 유능한 인재들을 키워내기 위한 사업에서 많은 성과가 이룩되였다. 2월의 명절을 계기로 진행된 평양시 보통교육부문 교원들의 정치사상과목교수경연은 정치사상과목교수의 수준을 전반적으로 한계단 더 높이고 학생들을 실력있는 인재들로 키울 수 있는 기초를 튼튼히 마련하는데서 중요한 의의를 가지였다.[43]

북한은 1984년 평양에 최초로 수재형 학교 "평양 제1 중학교"를 설립한 이래로 실시한 수재교육이 공산주의 평등교육에 위반되지 않는다고 밝히고 있다. 당의 인재중심의 정책에 따라 수재교육을 공식화하고 "공부만 잘하면" 출신성분과 관련없이 엘리뜨 교육기관에 진학을 수 있는 방법이 나오게 되었다. 그만큼 2000년대 이후 북한 수재교육은 더욱 집중되고 있다.[44]

보통교육부문에서는 ≪제2차 전국 뛰여난 재능을 가진 어린이들의 경연≫을 조직하여 우리말, 셈세기, 그림그리기, 서예 등 문아에서 특기를 가진 뛰여난 제간둥이들을 찾아냈으며 그들의 소질과 재능을 키워주기 위한 사업들에 힘을 넣었다.[45]

3.3.4. 자연 과학과목 강조

북한의 자연 즉 과학교육은 자연관찰수업의 효과성을 높이려고 노력을 전개한다. 그러한 방법은 소학교 1, 2학년 단계에서는 자연관찰을 진행하는 학생들에게 한 대상을 집중하게 하여 계절변화에 따라 관찰을 진행하도록 과제

43) 조선중앙통신사, 『주체 98년 조선교육연감』, p.203.
44) 차종환 · 신법타 · 양학봉, 앞의 책, pp.45-46.
45) 조선중앙통신사, 『주체 99년 조선중앙년감』, 2010, p.279.

를 부여한다. 실례로 봄, 여름, 가을에 식물의 모습이 어떻게 변하는가를 교사가 학생들에게 관찰하도록 할 수 있다. 소학교 3, 4학년에서는 강하천에 대한 자연관찰을 하는 경우에도 봄철의 강물의 색, 여름철 특히 장마철의 강물의 색 그리고 가을철의 강물의 색이 같지 않으며 하나의 강에 대해서도 상류인가, 중류인가, 하류인가에 따라 강물이 하는 일이 달라진다는 것을 관찰하도록 할 수 있다. 이러한 자연관찰수업의 효과는 관찰과제를 정확히 현장에서 알고 파악하도록 제시해 준다. 이렇게 할 때 관찰의 효과를 더욱 높일수 있으며 학생들의 관찰과정이 자연에 대한 풍부한 지식을 습득하고 탐구심을 키우는 과정으로 되게 할수 있다(평양교원대학승병국).[46] 이러한 자연과목을 통한 학생들의 탐구력 강화는 북한 자연과목에서 늘 향토애, 조국애를 구천적으로 체험하도록 하는 노력 중의 하나이다. 또한 학생들에게 관찰 자료를 종합 분석하는 방법에 대해 많은 관심을 기울이고 있다.

소학교 학생들에게 약용식물의 종류와 생물학적특성을 잘 가르쳐주는것은 약초자원의 탐구와 리용에 대한 풍부한 지식을 주는것과 함께 조국의 풀 한포기, 나무 한그루도 아끼고 사랑하는 조국애를 심어주는데에서도 중요한 의의를 갖는다(신의주교원대학 리명철).[47] 또한 소학교 낮은학년에서는 관찰자료의 특성에 따르는 기록방법의 필요성을 종합분석하여 결론내리기과정과 련관시켜 설명하여 기록방법에 대한 초보적인 방법론을 알게 하도록 해야 한다. 종합분석하여 결론내리기에서는 기록한 자료를 놓고 어떤 대상을 관찰하였는가, 어떤 결과가 얻어졌는가 등의 물음을 통하여 종합하는 방법론, 비교대비의 수업을 위주로 분석하는 방법론울 알게 하여야 한다.[48]

---

46) 승병국, "자연관찰수업의 효과성을 높이자면", 『인민교육』 주체99년 제4호, 2010, pp.31-32.

47) 리명철, "소학교 자연교재에서 취급하는 약용식물들의 분류 및 생물학적특성", 『교원선전수첩』 주체99년, 2010, pp.170-171.

48) 백정광, "소학교 자연과목교수를 통하여 학생들이 탐구력을 키워주기 위한 방법", 『인민교육』 주체100년 제3호, 2011, pp.50-51.

또한 북한 자연과목은 실제적인 표상을 강조하는 교육을 자연스럽게 조성하고 있다.

> 표상의 대부분이 시각에 기초하고있는 조건에서 소학교 학생들의 시각적특성에 맞게 교수용직관물을 제작하여야 한다. 첫째로, 학생들의 시각적특성을 충분히 고려하여 다매체직관물을 제작하여야 한다. 둘째로, 모형직관물을 학생들의 시각적특성에 맞게 제작하여야 한다. 우리는 학생들에게 사물현상과 과학적원리를 쉽게 인식시킬수 있는 여러가지직관물제작방법을 적극 탐구적용해야할것이다.[49]

이상으로 북한 교육은 김정은 시대에 와서 매우 현대적인 교육적 노력을 전개하려고 노력하고 있다. 특히 3대 세습이라는 전통을 확립하고 북한 특유의 사회 체제를 결속하는 교육적 논리는 계속 강구될 것이다. 이러한 측면에서 북한의 노력은 한국과 미국 그리고 주변 국가와의 협력 속에서 그들이 추구하는 '단번 도약'의 기초가 되는 교육적 성과가 2020년대에는 가시적으로 드러날 것이다.

4. 북한 교육의 전망

북한 교육의 이해를 통해 본 북한 교육의 현재를 추론해 보았다. 그 과정에 대한 이해는 아직도 초보의 단계이다. 우리는 북한의 교육에 대해 대강의 인식으로 전체를 파악하는 것처럼 착각하고 있다. 한마디로 북한교육의 이해는 분명 북한 학교의 현실을 잘 반영하지 못하고 있다는 사실이다. 북한 교육은 매우 열악한 상황을 극복하고 서서히 세계적인 추세로 변화하고 발전을 꾀하고 있다. 그 자체로 북한 당국은 학생들에게 학교교육을 배우게 함으로써 북

49) 리용춘, "소학교 학생들의 시각적특성에 맞는 직관물제작에서 나서는 요구", 『교원선전수첩』 주체99(2010)년 제2호, p.16.

한 내부에서 벌어지는 다양한 문제에 대해서 북한식 사고 방식과 해결 방안을 가지도록 교육시키고 있다. 이러한 의미에서 북한 교육 당국은 3대 세습 및 북한식 사회주의의 진행을 2018년 현재 성공적으로 추진하고 있다는 것이다. 분명 국가적인 위기와 전쟁의 위협 그리고 전쟁 강조의 전체적인 피로도도 존재하지만, 안정적인 북한 정부는 해방 이후 일관된 교육기회의 확대를 이루어냈다. 이러한 북한 교육은 북한 사회의 안정적인 성장과 발전에 의미있는 성과를 얻어낼 것이다. 그 사례를 보면 다음과 같이 정리할 수 있다.

첫째, 북한 교육은 그들의 미래 보장을 위하여 외국어 교육, 정보 교육, 경제 교육을 기초하는 실속있는 교육을 서서히 가능하도록 노력하고 있다. 현재 북한 스스로 학교 교육에서 영어, 수학 과학, 컴퓨터 위주로 교육을 전개하여 학생들의 사회적 현실을 갖도록 노력하고 있다. 이는 북한 당국도 학교교육을 통하여 거시적으로 인민들의 삶을 안정적으로 조율하려는 기초 교육을 소학교에서 실시하고자 노력하는 것을 파악할 수 있다.

둘째, 북한 당국은 학교교육을 통하여 학생들이 세계 사회의 실상에 대해 순차적인 이해할 수 있는 기회를 제공하려고 할 것이다. 그동안 북한의 교육은 그들 사회를 가장 강조하여 찬양하도록 하였는데, 교육 내용으로 북한 당국은 '북한에 대한 있는 그대로 이해하고 세계를 파악하는 올바른 이해'를 전개할 것으로 보인다.

셋째, 북한교육은 능동적인 학습자관, 즉 북한식 사회주의의 실천의 장으로 학교 만들기를 고대할 것이다. 북한의 학교교육은 객관적 사실에서 그 의의를 찾음과 동시에 능동적이며 현실적인 학습자관을 모색하려고 할 것이다. 학교교육에 있어서 소학교 학생들은 북한의 미래를 접하기 위해 현실의 상황에 대한 지식과 신념을 수동적으로 받아들이는 것이 아니다. 학습자들인 북한 소학교 학생들은 그들에게 주어진 사실과 정보를 바탕으로 그들 나름의 지식과 신념을 구성해 갈 수 있는 능력을 갖추게 될 것이다. 따라서 북한 당국은 그들 사회에 대한 올바른 인식을 밝히도록 노력하여야 할 필요가 있다.

이상과 같이 북한의 학생들은 북한 사회의 문제에 대해 새로운 지평을 가지게 되며, 세계를 이해하는 마음을 배우게 될 것이다. 그것은 북한 당국이 원하지 않더라도 교육 수요자인 학생들에게서 나오게 되어 있다. 그러한 의미에서 북한 당국은 학생들이 안정된 마음과 평온한 자세에서 미래 지향적 환경 인식과 실천을 스스로 조성하는 교육 프로그램 과정을 숙고하여야 할 것이다. 이 속에서 북한 학생들은 학생들의 삶을 윤택하게 하는 더 많은 북한 사회에 대한 능력을 함양하게 될 것이다. 이는 결코 우리 대한민국의 북한 교육에 대한 선전선동이 아니다. 북한 학생들이 택하는 길은 북한 사회의 문제점을 개선하고 무엇보다 개인적인 삶이나 집단적인 삶에서도 인간적 정서가 넘치도록 하는 것으로 움직일 것이다.

앞으로 북한 교육은 21세기에도 그들의 인민교육을 지속하려고 할 것이다. 이러한 상황 인식을 통해 우리 정부나 민간 단체의 진심어린 교류 협력에 기틀을 마련하여야 할 것이다. 안정적인 교육 개혁에 성공한 김정은 정권은 이제 북한 주민이나 학생들에게 또 다른 변화를 주는 기회인 동시에 새로운 방식의 삶의 방안을 제시할 것이다. 2012년 9월에 추진한 북한 당국의 교육과정 개편일 것이다. 제도적으로 북한 당국은 유치원 높은 반 1년, 소학교 5년, 초급 중학교 3년, 고급 중학교 3년을 골간으로, '12년 의무교육제'를 실시하고 있다. 학제 개편은 국제 수준의 12학년제를 조성하여 성공적 내용성을 갖게 되었다.

북한의 학제 개편과 더불어 내부적으로 일어나는 대대적 변화는 근본적인 교육 변화의 시작으로 보아도 무방할 것이다. 이러한 조치는 북한에서도 '혁명역사' 수업시간을 대폭 줄이는 것을 내부 논의하는 것으로 보여 지며, 기초학문에 대한 안배를 늘리는 논의와 더불어 컴퓨터나 외국어, 경제지식 등 먹고 사는데 도움이 되는 교과목을 강조하고 있다.

이러한 입장은 북한 내부 스스로 김일성, 김정숙, 김정일, 김정은 등 혁명위업과 관련된 교과의 강화나 추진도 존재하지만, 실용적인 교과의 교육 역량을 강화하고 있다. 북한 내부에서 세계 표준을 의식하고 있으며 조기 교육과 교원의 교육의지를 강화하는 방안과 학업성취도에 대한 표준적 인식을 시도하고 있다는 것이다. 이는 김정은 시대에 분명 변화를 시도하는 축과 전통적으로 기존의 정치적 강화를 추구하려는 노력이 보여 진다. 그러한 북한의 상황 속에서 북한 당국은 그 사회 내부의 안정적 변화를 추구하는 면모를 드러낼 것이다. 이러한 면에서 북한 학생들이 행복을 주관적이나 객관적으로 찾게 하기 위해서라도 북한 당국은 개혁과 개방에 만전을 기하려고 노력할 것이다. 그러한 여건 조성은 북한 당국 자체의 변화 의지가 매우 중요하며, 또한 주변 국가들의 협조가 관건이다. 이에 대한민국의 새 정부는 북한과의 교육 교류를 증진하여 화해와 협력으로의 지향을 갖고 남북한 관계 개선이라는 평화 조성의 전략적인 방향을 추구하여야 할 것이다.

참고문헌

강근조, 『조선교육사 4』, 평양: 사회과학출판사. 1991.

건국대학교 통일인문학연구단 사상이념팀 엮음, 『통일에 대한 인문학적 페러다임』, 서울: 선인, 2011, pp.160-161.

공인세, "새로 편찬된 소학교 도화교재취;급에서 나서는 몇가지 문제", 『인민교육』 주체 98년 제3호, 2009, pp.59-60.

곽호웅, "소학교 학생들의 어휘련상에서 나타나는 특가지 특성", 『인민교육』 주체98년 제2호, 2009, pp.32-33.

교육성, 『해방후 10년간의 공화국 인민교육의 발전』 평양: 교육도서출판사, 1955.

교육과학원 편, 『교육과학학보』, 평양: 교육과학원, 1989. 3

금성청년출판사 편, 『주체의 학습론』, 평양: 미래사, 1989.

고정식 · 길은배 · 김용재 · 고성호 · 조한범 · 박찬석 · 이종원, 『통일지향 교육 페러다임 정립과 추진 방안』, 서울: 통일연구원, 2004.

권성아, "남북한 이념교육 정책의 변화 분석과 통일한국의 교육이념 모색", 『통일교육연구』 제3호, 2003, pp.31-42.

김기석 · 이향규, 『북한 사회주의 형성과 교육』, 서울: 교육과학사, 1999.

김기석 외, 남북한 분단교육의 형성과 그 극복-통일 후 교육통합을 위한 새로운 지평의 탐색- 국제협력공동연구 KRF-98-010-193, 1998.

김석근, "총대있어 우리 행복있어요." 『아동문학』, 2003년 제12호(루계 584호), 평양: 문학예술출판사, 2003, p.43.

김수진, 『주체의 교육론』, 동경: 학우서방, 1992.

김일성, 『사회주의 교육학에 대하여』, 평양: 조선로동당출판사, 1973.

김일순, "조선민족제일주의정신의 본질", 『철학연구』 제4호, 평양:사회과학출판사, 1990.

김은희, "사회주의도덕과목교육의 력사적시원", 『교원선전수첩』 주체98년 제2호, 2009, pp.189-190.

김정일, 『교육사업을 더욱 발전시킬데 대하여』, 평양: 조선로동당출판사, 1978.

김정일, 『주체사상교양에서 제기되는 몇 가지 문제에 대하여』, 평양: 조선로동당출판사, 1987.

김정희, “체육활동과 지능발달”, 『인민교육』 주체99년 제5호, 2010, p.53.
김창호, 『조선교육사 3』, 평양: 사회과학출판사, 1990.
김혜영 · 리승실 · 전원제, 『영어(제1중학교, 중학교 제2학년용)』, 평양: 외국문도서출판사, 2008.
김동규, 『북한의 교육학』, 서울: 문맥사, 1990.
김동규, “남북한 학교 교육체제의 이질화 과정과 통일 후의 동질화 방안”, 한림과학원 편, 『남북한 통합 그 접근방법과 영역(하)』, 서울: 소화, 1996.
김동규, “북한 교육학의 성립 근거와 학교 교육의 전개 과정”, 김형찬 편, 『북한의 인식 10 북한의 교육』, 서울: 을유문화사, 1990.
김동규, “북한 교육의 현실과 개혁과제” 통일교육학회 편, 『통일교육연구』 제2호, 2002.
김동규 · 김형찬 편집, 『북한 교육사』, 서울: 교육과학사, 2000.
김영식, “북한의 교육제도와 그 운영”, 김창순 편, 『북한 교육론』, 사단법인 북한연구소, 1977.
김영수, “북한의 정치문화 : 주체문화와 전통정치문화”, 서강대대학원 정치외교학과 박사학위논문, 1992.
김지수, “기술의무교육제 실시: 급진적 사회주의 교육개혁의 좌절과 변형”, 이향규 외, 『북한 교육 60년 형성과 발전, 전망』, 서울:교육과학사, 2010.
김형찬, 『북한의 교육』, 서울: 을유문화사, 1990.
김형찬, 『북한 교육발달사』, 서울: 한맥사, 1988.
남진우 · 리영복 · 리병모 · 리성식 · 김강호 · 김필규 · 류진석 · 한상유 · 류승겸, 「사회주의 교육학 사범대학용」, 평양: 교육도서출판사, 1991.
량은숙, “지능교육리론 사고능력과 문법교육”, 『인민교육』 99년 제1호, 2001, p.36.
리길만, “체육수업의 일반적단계와 그에 따른 운동 조직”, 『인민교육』 주체99년 제5호, 2010, p.52.
리동근, 『주체사상은 사회주의 교육의 사상리론 및 방법론적 기초』, 평양: 과학백과사전출판사, 1979.
리명철, “소학교 자연교재에서 취급하는 약용식물들의 분류 및 생물학적특성”, 『교원선전수첩』 주체99년, 2010, pp.170-171.
리병모 · 김태환 · 신현식 · 리영환, 『사회주의 교육학(공통과용)』, 평양: 김형직사범대학, 1988.
리영복, 『조선민주주의인민공화국에서의 교육』, 평양: 사회과학출판사, 1984.
리영환, 『조선교육사 5』, 평양: 사회과학출판사, 1993.
리영환, 『조선교육사 6』,평양:, 사회과학출판사, 1995.
리용춘, "소학교 학생들의 시각적특성에 맞는 직관물제작에서 나서는 요구", 『교원선전수첩』 주체99년 제2호, 2010, p.16.
리인형, 『조선력사 중학교 1』, 평양: 교육도서출판사, 2005.
리진규, 『21세기-김정일시대』,평양: 평양출판사, 1995.
리태영, 『조선력사 고등중학교 2』, 평양: 교육도서출판사, 2001.
리희복, "국어과목에서 어휘교육을 통한 지능교육방법", 주체 98년 제1호, 2009, pp.34-35.
박용헌, "북한의 정치교화교육", 『북한 교육론』, 서울: 북한연구소, 1977.
박정원, 『북한의 교육법제에 관한 연구』, 한국법제연구원 연구보고서 2003-17, 2003.
박종철 · 박영호 · 박형중 · 정영태 · 조민 · 홍우택, 『재스민 혁명의 분석과 북한에 대한 시사점』, kINU정책연구시리즈 11-01, 2011, pp.94-95.
박찬석, "북한의 사회교육에 관한 연구", 『통일전략』제11권 제1호, 2011.4.30.
박찬석, 『북한교육연구』, 파주: 한국학술정보(주), 2013.
박순영, "소학교 학생들에게 집단주의적인 생활습관을 키워주기 위한 교양", 『교원선전수첩』 주체99년, 2010, pp.103-104.
방은주, "혁명전설을 통한 교양을 강화하는것은 학생들에게 수령에 대한 흠모심을 키워주는데서 나서는 중요한 요구", 『교원선전수첩』 주체98년 제3호, 2009, pp.65-66.
백정광, "소학교 자연과목교수를 통하여 학생들이 탐구력을 키워주기 위한 방법", 『인민교육』 주체100년 제3호, 2011, pp.50-51.
본사기자, "선군시대의 일본새로-홍원군 홍원소학교 교장 김선희동무-", 『인민교육』 주체 98년 제1호, 2009, p.61.
본사기자, "시대와 력사를 같이하는 집단으로 되기까지 "곽산군 영예의 붉은기 관산소학교 교장 김영춘동무의 사업에서-", 『인민교육』 주체 100년 제1호, 2011, pp.47-48.

본사기자, “일군의 헌신성과 실적–순천시 2중영예의 붉은기 순천소학교 교장 박도경 동무–”, 『인민교육』 주체 98 제 2호, 2009, p.59.
본사기자, “자질향상에 계속 큰 힘을 –2중영예의 붉은기 화원소학교에서–”, 『인민교육』 주체100년 제3호, 2011, p.36.
본사기자, “학교사업을 혁신시킨 교장의 세가지 견해– 덕성군 덕성소학교 교장 리춘단 동무의 사업에서–, 『인민교육』 주체100년 제3호, 2011, pp.44–45.
본사기자, “학교의 제일가는 사람 –의주군 먹현소학교 교원들–”, 『인민교육』 주체100년 제4호, 2011, pp.48–49.
본사기자, “사회주의를 버린 탓에 잃은 것은 행복, 얻은 것은 불행”, 천리마, 1998년 10호 p.64.
본사기자, “혁명의 성지에 마음의 숨결을 잇고–힘주군 동봉소학교 교원 박영애동무–”, 『인민교육』 주체100년 제2호, 2011, p.9, p.11.
본사기자, “선군령장의 발걸음소리”, 『인민교육』 2011년 5호 10월 10일자 평양: 교육도서인쇄공장, 2011.
사회과학원, 『주체사상에 기초한 사회주의 교육리론』, 평양: 사회과학출판사, 1975.
와다 하루끼, 서동만 · 남기정 역, 『북조선–유격대 국가에서 정규군 국가로』, 서울: 돌베개, 2002.
송영숙, “에돌리길이 아니라 지름길이였다.” 『인민교육』 주체99년 제5호, 2010, p.57.
신효숙, “최근 북한 교육의 변화 동향”, 통일교육학회 편, 『통일교육연구』제2호, 2002.
신효숙, 『김정일 시대의 북한 교육의 변화』, 통일부 통일교육원, 2006.
신효숙, “북한의 교육제도와 정책”, 체제통합연구회 편, 『북한 체제의 이해』 서울: 명인문화사, 2009.
신효숙, 『소련군정기 북한의 교육』, 서울: 교육과학사, 2003.
신효숙, “남북한 교육행정 및 제도 비교”,체제통합연구회 편,『남북한 비교론』, 2005.
안기성 · 한용진 · 김용일 · 오태진 · 김미숙,『남북통일이후 사회통합을 위한 교육의 역할』, 서울:집문당, 1998.
윤종혁 · 이석희 · 신효숙 · 이대현, 『북한 교육 발전을 위한 지원 현황과 향후 과제』, 한국교육개발원 RR 2006–11, 2006.
이명희 · 홍후조 · 김신희 · 이인정 · 천세영, 『통일후 북한교육 디자인』, 한반도선진화재단, 2016.

이온죽 외, 『남북한 사회통합론』, 서울: 삶과 꿈, 1997.
이온죽 · 이인정, 「김일성사회주의청년동맹과 조선민주녀성동맹–사회변동과 체제유지의 기제」, 서울: 서울대학교 출판문화원, 2010.
이인정, “김정은 시대 북한의 교육 전망”, 통일부 통일교육원, Unizine Vol.095. 2012. 12월호, 2012.
이재승, “여기는 평양 생활로 본 북녘사회 임시와 취업”, 『민족 21』, 2007년 6월호. 2007.
이종석, 『북한의 근로단체 연구』, 서울: 세종연구소. 1998.
이종재 · 곽재석 · 김성기 · 정제영 · 최병욱, 『북한 교육 체제의 특성과 기능 연구』, 한국교육개발원, 2003.
이향규 외, 『북한 교육 60년 형성과 발전, 전망』, 서울: 교육과학사, 2010.
이향규, “북한이탈주민 학력인정 제도의 현황과 쟁점”, 한국교육개발원, 『북한이탈주민 학력인정제도 현황과 과제』, 연구보고 CRM 2011-20-1, 2011.
임현진 · 정영철, 『북한의 체제전환과 사회정책의 과제』, 서울: 서울대 출판부, 2008.
임창복, 『당 정책사와 함께 가는 북한 교육의 변천사』, 구리: (사)한국기독교교육교역연구원, 2010.
전상인, 『북한 민족주의 연구』, 서울: 민족통일연구원, 1994.
전영선, 『북한의 사회와 문화』, 서울: 역락, 2005.
조정아, “학교 규율과 ‘사회주의적 노동자 만들기”, 이향규 외, 『북한 교육 60년 형성과 발전, 전망』, 서울:교육과학사, 2010.
조정아, “산업화 시기 북한의 노동교육”, 서울대 박사논문, 2003.
조정아, “북한의 교육일상연구–과제와 접근방법”, 박순성 · 홍민 편, 『북한의 일상세계연구』, 파주: 한울아카데미, 2010.
조정아 · 임순희 · 정진경, 『북한이탈주민의 문화갈등과 문화적 통합』, 경제 · 인문사회연구회 협동연구총서 06-02-06, 2006, pp.178-186.
조정아 · 이교덕 · 강호제 · 정채관, 『김정은 시대 북한의 교육정책, 교육과정, 교과서』 통일연구원 연구총서 15-03, 2015 pp.79-80.
차종환 · 신법타 · 양학봉, 『이것이 북한교육이다.』, 파주: 나산출판사, 2009.
최영표 · 한만길 · 손계림, 『북한과 중국의 교육제도 비교 연구』, 서울: 한국교육개발원, RR88-29, 1988.

최영표 · 박찬석, 『북한의 교육체계연구』, 서울: 집문당, 2010.
최현호, 남북한 중등도덕교과서에 나타난 가치관 비교연구, 서울대 박사논문, 2001.
통일부 통일교육원(2017), 『북한이해 2017』, 서울: 통일부 통일교육원.
한만길, 『통일시대 북한 교육론』, 서울: 교육과학사, 1997.
한만길, 『통일교육의 이론과 실천: 평화와 통일을 위한 교육』, 서울: 교육과학사, 2007.
한만길 외, 『북한 교육의 현실과 변화』, 서울: 한국교육개발원, 2001.
한만길, "북한 교육의 변화 동향과 발전 과제", 한국교육개발편 편, 『북한 교육발전과 국제협력 심포지엄』2005.11.21., 2005.
한반도포럼, 『남북관계 3.0: 한반도 평화협력프로세스』, 서울: 중앙일보 통일문화연구소, 2012, pp.28-29.
현성일, "북한의 국가전략과 파워엘리트-간부정책을 중심으로", 서울: 도서출판 선인, 2007.

독일 한국어 교육의 현황과 과제
- 함부르크 한글학교를 중심으로 -

박은주*

1. 서론

지금까지 세계 각국에 있는 한글학교는 재외동포의 자녀들을 대상으로 한국어와 한국 문화를 가르치는 교육기관으로서의 역할을 해왔다. 대부분의 한글학교는 재외동포들의 노력으로 개설되어 운영되고 있다. 이는 2세나 3세들에게 한국 문화를 잇게 하려는 1세대들의 의지이기도 하다. 독일의 경우도 예외는 아니다. 더욱이 재독동포들은 2세나 3세들이 독일 사회와 건강한 관계를 맺고 서로 이해하며 진정으로 소통할 수 있도록 하기 위해, 독일인들을 대상으로 한국 문화를 소개하는 프로그램을 기획하기도 하고, 재독동포들이 주최하는 문화 행사를 통해 독일인들에게 한국 문화를 알리려고 꾸준히 노력하고 있다. 그러나 독일인들은 이러한 재독동포들의 노력을 단지 하나의 퍼포먼스로 이해한다. 그 이유는, 독일인들이 재독동포들과 교류할 기회가 드물기 때문이다.

* 일본 오사카조가쿠인대학 영어 · 국제학부 강사

2000년대에 들어서면서 한류의 해외진출로 인해 유럽에서도 한국 대중문화를 접하는 기회가 많아졌다. 그 한 예로 독일에서도 한국 음악이나 영화를 접한 독일인들이, 한국을 좀 더 이해하기 위해 한국어 코스를 찾고 있다. 그러나 독일에는 한국어를 배울 수 있는 교육기관이 한정되어 있다. 즉, 한글학교를 제외하고는 대학에서만 한국어를 배울 수 있다. 하지만 한국어를 개설하고 있는 대학[1]은 소수에 불과하고, 더욱이 대학 강의는 기본적으로 재학생을 대상으로 하기 때문에, 현실적으로 일반 독일인이 한국어를 배우는 것은 용이하지 않다. 독일인에게 있어 한국어 문자나 문법보다 더 어려운 것이, 한국어를 배울 기회나 교육기관을 찾는 것이라고 할 수 있다.

이제 글로벌 시대에 준하여 한국어의 교육대상을 좀 더 확장해야 할 필요가 있다고 생각한다. 기존의 한글학교가 독일인을 위한 한국어 교육기관으로서의 역할을 제대로 하게 된다면, 정부가 추진하는 한국어의 범세계적 보급[2]에 일조하는 것이기도 하며, 나아가서 독일인과 재독동포의 교류가 보다 왕성해지는 계기가 될 것으로 사료된다. 다시 말해, 한글학교가 재독동포 자녀들을 위한 한국어 학교로서의 역할과 아울러 한국어의 교육환경이 열악한 독일에서 현지인들을 위한 한국어 교육기관으로서의 역할이 적절히 이루어진다면, 지금보다 좀 더 다수에게, 좀 더 널리 한국과 한국 문화를 알릴 수 있을 것이다.

본고에서는 함부르크 한글학교[3]를 중심으로, 독일 한국어 교육의 현황을

---

1) 함부르크대(Hamburg), 보훔대(Bochum), 본대(Bonn), 튀빙엔대(Tübingen), 베를린 자유대 (Freie Universität Berlin), 마인츠대(Mainz), 프랑크푸르트대(Frankfurt), 하이델베르크대(Heidelberg), 트리어대 (Trier), 레겐스부르크대(Regensburg)에 한국어 강의가 있으며, 한국어 주전공이 있는 대학은 4곳이다. 그러나 그중에는 한국어과 존속유지가 불확실한 처지의 대학도 있다(자세한 것은 성상환(2006) 참조).

2) 문화관광부는2002년, (1)국어정책 추진 기반의 조성, 2) 국어 사용 환경의 개선, 3) 국민의 국어 사용 능력 증진, 4) 국어정보화 기반 구축, 5) 한국어의 범세계적 보급, 6) 한글 우수성 선양 및 국어 문화유산 보존, 7) 남북한 언어교류 활성화, 8) 특수언어 표준화 지원 강화에 대한 정책 방향을 발표했다(상세한 것은 조항록(2004) 참조).

살펴보고, 한글학교가 재독동포뿐만 아니라, 글로벌 시대에 걸맞게 일반 독일인을 교육대상으로 확장해야 할 필요성에 대해 제언한다. 또한 그와 더불어 기존의 한글학교가 안고 있는 문제점은 무엇인지 알아보고, 그 개선 방안을 모색해 보고자 한다.

2. 함부르크 한글학교 현황

독일에는 32개교의 한글학교가 운영되고 있는데, 유럽[4]의 다른 나라에 비하여 현저히 학교 수가 많다고 할 수 있다. 그중에서 한국기업의 주재원들이 밀집되어 있는 프랑크푸르트를 제외하고는 약 160명 가량의 학생[5]이 재적하고 있는 함부르크의 한글학교가 가장 큰 규모라고 할 수 있다. 또한 함부르크 한글학교는 재독동포의 자녀들을 위한 정규반[6] 이외에 일반 독일인을 위한 성인반[7]도 개설하여 운영하고 있다. 그러나 성인반의 경우, 정규반에 비해 교육과정이 체계적이지 않아서 학생들은 한국어를 배우는 과정에서 여러 가지 어려움에 봉착한다. 그러나 교육현장에서는 반 구성원의 대부분이 재독동

3) 재외동포재단에서는 주말학교의 경우, 한글학교라는 명칭을 사용하고 있으므로, 본고에서는 함부르크 한인학교(Koreanische Schule in Hamburg)를 편의상 한글학교로 칭하기로 한다.

4) 그리스1, 네덜란드2, 노르웨이1, 덴마크2, 루마니아1, 룩셈부르크1, 벨기에1, 불가리아1, 스웨덴1, 스위스5, 스페인3, 슬로바키아2, 아일랜드1, 알바니아1, 영국21, 오스트리아3, 이탈리아4, 조지아1, 체코2, 코소보2, 크로아티아1, 터키4, 포루투갈1, 폴란드3, 프랑스13, 핀란드1, 헝가리1개교의 한글학교가 있다(재외동포재단 연차보고서, 2016).

5) 본고에서는 한글학교에서 한국어를 배우는 학습자를 편의상 '학생'으로 칭하기로 한다.

6) 한글학교는 주말학교로 정식으로 정부 인가를 받은 교육기관이 아니므로, 여기서 말하는 정규반은 재독동포 자녀를 대상으로 구성된 반과 일반 독일인을 위한 성인반을 구별하기 위한 명칭이라고 하겠다.

7) 독일의 주요도시에 성인반을 개설하고 있는 한글학교가 다소 있으나, 한글학교는 정규반을 중심으로 운영되고 있기 때문에, 실질적으로 성인반을 위한 구체적인 수업계획이나 체계적인 교육과정을 검토하지 않고, 개설한 곳이 대부분이다.

포가 아니라는 이유로 거기에 대한 구체적 대책이나 방안 모색은 이루어지지 않고, 학생들이 한국어를 학습하는 과정에서 겪는 어려운 문제는 담당교사의 재량으로 대처하는 것으로 일관되어 왔다.

2.1. 정규반

함부르크 한글학교는 재독동포들의 자녀를 대상으로 하는 반을 정규반, 일반 독일인을 대상으로 하는 반을 성인반으로 구별하고 있는데, 정규반 구성은 다음과 같다.

1학년-9학년까지 9개의 반[8]과, 청소년 한국어반, 준비반 (유치부에 해당)은 3세-6 세 유아를 대상으로 하는 새싹반, 무궁화반, 나비반[9]으로 총 13반이 있으며, 학생 수는 약 100명 정도이나 (2018년 2월 현재), 한글학교는 입학과 자퇴에 특별한 규제가 없기 때문에 학생 수는 학기 내에도 변동이 있을 수 있다. 학기는 독일 학교[10]와 마찬가지로 여름에 신학기가 시작되며, 방학도 함부르크 현지 학교의 방학기간과 동일하다. 교육과정도 독일 학교와 마찬가지로 12학년까지 개설하는 것을 기준으로 하고 있다. 그러나 현재 (2018년 2월) 10학년반-12학년반은 개설하지 못하고 있는 상황이다. 1학년반-9학년반 이외에 개설되어 있는 청소년 한국어반은 학기 중간에 입학했거나, 입학은 했으나 꾸준히 공부를 하지 않아 한국어 수준이 연령에 맞는 기존의

---

8) 준비반은 해마다 다르나 통상적으로 한 학년에 한 반을 개설하고 있다.

9) 함부르크 한글학교 내규에는 준비반 입학은 5세부터 가능하다고 되어있다. 하지만 교장의 허락이 있으면 5세 미만의 유아도 입학할 수 있다는 예외사항에 대한 첨부가 있다. 그래서인지 현재 함부르크 한글학교는 5세 미만의 유아들이 준비반에 다수 있는데, 3시간 동안 수업을 받기에는 아직 어리기 때문에 교사가 수업시간에 아이들을 관리하는 것이 상당히 어렵다. 따라서 교사와 아이들의 부담을 고려하여 준비반의 반 정원과 연령을 규제할 필요가 있다.

10) 독일은 초등학교 과정이 4학년까지이며, 5학년이 되면 김나지움(대학진학을 위한 인문계 학교)이나 교사 또는 전문기술직을 위한 학교로 진학을 한다. 김나지움 과정은 예전에는 5학년-13학년이었으나, 지금은 한국의 초,중,고등학교 교육과정과 동일한 기간인 12학년을 마치면(주에 따라 다를 수도 있다)대학에 진학하는 것이 일반적이다.

반에 편성되기 어려운 학생들을 위해 개설한 반이고, 새싹반, 무궁화반, 나비반은 1학년에 입학하는 것을 전제로 개설된 준비반이다.

반 편성은 기존의 학교와 마찬가지로 연령에 따라 학년이 결정되는데, 이는 친구관계를 위한 것이나, 성적이 우수하면 월반도 가능하기 때문에 동급생이지만 나이가 한 두살 차이가 나는 경우도 있다.

모든 재독동포들의 자녀들이 어릴 때부터 한글학교에 다니거나, 가정에서 한국어를 접하는 것은 아니기 때문에, 각 반 학생들의 한국어 수준은 고르지 않다. 예를 들어, 연령대가 고학년인 학생이 한글학교에 들어오는 경우, 반은 연령에 맞추어 배정하지만, 한국어를 전혀 하지 못하는 학생이면, 일단 청소년 한국어반에 편입되어 한글과 기초문법을 배우고 다시 배정된 반으로 돌아가거나, 혹은 배정된 반의 담임이 전체 수업을 하면서 별도로 개인지도를 한다. 각 반은 1명의 담임[11]으로 운영되고 있는데, 이러한 개별 수업은 교사와 학생 모두에게 상당히 부담이 되기도 한다.

함부르크 한글학교에서는 정규반 교육과정의 목표를 다음과 같이 하고 있다.

> "함부르크 한인학교 12년[12]의 전 교육과정을 마친 후 학생들은 일반적인 주제에 대해서 한국어로 자신의 생각을 말하고 쓸 수 있으며 한국의 역사와 지리를 개괄적으로 알며 이를 통해 한국의 문화와 관습을 이해함으로써 한국인으로서의 정체성을 지닌다"

그러나 실질적으로 이러한 목표를 달성하기에는 한글학교 특성상 여러가지 문제점을 안고 있는 것으로 보인다. 그것에 대해서는 2.1.2절에서 살펴보기로 한다.

---

11) 2017년부터 준비반과 1학년, 2학년반은 보조교사가 수업에 참여하고 있는데, 수업을 분담하는 것은 아니며, 주로 수업시간에 산만한 아이들을 통제하는 역할을 한다.

12) 여기서 말하는 12년은 준비반을 제외한 1학년-12학년 과정을 말한다.

2.1.1. 학습자 언어환경

정규반 학생들은, 부모 모두 재독동포거나 아버지나 어머니가 재독동포, 또는 2세, 그리고 한 · 독가정의 자녀들이다(한 · 독가정 이외의 다문화가정의 자녀도 소수 있다). 학생의 90퍼센트 이상은 독일국적을 가지고 있으며, 가정에서는 독일어를 주로 사용한다. 가정에서 한국어를 사용하는 학생이 소수 있기는 하지만, 그들의 경우, 대개 한정된 범위 내에서 [듣기]는 가능하지만, [말하기, 쓰기, 읽기]는 거의 하지 못한다. 간혹 [말하기]가 가능한 학생의 경우라도, 가정에서 한국어를 주언어[13]로 사용하는 것이 아니라서 어휘력이나 표현범위가 한정되어 있고, 발화에 있어서 독일어식 표현이나 독일어 단어를 섞어서 사용하기 때문에 자연스러운 한국어라고 하기엔 부족하다.[14]

2.1.2. 수업 현황

함부르크 한글학교 정규반 수업은 주말(금요일 오후 3:30~)에 3시간(45분 수업) 수업을 한다. 재독동포 1세들은, 한글학교는 한국어로 수업을 진행해야 한다고 주장하고 있으나, 독일에서 태어난 재독동포 자녀들의 대부분은 한글학교를 통해 처음으로 한국어 수업을 경험하는 것이므로 한국어에 익숙하지 않다. 실제로 고학년 학생이라고 하더라도 교사의 한국어를 정확히 이해하는 학생은 소수에 불과하고, 수업시간에 자기주장이나 의사표현을 한국어로 정확히 구사하지 못하기 때문에, 교사가 한국어만으로 수업을 한다면, 수업 자체가 성립이 되지 않을 수도 있다. 따라서 교사는 독일어와 한국어를 병행하여 수업을 진행할 수 밖에 없고, 한국어를 이해하지 못하는 학생들에게는 수업 내용을 독일어로 이해시켜야 하는데, 독일어가 서투른 교사와 한

13) 가정 내에서도 부모와 간단한 내용일 때는 한국어를, 어려운 내용은 독일어를 사용하며, 형제나 자매 간에는 주로 독일어를 사용한다.

14) 김중섭(2011)에서도, 재외동포 이주 역사가 길어질수록 이민 1세대와는 달리 2세대, 3세대 재외동포는 한국어 구사력이 떨어진다는 지적이 있었다.

국어가 서투른 학생 사이에 의사소통이 잘 이루어지지 않아 수업 진행에 어려움을 겪는 경우도 있다.

각 반의 교재(2018년 2월 현재)를 보면 다음과 같다. 교재가 복수인 경우는 교사가 각 학생들의 수준에 맞추어 수업 내용을 조절하기 위한 것이다.

- 새싹반 [생각 씽씽 상상 톡톡 3세 한글쓰기][4세 한글 쓰기], 블루래빗
- 무궁화반 [생각 씽씽 상상 톡톡 3세 한글쓰기][4세 한글 쓰기], 블루래빗
- 나비반 [색깔스티커][만3세 첫가위][만4세 한글쓰기], 삼성출판사
- 1학년반 [한글기초 상], 재외동포교육진흥재단
  [안전한 생활 1], 교육부
  [국어 읽기 1-1], 교육과학기술부
- 2학년반 [한글학교 한국어1], 교육과학기술부
  [한글기초 상], 재외동포교육진흥재단
- 3학년반 [맞춤 한국어 1(독일어권)], 교육부, 국립국제교육원
  [한글학교 한국어 3(독일어권)], 교육과학기술부, 재외동포교육진흥재단
- 4학년반 [맞춤 한국어 3(독일어권)], 국립국제교육원
  [한글학교 한국어 4], 재외동포교육진흥재단
  [국어3-1], [국어활동3-1], 초등학교 교과서
- 5학년반 [(재외동포를 위한) 한국어 5-1], 교육부, 국립국제교육원
  [국어4-2], 교육부
- 6학년반 [(재외동포를 위한) 한국어 6-1], 교육부, 국립국제교육원
- 7학년반 [(재외동포를 위한) 한국어 3-2], 교육부, 국립국제교육원
- 8학년반 [국어3-1 (나)], 초등학교 교과서
- 9학년반 [(재외동포를 위한)한국어 5-2], 교육부, 국립국제교육원
- 청소년 한국어반 [맞춤 한국어 1(독일어권)], 교육부, 국립국제교육원
  [맞춤 한국어 4(독일어권)], 교육부, 국립국제교육원
  [한국어회화 1], 교육부, 국립국제교육원

교재는 각 반의 담임이 학생들의 한국어 수준을 고려해서 선택하여 사용하고 있으나, 위에서 보면 알 수 있듯이 각 반의 교재에서 한 학년이 끝난 후, 다음 단계로 이어지는 학년 간의 연계성은 별로 느껴지지 않는다. 즉 학년은 올라가지만 학년 수와 비례하여 반드시 한국어 수준이 높아지는 것은 아니며, 오히려 고학년이 저학년보다 한국어 수준이 낮을 수도 있다는 것을 알 수 있다. 이러한 학년 간의 비연계성은 일반학교와는 다른 한글학교의 특성상 나타나는 현상이라고 하겠다. 이러한 한글학교의 특성 때문에, 상술한 정규반 교육과정의 목표 달성에 어려움이 있다.

[1] 준비반

유치부에 해당하는 준비반 아이들은 3세, 4세반과 5세, 6세반으로 나누어, 여름학기에는 모두가 함께 어울릴 수 있도록 한국동요에 맞추어 율동을 가르치기도 하고, 책상에 앉아서 색연필로 그림 그리기, 또는 색종이를 모양대로 오리거나 색종이접기 등을 하면서 수업 적응을 위한 준비 기간을 갖는다. 겨울학기에는 한글문자를 배우기 위한 기초연습을 시작하는데, 책에 있는 자음과 모음을 베껴 쓰거나, 카드를 보고 같은 모양의 스티커를 붙이면서 자음과 모음의 형태를 익힌다. 교사들은 아이들이 한국어 학습에 흥미를 가질 수 있도록 매주 다양한 수업준비를 한다.

수업 중에 교사의 한국어 설명은 아이들이 거의 반응을 하지 않기 때문에 수업 진행은 독일어가 한국어보다 많이 사용된다. 그 이유는, 준비반 아이들의 대부분은 가정에서 주로 독일어를 사용하고 있기 때문에, 한국어는 낯선 외국어나 다름없다. 한국어가 생소한 것은 아이들뿐만 아니라 학부형들도 마찬가지이다. 준비반의 경우, 소수의 뉴커머[15]를 제외한 대부분의 학부형들

15) 일본에서는 제2차 세계 대전이 끝나기 전부터 일본에 이주하기 시작한 재일동포를 올드커머(old comer), 일본 패전 후부터 특히 1980년 초반부터 일본에 거주하기 시작한 재일동포를 뉴커머(new comer)로 칭한다. 본고에서는 편의상, 글로벌 시대가 도래한 1980년대를 기준

은 재독동포 2세로 한국어를 잘 구사하지 못한다. 예를 들어, 한국어를 할 줄 모르는 재독동포 2세가 독일인과 결혼할 경우, 가정에서 사용하는 언어는 독일어로 한정되는데, 이러한 가정의 자녀들은 독일어만을 듣고 자랐기 때문에, 한국어가 낯설 수밖에 없다.

재독동포들의 세대 교체로 인해, 한글학교에 한국어를 할 줄 모르는 2세 학부형들이 늘고있는 추세이다. 따라서 앞으로 한글학교 학부형을 위한 한국어 학습의 가능여부에 대해서도 긍정적인 검토가 요구된다. 이는 자녀들의 한국어 습득과 밀접한 관계가 있기 때문이다. 가정에서 독일어만을 사용하는 아이들은 한글학교에서 한국어를 배우고는 있지만 학교를 나가는 순간, 부모와는 독일어로 대화를 하므로 한국어는 금방 잊게 된다. 이렇듯 한국어 학습 후에 가정에서 피드백이 이루어지지 않기 때문에 아이들의 한국어 학습은 '학교'만으로 제한된다. 따라서 아이들이 한국어 수업에 적응하기 어려운 것은 부모들의 영향도 있다고 하겠다. 더욱이 양쪽 부모 모두 한국어를 하지 못하는 경우의 준비반 아이들은, 어느 정도 시간이 경과하면 한글학교 또는 한국어 학습에 대해서 무관심해지며 부정적인 반응을 보이기 시작한다. 그것은 사용할 장소나 대화 상대가 없는 언어가 친밀하게 느껴지지 않기 때문이다.

또한 한국어를 할 줄 모르는 학부형의 경우, 아이의 숙제나 한국어 공부를 도와줄 수도 없고, 아이가 학교를 가기 싫어해서 상담을 하고 싶어도 교사와도 의사소통이 어려워 문제 해결을 위한 구체적인 상담이 어려울 때도 있다. 그로 인해 결국 아이가 한국어에 흥미를 잃고 학교를 그만 두는 사례도 있으나, 준비반의 경우, 아이들이 아직 어리기 때문에 부모가 매주 학교에 데리고 오면 싫더라도 올 수 밖에 없다. 그렇게 부모에게 이끌려 다니다가 학교가 좋아지는 경우도 있다. 그러나 이러한 '타의에 의한 억지 등교'가 본인의 자발적 선택에 의한 것으로 바뀔 수 있도록 학교와 가정에서 꾸준히 협조를 해

으로 1980년대 이전에 독일로 이주한 재독동포를 올드커머(old comer), 1980년대 이후에 독일로 이주한 재독동포를 뉴커머(new comer)로 칭하기로 한다.

야 한다. 자발적 선택이 아닌 상태로 고학년이 되면, 부모와의 마찰을 피할 수 없기 때문에 심각한 가족 문제로까지 확대될 수 있다. 따라서 맹목적인 강요보다는 학교와 가정에서 아이들 스스로가 한국어 학습에 관심을 가질 수 있도록 동기 부여를 하는 것이 중요하다.

[2] 1학년-9학년

1학년은 준비반과 비슷한 방식으로 수업을 진행한다. 학부형들은 준비반과 1학년 수업의 차별화를 주장하지만, 실제 상황을 보면 준비반과 1학년 수업의 차별화는 그리 간단한 문제가 아니다. 입학생 중에는, 준비반 과정을 마치고 1학년에 입학하는 학생들도 있지만, 준비반을 거치지 않고 1학년에 입학하는 학생들도 있다. 그러한 학생들은 준비반에서 하는 수업과 같이 한국어를 배우기 위한 준비 기간이 필요하다. 따라서 교사는 새로 입학한 학생들의 수준에 맞추어 수업을 할 수밖에 없는데, 준비반을 거친 학생들은 이미 배운 내용과 유사하기 때문에 수업 집중력이 떨어지고 산만해 진다. 교사는 산만한 학생들에게 1학년 교재에서 추출한 학습과제를 주지만, 교사의 도움 없이 혼자서 학습을 할 정도의 나이나 수준이 아니므로 수업 진행에 어려움이 있다.

2학년에서 9학년까지의 모든 반 역시 1학년반과 거의 동일한 어려움을 안고 있다. 같은 반이라고 하더라도 대부분이 한국어 수준이 다른 학생들로 구성되어 있기 때문에, 실질적으로는 각 반에서 사용하고 있는 교재가 같은 반 학생 모두가 이해할 수 있는 학습 내용이라고도 단언하기 어렵다. 그 이유는, 모든 반이 준비반 또는 1학년부터 단계적으로 한국어를 배워 온 학생들로만 구성되어 있는 것이 아니기 때문이다. 더욱이 한글학교 입학은 항시 허용되고 있어서 고학년이라고 해서, 한국어 [쓰기, 읽기, 듣기, 말하기]가 모두 가능한 것은 아니다. 따라서 담임은 각 학생의 한국어 수준에 맞추어 수업을 해야 하지만, 한 명의 교사가 복수의 학생들을 대상으로 [맞춤 수업]을 하기

란 쉬운 일이 아니다. 교사는 같은 공간에서 다른 수업 내용으로 각 학생들 책상마다 옮겨다니며 설명하는 수업 방식을 취할 수밖에 없는데, 학생들에게는 그러한 수업이 복잡하고 산만하게 비춰질 수 있다. 더욱이 모든 학생들은 이미 각자의 현지 학교에서 하루 일과를 마치고 한글학교에 오기 때문에 어느 정도 피곤하고 지쳐 있다고 볼 수 있는데, 이러한 수업 형태가 학생들의 수업 집중을 방해하는 하는 요인이 될 수도 있다.

2.1.3. 수업 만족도

한글학교 학생 20명을 대상으로 한국과 한국어에 대한 관심도를 알아보기 위해 인터뷰를 했다.[16] 그 인터뷰 중에 한국어 학습에 직접적으로 관련된 항목이 포함되어 있는데, 그 내용을 보면, 교사의 준비와 노력에 비례하는 긍정적인 평가는 아닌 것으로 나타났다. 각주 16의 인터뷰 항목 3), 4), 9)가 그것인데, 그 내용을 간추려 보면 다음과 같다.

3) 왜 한국어를 배우는가.

- 한국을 방문 했을 때, 한국사람이나 친척들과 한국어로 의사소통을 하고 싶다 (5명).
- 가족(어머니 · 아버지 · 조부모)의 권유 때문에 (10명).
- 잘 모르겠다 (5명).

---

16) 함부르크 한글학교 2학년에서 8학년까지 각 반에서 인터뷰에 응한 20명을 대상으로 인터뷰를 실시했다(2012년9월-2014년9월). 인터뷰는 여러 차례에 걸쳐 진행되었고, 학생들의 긴장감을 감소시키기 위해 독일어를 사용했으며, 인터뷰 형식은 격식없이 평상시와 같은 대화형식을 취했다. 장소는 몇몇 학생들은 한글학교에서 쉬는 시간에, 몇몇 학생들은 개인적으로 식사초대를 하여 편안한 상태에서 진행했으며, 인터뷰 내용은 다음과 같다.
1) 본인은 어느 나라 사람이라고 생각하는가. 2) 가정에서 사용하는 언어는 무엇인가. 3) 왜 한국어를 배우는가. 4) 한글학교에 오는 것은 즐거운가. 5) 한국인 친구가 있는가. 또는 한국인 친구를 사귀고 싶은가. 6) 한국 문화나 역사에 관심이 있는가. 7) 한국에 가 본 적이 있는가. 8) 한국에 (다시) 가 보고 싶은가. 9) 한국어를 계속 공부하고 싶은가. 10) '한국'하면 떠오르거나 연상되는 것은 무엇인가.

4) 한글학교에 오는 것은 즐거운가.

- 즐겁다 ⇒ 이유: 친구들과 놀 수 있다(2명).
  어머니(조부모)가 좋아하신다(3명).
- 재미없다 ⇒ 이유: 수업시간에 행사를 위한 연습을 너무 많이 한다(10명).
  수업이(한국어가) 어려워서 이해를 할 수 없다(5명).

(한국어를 배우기 위한 수업인지, 행사연습을 위한 수업인지 알 수가 없다.)[17]

9) 한국어를 계속 공부하고 싶은가.

- 계속 하고 싶다 ⇒ 이유: 어머니(조부모)는 내가 한국어를 잘하기를 원한다(3명).
  한국인 친척들은 독일어를 못한다 (2명).
- 계속 하고 싶지 않다 ⇒ 이유: 한국어를 사용할 데가 없다(8명).
  한국어를 아는 독일인 친구가 아무도 없다(7명).

(사용하지도 않을 한국어보다 사용할 수 있는 다른 외국어를 배우고 싶다.)[18]

인터뷰에 응한 학생들 모두는, 한국어를 왜 배워야 하는지도 모르는 상태에서 본인의 의지와 관계없이 부모의 결정에 의해 한글학교에 입학했다는 공통점을 지니고 있었다. 인터뷰 항목 3)의 경우, 5명의 학생들은 한국어 학습에 대해 긍적적인 의미를 부여하고 있는 것으로 보여지며, 그들을 제외한 15명의 학생들은 한국어 학습에 크게 의미를 두지 않는 것으로 나타났다. 한글학교 입학 계기는 모두가 부모의 결정 때문이었지만, 시간이 지남에 따라 학생들의 생각이 조금씩 달라지는 것을 알 수 있다. 3)에서 한국어 학습에 크게 의미를 두지 않는 학생들은, 9)에서도 한국어 학습에 대해 부정적인 것으로 나타났다. 9)에서, 한국어를 계속 배우고 싶다는 학생들의 경우, 그 이유가 가족이나 한국인 친척 때문이었는데, 이러한 학생들은 어머니나 아버지가 한

17) ( )안의 내용은 [재미없다]의 15명 모두에게 공통적으로 나타난 내용을 간단하게 정리한 것이다.

18) ( )안의 내용은 [계속하고 싶지 않다]의 15명 모두에게 공통적으로 나타난 내용을 간단하게 정리한 것이다.

국어로 의사소통이 가능한 경우였다. 또한 한국어를 계속 배우고 싶지 않은 학생들의 경우, 양쪽 부모가 모두 한국어로 의사소통을 할 수가 없거나, 혹은 한국어가 가능한데도 가정에서 독일어만을 사용하는 경우로, 한국에 있는 친척들과도 거의 왕래가 없어서 한국과의 연계성도 희박해 보였다.

가정에서의 한국어 사용여부에 따라 학생들의 한국어 학습에 대한 관심이 다르게 나타날 수도 있다. 그러나 한국어 학습에 있어서 그보다 좀 더 직접적인 문제는, 4)에서 알 수 있듯이 학교가 학생들의 한국어 학습에 대한 흥미를 저하시키고 있다는 것이다.

인터뷰에 응한 학생들의 여러 가지 의견을 종합해 볼 때, 수업에 대한 만족도는 낮다고 평가된다.

2.1.4. 문제점

2.1.3.의 인터뷰 항목 4)에서 학생들이 지적한 수업 중 '행사 연습'이란 어떠한 것인지 알아보기로 한다.

학생들의 인터뷰에서 한국어 학습에 부정적인 영향을 미친 원인으로 몇 가지 의견이 있었는데, 그 내용을 정리하면 '보여주기 위한 교육'이 가장 큰 원인으로 부각되었다. 구체적으로, 함부르크 한글학교에서는 매년 개최하는 몇 가지의 행사가 있는데, 학생들의 의견과 상관없이 참여해야만 하는 학교 행사에 대해서 학생들의 의견은 회의적이었다. 특히 매년 봄(4월)에 개최되는 공개수업과 겨울(11월 또는 12월)에 열리는 학예회에 대해서는, 그 주제나 발표 내용이 매주 학생들이 하고 있는 한국어 학습의 연장선상이라고 볼 수 없기 때문에, 개최하는 의미를 알 수 없는 학교 행사라는 것이 공통적 의견이었다.

[1] 공개수업

학생들이 지적한 공개수업은 매년 4월에 개최되는 춘기의 학교 행사이다. 매년 공개수업 주제는 학생들이 현재 배우고 있는 학습 내용과 무관하게 채택되는데, 주로 문화, 역사, 예술 등이며, 교사 회의[19]를 통해 각 반의 주제가 결정된다. 결정된 주제가 학생들에게 적합한가 또는 난이도가 높지는 않은가를 고려하기보다는, 교사들은 발표 후의 반 평가에 비중을 두고, 정해진 주제에 맞추어 공개수업 준비를 시작한다. 각 반의 교사들은 발표 자료를 준비하여 각 학생들에게 발표를 위한 역할 또는 범위를 분담하고, 학생들은 각자의 역할이나 범위에 맞추어 발표 연습을 한다. 이렇게 공개수업 준비는 대개 2-3개월에 걸쳐 진행된다. 대부분의 학생들은 본인이 발표할 내용이 어려워서 암기를 하는데, 내용을 이해하지 못한 상태에서 암기를 하기 때문에 시간이 많이 소요되는 반면, 학습 효과는 별로 없다. 공개수업을 위한 연습은 학생들 의견이나 사정과는 관계없이 강행되는데, 이러한 연습 기간에 학생들이 한글학교가 싫어지거나 한국어 수업에 흥미를 잃기도 한다.

매주 있는 평상수업을 공개하는 것이라면, 교사와 학생들도 연습이 아닌, 실제 수업을 할 수 있을 것이다. 그런데 왜 굳이 이렇게 연습을 해야 하는 걸까. 그 이유는, 외부에서 참관을 오는 귀빈들에게 높은 평가를 받기 위해서이다. 그 외부 귀빈들은 한국을 알고 싶어하는 독일인이나 독일 현지의 교육 관계자가 아닌, 언제나 방문이 가능한 한인여성회 또는 한인회, 영사관 등, 한인커뮤니티의 일원들이다. 그렇다면 더욱 평상시에 행해지고 있는 한국어 수업을 참관하고 한국어 교육에 있어서 어려운 점과 보완되어야 할 사항은 무엇인지 살펴보는 것이 바람직한 것은 아닌지 의문이 든다.

19) 교사 회의는 교장, 교사, 운영위원회(학부형회와 동일)의 운영위원장, 회계, 총무가 참석한다.

[2] 학예회

학예회는 11월 또는 12월에 열리는 동기의 학교 행사이다. 주제는 각 반에서 제안할 수 있기 때문에 연극이나 노래도 발표가 가능하다. 그러나 학예회도 공개수업과 마찬가지로 반 전체가 함께 발표를 해야 하는데, 주제결정을 포함해 발표를 위한 준비까지 약 2-3 개월 정도가 필요하다.

학예회는 한인커뮤니티 관계자들과 학부형들이 학생들의 발표를 보러 오기 때문에 사춘기에 접어든 대부분의 학생들은 학예회 발표를 거부한다. 그러나 학교에서는 모든 학생이 참가하는 것이 학교 규칙이라는 이유로 학생들의 개인적인 상황은 고려하지 않고 참가만을 종용하는 경향이 있다.[20] 본래 학예회의 목적과 의미가 무엇인지 다시 한 번 생각해 보아야 할 것이다.

한글학교에 다니고 있는 대부분의 학생들은 독일에서 태어나 독일식 교육을 받으며 독일 문화권에서 살고 있다. 그런 학생들에게 한국식 교육을 하려고 무리하고 있는 건 아닌지 생각해 볼 필요가 있다. 인터뷰에 응한 20명은 각각 한글학교의 교육방침에 공감을 할 수 없는 부분을 제시했는데, 그중에 학교 행사와 관련된 내용을 크게 두 가지로 묶어서 정리하면 다음과 같다.

1) 학생들의 의견이 반영되지 않은 공개수업 주제 선정과 반대 의견이 수용되지 않는 비민주적 교육.
2) 문화나 역사와 관련해서 자주 등장하는 한국의 '우리' 문화와 함께 행해지는 정체성 교육.

위의 1)과 관련해서, 구체적으로 함부르크 한글학교에서는, 학교에서 결정된 사항은 이유 불문하고 학생들이 따라야 한다고 가르치고 있는데, 이는 재독동포 1세들이 기억하는 한국의 예전 학교 문화의 영향이라고 짐작되며, 이

20) 실제로 한국어가 서투른 고학년 학생이 자기 연령과 맞지 않는 저학년 수준의 내용을 발표하라는 권유를 받고, 자존감이 저하되어 한글학교를 자퇴하겠다고 했다. 그럼에도 그 학생에게 발표를 종용하여, 결국 그 학생은 장기간 등교거부를 한 사례가 있다.

러한 비민주적인 학교 문화가 유지되고 있다는 것은 한인커뮤니티가 폐쇄적이라는 것을 보여주는 한 예이기도 하다.

또한 2)와 관련해서, '우리나라, 우리말, 우리 문화, 우리 민족' 등은 한국어 교육 현장에서 자주 들을 수 있는 단어들이다. 그러나 이러한 단어들은 재외동포 2세나 3세들에게는 오히려 소외감을 느끼게 할 수 있다. 더군다나 그러한 단어들과 함께 한글학교에서는 한국인 정체성에 대하여 강조[21]하는 경향이 있는데, 그렇게 전후 맥락도 없이 갑작스러운 민족교육은 학생들의 현실이나 지금까지 살아온, 또는 현재 살고 있는 배경과 문화를 무시하는 것으로 보일 수 있어, 오히려 그들을 한국으로부터 멀어지게 하는 계기가 될 수도 있다. 다시 말해서, 한국어 수업을 통해서 가르치는 한국 문화나 역사는 지극히 객관적이어야 하며, 학생들에게 한민족 또는 한국인이 '최고'라는 편협한 사고를 주입시키거나, 한국인의 정체성을 지키기 위해서는 한국어를 모국어[22] 또는 계승어로서 반드시 배워야 한다고 강요하면 안 된다는 것이다.

모든 교육에는 절차와 단계가 있다. 특히 해외동포 2세나 3세들을 교육하려면 현지 문화에 맞추어 접근을 해야 하는데, 이러한 발언은, 반민족주의를 선호하는 문화권에 살고 있는 학생들에게 위화감[23]을 유발시키는 원인이 되기도 한다. 이러한 주입식 교육이 그들의 문화와 맞지 않기 때문에, 고학년이 되면 한글학교를 떠나는 학생들이 늘어난다. 심한 경우에는 한글학교를 그만두는 것으로 그치지 않고, 한국인 어머니나 아버지와의 관계마저 나빠지는 경우가 있다.

21) 조태린(2014) 에서도, 재외동포가 어떤 정체성을 갖느냐의 문제는 전적으로 재외동포 개인이 스스로 선택하는 것이지 누군가가 강요할 수 있는 성질의 것이 아니라는 언급이 있었다.

22) 인터뷰에 응한 20명의 학생들은 인터뷰 항목 1)에 대해 모두 "독일인"이라고 대답했다. 또한 조태린(2010), 강승혜(2013)에서도, 재외동포에게 '모국어'는 '국가'나 '조국'의 개념이 포함되어 자신의 출신국을 의미하는 건지, 부모나 조상의 조국을 의미하는 건지 분명하지 않아 적합하지 않다는 지적이 있었다.

23) 제2차 세계대전의 과실로 인해, 독일에서는 학교 교육과정에 민족우월주의 또는 민족주의적 사상에 대한 주입식 교육을 엄격히 규제하고 있다(자세한 것은 이병련(2000) 참조).

덧붙여서, 1974년에 개설된 함부르크 한글학교에 매년 졸업생이 없다는 것은,[24] 그동안 한글학교 교육이 학생들과 그리 잘 맞지 않았다는 것을 시사한다.

위에서 살펴본 바와 같이 함부르크 한글학교의 교육과정에서 두 가지 문제점이 드러났는데, 구체적으로 학교 행사를 위해 정상적인 한국어 수업을 1년 동안에 약 3-4개월밖에 할 수 없다는 것과, 현지 문화와 맞지 않는 한국식 교육으로 인해 학생들과 공감대 형성이 어렵다는 것을 들 수 있겠다.

정규반의 경우, 학기마다 교사가 수업계획서를 작성하여 학교에 제출해야 하며, 교장은 각 반의 수업계획서가 한 학기동안의 수업계획으로 타당한지 검토하게 되어있다. 그럼에도 불구하고 이러한 행사가 매년 꾸준히 실행되고 있다는 것은, 수업계획서대로 실제로 수업이 이행될 수 있는지를 검토하지 않았거나, 수업계획서 자체의 완성도만을 검토한 것은 아닌지 의구심이 든다. 만일 학생들이 학교 행사로 인해 수업 일수가 모자라서 한 학기 내에 배워야 할 내용을 배우지 못했다면, 그 학생들을 위해 보충학습이 마땅히 이루어져야 한다. 하지만 현재 한글학교 상황으로는 그러한 보충수업을 하기는 어렵다. 그럼에도 학생들이 매년 행사 준비를 위해 장기간 연습을 해야 한다면, 학생들의 한국어 수준이 점차적으로 저하될 우려가 있다.

또한 지금과 같은 '보여주기 위한 행사'는 한인커뮤니티를 대상으로 행해지는 하나의 퍼포먼스에 불과할 뿐 학생들의 한국어 향상과는 별로 관계가 없어 보인다. 그러나 이러한 '보여주기 위한 행사'가 비단 함부르크 한글학교에만 한정되어 있는 사례는 아닐 것이다.

24) 졸업생이 2006년(1명), 2009년(6명), 2011년(8명), 2015년(3명)에 있었으나, 그들 모두가 12년 과정을 마친 학생들은 아니며, 더욱이 3-4년 간격으로 졸업생이 있었다는 건, 10학년-12학년반이 꾸준히 지속되어 오지 않았다는 것을 보여주는 예라고 할 수 있다.

2.2 성인반

함부르크 한글학교 성인반은 2001년에 개설되었다. 매년 다수의 입학생이 있는 것은 아니지만, 2010년 이후 평균적으로 학생 수가 조금씩 증가하고 있는 추세이다. 현재 (2018년 2월) 성인반은 1반–7반까지 개설되어 있으며, 학생 수는 약 60명 정도이고, 정규반과 동일하게 1명의 담임이 각 반을 맡고 있다.

2.2.1. 학습자와 수업 현황

학생의 대부분은 독일인이며, 재독동포 2세나 3세도 소수 있다. 기초반은 7반, 6반, 5반으로 한국어 수준이 같고, 4반에서 1반까지는 한국어 수준이 다른 반으로 구성되어 있으며, 1반이 수준이 가장 높다. 각 반은 1년이 지나면, 4반이 3반으로, 3반이 2반으로, 자동적으로 한 등급씩 올라가는데, 대부분의 경우 학생들의 한국어 수준이 확인되지 않은 상태에서 반만 바뀐다고 할 수 있다. 그 이유는 아직 성인반의 한국어 수준평가를 위한 명확한 기준이 없기 때문이라고 하겠다. 따라서 반이 한 등급 올라갔다고 해도 학생들이 1년 동안 학습한 내용을 전부 이해한 후, 다음 단계의 학습이 시작되었는지 가늠하기가 어렵다. 특히 [말하기]에서는, 학습 기간을 기준으로 학생들의 한국어 수준을 추정하기가 어려운 경향이 있다.[25] 학생들이 [말하기]가 [쓰기]보다 뒤떨어지는 경우가 많은데, 이는 학생들이 문법 위주로 공부하고 있다는 것을 시사한다. 이러한 학생들에게 [말하기]는 가장 어려운 학습 과정이라고 할 수 있겠으나, 어려운 과정이라고 해도 학교 측에서 학생들의 학습 단계와 한국어 능력에 맞추어 필수적인 학습 범위를 명시해야 할 필요가 있

25) 실제로 한국어 학습 기간이 다른 성인반 학생 4명(학습기간 1년, 2년, 3년, 4년)을 한 그룹으로 해서 대화를 시도했다. 학습 기간이 전부 다름에도 불구하고, 문장표현이나 어휘사용이 그다지 차이가 나지 않는 초급 수준이었다.

다. 그러나 성인반은 각 반의 수준에 맞는 [읽기, 쓰기, 듣기, 말하기] 등의 학습 영역에 정확한 기준이 마련되어 있지 않기 때문에, 반 편성에도 석연치 않은 부분이 있다.

함부르크 한글학교에서는 성인반의 교육과정 목표를 다음과 같이 하고 있다.

"– 한국어의 기본 문법을 이해하고 일상생활에 필요한 기본적인 의사소통 능력을 기른다.
– 한국 문화, 한국인의 정서와 가치관에 대한 이해를 바탕으로 한국에 긍적적인 이미지를 가진다."

성인반 수업은 주로 교재에 있는 내용과 문법을 설명하는 강의식으로 진행된다. 즉 교사가 독일어로 설명하고 학생들이 독일어로 대답하는 형태의 수업은, 학생들이 한국어를 들을 기회가 별로 없고, 한국어로 발화할 기회도 거의 없다는 것이다. 이러한 지식전달식의 수업은 학생들이 한국어와 친해지기도 전에 문법 체계가 복잡해서 습득하기 어려운 언어라고 인식하게 되는 경우가 있는데, 이러한 인식은 한국어 학습에 부정적인 영향을 주기도 한다. 더욱이 성인반 교육과정의 목표인 "기본적인 의사소통" 을 달성하려면 교실에서 학생들이 좀 더 한국어를 사용할 수 있는 기회를 만들어야 할 것이다.

성인반 수업은 매주 금요일 (18:15~/ 90분 수업) 에 있으며, 성인반 교재(2018년 2월 현재)는 다음과 같다.

- 성인 1반 [Active Korean 5], 서울대학교 출판
- 성인 2반 [Active Korean 4], 서울대학교 출판
- 성인 3반 [Active Korean 3], 서울대학교 출판
- 성인 4반 [Active Korean 2], 서울대학교 출판
- 성인 5반 [Active Korean 1], 서울대학교 출판

• 성인 6반 [Active Korean 1], 서울대학교 출판
• 성인 7반 [Active Korean 1], 서울대학교 출판

성인반의 교육과정이 명확히 구분되어 있지 않은 관계로, 각 반의 교사들은 학생들에게 학기별로 학습목표를 명시할 수 없다. 그렇다고 교사 임의로 단계별 학습을 구분하여 적용할 수도 없기 때문에, 수업 내용을 이해하지 못하는 학생이 있다고 하더라도, 그러한 학생에 맞추어 다양한 시도를 하기보다는 정해진 교재에만 의존하고 있는 상황이다. 다시 말해서, 학생들의 한국어 수준에 따른 단계별 학습 범위의 판단 기준이 없기 때문에, 교사들은 각 반 학생들의 실제 수준에 맞추어 수입을 준비하기가 어렵다는 것이다.

현재 각 반이 사용하고 있는 교재는 같은 출판사에서 시리즈로 출판된 교재이기 때문에 표면적으로는 각 반의 학습 단계가 연계성이 있는 것처럼 보이지만, 실제로는 그다지 연계성이 있는 것처럼 여겨지지는 않는다. 왜냐하면 학습 내용을 이해하지 못해서 수업에 뒤처지는 학생이 있다고 해도, 그러한 학생을 위해 별도로 준비된 수업이 없기 때문에, 학생들 중에는 지난 학기의 학습 내용을 이해하지 못한 채, 신학기를 맞이하는 경우도 드물지 않다.

또한 교사들이 각 반의 학습 과정에서 생기는 문제점에 대해서, 또는 학습 단계나 수업 진도 등에 대해서 의논하거나 토론할 수 있는 기회나 장(場)이 없기 때문에, 교사들은 각 반 학생들의 한국어 수준을 파악할 수가 없고, 학생들이 한국어 학습에 있어서 어떠한 문제를 안고 있는지도 알 수 없다.

이처럼 한국어 교육과정이 단계별로 명시되어 있지 않은 데다 교사 간의 의견 교환도 어렵다면, 교사들이 서로 협조하여 학습 단계별로 다른 반과의 연계성을 구축할 수 없다. 따라서 신학기가 되어 반이 바뀌면 교사가 학생들의 한국어 능력에 대한 정확한 데이터나 정보의 부족으로 수업 진행이 어렵거나 학습 진도가 지체되기도 한다.

한국어 교육과정을 초급, 중급, 고급, 최고급 등으로 구분[26]했을 때, 학생

들이 초급, 중급, 고급, 최고급에서는 [읽기, 쓰기, 듣기, 말하기]가 각각 어느 단계까지 학습이 되어야 하는지 체계적으로 설정하고, 각 반은 거기에 맞추어 한 학기 또는 1년간의 수업목표를 세워야 한다. 그래야만 한 단계가 끝났을 때, [읽기, 쓰기, 듣기, 말하기] 테스트를 통해 학생들은 본인들의 학습 성과와 한국어 능력을 확인할 수 있을 것이고, 교사들도 각 단계에 맞추어 수업 내용을 좀 더 정확히 계획할 수 있을 것이다.

2.2.2. 수업 만족도

2.2.1.에서 본 바와 같이 성인반 학생들이 학습 기간에 비해 [말하기] 수준이 뒤떨어지는 이유는, 학생들이 독일어권에서 생활하고 있기 때문에 한국어 사용이 제한될 수밖에 없는 언어환경 및 한국어 수업 중에 [말하기] 연습이 활발하게 이루어지지 않고 있기 때문이라고 하겠다. 더욱이 독일인 학생들은 한국어 대화에서 자주 나타나는 세대 간 또는 상하 계층별의 한국어 표현이 이해하기가 어려울 것이다. 따라서 교사는 한국어 표현의 특징을 살린 [말하기]를 적극적으로 유도하여 한국어로 발화가 가능한 수업 분위기를 조성해야 할 것이다.

성인반은 대학생 이상을 대상으로 하고 있기 때문에, 성인반 학생들의 대부분은 어느 정도 문법을 이해하면 한국어로 대화하기를 원한다. 그러나 수업에서 대화를 시도할 기회가 없고, 매주 교사의 강의를 들으며 앉아 있는 것으로 수업이 끝난다면, 한국어로 의사소통을 원하는 학생들은 수업에 대한 만족도가 낮을 것이다.

26) 박영순(2006)은, 외국인에 대한 한국어 교육에 대해서 다음과 같이 언급했다. 먼저, 학습자 능력에 따라 1)초급 단계, 2)중급 단계, 3)고급 단계, 4)최고급 단계로 나누고, 이렇게 나눈 1), 2), 3), 4)단계는 다시 초급 단계 1, 2로 나누는 것도 가능하며, 또한 영역에 따라서는 1)회화 교육, 2)듣기 교육, 3)말하기 교육, 4)읽기 교육, 5)쓰기 교육, 6)문법 교육, 7)문화 교육, 8) 한국어 교육(종합) 과 같이 분류할 수 있다.

학생들의 [말하기] 영역을 빠르게 향상시키기 위해서는, 한 권의 교재만으로 진행하는 수업보다는 학생들 수준에 알맞는 다양하고 폭넓은 학습자료를 이용한 엑티브러닝의 시도가 요구된다.

2.2.3. 문제점

2.2.1.에서 보았듯이 성인반은 각 단계별로 체계적인 교육과정이 갖추어지지 않은 것이 가장 큰 문제로 보인다. 이러한 문제는 한국어 코디네이터가 없거나, 교사들이 한국어 또는 한국어교육 전공자가 아니기 때문에 나타나는 문제라고 할 수 있다. 따라서 학생들에게 체계적인 한국어 교육을 하기 위해서는, 먼저 성인반 교사들을 대상으로 전문적이고 체계적인 교육이 이루어져야 할 것이다.

또한 기초반을 제외한 각 반의 학생 수를 보면 학습 단계가 위로 올라갈수록 학생 수가 줄어드는 경향이 있는데, 수업 형식이나 내용에 문제가 있는 것은 아닌지 검토해 볼 필요가 있다.

3. 한국어 교육 대상 확대의 필요성과 대책

독일에 있는 한글학교가 재독동포 자녀들뿐만 아니라, 현지 독일인을 교육대상으로 확장해야 하는 필요성과 그 대책에 대해 알아보기로 한다.

3.1. 재독동포들에게 긍정적인 영향

독일에 거주하고 있는 재독동포들은 해마다 크고 작은 문화 행사를 통해 독일인들에게 한국 문화를 알리려는 노력을 하고 있다. 이는 독일인을 위한 배려라기보다는 사실상 독일에 거주하고 있는 재독동포 2세나 3세들을 위한 노력이라고 볼 수 있다. 재독동포들이 독일인 또는 독일 사회와 좋은 관계를 유지하려면 서로에 대해 잘 알아야 할 것이다. 재독동포는 독일 내에 거주하는 소수 민족 중에 하나이다. 그렇기 때문에 재독동포가 솔선하여 한국 또는 한국 문화를 알리려는 것이고, 그것은 차세대의 재독동포들이 살아갈 미래를 위해서도 중요하다고 할 수 있다.

재독동포들이 개최하는 문화 행사가 독일인에게 한국을 알리는 데 중요한 역할을 하고는 있지만, 한국 또는 한국 문화를 좀 더 널리 알리려면 단기간의 문화 행사보다는, 좀 더 심층적으로 한국 문화와 정서를 알릴 수 있는 한국어 교육이 적합하다고 할 수 있다. 즉 한 번 보고 지나치는 것이 아니라, 학습자가 한국어를 배우는 과정에서 시간을 두고 다양한 한국 문화를 체험할 수 있다는 것이다. 따라서 독일인들이 한국어를 배우게 된다면 한국어를 통해 재독동포들과 한국 문화를 자주 접할 수 있을 것이며, 그러한 과정에서 자연스럽게 한국을 알아갈 수 있을 것이다.

아직까지 한국어는 독일 내에서 인지도가 그리 높지 않은 언어라고 할 수 있다. 2000년대에 들어서면서 한류의 영향으로 독일에서도 한국 대중문화를 접하는 기회가 예전보다 늘었다고는 하지만, 한국어 교육은 그다지 활발하게 이루어지지 않고 있다. 이는 한국 문화를 접하고 한국에 관심이 생긴 독일인들이 한국어를 배우고자 해도, 그들을 수용할 한국어 교육기관이 마땅치 않기 때문이다.

독일인들이 한국어를 용이하게 배울수 있는 환경이 마련되어, 한국어 교육이 활발해지고 독일 내에서 한국에 대한 인지도가 높아진다면, 재독동포들 특히 한국에서 태어나지 않은 2세나 3세들이 한국에 대하여 지대한 관심[27)]을 갖게 될 것이고, 그러한 관심과 비례하여 그들이 '한국계'로 살아갈 독일

27) 小川(2017) 의 조사에 따르면, 재일동포 한글학교 아동학습자 수요가 2000년대에 들어서면서 급격히 증가했다. 이는 한류의 해외진출로 인해 일본 내에서 한국의 인지도가 높아짐에 따라 한국어 교육에 관심을 갖는 재일동포가 증가했음을 시사한다.

에서의 미래에도 긍정적인 영향을 미칠 것이다.

한국에 대한 관심은 정규반 학생들의 인터뷰에서도 나타났는데, 다음과 같다.

10) '한국'하면 떠오르거나 연상되는 것은 무엇인가

- 김치 (2명)
- K-pop (11명)
- 한류 드라마 (4명)
- 분단국가 (1명)
- 멀다 (2명)

인터뷰 항목10)에서 보이는 것처럼 한류가 과반수를 넘고 있는데, 이는 한류의 해외진출 이후에 한국에 대한 관심도가 높아졌다고 할 수 있겠다. 바꾸어 말하면, 한류가 독일에 들어오기 전까지는 재독동포 2세나 3세들은 한국에 대해 아는 것이 별로 없었다고 할 수 있는데, 이는 독일 내의 한국에 대한 인지도와도 연관이 있을 것이다. 다시 말해서 한류의 영향으로 한국 문화가 독일에 조금씩 소개되면서 재독동포 2세나 3세들 또한 한국에 대한 관심도가 높아졌다고 할 수 있다.

또한 인터뷰 항목 9)의 "한국어를 사용할 데가 없다", "한국어를 아는 독일인 친구가 아무도 없다"에서 알 수 있듯이, 독일인들과 함께 한국어를 배울 수 있는 환경이 마련된다면 재독동포 2세나 3세들에게도 한국어 학습은 긍정적으로 받아들여질 것이다. 즉, 독일 내에 한국의 인지도가 지금보다 높아지고, 그와 더불어 한국어를 배우는 독일인이 늘어난다면, 재독동포 자녀들도 한국과 한국어에 대해 지금보다 더한 애착과 자부심을 아울러 갖게 될 것이다.

3.2. 체계적인 한국어 교육

예전에는 독일에서 한국어의 인지도가 낮은 이유는, 한국어와 독일어가 통사적으로 전혀 다르고, 문자 습득도 어렵기 때문이라는 견해가 있었으나 이는 오래된 통설에 불과하다. 물론 독일인이 한국어를 습득하는 것이 쉽다는 것은 아니다. 그러나 이미 한국어와 독일어의 상이점에 대해서는 모두가 주지하고 있는 사실이다. 그러므로 오래된 통설에 초점을 두기 보다는, 두 언어가 지니는 언어학적 상이점을 기반으로 독일인 한국어 학습자를 위한 교수법은 어떠한 것이 적절한지에 초점을 두고 살펴보는 것이 바람직할 것이다. 실질적으로 독일인에게 일시적이 아닌 지속적인 한국어 교육을 하려면 체계적인 교육과정을 토대로 한국어를 가르쳐야 한다. 체계적인 교육이 실행되어야만 한국어 학습자를 꾸준히 유지함과 동시에 새로운 학습자의 증가를 꾀할 수 있고, 아울러 기존의 학습자 감소도 막을 수 있을 것이다.

박영순(2006)에 따르면, 독일 내 한글학교 수는 2005년에 42개교로 보고되어 있다. 그러나 2016년 해외동포재단의 보고서에 의하면 32개교로 감소[28)]된 것을 알 수 있다.

2000년부터 지금까지 한류의 해외진출이 지속되고 있는 현황을 고려할 때, 이는 예상 밖의 변화라고 할 수 있다. 그러나 지난 10여 년간 독일에서 한글학교가 감소된 것은 사실이고 그러한 변화는 다음과 같이 짐작할 수 있다.

한류로 인해 독일에 한국 대중문화가 소개되면서, 독일인 한국어 학습자의 수요가 생기기 시작하자 재독동포들도 자녀들의 한국어 교육에 새로운 관심을 갖게 되었을 것이다. 본래 한글학교는 해외동포 자녀들을 위한 한국어 교육기관이므로 재독동포들은 본인들의 자녀들을 중심으로 한글학교를 개설하고 운영했을 것이다. 그러나 만약 당초 한류에 편승하여 갑작스럽게 개설된

28) 이는 일본 내 한글학교 수가 2000년부터 꾸준히 증가되고 있는 것과 상반되는 현상이다. 또한 독일 이외의 유럽 국가들도 2005년과 비교할 때 전체적으로 감소 경향을 보이고 있다.

한글학교였다고 하더라도, 한정된 인원의 재독동포 자녀들만을 교육 대상으로 하지 않고, 교육 대상을 독일인으로 확장하여 현지인들을 위한 체계적인 교육과정을 마련하고, 경험이 풍부한 교사가 재독동포들의 자녀 및 독일인의 한국어 교육을 담당했다면 한글학교가 꾸준히 유지되었을 수도 있었을 것이다. 따라서 어렵게 개설되었을 한글학교가 약 10년 동안에 무려 10개교가 감소되었다는 것은, 학생 수가 예상보다 적어서 학교 운영에 여러 가지로 어려움이 있었거나, 또는 학생들의 한국어 수준에 따라 단계별로 지도할 교사가 부족했었을 것으로 추정된다.

함부르크에는 12개교의 시민학교(Volkhochschule)[29]가 있는데, 그곳에는 자격증 취득을 위한 국가고시 강좌부터 개인 취미생활을 위한 강좌까지 다양한 교육 프로그램이 있다. 그중에 언어강좌도 포함되어 있는데, 함부르크에 있는 12개교의 시민학교에서는 28개 언어[30]의 강좌를 개설하고 있다. 한 언어에 하나의 강좌로 제한된 것이 아닌 복수로 개설되어 있으며 인지도와 강좌 수는 비례한다. 또한 28개의 언어강좌 중에 일본어와 중국어가 있는 것을 보면, 독일에서 한국어 교육이 활발하지 않은 이유가 문자 습득의 어려움이나 통사적인 문제가 아님을 알 수 있다. 더우기 일본어는 8개의 강좌를 개설하고 있는데, 한 곳에만 강좌가 있는 것이 아니라 단계별로 여러 곳에 강좌를 개설하고 있기 때문에, 학생이 본인에게 적합한 수업을 선택해서 근무처나 집에서 가까운 장소에서 수강할 수 있으므로, 일본어 강좌를 찾는 학생 수는 꾸준히 늘어나고 있다.

지난 10년 동안 함부르크 시민학교의 언어강좌를 살펴보면, 언어강좌의 개설 수가 계속 증가하고 있는 추세에 있다. 이는 체계적인 교육과정을 토대로

29) 함부르크뿐만 아니라 독일 전지역의 크고 작은 도시에 899개교(2016년)의 시민학교가 있다.

30) 독일어, 영어, 프랑스어, 이탈리아어, 스페인어, 덴마크어, 그리스어, 체코어, 네덜란드어, 폴란드어, 노르웨이어, 루마니아어, 헝가리어, 포르투갈어, 스웨덴어, 아일랜드어, 크로아티아어, 러시아어, 스와힐리어, 터키어, 아라비아어, 히브리어, 유대어, 페르시아어, 힌두어, 타일랜드어, 중국어, 일본어의 강좌를 개설하고 있다.

언어교육을 실시하고 있기 때문에 학생 수가 꾸준히 늘고 있는 것으로 사료된다.

이와 같이 독일에서 한국어 교육을 하기 위해서는 먼저, 학습자의 한국어 능력에 따라 단계별로 체계적인 교육을 할 수 있는 한국어 교육기관이 마련되어야 한다. 그러한 교육기관이 주어진다면, 독일에서 한국어 학습자를 꾸준히 늘려갈 수 있을 것으로 전망된다. 다시 말해, 한국어의 교육 환경이 열악한 독일에서 한국어 교육을 원활하게 하려면, 한국어를 가르칠 수 있는 교육기관이 필요한데, 그 역할을 기존의 한글학교가 한다면 지금보다 광범위하게 한국어를 보급할 수 있을 것이다.

덧붙여서 한글학교가 재독동포 자녀들만을 교육 대상으로 한다면 학생 수가 한정되어 운영이 어려울 수도 있을 것이다. 따라서 일반 독일인을 교육 대상으로 확장한다면 어려운 학교 운영과 아울러 재독동포들에게도 긍정적인 영향을 줄 수 있을 것이며, 한국어의 범세계적 보급에도 일조할 수 있을 것으로 예상된다.

4. 결론 및 제언

4.1. 재독동포 자녀들을 위한 한국어 교육에 대하여

본고에서는 함부르크 한글학교를 중심으로 독일 한국어 교육의 현황을 살펴보고, 개선되어야 할 문제들을 살펴보았다.

재독동포 자녀를 대상으로 하는 정규반 교육에 있어서 개선되어야 할 문제점은 주입식 교육이라고 하겠다. 그로 인해 학생들과 공감대 형성이 어렵고, 과도한 정체성 교육으로 오히려 한국으로부터 멀어지게 하는 역효과를 초래했다고 할 수 있다.

독일에 있는 한글학교에서 재독동포의 자녀들이 한국어를 배우고 한국 문화를 접하면서 한국에 친근감을 느끼고 호감을 가질 수 있어야만 한국어 학습을 지속할 수 있을 것이다. 이러한 호감은 교사의 강요로는 느낄 수 있는 것이 아니므로, 교육하는 입장에서는 어떠한 교육이 바람직한 것인지, 학생들의 환경과 배경에 알맞는 교수법에 대해서 좀 더 고려해야 할 것이다.

아래의 〈표 1〉을 보면, 한글학교의 정체성 교육이 정규반의 모든 학생들에게 적합한 것인지 생각해 볼 필요가 있다. 〈표 1〉은 인터뷰에 응한 20명 학생들의 가족 구성을 나타낸 것이다.

〈표 1〉

아버지	어머니	학생 수
뉴커머	뉴커머	2
재독동포 2세	뉴커머	4
독일인	뉴커머	4
재독동포 2세	독일인	2
뉴커머	재독동포 2세	2
재독동포 2세	필리핀	1
독일인	재독동포 2세	2
네팔	재독동포 2세	1
스위스	뉴커머	1
가나	재독동포 2세	1

〈표 1〉이 시사하는 것처럼 한글학교 정규반 학생들의 부모는 재독동포 1세들로만 구성되어 있지는 않다. 〈표 1〉은 전체 학생의 5분의 1에 해당하는 학생 수이나, 실제로 한글학교 정규반에 양쪽 부모 모두가 한국인(뉴커머)인 경우는 전체 학생의 10퍼센트 이하이며, 그중에 일시적으로 독일에 체류하는 주재원 가족 이외에는 거의 독일국적을 가지고 있다. 더욱이 양쪽 부모가 모두 한국인이 아닌 경우, 학교에서 한국인 정체성을 논하는 것은 부모에 따라

논란의 여지가 있다. 특히 독일인들은 그러한 민족교육을 혐오하는 경향이 있기 때문에 조심해야 할 부분이다. 따라서 이러한 가족 배경을 가진 학생들에게는 한국어를 학습하는 과정에서 다양한 한국 문화를 체험할 수 있게 배려하면서, 있는 그대로의 한국을 보여주고 자연스럽게 한국을 알아가도록 도와주면 될 것이다. 또한 정체성에 관한 문제는 학생들 본인이 결정해야 하는 문제이며, 상황에 따라서 부모들이 도움을 줄 수는 있겠지만, 학교에서 강요할 문제는 아니라고 생각된다.

최근 해외동포의 자녀들을 대상으로 계승어로서의 한국어 교육을 위한 연구가 활발하게 진행되고 있다.

해외동포 자녀들에게 계승어로서의 한국어를 교육하려면, 먼저 학부형부터 한국어를 배워야 할 것이다. 예를 들어 함부르크 한글학교의 학부형들 중에 한국어를 할 줄 모르는 재독동포 2세 학부형들이 자녀들에게는 한국어를 가르치려고 한글학교에 자녀들을 데리고 온다. 하지만 자녀들은 어머니나 아버지는 하지 못하는 한국어를 본인이 왜 배워야 하는지 의문을 품는다. 실질적으로 계승어라고 한다면, 적어도 가족이나 친족 또는 부모와 동일한 출신지의 사람들과 사용한 적이 있거나, 또는 가정에서 들어 본 적이 있는 언어여야 한다고 생각한다.[31] 그러나 대부분의 재독동포 3세들은 재독동포 2세 어머니나 아버지와 사용해 본 적도 없고, 들어 본 적도 없는 한국어를 배워야 하는 것이다. 아버지나 어머니가 모르는 언어를 그 자녀들이 계승어로서 배워야 한다는 것은, 설득력이 떨어지는 주장이기 때문에, 배우는 자녀 입장에서는 뭔가 석연치 않은 부분이 있을 것이다. 따라서 교육현장에서는 한국어를 모르는 재독동포 2세 학부형들에게 한국어 학습을 종용해야 한다. 예를

31) Valdés(1995)는, 계승어에 대해서, 가정에서 습득한 언어로, 의사소통은 가능하지만, 문장단락구성에 엉성한 부분이 있다고 언급했고, 조태린(2010)과 강승혜(2013)에서는, 가족 또는 혈연의 관련성으로 인해 아동기에 노출된 경험이 있어서 최소한의 수동적 지식 이상을 가지고 있으나 사회적으로는 비주류 또는 소수가 사용하는 언어라고 했다. 또한 Cummins (1990)는 계승어 교육을 다른 언어 환경에서 부모의 말과 문화를 키우는 교육이라고 정의했다.

들어, 자녀들이 한글학교에 입학할 때 학부형 상담시간을 갖고, 왜 부모가 한국어를 배워야 하는지, 부모의 한국어 학습이 자녀에게 어떠한 영향을 주는지에 대해 충분히 설명하고, 자녀들의 한국어 학습을 위해 부모도 동참해야 한다고 인식시켜야 한다. 그러한 상담시간을 통해서 부모들이 자녀들의 한국어 학습에 동참하게 된다면, 한국어를 할 줄 모르는 재독동포 2세 학부형들을 위한 한국어 반을 만드는 것도 가능할 것이다. 대부분의 학부형들은 자녀들이 수업을 마칠 때까지 학교에서 기다리는데, 만약 자녀들의 수업과 같은 시간에 학부형들도 한국어를 배울 수 있다면 시간 활용도 되고, 수업 후 자녀들과도 한국어 공부를 함께 할 수 있기 때문에 학습 효과도 기대할 수 있을 것이다.

4.2. 독일인들을 위한 한국어 교육에 대하여

독일인을 대상으로 하는 성인반은 체계적인 교육과정을 갖추지 않은 상태로 수업을 진행하다 보니, 학생들의 한국어 능력에 따라 단계별 학습이나 영역별 학습이 부진한 것으로 추정된다. 이는 여러 가지 원인이 있겠으나 그중 가장 큰 원인은 한국어나 한국어 교육을 전공한 교사가 없는 것이라고 하겠다.

교사양성에 관한 문제는 성인반에만 해당하는 것이 아니라 정규반에도 해당된다. 독일 내에서 한국어를 가르칠 교사를 구하려면, 먼저 한국어 모어화자여야 하기 때문에 자격이 한국인으로 제한된다. 그러나 독일에 거주하고 있는 대부분의 한국인은 음악 전공자들이며, 독일인과 결혼한 경우라고 하더라도 음악 전공자들이 많다. 따라서 함부르크 한글학교의 교사들도 음악 전공자가 많고, 20-30퍼센트 정도가 음악 이외의 전공자들이나, 이들 역시 한국어나 한국어 교육 전공자는 아니다. 사실 독일 내에서 한국어나 한국어 교육 전공자를 찾는 것은 어렵다. 그렇기 때문에 교사양성에 주력을 기울여야 하는 것이다.

함부르크 한글학교의 교사는 1년에 한 번 유럽에서 개최되는 한국어 교사 연수[32]에 참가할 기회가 주어진다. 그러나 이 연수회의 참가인원은 1-2명 내지 1-3명으로 제한되어 있고, 경비도 교사가 절반을 부담해야 참가할 수가 있어서, 다수의 교사가 연수에 함께 참가하여 교육을 받을 수 없는 실정이다. 외국어로서의 한국어를 제대로 교육하려면 한국어의 교육 환경이 열악한 독일(유럽)의 한국어 교사를 위해서, 적어도 1년에 3-4회 정도의 연수가 필요하고, 참가인원도 늘려야 할 것이다.

더욱이 함부르크 한글학교는 비영리 단체로 등록되어 있기 때문에 한글학교에서 근무하는 모든 사람은 봉사자로 인정되어, 일반인들이 받는 근로 수당을 받을 수 없다. 따라서 교사들은 봉사자가 수령할 수 있는 최소한의 사례를 받고 있다. 이렇게 적은 사례로 봉사하고 있는 교사들에게 연수비를 부담시킬 것이 아니라, 좀 더 질 높은 수업을 위해 연구비가 지불된다면 보다 다채로운 수업으로 학생들을 만족시킬 수 있을 것이다.

덧붙여서 기존의 한글학교에서 교육 대상을 일반 독일인으로 확장하기 위해서는, 외국어로서의 한국어 교육을 위한 체계적인 교육과정이 시급히 마련되어야 한다.[33] 그러기 위해서는 다음과 같은 요구조건이 충족되어야 할 것이다.

1) 한국어 교사를 위한 전문교육
2) 독일어권 학습자를 위한 단계별 교재
3) 다양한 한국의 문화 체험 프로그램

---

32) 최근에는 인터넷 상으로 한국어 교재와 자료를 쉽게 구할 수 있고, 사이버 교육을 통해 한국어 교사 자격증도 취득할 수 있는 시스템이 마련되어 있다. 그러나 이러한 시스템이 마련되어 있다고 해도 교사들 스스로가 한국어 교육을 위해 새로운 도전을 하기 위해서는, 한국어의 교육 현장을 경험한 교사들 간의 정보 또는 의견 교환이 가능한 교사 연수는 필수적이라고 하겠다.

33) 외국어로서의 한국어 교육은 한국어를 전혀 모르는 재독동포 자녀들의 한국어 교육에도 일조할 수 있을 것이다.

1)은, 정기적으로 한국에서 한국어 교사 양성을 위한 전문가를 현지에 파견하거나, 현지 교사를 한국으로 초청해 연수를 받게 할 수도 있겠다.

2)는, 이제는 영어권을 위한 교재로 대신하지 않고, 독일어 모어화자를 위한 교재로서 단계별로 구분된 다양한 종류의 교재가 요구된다. 더욱이 교재의 편집 과정에 독일 내의 한국어 교사도 함께 동참할 수 있다면 독일인에게 보다 적합한 교재가 완성될 수도 있을 것이다.

3)은, 공예나 서예, 또는 판소리나 사물놀이와 같은 전통문화를 비롯해 한류 영화나 K-pop 등의 대중문화는 한국인의 정서를 이해하는 데 도움이 될 것이다.

상술한 1), 2), 3)에 관해서는 한국어의 교육 환경이 열악한 독일 내에서 체계적인 한국어 교육을 꾸준히 할 수 있도록 정부차원에서 재정과 인력이 지원되어야 할 것이다.

이제는 재독동포들이 독일 안의 작은 소수 민족의 한인커뮤니티에만 집착하지 말고, 한국과 독일 상호 간의 긍정적인 관계를 바탕으로 좀 더 적극적으로 독일사회에 진출을 시도해야 할 때이다. 그러기 위해서는 현지 독일인들에게 한국 문화와 정서를 접할 수 있는 기회가 지금보다 용이하게 제공되어져야 할 것이다.

참고문헌

강승혜, 「계승어로서의 한국어 교육에 대한 소고:방향과 향후 과제」, 『언어 사실과 관점』 31, 연세대학교 언어정보연구원, 2013, 81쪽~107쪽.

김중섭, 「재외동포를 위한 한국어교육 연구의 현황과 과제」, 『이중언어학』 47호, 이중언어학회, 2011, 627쪽~657쪽.

박영순, 『외국어로서의 한국어교육론』, 월인, 2006.

성상환, 「독일어권 한국어 문법 교육의 모습」, 『국어교육연구』 16, 국어교육학회, 2006, 389쪽~417쪽.

이병련, 「역사교과서의 의미와 서술기준 그리고 분석에 관하여」, 『사총』 제52호, 고려대학교 역사연구소, 2000, 161쪽~191쪽.

조태린, 「재외동포에게 한국어가 갖는 의미-재외동포 한국어 교육의 방향 정립을 위하여」, 『한국어교육』 18(2), 국제한국어교육학회, 2010, 193쪽~218쪽.

조태린, 「계승어 교육 측면에서 본 재외동포 한국어 교육과정 분석 –총론을 중심으로–」, 『이중언어학』 55호, 이중언어학회, 2014, 381쪽~405쪽.

조항록, 「재외동포를 대상으로 하는 한국어 교육정책의 실제와 과제」, 『한국어교육』 15(2), 국제한국어교육학회, 2004, 199쪽~232쪽.

小川一枝, 「재일동포 아동 학습자를 위한 계승어로서의 한국어교육 현황과 과제」, 『韓国語学年報』 13, 神田外語大学韓国語学会, 2017, 113쪽~157쪽.

G. Valdés, “The Teaching of Minority Language as Academic Subjects: Pedagogical and Theoretical Challenges”, The Modern Language Journal 79, 1995, pp.229~328.

J. Cummins & M. Danesi, HERITAGE LANGUAGES: The Development and Denial of Canada's Linguistic Resources, Lorimer, 1990.

※ 논문 집필에 필요한 여러 가지 문의에 흔쾌히 응해 주신 함부르크 한인학교의 위여경 선생님께 이 자리를 빌어 깊은 감사의 뜻을 전한다.

[민족통일]

민족공통성과 통일의 민주적 이념

분단 이후 남북의 민족 및 민족주의에 대한 인식변화

이병수*

1. 들어가는 말

흔히 한국인의 민족의식에는 혈연적 동질성을 강조하는 단일민족주의적 사고가 강하게 자리 잡고 있다고 지적된다. 이를테면 신기욱은 "한국사회를 이해하는 가장 중요한 원리는 혈연에 기초한 단일민족주의 내지는 의식"이며 "한국인의 단일민족주의를 이해하지 않고는 20세기 한국사회와 정치의 변화를 제대로 읽을 수 없다"[1]고 주장한다. 그러나 정치적, 이념적 지향성을 무시한 채 종족적 정체성이라는 유사성을 근거로 20세기 한반도에 등장한 다양한 민족주의의 경향 특히 분단 이후 전개된 남북의 민족 및 민족주의에 통시적으로 적용, 평가하는 시각은 역사적 다양성을 배제하는 과도한 환원주의로 여겨진다. 하나의 혈통, 하나의 언어라는 민족적 동질성에 대한 확신에도 불구하고 분단 이후 국가체제적 요인이 민족 및 민족주의 이해에서 매우 중

* 건국대 통일인문학연구단 HK교수

1) 신기욱 저, 이진욱 옮김, 『한국민족주의의 계보와 정치』, 창비, 2009, 6쪽.

요한 역할을 해왔음을 부인할 수 없다. 분단은 남북 모두 민족 내부의 적대적 타자라는 의미를 상대방에게 부여하였다. 분단이후 남북은 서로 민족국가의 대표성을 자임하면서 민족담론에서도 자기체제의 정당성을 강화하는 경쟁을 벌여왔다.

이 글은 분단 이후 시대별로 남북의 민족 및 민족주의 인식의 변화를 조감하는 데 목적이 있다. 남한의 민족개념이 언어와 혈연에만 국한되지 않고 정서적 연대, 생활풍습 등 생활문화적 특성 등 민족구성의 지표가 다양화되는 과정, 그리고 북한의 민족개념이 스탈린의 민족개념으로부터 다시금 원초론적 민족개념으로 복귀하는 과정을 살펴볼 것이다. 또한 '민족' 개념의 변화가 선행하면서 민족주의 인식 변화의 이론적 토대로 작용하게 된 과정 역시 살펴볼 것이다. 끝으로 남북의 민족 · 민족주의가 국가체제와 긴밀하게 연관되어있음 분석한 뒤 '민족 공통성' 개념을 통해 남북의 '차이'가 민족동질성 회복을 위해 극복되어야 할 대상이 아니라 오히려 그 자체로 상호 발전의 계기가 되어야 함을 논할 것이다.

2. 남한의 민족 · 민족주의의 인식변화

2.1. 1990년대 이전까지의 민족 · 민족주의 인식

근대 민족(nation)은 구성원들의 자유와 평등을 전제로 성립한 정치적(political) 공동체일 뿐만 아니라 그 기반과 관련하여 종족적(ethnic) 공동체로도 파악할 수 있다. 그런데 서구의 민족개념이 정치적 의미가 강하다면, 우리의 민족개념은 동일한 혈통과 문화에 기초한 종족적 의미가 더 강조된다는 점은 잘 알려져 있다.[2] 일제 하 국권 상실과 해방 후 분단 현실이란 역사

2) 이병수, 「민족공통성 개념에 대한 고찰」, 『시대와철학』제22권 3호, 2011, 117쪽.

적 좌절을 통해 우리에게 민족은 정치공동체라기보다 같은 혈연, 언어, 문화 등을 공유하는 원초적 실체로 표상되고 있다.

하지만 이러한 종족적 민족개념은 분단현실로 인해 체제적 요인의 영향을 받게 되었다. 북한과의 체제경쟁의 핵심은 남북 가운데 누가 민족정통성을 대표하는가에 있었다. '민족'은 남북을 막론하게 정치적 정당성의 원천으로 기능했지만 남북은 자신의 국가적 정체성만을 민족적 정통성을 대표하는 것으로 자임하면서, 서로를 반민족 집단으로 매도했다. 남한에서는 피의 순수성을 배반했다는 이유로 북한체제의 반민족성이 특히 강조되었다. 그 결과 민족 정체성은 대한민국의 국가정체성과 단단히 결부되었다. 즉 같은 핏줄과 언어를 공유하는 귀속적인 종족적 정체성과 반공적 국민의식이라는 정치적 정체성이 결합한 것이다. '민족'과 '국가'가 일치되지 않는 분단현실에서 민족 정통성 경쟁을 하면서 정치공동체의 성원자격과 혈통 · 문화 공동체의 성원자격이 분명하게 구분되지 못한 것이다. 이러한 현상은 북한을 민족구성에서 배제한 반공국가체제에 의한 정치사회화의 결과, 달리 말하면, 국가체제의 생존과 안보를 우선시하며, 국민을 동원하고 훈육하는 국가주의적(반공주의적) 민족주의가 초래한 결과였다고 할 수 있다. 대표적으로 이승만 정권의 '일민주의'와 박정희 정권의 '한국적 민주주의'가 그러했다.

1950년대는 민족주의 논의가 실종된 시대였다. 해방정국을 지배했던 민족주의적 열정은 좌우를 불문하고 일종의 시대정신이었으나, 1950년대에 이르러 수면 밑으로 가라앉았다. 한국전쟁은 이념의 극우적 재편을 가져왔고, 국가보안법이라는 법적 기반에다 전쟁을 직접 체험한 대중들은 반공이데올로기를 내면화하였다. 1950년대는 경제, 정치적 측면뿐 아니라 문화와 교육, 학문 등에 이르는 모든 영역에서 미국의 영향이 압도적이었다. 민족전통과 민족주체성에 대한 관심이 지식 사회에 확산된 계기는 4.19와 5.16이었으나 그 촉발은 1950년대 중반 이후 미국문화의 일방적 수용에 대한 위기의식과 밀접히 관련되어 있을 정도였다. 이러한 위기감은 미국문화 자체에 대한 경계라기보다 우리가 얼마나 일본화된 근대적 문화에 매몰되었는지를 자각하는 식민지적 근대화에 대한 반성으로 표출되었다.

1960년대는 4월혁명을 통해 민족주의가 부활한 시대였다. 민족주의는 4.19와 5.16을 거치면서 시대의 화두로 떠올랐다. 4.19를 통해 그 전에는 금기시되었던 다양한 통일론이 주장되는 등 통일민족주의가 고양되었다. 5.16 군부세력 역시 정권의 정당성을 위해 '민족적 민주주의론'을 주창하였다. 박정희 정권은 쿠데타 직후부터 장면 정권과는 달리 '민족주의', '민족의식', '자립의식' 등 등 민족주의적 용어들을 광범하게 사용하였다. 4.19 세력과 5.16 세력은 한 동안 민족주의적 정서를 공유했으나 곧 이어 한일협정을 둘러싸고 분화되었다. 한일협정반대투쟁(6.3투쟁)을 계기로 박정권의 민족주의와 저항세력의 민족주의는 상호 대립되는 양상으로 전개되었다. 권력주도의 국가주의적 성격을 띠고 있는 북한의 민족담론과 달리, 1960년대 중반이후 한국 민족주의는 국가주의적 민족주의와 저항세력의 민족주의로 분리되기 시작했다. 국가의 권력엘리트가 국가체제의 생존과 안보를 우선시하는 위로부터의 국가주의적 민족주의와 그에 맞서 일반 시민(혹은 민중)이 민주주의 혹은 통일을 위한 이념으로써 자발적으로 형성한 아래로부터의 민족주의로 분화되었다.

1970년대에 이르러 민족주의는 한편에서는 반공주의에 바탕한 국가주의적 민족주의로, 다른 한편에서는 자유주의에 바탕한 민족주의로 분명하게 나누어졌다. 국가주의적 민족주의는 개인의 인권이나 자유보다 경제개발에 동원될 대상으로서의 국민을 강조하였고, 10월 유신을 통해 파시즘의 하위 이데올로기로 전락했다. 1970년대 자유주의, 민주주의, 민족통일을 결합시킨 민족주의론을 제기한 재야지식인들은 시민의 인권, 정치적 권리 주장하고 있었기 때문에 시민적 민족주의의 성향을 강하게 띠고 있었다.[3] 주목할 만한 현

3) 박찬승, 『민족 · 민족주의』, 소화, 2010, 234쪽.

상은 1970년대 중반이후 냉전의식을 극복하고 통일을 지향하는 통일민족주의가 제기되었으며 개발독재 하 민중의 고난 현실에 주목하는 반성이 일어나면서 1980년대에 본격화된 민중적 민족주의의 흐름을 예비하였다는 점이다.

1980년 5월 광주민중항쟁은 냉전체제 하에서 억눌려왔던 저항 민족주의가 폭발적으로 분출하는 계기가 되었다. 또한 87년 6월항쟁 및 노동자 대투쟁을 거치면서 민중이 역사의 주체로서 부각되었다. 민중은 자본주의적 산업화가 야기하는 모순만이 아니라 분단이라는 구조적 요인에 의한 모순에도 직접 맞닥뜨리며 살아가는 존재라는 각성이 일어나면서 민족주의 담론에서 통일이 본격적인 주제로 떠올랐고 민주화 과정을 통해 사회 전체로 확산되었다. 1980년대 말 동서냉전체제의 와해와 국내 민주화의 진전은 남북 화해의 분위기를 조성한 계기였으며 민족논리가 들어설 수 있는 분위기를 조성했다. 1980년대 민주화 운동이 진행되면서 분단국가를 거부하는 민족지향의 통일운동이 민간차원에서 고양되기 시작하였다. 민주화 운동과 통일운동이 결합되면서 그 동안 금기시되었던 북한에 대한 이해의 욕구가 분출되었다.[4] 한편으로는 이 시기 정권차원에서도 통일에 대한 전향적 인식이 이루어져, 재야 통일운동에서 중시된 민족지향의 가치가 처음으로 통일방안에 반영되기도 했다.

2.2. 1990년대 이후 민족 · 민족주의 인식의 변화

1990년대 이전의 민족과 국민의 미분화 상태에 결정적 변화를 가져온 역사적, 정치적 계기는 무엇보다 탈냉전과 세계화였다. 탈냉전은 남북관계에도 영향을 미쳐 1991년 '남북기본합의서'가 체결되는 배경으로 작용했다. 남북기본합의서의 핵심은 '나라와 나라 사이의 관계가 아닌, 통일을 지향하는 과

4) 건국대학교 통일인문학연구단, 『통일인문학』, 알렙, 2015, 21쪽.

정에서 잠정적으로 형성된 특수관계'로 남북관계를 규정한 점에 있다. 이처럼 남북기본합의서는 남북이 서로를 국가로 인정하지 않은 냉전시기와는 달리, 같은 민족이지만 체제가 서로 다른 국가라는 인정한 점에서 이후 남북관계 전반에 지속적 영향을 미쳤다. '하나의 민족, 두 개의 국가'라는 남북관계의 이중성에 대한 인정은 곧 민족정체성과 국가정체성이 서로 일치하지 않는다는 것을 남북이 공식적으로 인정한 것이다. 이후 2000년 남북 정상회담과 남북교류협력 과정을 경험하면서 한국인들은 민족과 국민이 서로 구별된다는 점을 자연스럽게 자각하게 되었다. 그러나 남북관계의 개선은 '민족적인 것'과 '국민적인 것'의 구별을 대중적 차원에서 널리 인식하게 만들었지만, 같은 핏줄을 나눈 형제라는 혈연적 민족개념을 바꾸는 계기는 되지 못했다. 혈연적 민족개념에 대한 도전은 국경을 넘어 교역과 투자가 확대되고 노동력이 이동되는 '세계화'로부터 주어졌다. 자본과 노동력이 국경을 넘어 자유롭게 이동하면서 1990년대 이후 한국사회는 외국 노동자, 결혼 이주민 등의 증가로 인종적, 문화적 다양성이 증대되었다.[5]

다문화 사회의 전개는 그 동안 대한민국 사회를 규정하는 강력한 단일민족 정체성의 견고한 아성을 뒤흔들었다. 외국노동자, 결혼 이주민 등의 증가로 인종적-문화적 다양성이 증대된 시대상황을 배경으로 민족 혹은 국가 중심으로 남북관계 혹은 분단극복을 바라보는 민족주의적 견해를 비판하면서 민족을 근본적으로 회의하는 탈민족주의도 2000년대 이후 여러 학문분야에서 본격화되었다. 이에 따르면 민족은 기원에서 볼 때 근대 국민국가가 형성되는 과정에서 당대의 정치적 유용성을 위해 구성(발명 혹은 상상)된 근대의 산물이며, 역사적 기능면에서도 대내적인 억압성을 가져왔다. 분단 이후 한국 민족주의의 역사적 전개과정 역시 국가주의적 민족주의든 저항세력의 민족주의든 막론하고 민족 내부의 소외된 구성원들에 대한 억압-차별에 무관

5) 건국대학교 통일인문학연구단, 『코리언의 민족정체성』, 선인, 2012, 58-59쪽.

심했으며, 대외적 배타성을 보여 왔다고 비판한다. 그러나 민족담론에 대한 이러한 부정적인 시각과는 달리 대중의 민족주의 정서는 여전히 살아있었다. 국가권력에 의한 동원이데올로기인 국가주의적 민족주의의 영향력은 많이 약화되었지만 대중적 차원의 민족주의적 현상은 2002년 한일월드컵에서 나타난 국민들의 열광적 응원, 미군장갑차에 의한 여중생사망사건을 계기로 발생한 '촛불시위, 민족문제연구소의 '친일인명사전' 편찬사업에 대한 네티즌들의 모금사업 등으로 나타났다.[6]

탈냉전과 세계화로 대표되는 변화된 시대상황은 일반대중들의 민족 개념에 대한 변화를 초래했다. 우선, 민족개념의 외연적 확대가 이루어졌다. 민족개념의 외연이 남한 혹은 한반도에 국한된 냉전기의 시야를 벗어나 전세계에 흩어져 살고 있는 '해외동포' 전체를 망라하게 되었다. 또한 민족개념의 외연적 확대에 따라 그 내포적 의미도 변화되었다. 한국인의 민족개념은 더 이상 피의 순수성에 집착하는 것이 아니라. 언어, 생활풍습 등 생활문화적 특성뿐만 아니라 정서적 공감대, 혈연 등 그 지표가 매우 다양해졌다.[7] 특히 냉전기의 반공주의와 성격을 달리 하는 긍정적인 대한민국 국가정체성도 밑으로부터 형성되고 있다는 점이 주목된다. 이러한 대한민국 국가정체성은 한국의 민주화에 대한 일상적 실감에 기초하면서도 90년대 중반 이후 북의 경제난과 폐쇄적인 체제와 대비되면서 특히 부각되었다. 이러한 독자적 정체성은 북한에 대한 비판적 입장을 견지하면서도 화해협력의 대상으로 본다는 점에서 반공적 국민의식과 다르지만 남북관계의 악화 혹은 개선 정도에 따라 유동성을 띤 것이라고 할 수 있다.

2000년대는 남북정상회담을 계기로 기존의 남북관계가 급격하게 변화되었으며, 분단 이후 지속되어온 반북 이데올로기가 약화된 시대였다. 정상회

6) 박용수, 「1990년대 이후 남·북한 민족주의의 특성」, 『한국정치학회보』 제41집 제1호, 2007, 16쪽.

7) 건국대학교 통일인문학연구단, 『코리언의 민족정체성』, 73쪽.

담 이후 남북교류와 접촉이 확대되면서 그와 동일한 속도로 우리 사회 내부는 갈등에 빠져들었다. 대북관과 대북정책을 둘러싸고 이른바 '남남갈등'이 촉발된 것이다. 남북관계 진전에도 불구하고 북한은 만족할 만한 수준으로 변화하지 않았고 IMF위기 이후 경제적 양극화의 심화로 대북지원 곧 '퍼주기'라는 규정이 대중에게 수용되었다. 나아가 보수 세력의 연이은 집권과 더불어 남북 관계가 긴장과 대립의 국면으로 전환하면서 "국가, 안보"의 가치가 더욱 강조되었고, 심지어는 민족지향의 가치가 종북프레임 속에서 매도되었다.

2000년대 이후 지금에 이르는 상황은 남북의 화해협력에 중점을 두는 민족지향의 가치가 지속되는 한편, 분단국가의 구조적 제약 때문에 남한체제의 우월성에 중점을 두는 국가지향 가치의 구심력도 강하게 작용하고 있다. 물론 이러한 두 방향의 힘이 예전처럼 정부–시민사회 간의 대립이 아니라 정권 차원이나 시민사회 전반에 걸쳐 나타나고 있다. 어쨌든 현재 한국사회에서 국가지향 가치와 민족지향 가치는 남북관계의 변화와 연동되면서 끊임없이 갈등하는 양상을 보이고 있다. 이상적, 규범적 차원에서 민족지향의 가치가 일정 정도 수용되고 있는 한편, 남북 및 북미의 군사적 긴장과 체제경쟁 등 분단국가의 현실을 배경으로 국가지향의 가치 역시 강한 영향력을 행사하고 있다. 통일담론, 나아가 통일 개념 자체가 '국가중심의 시각'과 '민족중심의 시각'으로 서로 갈등을 빚고 대립하면서 남남갈등의 원천이 되고 있다.[8)]

8) 건국대학교 통일인문학연구단, 『통일인문학』, 24쪽.

3. 북한의 민족 · 민족주의 인식변화

3.1. 민족개념의 변화

해방 이후 소련을 모범으로 따라 배우는 데 주력했던 북한은 스탈린의 민족이론을 그대로 수용했다. 스탈린 민족이론의 핵심내용은 민족은 그 자체가 영속적인 것이 아니라 자본주의시대의 한시적 산물에 불과하다는 민족형성시기론과 민족이 언어, 영토, 경제생활, 심리상태의 공통성, 네 가지를 기초로 형성된다는 민족구성 요소론, 두 가지였다. 북한의 스탈린의 민족이론 수용은 1950년대까지는 분단극복과 관련하여 그다지 문제가 되지 않았다. 왜냐하면 당시 남북한은 분단에도 불구하고 경제생활의 이질성이 크지 않았고, 사회문화적인 공통성이 우려될 정도로 이질화되지 않았기 때문이었다.[9] 그러나 1960년대 중반에 이르러 김일성은 스탈린의 민족이론을 탈피하게 된다. 김일성은 북한의 언어학자들을 대상으로 행한 연설(「조선어를 발전시키기 위한 몇 가지 문제」, 1964년 1월 3일)에서 남북은 공통의 혈통과 언어를 특징으로 하는 하나의 민족이라는 자신의 민족이론을 최초로 제시하였다.[10] 김일성은 경제생활의 공동체에 집착할 경우, 경제제도의 이질성이 심화되어 가던 1960년대 중반 남과 북은 하나의 민족이 될 수 없다고 보았다. 따라서 하나의 조선정책의 정당성을 위해 김일성은 혈통과 언어를 강조했다. 이러한 김일성의 민족이론은 분명 스탈린 민족이론의 핵심내용과 다른 것이었고, 1970년대에 오면 주체사상의 이론적 체계화 과정의 한 부분으로써 정립되는

---

9) 정영철, 「북한 민족주의의 이중구조 연구― 발생론적 민족관과 발전론적 민족관」, 『통일문제연구』 2010년 상반기(통권 제53호), 10쪽)

10) 김태우, 「북한의 스탈린 민족이론 수용과 이탈 과정」, 『역사와 현실』제44호, 2002, 267-268쪽. '언어'와 '혈통'을 민족의 구성요소로 추가한 시점을 1970년대로 잡는 대부분의 북한연구자들과는 달리 김태우는 남북의 사회경제적 이질화가 심화되기 시작한 1960년대부터 하나의 조선정책을 뒷받침하려는 의도에서 김일성이 스탈린의 민족이론과 전혀 다른 자신의 민족이론이 제시했다고 보았다.

과정을 밟는다.

우선, 1970년 발간된 『철학사전』에는 스탈린의 민족형성 시기론이 부정되는 한편, 민족형성의 4가지 요소 중 언어의 중요성이 보다 강조된다. "언어, 지역, 경제생활, 문화와 심리 등에서 공통성을 가진 력사적으로 형성관 사람들의 공고한 집단 … 민족을 특징짓는 공통성 가운데서 가장 중요한 것의 하나는 언어의 공통성이다. 우리 인민의 민족적 공통성은 우리나라에 일찍부터 봉건적인 강력한 중앙집권적인 통일적인 국가가 세워지고 이 틀 안에 언어, 지역, 문화의 공통성, 경제생활의 공통성이 점차로 유구한 력사를 통하여 형성되었다."[11] 일제강점기와 해방 직후 모든 사회주의자가 스탈린의 민족이론을 기계적으로 따랐던 것은 아니며 특히 민족의 형성시기에 대해 다른 견해를 지닌 사회주의자들도 있었다. 이를테면 백남운은 "조선 민족은 문화적 전통과 언어와 역사적 혈연과 정치적 공동 운명 등의 역사적 조건으로 보아서 세계사상에 희귀한 단일민족"이라고 보았다.[12] 백남운이 문화적, 혈연적 동질성 형성의 역사적 조건을 강조한 것은 『철학사전』에서 보듯 한반도에서 "중앙집권적인 통일적인 국가"가 일찍부터 수립되었다는 인식에서 비롯된 것이었다. 『철학사전』은 스탈린의 민족형성 시기론과 분명한 차이를 보이지만, 여전히 스탈린의 민족구성 요소론을 그대로 답습하고 있다. 다만 경제생활의 공통성보다 언어의 공통성을 더 중시한 점에서 스탈린의 주장과 다르지만, 1964년 김일성이 강조한 혈통에 대한 언급은 아직 나타나지 않고 있다.

혈통에 대한 언급은 민족을 다시 정의한 1973년 『정치사전』에 나타난다. "언어, 지역, 경제생활, 혈통과 문화 심리 등에서 공통성올 가진 력사적으로 형성된 사람들의 공고한 집단 … 민족을 특징짓는 표징에서 가장 중요한 것의 하나는 언어의 공통성이다. 그것은 언어와 문자의 공통성에 의하여서만

11) 『철학사전』, 사회과학출판사 편(평양), 1970, 256쪽.

12) 백남운, 「조선 민족의 진로」, 서울신문, 46년 4월 1일~13일.

경제생활과 문화와 심리의 공통성이 이룩되고 또한 그것이 공고한 것으로 될 수 있기 때문이다."[13] 『정치사전』에는 언어의 공통성을 경제생활의 공통성의 기반으로 삼고 있는 점, 기존의 민족구성 요소에 혈통을 추가한 점에서 스탈린의 민족이론에서 결정적으로 벗어난다. 특히 혈통을 추가한 점은 당시 남북대화가 진행되고 있었다는 점과 관련되어 있는 것으로 보이지만, 그 이유에 대해서는 아무런 설명이 없다.

그러다가 1970년대 내내 주체사상의 이론적 체계화가 진행되면서 1970년대 말에 이르면 혈연적 공통성이 민족형성의 핵심징표로 분명하게 부각되고 있다. 즉, 사람 중심의 주체의 원리에 기초하여 민족을 특징짓는 중요 징표들이 새롭게 밝혀졌는데, 그것은 무엇보다 "혈통의 공통성에 기초한 사람들의 집단"이 민족을 특징짓는 다른 모든 징표들의 형성 기초이며 "그 어떤 다른 민족과도 혈통의 융합을 이루어본 적이 없는 순수한 민족"이란 점에서 민족의 단일성을 나타내는 핵심적 징표라는 점에 있다고 주장된다.[14] 민족은 자본주의 출현 이전부터 존재했고 민족을 특징짓는 핵심 징표는 경제제도라기보다는 혈통과 언어 같은 민족 고유의 특징이라는 북한의 민족이론은 1964년 김일성의 민족이론에서 문제제기 되었고 비록 공식화된 것은 아니라 할지라도 이론적으로는 70년대 말에 어느 정도 완결되었다. 상이한 제도가 공존하는 연방제를 완성된 형태의 민족국가로 제시한 조선노동당 제6차대회의 〈고려민주연방공화국〉 통일방안(1980년 10월)은 위와 같은 민족관의 변화가 선행하였기 때문에 가능했다. 민족을 특징짓는 핵심징표가 경제제도의 공통성이 아니라, 언어나 혈통의 공통성이기 때문에 서로 다른 체제가 공존하는 연방제를 완성된 형태의 민족국가로 제시할 수 있었다.

13) 『정치사전』, 사회과학출판사 편(평양), 1973, 423쪽.

14) 이병수, 「과도기의 북한철학에 나타난 변화와 이론적 특징」, 『통일인문학』 제50집, 2010, 50쪽.

3.2. 민족주의 개념의 변화

이른바 '주체의 원리'에 기초한 북한의 민족이론은 70년대 말에 어느 정도 완결되었지만 주체사상의 이론적 체계화가 일단락된 1985년 『위대한 주체사상 총서』10권과 『철학사전』이 발간됨에 따라 공식화된다. 민족의 구성요소에서 '경제생활의 공통성'과 심리의 공통성이라는 요소를 삭제하고 '혈통'을 '피줄'이란 용어로 대체하면서 민족 구성의 다른 요소보다 우위에 둔 북한식 민족 개념이 정식화되었던 것이다. 1985년까지 일단락된 민족이론은 '민족' 개념의 변화만을 동반했을 뿐, 민족주의에 대해서는 여전히 부정적이었고 대신 '사회주의적 애국주의'란 말이 사용되었다. 그러나 핏줄과 언어의 공통성을 핵심징표로 여기는 민족에 대한 인식의 전환은 민족주의에 대한 인식의 전환을 가져온 바탕이 되었다. 민족주의에 대한 인식의 변화는 1986년 「주체사상 교양에서 제기되는 몇 가지 문제에 대하여」에서 '우리민족제일주의'가 주창되면서 처음으로 나타난다. 그러나 우리민족제일주의는 수령이 영도하는 우월한 사회주의 제도에 사는 '우리민족'을 말하고 있다는 점에서 남한 주민을 배제하고 있다. 1985년 정식화된 민족개념은 체제를 넘어 남과 북을 포괄하고 있으나, 1986년 '우리민족' 개념은 남북을 포괄한 민족개념뿐만 아니라 우월한 사회주의 체제에 사는 또 다른 민족을 지칭하는 이중성을 보이고 있다. 이는 김정일이 1994년 '김일성 민족'이란 표현을 처음 제시하면서 우리민족의 범위를 수령의 지도를 받는 민족으로 국한시킨 점에서 보다 분명하게 드러난다.[15)]

피줄과 언어 중심의 민족개념은 정식화되었지만 민족주의에 대한 부정적 입장으로 일관했던 1980년대의 민족주의 인식과는 달리 1991년 김일성은 민

15) "우리 민족의 건국시조는 단군이지만 사회주의 조선의 시조는 위대한 수령 김일성동지이십니다. … 지금 해외동포들은 조선민족을 김일성민족이라 하고 있습니다." 1994년 10월 16일. "위대한 수령님을 영원히 높이 모시고 수령님의 위업을 끝까지 완성하자." 『김정일선집』 제18권. 2012. 조선로동당출판사.

족주의에 대한 전향적 입장을 드러내었다.16) 그는 민족주의가 부르주아 이데올로기가 아니라 원래가 "민족의 리익을 옹호하는 진보적인 사상으로서 발생"하였다는 점을 강조함으로써 '부르주아 민족주의'와 다른 '참다운 민족주의'를 긍정하였다.17) 1991년 김일성이 '참다운 민족주의'을 언급한 이후에도 북한의 민족주의에 대한 평가는 한동안 유보되었다가 김정일 정권 출범 직전 1997년 "혁명과 건설에서 주체성과 민족성을 고수할 데 대하여"가 발표된 이후, 새로운 해석이 전면에 부각되었다. '주체성'은 북한식 사회주의의 요체이고 '민족성'은 북한이 새롭게 전격적으로 받아들인 민족주의 그 자체였다. 북한식 민족주의가 주체성과 화학적 결합을 이룸으로써, 그동안 북한에서 공식적으로 부정되어오던 민족주의가 국가의 생존전략으로 부상하였다.18) 요컨대 주체성과 민족성의 결합은 사회주의와 민족주의의 결합이며, 따라서 민족주의는 북한사회주의 체제 유지 및 발전의 필수적인 이념이 된다. 이처럼 김정일이 말하는 '민족성'은 북한체제와 분리될 수 없기 때문에 남북한 전체를 포괄하는 민족주의 개념과 거리가 있다.

2000년 들어 북한의 민족주의 인식은 또 한번 변화한다. 우선 '우리민족제일주의'와 '김일성 민족', '주체성과 민족성'을 통해 민족주의 이념을 강화해 온 김정일은 2002년 2월 "민족주의에 대한 올바른 리해를 가질 데 대하여"를 통해 '민족주의'란 용어를 공식 복권시켰다. 2002년 김정일의 문헌에 따

16) "원래 민족주의는 민족의 이익을 옹호하는 진보적 사상으로 발생하였습니다. … 민족주의가 처음부터 자본가계급의 사상이었다고 볼 수는 없습니다. … 자본주의가 발달하고 부르죠아지가 반동적 지배계급으로 되면서 민족주의는 인민대중의 이익을 옹호하는 참다운 민족주의와는 대치되는 사상입니다." 「로동신문」"우리 민족의 대단결을 이룩하자", 1991년 8월 5일.

17) 정영철에 따르면 북한이 1990년대 들어 민족주의를 긍정적으로 재해석하게 된 이유는 크게 3가지 때문이다. 첫째 소련 및 동유럽 국가들의 붕괴에 따른 체제 수호의 요구, 둘째 1990년대에 본격적으로 진행되던 세계화에 대한 대응의 필요성, 마지막으로 한반도 통일문제에 대한 적극적인 대응의 요구 때문이다. (정영철, 앞의 논문, 14-16쪽)

18) 강혜석, 「북한 민족주의 연구: 적응적 국가민족주의와 정당성의 정치」, 서울대학교 정치외교학부 박사논문, 2017, 191쪽.

르면 민족주의는 '자기 민족을 사랑하고 민족의 리익을 옹호하는 사상'이며, 공산주의와 민족주의는 애국애족의 공통적인 사상감정을 공유하고 있으며, 민족과 민족주의를 떠난 국제주의란 있을 수 없으며, 공산주의는 진정한 민족주의자가 되어야 한다는 것 등 크게 4가지 내용으로 요약된다.[19]

또한 2000년대 들어 북한은 〈우리 민족끼리〉의 이념을 들고 나왔다. 2003년 신년공동사설에서 "조국통일운동의 성패는 남북공동선언의 기본정신인 〈우리 민족끼리〉의 이념을 고수하고 구현하는데 달려 … 핏줄도 하나, 언어도 하나, 문화도 하나, 역사도 하나인 우리민족에게 있어서 민족공조는 당연한 이치이며 생존방식이다."(『로동신문』, 2003년 1월 1일) 〈우리 민족끼리〉이념은 6.15 남북정상회담 공동선언문 제1항 "남과 북은 나라의 통일문제에서 그 주인인 우리민족끼리 힘을 합쳐 자주적으로 해결해나가기로 했다"에 근거하고 있다. 여기서 〈우리 민족끼리〉 이념은 그 표현이나 6.15 공동선언의 성격으로 볼 때, 북한뿐만 아니라 남한까지 포함한 민족 구성원 전체를 가리키고 있다. 그러나 북한이 〈우리 민족끼리〉 이념을 우월한 사회주의 체제를 전제로 한 우리민족제일주의에 기반하고 있다고 공언하고 있음을 볼 때, '우리 민족'의 범위가 단순히 한반도 전체로 그 외연이 확대되었다고만 보기 힘들다. 이중성을 내포하는 민족 · 민족주의 개념을 대내외적 정세의 필요성에 따라 적절하게 활용하고 있다고 보는 것이 타당할 것이다.

4. 민족성과 국가성의 딜렘마와 극복방향

4.1. 민족성과 국가성의 딜렘마

한반도의 민족 · 민족주의는 오랫동안 종족적 단위와 정치적 단위가 일치

19) 정영철, 앞의 논문, 13-14쪽.

하는 '역사적 국가'를 배경으로, 일제강점기와 분단이라는 '민족'과 '국가'가 불일치하는 역사적 조건 아래 형성되었다. 20세기 식민과 분단의 역사는 한반도 주민에게 강한 '민족=국가'의 열망을 심었다. 물론 분단은 민족국가를 향한 열망의 좌절이 민족 내부의 대립과 적대와 증오의 양상을 띠고 있다는 점에서 이민족에 대한 저항의 양상을 보인 일제강점기와는 다르다. 따라서 일제강점기와 달리 분단상황에서 '민족=국가'의 열망은 통일의 동력이기도 하지만 동시에 분열과 갈등의 힘으로도 작동해왔다. 남북의 체제대립과정에서 민족담론이 동원됨으로써 통합보다는 대립의 기능을 수행해왔기 때문이다. 이를테면 남북은 민족국가를 향한 집단적 열망을 정치적으로 동원하여 상대체제를 반민족집단으로 규정하였다. 적어도 정부수립 후 냉전기까지 남북의 민족담론은 국가성 속에 민족성이 종속된 특징을 공통적으로 보여주고 있다. 남북은 서로가 결손국가임을 인정하지 않고 오히려 온전한 민족국가의 정통성을 자임함으로써 민족성은 국가성 속에 완전히 포섭되어버렸다. 그러나 1990년대 이후 남북의 민족담론은 냉전기와는 달리 국가성을 초월한 민족성이 일면 당위론적으로 인정되는 가운데, 현실적으로는 민족성과 국가성이 대립, 갈등하는 양상을 보이고 있다.

북한의 경우 1990년대 이후 한반도를 포괄하는 민족성 차원(포괄성)과 북한주민에 국한된 국가체제 차원(배타성)이 민족담론 내에서 긴장을 이루고 있다. 북한은 대내적 결속력을 강화하는 차원에서는 북한 사회주의 체제를 중심으로 민족·민족주의를 이해하려는 경향이 우세하다. 민족의 범위를 수령의 지도를 받는 민족에 국한시킨 '김일성 민족'이란 표현이나, 북한식 사회주의체제의 정당화와 결부된 '우리민족제일주의'가 그러하다. 그러나 남북화해의 필요성이 고조된 2000년대 들어 주장한 〈우리 민족끼리〉의 이념과 민족공조론은 어쨌든 한반도에 거주하는 민족 구성원 전체를 포괄하고 있다. 이런 점에서 북한의 민족주의는 "민족통합이데올로기로서의 민족주의와 북한체제의 내적 단결을 강화하기 위한 통치이데올로기로서의 민족주의적 측면이 뒤얽혀 있"으며, "통합이 강조될 때는 초체제적인 민족주의가 제시되고 대내적 단결이 요구될 때는 그것과는 긴장관계를 갖는 북한 민족주의가 강조"되고 있다.[20)]

남한의 경우 1990년대 이전까지는 민족지향의 가치관이 적용될 수 있는 입지 자체가 합법적으로 존재하지 않았다. 1990년대 들어 비로소 남북기본합의서에서 보듯 상대 체제를 인정하면서 통일 추구해야 한다는 인식변화가 이루어졌다. 그러나 한반도의 군사적 긴장이 불식되지 않다가 민족지향 가치가 정부의 통일정책에서 반영되고 실천되기 시작한 것은 1998년 김대중 정부 출범 후였다. 남북은 2000년 6.15 공동선언을 통해 상대방의 체제를 인정하고, 교류· 협력을 통해 민족동질성을 회복함으로써 평화적 점진적으로 통일을 이룩해 나갈 것을 합의하였다. 그러나 김대중 정부의 햇볕정책 추진 과정에서 국가지향 가치와 민족지향 가치 간의 갈등이 사회표면으로 떠올랐고, 이후 지금까지 남남갈등은 현재진행형이다. 자유민주주의 및 안보를 중시하는 국가지향의 가치와 민족화해와 교류를 중시하는 민족지향의 가치는 남북관계의 변화와 연관되면서 끊임없이 갈등하는 양상을 보이고 있다. 요컨대 북의 경우 민족담론 자체가 민족성과 국가성을 모두 포함하는 이중성을 드러내고 있다면, 남의 경우 정치성향에 따라 민족성과 국가성이 길항하고 있는 셈이다.

남북한을 하나로 묶어줄 수 있는 범주는 체제 차이를 포괄하는 민족뿐이기 때문에 통일이념 모색에서 민족범주는 중요한 의미를 지닌다. 그러나 이상과 같은 상황은 흔히 민족주의가 체제대립을 극복할 수 있는 이념적 지향이라는 생각이 일면적인 것임을 보여준다. 남북의 민족주의는 한쪽만의 정통성을 고집해 온 분단국가주의적 민족주의론을 벗어나지 못했기 때문이다. 북의 '우리민족 제일주의'나 남의 '대한민국주의'는 체제이념과 밀접하게 연관되어 있

20) 이종석, 『새로 쓴 현대북한의 이해』, 역사비평사, 2000, 209쪽.

기 때문에 남북의 소통과 화해에 부정적으로 작용해왔다. 체제대립을 극복하려는 이념적 지향을 가진 민족주의가 분단체제 하에서 오히려 체제대립을 강화하는 방식으로 작용하는 있는 상황은 한반도 화해협력과 통일을 지향하는 민족성의 규범과 분단국가라는 국가성의 현실 사이의 딜렘마를 그대로 드러내고 있다.

4.2. 딜렘마의 극복방향

국가성 속에 민족성이 종속될 경우 분단체제는 더욱 강화된다. 민족≠국가'라는 분단체제 아래에서 민족이 국가 속에 매몰되었던 지난 시기의 대북정책이나 통일방안을 둘러싼 역사적 경험은 이를 잘 말해주고 있다. 민족성보다 국가성을 우위에 둘 경우, 이질적 체제를 극복하고 동질적 체제로 만드는 체제통합적 방식으로 통일을 사유하게 마련이다. 하지만 통일을 이렇게 생각하는 것은 역설적으로 분단을 고착화한다. 왜냐 하면 남이나 북이나 자신의 국가체제를 중심에 둔 통일을 생각하고 있기 때문이다. 또한 이질적 체제 사이의 통일로만 볼 경우, 통일은 정치경제적인, 거시적 체제 통합일 뿐이므로, 평화통일의 가능성으로부터 멀어지며, 설사 통일이 된다고 하더라도 사회문화적 통합의 결여로 치루어야 할 사회적 비용이 매우 크다. 남북은 서로 다른 체제와 이념으로 장기간 대립해왔으며, 정치경제 제도, 가치관, 사회문화 등에서 이질성이 심화되어왔기 때문이다. 반대로 국가성이 민족성에 종속될 경우 친북/반북과 같은 소모적인 논쟁을 낳으며 분단된 두 국가의 실효적 지배 상태를 무시함으로써 현재 자신이 거주하고 있는 국가체제를 부정하는 혐의를 낳을 수 있다. 민족통일의 당위성에 집착하여 체제가 다른 두 국가체제로 분단된 현실을 부정하는 것은 분단 이전에 남북이 공유했던 민족적 동질성을 강조하는 과거지향의 낭만적 민족주의, 통일지상주의로 퇴행하기 쉽다. 이는 정부의 국가중심 통일론과 대립했던 재야 통일운동의 문제점으로 흔히 거론된 바다.

민족성과 국가성의 균형과 양립을 선언적으로 잘 보여주는 것이 남북기본합의서다. 남북기본합의서의 전문은 남북관계를 "나라와 나라 사이의 관계가 아닌 통일을 지향하는 과정에서 잠정적으로 형성되는 특수 관계"이자 "평화통일을 성취하기 위한 공동의 노력을 경주"하는 관계로 규정하고 있다. 남북관계 특수성의 핵심은 남북이 비록 두 개의 국가로 존재하지만 일반적인 국가 관계와 달리 통일을 지향하는 특수 관계라는 점이다. 달리 말하면, 민족성과 국가성은 균형과 양립의 문제이지 대체나 대립의 문제가 아니라는 것이다. 양자가 균형과 양립의 문제라는 것은 남북관계가 분단국가의 상호승인과 국가관계의 정상화로부터 출발해야 하지만, 이것이 민족성을 배제한 채, 남북관계를 단순한 국가 간의 관계로 환원되어야 함을 의미하지 않는다. 동시에 남북이 같은 민족으로서 통일을 이루어야 하는 관계일지라도, 이것이 남북 두 국가 간의 관계를 부정하는 것이 되어서도 안 된다는 것을 의미한다.

이러한 민족성과 국가성의 양립은 20세기 한반도 역사의 경험에서도 확인된다. 무엇보다 민족성의 규범은 20세기 한반도 역사의 특성상, 자연스럽게 요구되는 당연한 권리라는 점이다. 하나의 민족이 여러 국가를 형성하거나 여러 민족이 모여 하나의 국가를 형성하고 있는 세계사적 상황을 염두에 둘 때, 하나의 민족이 하나의 국가를 형성해야 한다는 주장은 설득력이 없을 수 있다. 하지만 하나의 민족이 다양한 국가로 분화되거나 여러 민족이 모여 하나의 국가를 형성하는 현상 자체가 외세의 억압에 의해 강요될 경우에는 문제가 다르다. 특히 전근대의 오랜 세월 동안 '역사적 국가'를 형성하고 살아온, 같은 민족으로서의 동일화 욕망이 강한 한민족은 스스로의 선택이 아니라 외세의 강요에 의해 식민통치와 분단이라는 민족자결권 침해를 경험했다. 이러한 역사적 상처로 인해 한반도 주민의 생활세계에 민족주의적 열망이 깊이 뿌리내리게 되었고, 이는 분단극복의 중요한 동력으로 작용하고 있다. 그러나 동시에 체제대립의 역사가 70년이나 경과한 오늘날, 민족주의적 열망은 남북의 국가체제의 정당성과 결부됨으로써 오히려 체제대립을 증폭시키는 요인으로도 작용하고 있다. 이러한 상황에서 남북 간의 민족적 연대가 가능하기 위한 출발점은 남북을 하나의 국가로 인정하는 데서 찾아질 수밖에 없다. 지난 70년 각자의 처지에서 생성된 국가체제, 사회문화의 차이를 민족적 소통과 연대를 이루는 조건으로 봐야 한다는 뜻이다.

요컨대 민족성과 국가성의 딜렘마 극복은 한 마디로 남북의 두 국가체제를 인정하면서도 민족적 화해와 연대, 그리고 통일을 만들어가는 방향임을 알 수 있다. 이러한 방향과 관련하게 두 가지 점만 지적해 본다. 첫째 남북의 체제차이를 인정한 바탕에서 민족적 연대와 통일이 가능하려면 무엇보다 현 단계에서 통일의 의미를 재정립할 필요가 있다. 우리는 분단국가라는 강력한 안보국가 속에서 사회화되어왔기 때문에 두 개의 국가가 하나의 국가로 합쳐지는 것을 통일이라고 생각하는 데 익숙하다. 하지만 통일을 이렇게 생각하는 것은 역설적으로 분단을 고착화한다. 남이나 북이나 자신의 국가체제를 중심에 둔 통일을 생각하고 있기 때문이다. 자신의 국가체제 중심으로 통일을 생각하고 있기 때문에 상대방 국가체제를 부정할 수밖에 없고, 자연스럽게 서로에 대한 적대적 감정만 높아간다. 따라서 통일은 반드시 단일국가 수립을 의미하는 것이 아니라 남북 상호간의 장기간에 걸친 교류, 협력과 평화공존, 경제·사회·문화공동체의 형성으로 여겨져야 한다. 이런 점에서 민족과 국가가 함께 하는 통일논의는 두 국가체제를 부정하면서 하나의 체제로 통합하는 문제를 넘어 민족구성원의 몸과 마음을 소통하고 통합하는 새로운 통일개념에 기초할 필요가 있다.

둘째, 통일이 한반도 주민의 인간다운 삶을 보장하는 보편적 권리를 보장하는 방식이 되어야 한다. 국가성을 상호승인한 상태에서 민족적 연대를 한다는 것은 남북의 접촉을 통한 생활문화와 정서의 교감의 공감대가 확대되면서 보편적 가치에 대한 합의를 만들어 나가는 것을 의미한다. 남과 북의 화해와 교류, 나아가 통일은 한반도 주민들의 인간다운 삶을 위한 방향성, 남북한

사회 자체를 좀 더 민주적이고 평화적이며 생태적인 사회로 만들려는 방향성을 지닌다. 요컨대 '인간다운 삶'을 구조적으로 위협하는 분단상황을 극복함으로써 지금의 남북한 보다 더 우월한 공동체, 남북주민이 평화롭고 보편적 권리가 보장되고 확대되는 방향성을 지닌다.

5. 나오는 말 : 민족공통성

1985년에 확정된 북한의 민족개념은 하나의 핏줄, 하나의 언어를 이루고 살아온 단일민족으로서 혈연적 · 언어적 동질성을 지니고 있다는 믿음에 기초하고 있다. 이는 일견 남한의 민족개념과 크게 다르지 않으며, 남북통합에 긍정적으로 기여한다고 여겨질 수도 있다. 하지만, 언어와 혈통의 동일성에 대한 과도한 집착은 오히려 남북통합에 부정적으로 기여한다. 이를테면 북한은 혈통의 순수성을 과도하게 강조한 나머지 혼혈인의 공민권을 박탈하고, 남한사회의 다문화사회 지향을 민족성의 물리적 와해로 여겨 비난한다. 또한 언어적 동질성에 대한 강한 믿음 때문에 남한의 외래어 사용, 한자병용 등과 관련한 정책들이 민족말살에 지나지 않는다고 비난한다. 북한의 민족정의의 핵심 요건이라고 할 수 있는 혈통과 언어는 통일을 위한 상수일 것이라는 생각과는 달리 그 실제에서는 오히려 민족 분열 즉 반통일적 가능성을 동시 내포하는 것이다.[21] 혈연과 언어공동체로서의 민족에 대한 집착은 차이를 억압하는 동일성의 폭력을 낳을 수 있다. 다시 말해 민족정체성을 혈연과 언어라는 단일한 기준에 의해 이해하는 것은 정치경제적, 사회문화적 조건이 다르고, 역사적 경험이 서로 다른 남북주민 나아가 코리언 디아스포라가 언어, 혈연 등 전통적 종족성을 변형하고 재구성해온 정체성의 차이를 부정하는 것

21) 강혜석, 앞의 논문, 269-274쪽.

과 동일하다. 이를테면 언어를 민족정체성을 판단하는 표준적 기준으로 볼 경우, 남북의 언어갈등을 유발할 뿐만 아니라 민족어를 구사하는 데 익숙지 않은 대부분의 재러 고려인, 재일조선인은 한민족 구성원에서 배제하는 결과를 낳는다.

민족공통성 개념은 '차이'를 동질성을 훼손하는 이질성으로 배제하는 민족동질성 개념과 다르다. 민족은 역사적, 문화적으로 주어진 불변하는 동질적 집단이 아니라 역사적, 정치적 상황에 따라 그 내용이 변화되고 재구성될 수 있는 집합적 정체성이다. 각기 다른 지역에 살고 있는 한민족 구성원들이 드러내는 정체성의 다양한 차이는 불변하는 정체성의 변질 혹은 해체가 아니라 오히려 새로운 정체성의 생성적 힘이다. 정세성의 다양한 차이는 극복되어야 할 병적 현상이 아니라 새로운 정체성을 형성하는 발전적 계기이다. 민족공통성 개념은 차이들이 상호 접속하고, 결합함으로써 형성되는 새로운 민족개념을 지향한다. 따라서 민족공통성은 사전에 미리 결정되는 것이 아니라 남북의 화해협력 및 상호소통 과정에서 사후적으로 형성되는 미래기획적 성격을 띤다. 새로운 민족개념은 전근대의 역사적 경험뿐만 아니라 근대 이후 식민지와 분단 그리고 민족이산의 역사적 경험을 포괄하는 한편, 한민족 구성원들의 실질적 교류를 통해 형성되는 미래기획적 과제이다.[22)]

그렇다면 민족 · 민족주의에 담을 수 있는 미래기획적 공통가치는 어떻게 정립되어야 할까? 우리 민족은 식민지배와 강요된 이산 그리고 분단이라는 20세기 역사를 통해 깊은 상처를 경험했다. 한민족 구성원의 정체성 차이에도 불구하고 민족적 유대와 끈을 유지하고 있는 이유는 바로 이러한 20세기 역사적 경험을 공유했기 때문이다. 이런 점에서 민족을 혈연, 지연, 언어의 동질성에 기반한 공동체로만 이해하는 협소한 관점을 넘을 필요가 있다. 대표적으로 서경식의 사유가 그러하다. "'민족'은 '혈통'이나 '문화'나 '민족혼'처

---

22) 이병수, 「민족공통성 개념에 대한 성찰」, 133쪽.

럼 소위 '민족성'이라는 실체를 독점적으로 공유하는 집단이 아니다. 내가 말하는 '민족'은 고통과 고뇌를 공유하면서 그 고통에서 해방되기를 지향함으로써 서로 연대하는 집단을 가리킨다."[23] 민족적 차별, 전쟁, 그리고 반인권적 폭력 등의 상처는 남과 북만이 아니라 재외동포들도 공유하는 역사적 경험이다. 한민족이 겪은 20세기 역사적 경험 속에는 민족적 가치가 인권과 평화, 민족자결 등 보편적 호소력을 지닐 수 있는 가치와 연결될 수 있는 지점이 풍부하다. 남이나 북의 체제중심의 관점이 아니라 인권, 평화권, 행복권 등 한반도 주민이 실질적으로 누려야 할 권리를 보장하고 확대하는 차원에서, 민족적 가치들이 비폭력 평화, 친인권 등 보편적 가치와 결합되는 방향에서 민족과 민족주의를 재사유할 필요가 있다.

23) 서경식 저, 임성모 · 이규수 옮김, 난민과 국민 사이, 돌베개, 2006, 10-11쪽.

통일한반도와 민주주의의 민주화

조배준*

1. '분단국가 민주주의'와 '통일국가 민주주의' 사이의 시차적 관점

남북 주민의 '정치적 재구성'에 대한 논의는 단지 분단되기 이전 상태로의 복귀나 어느 한쪽 체제를 중심으로 한 '민족국가'로의 회귀로 한반도 통일을 상정하는 차원을 넘어 서서 구축될 수 있다. 또한 한반도 평화 구축 과정, 분단체제 극복 과정, 통일 이행 과정에 대한 통시적 사유는 '분단국가'로서 두 정치공동체가 변화에 대응하며 만들어낼 주체의 재구성, 민주주의에 대한 혁신적 담론과 연동되는 중요한 계기로 상정할 수 있다. 주지하다시피 분단과 민주주의는 분단국가의 지속 속에서 불가분의 연계를 맺어왔지만 그 질곡의 역사는 미래적 방향, 즉 통일 과정 및 그 이후의 민주주의 전략과 함께 다시 상호개선적 관계로 극복될 수 있는 가능성도 지니고 있기 때문이다. '통일'이라는 개념적 · 역사적 계기는 '한국 민주주의'를 재발명하는 이론적 · 미래적 전망으로 활용될 수 있다. 반대로 한국 민주주의 담론은 분단체제가 낳은 민주주의의 왜곡과 변질 구조를 치밀하게 분석하는 데서 그치지 않고, 분

* 건국대 통일인문학연구단 HK연구원

단이 야기하고 조장한 정치경제 · 사회문화적 모순을 극복해나가는 '통일정치학'으로 확장될 수 있다.

장기적 전망을 불허하는 현재 분단 상황이나 통일 전략이 그러하듯이 민주주의 원리의 실현에는 이미 제출된 '정답'이 없다. 혹자들처럼 오직 '자유민주주의(Liberal democracy)'만이 통일국가의 헌법적 이념 내지 정치 원리가 될 수 있다고 전제한다면, 민주주의와 통일을 함께 고민하려는 이후의 논의들은 고답적인 논리 구조 속에 갇히게 된다. 더군다나 남북은 그동안 '민주주의'라는 기표를 전혀 다르게 사용해 왔던 데서 보듯이 일상적 생활어의 괴리와는 비교도 안 될 만큼 정치철학적 개념 및 용어의 이질화가 심각하다. 그런 점에서 통일국가의 민주주의는 민주주의의 출발점인 정치적 주체에 대한 재인식과 연동될 필요가 있다. 통일은 분단된 한 민족이 통섭하는 과정이기 이전에 하나로 결속된 집단으로서든 행위하는 개인들의 집합으로서든 새로운 공동체가 창출되는 혁명적 정치 과정을 내포하기 때문이다. 더불어 이 과정은 적대적인 두 국가체제와 이질적인 사회문화 속에서 살아 온 사람들의 갈등과 이해관계가 충돌될 수밖에 없기에 '정치적인 것'의 복합적 연쇄를 동반한다.

그래서 이중적이고 쌍방향적인 재구성을 인식하기 위해서는 일종의 '시차(時差)적 관점(parallax view)'이 요구된다. 지젝이 제시한 이것은 공존 불가능한 극점들이 하나의 공간과 같은 지형 속에 공존하고 있음을 인식하는 것으로서, 시각적 불일치 속에서 그 대상의 비일관성을 인식할 수 있는 관점이다. 지젝에 따르면 이것을 통해 우리는 '대립'을 대상 자체에 내재된 '간극'으로 볼 수 있게 되는데, 시차적 간극은 "그 전복적 핵심을 간파할 수 있게 만드는 열쇠를 제시"[1)]한다는 것이다. 일상 속에 감춰진 서로 다른 시간대들의 공존, 분열, 반복을 통시적으로 보려는 시차적 관점은 현재적 관점에서만 바라보는 태도를 벗어나 과거와 미래의 관점에서 다시 현재를 조망한다는 점

1) 슬라보예 지젝, 김서영 옮김, 『시차적 관점: 현대 철학이 처한 교착 상태를 돌파하려는 지젝의 도전』, 마티, 2009, 14쪽.

에서 '생산적 분열'의 계기를 제공한다.

마찬가지로 이 논의에서도 '분단국가 민주주의'와 '통일국가 민주주의' 사이의 시차적 관점이 이중적으로 도입될 필요가 있다. 첫째, 분단 과정에서 제기된 민주주의'들'에 대한 현재적 의미는 물론 통일 과정에서 상정될 수 있는 민주주의와 통일 이후에 지향할 민주주의적 이상, 그리고 남북 각각에서 '표방된 민주주의'와 '실현된 민주주의'를 교차하는 관점이 필요하다. 동일한 기준에선 해석하기 어려운 이 관점들은 민주주의라는 개념에 대한 이해를 가로막는 인식의 한계나 지식의 불가해성을 가리키는 것이 아니라, 오히려 그 개념 자체의 비일관성을 드러낼 것이다. 이러한 포괄적 인식 속에서 자유민주주의와 인민민주주의 사이의 서로 이해할 수도, 용인할 수도 없는 '간극'이 전복될 수 있고, 사실 양자는 공통의 지반 위에서 구축된 것이라는 점이 선명해질 것이다. 근대의 정치권력을 정당화하는 요소인 주권적 인민 개념은 오직 특정한 국가체제들 속에서만 실현될 수 있었기 때문이다.

둘째, 한국 민주주의론과 한반도 통일민주주의론의 학문적 · 정치적 괴리를 넘어 서는 시차적 관점이 필요하다. 후자는 전자의 주류 담론에 비해 거의 연구된 것이 없다고 봐도 무방한데, 한반도 주민 전체와 그 이상을 대상으로 하는 통일국가의 민주주의는 전자와 쉽게 넘나들 수 없는 시차를 갖고 있다. 그런데 두 가지 차원 모두 근대 대의제의 '주권–인민–대표'라는 삼각구도에 대한 비판적 인식을 통해서만 비로소 '새로운' 민주적 원리를 구상할 수 있다는 점에선 공통의 과제를 안고 있다고 볼 수 있다. 또한 교차비교 관점을 통해 통일과 민주주의 개념 자체의 이론적 상호보완성도 깊어질 수 있을 것이다.

이처럼 서로 다른 차원에 있는 것처럼 보이는 '통일과 민주주의'라는 문제의 실천 전략을 포괄적으로 사유하기 위해 필자가 전제하는 가설적 진단은 다음과 같이 정리할 수 있다. ① 장기적 과제로서 한반도 통일국가로의 이행은 곧 민주주의를 재발명하는 역사의 변증법적 과정과 그 궤를 같이 하는 것이어야 한다. ② 역사적이며 구조적인 한계에 봉착한 한국의 민주주의를 성찰하는 새로운 이론적 전략은 분단 구조의 극복, 특히 분단국가주의가 재생산하는 민주주의의 왜곡과 협소화를 지양하고 해소하는 데 기여할 수 있는 것이어야 한다. ③ 반공주의와 결합하여 분단국가를 유지하는 틀이기도 했던 자유민주주의 이념이 다시 통일한반도의 유일한 민주주의 원리로 정립될 수 있다는 일방적 관점은 재고될 필요가 있다.

따라서 이 논의는 이질적인 체제에서 살다 온 정치적 주체들의 상호존중과 평등한 연대가 새로운 민주 시민권의 실현 속에서 가능하다고 전제하면서, 다음과 같은 물음으로 전개된다. 먼저 한국 민주주의에 대한 대표적인 이론적 성찰인 '민주화 이후의 민주주의' 테제는 분단 극복과 통일국가의 민주주의를 고찰하는 데 어떤 한계를 가지는가(2장). 대의제의 토대인 인민주권을 중심으로 민주주의는 어떤 도식적 과정을 거쳐 왔으며, 발리바르(E'tienne Balibar)의 논의에 기초해 새롭게 생성되는 관-국민적 시민성은 통일국가에 어떤 시사점을 주는가(3장). '시민권 헌정'과 배제와 차별을 지양하는 시민다움의 정치는 통일국가 '민주주의의 재발명'에 어떤 가치를 제공하는가(4장).

2. '민주화 이후의 민주주의'와 '한반도 민주주의의 민주화'

하나의 역사적 체제로 간주할 수 있는 한반도의 분단은 세계사적 냉전 속에서 촉발되었지만 점차 자체 동력과 내적 논리를 갖추면서, 냉전 해체 이후에도 적대적 대립을 지속하면서 평화를 위협하고 있다. 주변강대국들의 이해관계에 따른 타협적 태도와 더불어 지속적이며 자생적인 재생산 체제를 내부에 구축한 것이다.[2] 이처럼 한반도의 분단체제가 지속될 뿐만 아니라 더욱 강화되는 상황에서 통일한반도에 도래할 민주주의의 토대에 대해서는 폭넓

2) 이와 관련된 논의는 몇 년 전 김학재, 『판문점 체제의 기원: 한국전쟁과 자유주의 평화기획』, 후마니타스, 2015에서 전향적으로 다루어진 적이 있다.

게 연구된 바가 없다. 주류 정치학계의 일부에서만 "통일은 단순한 분단상태의 해소라는 의미를 넘어서 한국 민주주의의 심화와 발전의 계기"로서 "기존 정치구조의 모순과 한계를 넘어서는 한국 민주주의의 질적 전환의 기회가 되어야 한다"는 인식을 제출하고 있다. 물론 그러한 고민도 어디까지나 "남북한을 모두 포괄하는 통일한국의 정체(政體)에 대한 고민"[3]에 한정되어 있다. '한국민주주의의 보수적 기원과 위기'라는 부제를 가진 최장집의 『민주화 이후의 민주주의』에서 보듯이 분단 문제는 단지 대의제의 보수화와 저급화를 해명하는 기능적 근거로서만 활용된다.

2.1. '민주화 이후의 민주주의' 담론의 탈역사성

최장집이 제기한 '민주화 이후의 민주주의'는 민주주의 '위기'를 극복하기 위한 제도적 개선과 정치 구조에 대한 변화 담론을 주도하면서 "기존의 보수 독점적 양당체제를 해체하는 것"[4]의 필요성을 확장하는 데 기여했다고 볼 수 있다. 그는 '한국민주주의의 발전을 위한 과제'로서 크게 세 가지 방안을 제시한다. ① "사회의 다양한 갈등과 균열이 정치적으로 표출되고 조직되는 것이 억압되지 않도록" "대표의 범위가 충분히 넓어야 한다." ② "선거제도가 유권자 개개인의 자유로운 선호의 표출을 억압하지 않아야" 하며 복합적 선호도가 제도 개선을 통해 충분히 실현되어야 한다. ③ 유권자의 투표 행위가 정당 의석수에 '균등하게 반영'될 수 있도록 "어떤 정당을 지지하든 투표의 가치가 동등해야 한다."[5] 그는 결론적으로 적어도 2000년대 중반까지 '실패'로 규정할 수 있는 한국 민주주의는 절차적 수준에서는 '발전'했지만 사회경

3) 강원택, 『통일 이후의 한국 민주주의』, 나남, 2011, 172쪽, 한자 표기는 필자.

4) 최장집, 『민주화 이후의 민주주의: 한국민주주의의의 보수적 기원과 위기』, 후마니타스, 2005(2판), 262쪽.

5) 최장집, 앞의 책, 258쪽.

제적 수준에서는 '퇴보'했다고 진단하며, 이것은 곧 '정당의 실패'이며 '실질적 민주화의 실패'라고 평가했다. 따라서 "여전히 한국사회는 민주화의 과제를 안고 있다"[6]는 것이다.

이처럼 최장집은 한국 민주주의의 구조적 문제로 사회경제적 갈등을 대의하지 못하는 정당체제의 허약한 기반을 지적해왔다. "민주주의는 '민주화'와 '제도화(제도적 실천)'로 나누어져 있고, 민주화를 이룬 사회는 민주주의의 제도적 실천으로 나아가야 한다는 식"[7]의 다소 도식적인 이해는 그가 '이행'의 원리를 민주주의의 성숙도를 파악하는 특정한 지표 속에서만 인식하고 있음을 보여준다. 고병권의 말을 빌리자면, "그에게 '민주화 이후의 민주주의'의 문제는 어떻게 '후자'를 정착시키느냐의 문제"로 환원된다. 결국 그가 정립한 '민주화 이후의 민주주의'라는 테제는 민주화 이후에 일어나는 한국사회의 변화에 발맞추어 다양하게 개진될 수 있는 민주주의'들'의 방향성을 타진하고 대의제를 넘어서는 한국적 '실험'을 자극하는 이론을 생산하거나 추동하지는 못한다. 단지 유권자의 의사를 반영하는 대의기관인 정당으로 모든 정치적 의사가 비율적 정확성을 통해 수렴되어 이를 반영한 통치 행위가 일어나야 함을 강조한다. 투표하는 그 순간만큼만 주권 권력을 행사할 수 있음을 체감하는 국민이라는 주체는 여기서 '유권자'로만 호명된다. 인민주권(popular sovereignty)이 실현될 수 있는 다른 가능성들과 그것을 실현할 새로운 정치적 주체에 대해 사유할 틈은 없다.

이미 '정답'이 정해져 있는 질문을 던지며 단계적 이행론으로 등장하는 민주주의 담론은 '역사적 민주주의'를 특수한 사건들 속에서 주체적으로 사고하는 것에 무능할 수밖에 없다. 주지하다시피 최장집이 중요하게 다루는 정치변화는 '정당정치'를 근간으로 하는 민주주의 도식이 한국에 단계적으로 이식

6) 최장집, 앞의 책, 300쪽.

7) 김정한 편저, 『최장집의 한국 민주주의론』, 소명출판, 2013, 255쪽.

되어지고 실현되는 과정이다. 그래서 그의 입장에서 '촛불 정치'는 '대의제의 미성숙'에서 기인하는 '운동으로서의 민주화'의 새로운 양상으로 파악된다. 2002년 이후 첨예한 이슈가 발생할 때마다 등장했고 2016년에 최대 규모의 평화 시위로 정점을 찍었던 '광장의 정치'가 가진 폭발적 운동성은 성숙한 '제도적 실천'으로 나아가기 위한 밑거름이자 예비 단계로서 비춰질 뿐이다. 응축된 사회적 갈등이 첨예해질 때마다 주권자인 국민이 직접 거리로 나올 것이 아니라, 대의제도의 절차성을 보다 합리적으로 발전시키는 것이 결국 자유와 평등의 확장으로 이어진다는 것이다. 최장집은 절차성 강화와 사회경제적 평등이라는 민주주의의 실질화가 쌍방향적 순환성을 가질 수 있도록 하는 것이 중요하다고 강조하며, 이것을 '구성적 순환고리'라고 부른다.[8)]

그런데 대의제의 실질적 작동이라는 이 화두가 권위를 가질수록 '다른 민주주의' 담론들이 가진 생산성은 '아카데미 밖'으로 밀려났다. 또한 '정당체제의 민주화'를 통한 대의제의 실질화만을 미래의 대안으로 제시하면서, 신자유주의적 체제가 사회에 전면화된 1990년대 후반 이후 급격한 사회문화적 변화를 겪는 한국사회의 정치 변화에 긴밀히 조응하지 못했다. 기존에 볼 수 없었던 행위자와 의제의 등장, 공론장(public sphere)[9)]과 정치참여 방법의 다변화 등의 지표는 '새로운 민주주의론'의 필요성을 보여주는 대중의 적극적 요구로 수용될 수 없었다. 그가 신뢰하는 주권을 가진 인민(self-governing people)은 선거를 통해서만 정치에 참여할 수 있는 주권자이기 때문이다. 그러나 "어떤 것도 보통선거의 제도화만큼이나 민주주의의 패러독스를 잘 감지하게 하는 것은 없다. 사회적 연대가 실패하고 시민이 이익의 단일체로 전환되기 위해 사회적 삶을 발전시키는 모든 망으로부터 벗어나는 것은 바로 인

8) 최장집 · 박찬표 · 박상훈, 『어떤 민주주의인가』, 후마니타스, 2007, 100쪽.

9) "공론장이란 사회 구성원들이 다양한 미디어-인쇄 미디어, 전자 미디어, 면대면 접촉-를 통해 서로 만나고 공통의 이해관계가 걸린 문제들을 토론하며 그에 관해 공통의 의견을 형성할 수 있는 공간으로 여겨지는 하나의 공통 공간(a common space)이다." 찰스 테일러, 이상길 옮김, 『근대의 사회적 상상: 경제, 공론장, 인민 주권』, 이음, 2010, 133쪽.

민주권이 표명된다고 간주되고, 인민이 자신의 의지를 표현하는 바로 그 순간에서이다. 수는 본질을 대체한다."[10]

그런데 최장집이 역사적 '민주화' 이전 시기부터 한반도의 적대적 분단 상황에 주목하면서도 그것을 대의민주주의의 발전을 가로막는 '구조적 요인'으로만 간주했다는 점에 주목할 필요가 있다. 1986년에 쓴 글에서 그는 "반공을 이의제기가 불가능한 헤게모니적 이데올로기로 만든 '남북대결'"[11]을 문제시했지만, 적대적 분단 구조는 저조한 '정당의 대의적 기능'을 저해하는 특수한 토대 이상의 의미를 부여받지 못했다. 그에 따르면 "한국에서 민주주의는 냉전 시기 미국(과 소련)이 주도했던 분단국가 형성 과정에서 하나의 제도적 세트로 도입되었"으며, 이런 점에서 "민주주의는 분단국가의 제도적 틀"[12]이다. '토착적 기반' 없이 '제도적 형식'만 들여온 결과 필연적으로 그 내용이 될 '역사적 · 정신적 · 이념적' 부분을 결여했다는 것이다. 결국 이러한 분단국가 민주주의의 제도화는 이익 · 이념 · 열정이 서로 다른 사회적 세력의 공존과 통합을 지향하는 공정한 '경쟁의 틀'로 발전하지 못하고, 오히려 '반공'과 '국가안보'의 이름으로 통치권력을 정당화하는 '배제의 틀'로 작용했다는 것이다.

여기서 필자가 문제시하는 것은 한국 민주주의의 '보수적 기원'을 해명하는 데 결정적 배경이 되는 냉전의 부산물이 한국 민주주의의 '진보적 미래'를 설정하는 문제에서는 왜 극복 대상으로 설정될 수 없냐는 점이다. 거의 불가항력적으로 진행되었던 단독정부 수립과 민주주의를 수단화시켰던 이념 및 체제 경쟁은 전쟁 이후 적대적 분단 구조의 지속을 한국 통치권의 존재 이유로

10) 클로드 르포르, 홍태영 옮김, 『19세기~20세기 정치적인 것에 대한 시론』, 그린비, 2015, 32쪽.

11) 최장집, 「군부권위주의 체제의 내부 모순과 변화의 동학 1972~1986」(1986.11), 『한국현대정치의 구조와 변화』, 까치, 1989, 231쪽, 고병권, 「민주주의-정체와 그 외부」, 김정한 편저, 앞의 책, 253쪽에서 재인용.

12) 최장집, 앞의 책, 71쪽.

변질시켰고, '반공'을 국시(國是)로 내거는 쿠데타 세력이 스스로를 정당화했던 도구가 되었다. 이런 점에서 "북한은 말할 것도 없고 상대적 체제 우위에 있는 남한에서도 민주주의의 발육 부진, 특히 민주화 이후 민주주의의 지체는 분단체제의 영향을 제외하고 설명할 수 있는 크기는 극히 제한되어 있다."13)

그렇다면 한반도 분단이 한국 민주주의의 기원을 해명하는 배경으로만 해명되는 것이 아니라, 오히려 분단 극복과 민주주의의 재발명 상호순환적으로 매개될 수 있는 전망의 역설적 근거가 될 수는 없을까? 분단국가 민주주의의 이러한 역사적 폐해가 부실한 대의제의 기원이라면 한국 민주주의의 '발전 방안' 속에서 분단체제의 극복 전략이 긴밀히 조응할 수는 없는 것일까? 해방공간에서 넓은 스펙트럼을 갖고 개진되었던 자생적 민주주의 담론들이나 제헌헌법의 현재적 의미, 4.19부터 6.10에 이르는 '민주화'의 역사적 유산과 기억 같은 정치공동체의 축적된 정치 경험이 다시, 미래 통일한반도 민주주의의 참조점으로 활용될 수는 없을까? 나아가 그런 한국 민주주의의 쇄신 과정이 한반도 민주주의의 새로운 제헌적 기원으로 구성될 수는 없을까?

필자가 품은 이런 의문의 배경엔 분단국가 민주주의의 '지양'과 한반도 평화통일국가로의 '지향'을 통합적으로 사고할 수 없는 한국 주류 민주주의론의 자유주의적 인식 틀이 있다고 본다. 한국 자유주의 정치학의 원리가 된 영미의 제도적 민주주의 발전론은 한 사회의 역사와 사건에 우선성을 두는 것이 아니라 정형화된 이론과 도식에 중심을 둔다. 최장집의 말대로 한국 민주주의가 실패의 연속 속에서 점진적으로 발전해왔다면 대의제의 시행착오에 대한 책임은 친일친미반공독재 세력의 논리에 편승하여 자유민주주의의 이름으로 기존 체제의 모순을 심화시켜 온 '분단체제의 수호자들'에게 먼저 물어져야 한다. 정치적 주체의 희생과 각성, 헌신과 열정을 통해 점진적으로 발전해 온 한국 민주주의의 역사의 핵심엔 '선진적' 민주주의론의 선도성이 아니

13) 김병로 · 서보혁, 『분단폭력: 한반도 군사화에 대한 평화학적 성찰』, 아카넷, 2016, 259쪽.

라, 평소엔 무관심하게 흩어져 있던 '국민'에서 결정적인 순간에 결집된 의지를 갖고 주권자로 등장하는 '시민의 구원등판'이 있었다. 그런 점에서 한국 민주주의가 실패해왔던 것이라면, 그것은 분단국가주의와 기이하게 결합했던 한국식 자유민주주의의 권위주의 · 배타성 · 폐쇄성의 실패에 다름 아니다.

정당정치의 강화를 통한 '대의제의 성숙'으로 수렴되는 '최장집 사단'의 논리 구조 속에서 한국의 민주주의는 남북의 평화공존을 위한 민주주의, 분단의 폐해를 극복해 나가는 민주주의, 코리언 디아스포라와 공존하고 연대할 수 있는 민주주의, 한반도 통일국가의 민주주의 같은 것들이 이론적 계기로 싹틀 수는 없었을 것이다. 한국 민주주의의 '재발명'이 아니라 단지 대의제가 성숙해진다고 해서 남북문제나 평화공존에 대한 접근이 자동적으로 '민주적'이고 '평화적'으로 작동될 것이라는 보장은 없다. 그런데 최장집의 의도와 달리 '민주화 이후'가 중요한 것은 한국 민주주의에 대한 새로운 돌파구가 분단국가에서 단련된 정치적 주체의 특성에서 발견될 수 있기 때문이다.

마찬가지로 부패하고 무능한 대통령을 규탄하는 대규모의 평화 시위를 장기적으로 펼치면서 절차적 합리성의 준수를 통해 이끌어낸 '탄핵'은 자유주의의 '도식'으로 설명될 수 있는 것이 아니다. 그것은 '제도'로서의 민주주의에 개입하여 그것을 개선하는 '운동'으로서의 민주주의의 일시적 득세라기보다는, 대의제의 한계를 절절히 체감하고 그 법적 형식을 준수하면서도, 그것을 일시에 뚫고 나온 모든 정치권력의 토대적 기반인 인민주권의 예외적인 현현(顯現)에 가깝다. 주권자로서의 시민은 "법을 중지시킬 수 있는 예외적 권한", 즉 "법이 부여한 자격을 박탈할 수도 있고, 법이 규정한 처벌을 사면(pardon)할 수도 있다."[14] 그런데 정치적으로 무기력한 이들이 통치권을 무력화시키는 이 '예외적 등장'들을 통해 한국 민주주의는 역설적으로 '성숙'해질 수 있었다.

14) 고병권, 『민주주의란 무엇인가』, 그린비, 2011, 62쪽.

2.2. '한반도 민주주의의 민주화'

오늘날 '민주주의의 재발명'은 한국에서 역사적 전환을 요구받고 있는 기존 정치 · 경제 운영구조의 핵심적인 과제로 부각되고 있을 뿐만 아니라, 분단 극복을 통한 동아시아의 평화 실현이라는 거시적 담론과도 긴밀히 연결되어 있는 문제의식이다. '민주화 이후의 민주주의'라는 테제가 구축한 협소한 영역을 넘어, 이젠 근대 민주주의의 형식과 실질에 대한 보다 근본적인 문제제기를 담은 '민주주의의 민주화'라는 화두가 요청된다. 한 발 더 나아가 그것은 한국 민주주의만을 문제시하는 것이 아니라 세계사적 민주주의 변동에 발맞추면서, 분단체제 너머의 정치와 삶을 고민하는 문제 틀, 즉 '한반도 민주주의'의 과거–현재–미래를 모두 통찰하는 것이어야 한다.

'민주주의는 죽었는가'라는 질문을 심각하게 던지는 유럽의 정치철학자들에서 보듯이 이미 수 십 년 전부터 유럽을 비롯한 선진 민주주의–자본주의 국가들에서 발생한 대의제의 폐쇄적이고 고답적인 작동 방식에 대한 불신은 이제 세계적인 현상이 되었다. 그런데 민주주의 자체에 대한 이런 회의, 냉소, 혐오 현상이 놓치고 있는 점은 "사람들은 민주주의'들'을 말하고, 국가를 정의하고 있"다는 랑시에르의 말에서 잘 드러난다. "민주주의를 정부형태나 사회생활 방식으로 환원할 수 없"[15]음을 강조하는 그는 '오염'되고 케케묵은 이 단어를 포기하지 못하는 것도 우리의 현실이라고 토로한다. 민주주의에서 우리가 바로 '해방'을 찾을 수는 없지만 민주주의라는 단어의 의미를 전유하는 투쟁을 통해 '국가형태, 합의(계약)형태'와는 달리 공통적인 것의 형태를 창출해가는 역사적 전망이 필요하다는 것이다. 일반적인 인식과 달리, 민주주의에서 '평등'이란 도달할 목표가 아니라 이미 주어져 있는 '전제'로 봐야 한다고 강조하는 랑시에르의 생각은 우리가 잃어버린 비국가적 · 비제도적

15) 알랭 바디우 외, 김상운 외 옮김, 『민주주의는 죽었는가: 새로운 논쟁을 위하여』, 난장, 2010, 129~130쪽.

‘정치’의 토대에 대해서 다시 생각하게 만든다. “지배형태들의 역사에서 항상 임시적인 사건처럼 도래”[16]한다는 랑시에르적 의미의 정치는 민주주의적 주체의 원천적 특성, 즉 권력을 행사할 어떤 자격도 갖지 못한 자들의 권력을 향하고 있다.

‘국민, 국가, 국민(인민)주권, 선거, 대통령, 의회, 정당’ 등 근대 민주주의를 설명할 때 떠오르는 기존 용어들을 사용하지 않는다면 우리는 민주주의의 핵심에 대해 무엇을 말할 수 있을까. ‘데모스의 힘, 인민의 권력’이라는 민주주의의 원초적 의미가 오늘날 국민국가 구성의 개념적 · 형식적 토대들과 얼마나 멀고, 때로는 가까운 거리에 있을지를 생각해보는 것은 오늘날 현대 민주주의를 고민하는 사람들의 모든 공통 과제이다. 그에 덧붙여 분단국가로서 70년을 거쳐 오며 한국의 민주주의와 분단국가의 민주주의를 거의 구별할 수 없는 상황에 이르러, 한국 연구자들은 민주주의 자체의 문제와 역사적 · 현실적 · 일상적 분단체제의 관계 문제를 보다 섬세히 살펴야 하는 중첩된 과제도 안고 있다.

따라서 ‘한반도 민주주의의 민주화’라는 새로운 테제는 단지 남북의 평화공존이나 적대적 긴장의 해소에만 국한되는 것이 아니라, 분단국가의 왜곡된 민주주의를 낳은 근대 민주주의론 자체를 문제시하는 시도를 담겨 있다. 특히 분단 극복에 대한 사유와 결합된 ‘한반도 민주주의의 민주화’는 현 단계의 민주주의 쇄신이 평화구축–통일 과정–통일 이후의 민주주의와 불가분의 관계를 띄고 있다는 인식에서 출발한다. 즉 자유민주주의적 이념과 정당 정치 중심의 대의제적 틀을 중심으로 전개되었던 ‘민주화 이후의 민주주의’ 논의 안에서는 용해될 수 없었던 평화통일과 민주국가의 상호호환적 관계에 대한 천착을 문제화할 수 있는 것이다. 그 패러다임의 전환은 진부하고 일방적인 통일론을 넘어, 남북 대화의 다변화 과정에서 동반되는 시민사회 및 지역정

16) 자크 랑시에르, 양창렬 옮김, 『정치적인 것의 가장자리에서』, 길, 2008, 246쪽.

치 공간의 확장, 시민들과 자발적 결사체들의 연대, 남북의 사회문화적 갈등 극복 및 사회통합의 과제 등 다양한 '정치적인 것'을 쟁점화시키기 때문이다. 따라서 분단시대를 넘어 통일시대를 준비하며 한반도의 민주주의를 전면적으로 재사유하자면, 대의제의 제도적 개선을 넘어 '대의제의 안과 밖'을 동시에 탐색하는 '민주주의의 민주화'라는 보다 넓은 지평으로 나아가게 된다.

3. 인민주권에서 관-국민적 시민권으로

3.1. 인민의 환원불가능성: '인민=주권=국민'의 한계

'인민'은 마치 북쪽에만 사는 것 같다. 우리, 남쪽 사람들은 모두 '국민'이니까 말이다. 익숙한 국민지향성과 대비되는 인민이란 말은 한반도에선 남북 체제경쟁이 끝난 오늘날에도 낯설고, 자기검열을 불러일으키며 심지어 아주 낡은 것으로 느껴진다. 반공주의가 내면화시킨 '인민'이라는 이 '불온한' 용어에 대한 혐오와 공포는 인민 개념에 대한 재사유, 나아가 대의제 너머의 민주주의에 대한 재발명을 극도로 위축시켰다. 특히 조선민주주의인민공화국의 (인민)민주주의에 대해 월등한 특권적 지위를 점유한다고 자부하는 자유민주주의는 민주주의 자체의 '주인기표'로 소환되었다. 이 '인민'에 대한 부정과 배제는 해방공간에서 동구권의 인민민주주의 담론이 북에 어떻게 수용되었으며, 이후 북쪽 체제가 어떻게 구축되고 변질되었는지에 대한 구체적인 역사의 흐름과는 거의 상관없이 거의 맹목적으로 내면화되었다.

그런데 1787년 미국 헌법 전문이 "단지 하나의 '우리 미국 인민'이 존재하는 것으로 가정하고"17) 독립국가의 가치를 읊었듯이 공화국을 표방하는 모든 헌법은 가상적 '우리, 인민'을 규정하면서 시작한다. 현재까지 9차례의 개

17) 마거릿 캐노번, 김만권 옮김, 『인민』, 그린비, 2015, 61쪽.

헌을 거친 대한민국 헌법도 법적 인격의 주체는 '우리(들) 대한국민'에서 바뀐 적이 없다.18) 여기서 인민주권의 담지자로 국민국가 속에서 형상화된 '국민(인민)'은 "통치 역량을 행사하고 법을 제정하면서도 바로 자기 자신이 제정자인 이런 법과 명령에 스스로 복종하기도 하는 주권자이면서 동시에 신민인 어떤 집합체 또는 '도덕적 몸체'"19)를 가리킨다. 즉 집합적 신체로서 "인민은 각 개인 속에 동일한 자격으로 존재하며, 각 개인은 인민 속에 자신을 시민으로서 투사"20)하는 것이다.

근대의 정치철학에서 인민은 '사회계약(social contract)'을 통해 국민국가의 통치권을 정당화하는 개념적 토대인 인민주권을 확보한 존재로 간주되었고, 이것은 대의제 원리와 결합되어 '주권'으로 변모하고, 국민국가 속에서 '국민-주권' 혹은 '시민권'으로 정립되었다. 즉 인민은 근대 정치권력 정당화의 토대이면서 동시에 인민주권 개념을 통해 역방향으로 '구성'된 것이다. 인민은 이러한 일종의 '신비화'로 불릴만한 변용 과정을 겪으며 비로소 '모든 권력'의 주체로 재현 · 표상(representation)될 수 있었다.

역사적 개념으로 보자면 중세 이전의 하층민은 비가시적 존재이자 형상 불가능한 존재로만 간주되었다. 그런데 인민주권의 담지자로 정치철학사에 처음 등장할 때부터의 인민은 부분들의 합이 아니라 이미 '전체로서의 신체'를 이룬 것이었다. 홉스의 『리바이어던(Leviathan)』 표지 그림이 잘 형상화하고 있듯이 그것은 하나의 '인공인간'으로서 통일된 '국가'를 의미하는 '상징적

18) "유구한 역사와 전통에 빛나는 우리들 대한국민은 기미 삼일운동으로 대한민국을 건립하여 세계에 선포한 위대한 독립정신을 계승하여 이제 민주독립국가를 재건함에 있어서 … " (1948년 7월 17일 제정 대한민국 헌법 전문 중, 강조는 필자.)
"유구한 역사와 전통에 빛나는 우리 대한국민은 3 · 1운동으로 건립된 대한민국임시정부의 법통과 불의에 항거한 4 · 19민주이념을 계승하고, 조국의 민주개혁과 평화적 통일의 사명에 입각하여 …" (1987년 10월 29일 개헌 대한민국 헌법 전문 중, 강조는 필자.)

19) 에티엔 발리바르, 진태원 옮김, 『우리, 유럽의 시민들?: 세계화와 민주주의의 재발명』, 후마니타스, 2010, 344쪽, 강조는 원문.

20) 에티엔 발리바르, 진태원 옮김, 『정치체에 대한 권리』, 후마니타스, 2011, 237쪽.

신체'였다. 이후 루소에 이르러 인민(peuple)은 홉스처럼 군주제가 아닌 형태에서도 하나의 집합체를 형성할 수 있는 '공적 인격'을 구성하는 요소가 된다. "인민은 구성되는 것이다. 그래서 '인민'은 실존하지 않는 국가의 전 미래에 따라 실존한다."[21]

이런 점에서 인민 개념과 결합한 주권(sovereignty)은 인민의 집합적 형성 또는 하나로서의 전체를 통해 능동적으로 표상된 집합체(association)의 힘-권력을 의미한다. 이 주권이 국가 형태와 결합했을 때는 최고의 권위와 법적 정당성을 선험적으로 확보한 통치권력의 근원이 된다. 근대의 국민국가가 배타적 주권과 설정한 단단한 결합 관계 및 그 결집된 권력체의 역량은 헤겔의 다음 말에 잘 드러난다. "국가로서 조직된 국민(Volk als Staat)은 자기의 실체적 합리성과 직접적 현실성을 띠고 나타난 정신이며, 따라서 이것은 지상에서의 절대적 힘이다. 바로 이러한 까닭에 한 국가는 타국에 대한 주권의 독립성을 지니는 것이다."[22] 이러한 근대 주권 개념은 루소의 표현을 빌리자면 "'집합적 신체', '공동자아(moi commun)', '단일한 생명과 의지'의 탄생"이 된다.

이렇게 의미의 맥락이 중복되면서 이제 인민과 주권은 거의 동어반복적인 것이 된다. 그래서 단순화시키자면 "주권의 탄생이 인민의 탄생이고 근대 국가의 탄생이라고 감히 말할 수 있"[23]게 된다. 논리적 순서로는 주권이 인민에서 나온 것이지만, 개념적 발생으로는 주권이 수많은 동등한 개인들 사이의 관계를 단일한 형식으로 묶어 통일된 전체로서 인민을 창출한 것이다. 이러한 주권적 인민은 자신의 행위 범위를 넘어서는 어떤 초월적 존재에 의존하지 않으면서도 법적 권위를 확보했는데, 이것은 근대가 이룩한 '혁신'이었다. 결국 "인민주권은 근대 시기에 법을 초월성에서 분리하기 위한 유일한

21) 알랭 바디우 외 지음, 서용순 외 옮김, 『인민이란 무엇인가』, 현실문화, 2014, 27쪽.
22) 게오르그 빌헬름 프리드리히 헤겔, 임석진 옮김, 『법철학』, 한길사, 2008, 331쪽.
23) 고병권, 앞의 책, 59~60쪽.

방식을 표상하는 것"[24]이었다.

그런데 프랑스혁명 당시 발표된 '인간과 시민의 권리 선언(1789)'에 이르면, 인민은 집합적 상태의 시민뿐만 아니라 국민과도 거의 동의어가 된다. 이러한 '인간=인민=주권=시민=국민'의 순환적 도식을 통해 이제 인민과 국가는 완전한 일치를 이룬다. '리바이어던' 같은 거대한 괴물 · 짐승의 이미지로 시작된 인민은 이제 완전한 의인화적 형상에 도달한다. 그러나 이 개념들의 중첩과 모호성은 점점 더 커졌다. 이와는 별개로 미국에서 인민이란 용어는 혁명 전부터 더 다양하게 분화되어 있었는데, 미국혁명 과정에서 표상된 인민은 '주권, 지배자, 평민(하층민)'이란 세 가지 맥락을 결합하는데서 그치지 않고 '자치 민족'과 '인류'라는 상호대립적인 해석도 추가[25]하는 것이었다. 그래서 개념적 동질화에도 불구하고 오늘날 "국민은 인민이 지니고 있는 다층적 의미 중 '국가의 구성원'이란 한 층의 의미밖에 표현하지 못하는 용어"[26]로 간주된다.

이러한 근대 인민 개념 형성의 이면에 대해 아감벤은 더 의미심장한 지적을 한다. 그에 따르면, 인민은 총체적이고 일체화된 '정치적 신체(Popolo)'를 가리키면서 다른 한편으로는 '가난하고 배제된 자들(popolo)'을 가리키는 말이다. 그런데 늘 사람 취급을 받지 못하던 하층민들(소문자 인민)이 프랑스혁명 이후 '주권자의 유일한 수탁자(대문자 인민)'와 결합하는 근대적 아이디어는 아주 혁신적인 것이었지만, 동시에 이것은 하찮은 그들의 존재를 지우려는 시도이기도 했다. "우리 시대는 배제된 자들인 인민을 근본적으로 제거함으로써 인민을 분할하던 분열을 메워 보려는 집요하고도 체계적인 시도에 불과하다"[27]는 것이다. 또한 "주권이 [루소에 의해] '인민주권'으로 정의될

24) 에티엔 발리바르, 앞의 책, 2011, 257쪽.
25) 마거릿 캐노번, 앞의 책, 60쪽.
26) 마거릿 캐노번, 앞의 책, 237쪽.
27) 조르조 아감벤, 김상운 · 양창렬 옮김, 『목적 없는 수단』, 난장, 2009, 44쪽.

수 있기 이전에 이미, 평민(pleebe)이나 수동적인 우중으로 이루어진 다중(multitude)으로 환원 불가능한 어떤 '인민'이 실존"[28]했던 것도 사실이다. 인민주권으로 변환되기 전의 호명될 수 없으며 환원 불가능한 인민을 사유하는 것은 오늘날 대의제의 핵심인 주권론을 비판하는 근거들 중 하나가 된다. 그래서 캐노번은 인민의 권력을 '일상적 부재'와 '일시적 현존' 사이에 있는 것으로 묘사한다. 이처럼 인민은 결집된 전체로서 주권자에 합치하는 통합의 계기와 권리를 가진 개별자이지만 가난하고 소외된 존재라는 분열의 계기를 모두 갖고 있는 것으로 파악할 수 있다.

3.2. 주권권력의 폭력성

인민 내부의 균열을 결합하려는 시도 이외에도 인민이라는 이념의 외양은 '인권'이라는 이념과 함께 양립할 수 없는 근본적인 이원성을 가진다. "민주주의적 법치국가의 규범적 자기이해를 규정"[29]하는 인민과 인권은 사실 잘 알려져 있지 않은 경쟁관계에 있다. 이 지적에 대해 발리바르는 다음과 같이 구분한다. 인권은 "모든 헌정 질서에 포함되어 있는 개인적 권리들의 도덕적 또는 도덕적 · 법적 토대"이며, 인민주권은 "공적 영역의 존재 및 사적인 이해관계에 대한 공적 영역의 자율성 내지 일반성의 정치적 토대"[30]라는 것이다. 한 때는 결합되기도 했던 두 권리체계의 구분은 국적으로서의 시민권을 확보하지 못한 사람은 인권을 보장받을 수 없는 근대 인권의 딜레마의 배경을 보여준다. 국적으로서의 시민권을 갖지 못한 무국적자, 난민, 이방인, 그리고 주권의 영역 밖 '예외 상태'에 있는 비국민은 특정한 국가 속에서 인간의 기본권을 누릴 수 없다.

---

28) 에티엔 발리바르, 진태원 옮김, 『스피노자와 정치』, 그린비, 2014(2판), 59쪽.
29) 유르겐 하버마스, 한상진 · 박영도 옮김, 『사실성과 타당성』, 나남출판사, 2007, 146쪽.
30) 에티엔 발리바르, 앞의 책, 2011, 232~233쪽.

인민의 경계는 국경선을 넘나들 수 있지만 현실적으로 인민은 국가 속에서만 인권을 인정받을 수 있기 때문이다. 또한 인민주권은 국가 이외의 다른 정치적 결사체가 아니라면 언제나 국민주권의 형태로 재현될 수밖에 없기 때문이다. 국민은 인민이 국가 속에서 치환된 것이지만 정작 인민은 국민국가의 구성원이 될 때만 인민주권의 담지자로 형상화될 수 있는 이 아이러니는 근대 정치이론의 탁월한 효율적 융통성을 보여주면서, 동시에 '대의제[representation]'의 균열을 은폐하는 동일성 원리의 폭력성을 드러낸다. 이런 점에서 대의제와 결합한 국민국가 형태에서는 새로운 민주주의에 대한 이론적 · 제도적 실천이 제한을 받을 수밖에 없다. 따라서 분단국가와 결합된 민주주의의 구조와 결별하기 위해 우리는 통일 과정에서 미지의 민주주의를 구성하며 '인민주권 더 너머', '대의제 그 이상'을 상상해야 한다.

인민 개념 안팎의 이러한 분열과 균열은 민주주의의 위기(로 포장된 대의제의 위기)와 더불어 인민주권의 기능에 불신을 갖게 만들었다. 또한 신자유주의적 흐름은 정부의 역할을 축소시키고 국민국가의 결집력도 곳곳에서 흔들리고 있지만, 여전히 근대사회의 발명품인 "인민주권이라는 관념은 계속해서 시민권에 대한 우리의 정의에 유령처럼 들러붙어"[31] 있다. '인민주권으로서의 주권'은 인민주권으로부터 분유되었지만 그것은 동시에 인민주권에 자신의 '기초'를 두어 왔다. 오늘날 주권을 문제시하는 이유는 아감벤의 지적처럼 전체를 통일적 신체로 구성하기 위해 법 외부에서 예외 상태를 결정하는 주권의 은폐된 폭력에 있다. 그래서 법적 질서 밖의 예외 상태, 비식별역에 거주하며 사회적 · 정치적 삶[bios]을 박탈당하고 생물학적 생존[zoe] 밖에 영위하지 못하는, 죽여도 처벌받지 않는 존재인 호모 사케르(homo sacer)는 사실 표상된 주권자에게 가해지는 주권권력의 폭력성에 대한 섬뜩한 비유이다.

31) 에티엔 발리바르, 앞의 책, 2011, 235쪽.

아테네의 '데모스(demos)', 로마의 '포풀루스(populus)', 그리고 랑시에르의 표현을 빌리자면 '몫 없는 자들', 이들을 아우르는 '인민의 힘'이라는 원초적 규정만을 가진 민주주의가 근대적 조어인 인민(국민)주권과 동의어가 될 수 없다는 점도 명백하다. 사회계약론의 가설에서 대표자들의 통치권과 의사결정권은 국민의 기본권을 보장한다는 목적으로 인민에게 양도[홉스] 또는 위임[로크] 받은 것이었다. 결국 인민주권이 근대 민주국가의 틀 속에서 제도화된 개념인 국민주권은 사실상 대표자들의 통치권을 정당화하고 합법성을 부여하는 원리로 기능해왔다. 그래서 '인민+주권'을 통해서만 대표성의 법적 권위를 가질 수 있는 대의제 틀은 근대의 인민을 '어디에도 있고 어디에도 없는' 구성원으로 만들었다. 모두가 주권자라고 표상되지만 동시에 아무도 주권자가 될 수 없는 체제에서 대문자 인민은 전능하지만 소문자 인민은 나약하고 무기력하다. 주권을 행사하는 개별자로서의 '작은 인민'은 투표장을 잠시 스쳐 갈 뿐이다. 우리가 알고 믿고 살아가고 있는 민주주의 체제는 이러한 국민주권이 실현된, 또는 실현되었다고 자부하는 체제이다. 따라서 "우리가 민주주의라 믿는 인민주권 체제는 인민(국민)이라는 이름의 절대권력이 한없이 나약한 개별 인민을 다루는(양육하든 통제하든) 체제라고 할 수 있다."[32)]

나아가 이 체제는 마치 '상품'과 '화폐'의 관계처럼 영원히 충족될 수 없는 '대표자'와 '대표되는 자' 사이의 간극을 만들었다. 인민주권 자체는 이 '분열'을 은폐하는 개념적 장치이기도 했다. 국민국가 형태의 대안적 정치체가 부재하는 상황에서 "민족주의와 배타적 국가 주권의 관념은 세계적 수준에서 기존의 권력 배분에 불만을 갖는 국가들을 중심으로 여전히 강력한 정치적 가치의 기반으로 남아 있"[33)]는 것도 타당한 지적이지만, 그것은 국가 단위를 대상으로 한 입장에만 머물러 있을 뿐이다. 오늘날 국가주의와 탈국가주의,

32) 고병권, 앞의 책, 68쪽.

33) 박상섭, 『국가 · 주권』, 소화, 2008, 219쪽~220쪽.

신자유주의, 소수민족의 독립 및 내전, 지역공동체, 국제정치학, 난민 문제, 인권 이론 등은 주권 권력을 문제시하지 않고선 모순과 한계점들을 풀어갈 수 없는 문제들이다. 마찬가지로 고병권의 지적처럼 근대 민주주의를 극복하려는 과정 속에서 새로운 민주주의에 대한 규정을 시도한다면, 그 돌파구는 '주권-인민-대표(표상)'의 도식적 이해가 문제시되는 과정에서 발견될 수밖에 없다.[34)]

3.3. 관-국민적(transnational) 주체, '시민들의 통일국가'

미래 통일국가에서 정치적 주체는 자기동일성을 규범으로 삼는 국민주권의 배타적 틀을 고수해서는 이질적 요소들이 상호존중이 요구되는 통합의 과정 속에서 극심한 갈등을 겪을 수밖에 없다. 국민주권은 하나의 완결된 집단으로서 '국민 되기'를 통해 자기정체성의 토대를 형성하고 이를 다시 통치권의 토대로 삼는 폐쇄적 구조에서 유지되어 왔다. "사회가 분할된 것처럼 보이게 될 때, 인민-하나라는 환상, 자신의 머리에 접합된 사회체의 본질적 정체성, 체현된 권력 혹은 분리가 사라진 하나의 국가에 대한 질문이 발달"[35)] 하기 때문이다.

분단국가는 모호한 '국익'과 '법질서'를 강조하며 맹목적인 안보 의식을 고취하고 분단의 적대적 대립을 합리화하는 '반공전사'를 양산했다. 이 과정에서 폭넓게 사용되던 인민의 개념은 손쉽게 폐기되었고 '국민'에는 과도한 배타성이 내포되었다. 결국 "인민이 국가의 유출물에 불과한 것이라면, 국가가 자신의 신민들에게 제시하는 집합적 이름에 불과한 것이라면"[36)] 민주주의란 존재할 수 없기 때문이다.

---

34) 고병권, 앞의 책, 77쪽.

35) 클로드 르포르, 앞의 책, 34쪽.

36) 에티엔 발리바르, 앞의 책, 2011, 239~240쪽.

한국 민주주의의 쇄신, 나아가 한반도의 새로운 민주공화국의 제헌적 구성을 위해선 이처럼 주권권력의 폭력성을 지양하기 위해 '열린 시민권 · 시민성'에 대한 설계가 필요하다. 이런 점에서 '우리가 그 인민이다!(Wir sind das Volk!)'라는 구호를 외치며 행진했던 1989년 동독 시위대를 기억할 필요가 있다. '인민의 나라'를 표방했지만 일당독재의 억압과 통제가 사람들을 조여오던 동독에서 그들이 반정부 시위를 펼치며 저항에 나섰을 때, 지배자들에게 뒤집어서 돌려줄 가장 좋은 대답은 그들이 가장 많이 들었던 그 말이었다. 마찬가지로 통일 시대의 '민주주의자들'은 갑자기 다른 데서 오지 않는다. 바로 지금 여기 분단체제의 '방조자 · 비판자'로 살고 있지만 다른 한 편으론 시민교육 · 시민운동의 참여자들이 다시 분단 극복 과정의 행위자로, 새로운 코리아의 민주적 주체로 변모할 수 있다.

정부수립 시기의 '국민 만들기'를 분석한 김동춘은 결론적으로 "국회 구성을 위한 제헌의회 선거는 사실상 좌익을 배제한 가운데서 치러졌으며 식민지 권력에 부역했던 부일협력세력은 역설적으로 반공국가의 '일등 시민'이 되었다. 그래서 한국에서의 초기 시민권 획정의 원칙은 형식적으로는 자유주의적이었고, 혈통중심주의를 견지했지만, 가장 중요한 것은 반공주의 국가에 대한 충성 여부로 시민/비시민을 구별했다는 점에서 그것은 일제말의 파시즘적 국가주의와 깊은 연속성을 보여준다."[37]고 진단한다. '의심스러운 국민', '비국민'으로 서로를 감시하고 낙인을 찍고 그들을 배제하는 방식으로 진행되었다는 것이다. 이런 흐름 속에서 '시민으로서의 권리와 의무' 같은 시민권과 인권 개념의 필요성에 대한 사회적 논의는 대한민국의 출발부터 간과되었다.

이런 점에서 남북 주민과 코리언 디아스포라가 함께 살아갈 통일한반도의 새로운 정치공동체에서는 주인기표로서의 국민주권에 의존하지 않고 시민성의 풍부한 가치를 발굴하고 장려할 수 있는 관계맺음이 요구된다. 자유주의

37) 김동춘, 「한국의 분단국가 형성과 시민권: 한국전쟁, 초기 안보국가하에서 '국민 됨'과 시민권」, 『경제와사회』(2006.6), 비판사회학회, 185쪽.

적 개인주의가 상정하는 원자화된 인간을 벗어나, 자신의 이해관계와 아무 관련이 없는 타자들에 대한 억압에 맞서 시민 불복종 운동을 벌인 이들에 주목한 발리바르는 이것을 '관-국민적(transnational) 민주주의 운동'이라고 부른다. 여기서 '관-국민적'이라는 말은 기존 국민에 대한 초월, 국민국가 체계의 소멸을 뜻하는 것이 아니다. 또 국민과 외국인의 처우 · 지위의 차이를 철폐하거나 국경선의 무조건적 개방을 의미하지도 않는다.

관국민적 관계맺음에 대한 구상은 자신의 의사에 따라 공동체의 공동선에 기여하는 공적 업무에 능동적으로 참여하는 '시민성의 복원'을 가리킨다. 여기서의 시민은 더 이상 '호명'되지 않고 동원되지 않는다. 다만 토론하고, 움직이고, 연대하고, 공감하고, 저항하고, 봉기한다. 발리바르는 민주주의를 재사유하기 위한 이 낡고 닳은 자유주의적 용어인 '시민권'의 의미를 재전유하려고 한다. 마치 실질화될 수 있는 것처럼 보이기만 하는, 위장된 실체인 인민주권은 한반도 통일 국가 형태에서도 급진적으로 해석된 관-국민적 시민성의 발현과 함께 '다양체(多樣體)'로서의 우리'로 탈구축될 필요가 있다. 물론 이것은 출신과 배경, 재산과 지위에 상관없이 존중과 공존의 문화가 자리 잡는 민주주의 생활혁명과 동반되어야 하는 문제이다. 권위주의 정치 문화와 명분과 실질이 유리된 정치이념은 사회의 온갖 틈에서 '갑질'과 '부패'를 재생산한다.

법적 제도화와 실질적 민주화의 정도는 역사적 단계를 밟아나갈 수 있지만, 민주주의 이념 자체는 끊임없는 인민주권의 실질화와 자기통치 실현을 통해 변증법적 운동 과정 속에 머물러야 한다. '완벽하고 절대적인 민주주의' 만큼 타락하고 변질된 민주주의는 없다. 어느 정치공동체에서나 '절대선'일 수 있다고 선전되는 특정한 민주정체나 법제도가 있다면 이미 그것은 민주주의 원리보다는 전체주의에 더 가까울 것이다. "민주주의를 하나의 제도 체계로 환원시키는 것이 불가능하다는 것을 확증해 주는 것은 바로 전체주의라는 근거 위에서"[38]이기 때문이다. 관-국민적 민주주의 역시 주권의 외피 속에 머물러 있지 않고 끝없는 변증법적 운동 속에서 유동적 '다양체'에 결합하면서 시민의 역량을 펼치게 만드는 원리이다. 결국 "실제적으로 실현된 공동체는, 그것이 자율적인 '우리'를 정립하는 바로 그 순간에 항상 계속해서 다양체로 머물러야 한다는 것 또는 다양체로 다시 생성되어야 한다는 것, 그리고 바로 이렇게 자기 자신을 대표 · 표상해야 한다."[39] 따라서 우리가 발명해야 할 것은 '통일국가의 시민 민주주의'가 아니라, '시민들의 통일국가'이다.

4. 우리, 한(조선)반도의 시민들?: 민주주의의 지속적 재발명

4.1. 새로운 시민권(citoyenneté)의 생성

새로운 정치공동체를 구성하는 역사적 기제로서 통일 준비 과정은 구성적 · 제헌적 계기를 갖는다. 물론 이 때의 통일은 일시적 사건이나 일련의 단계를 거쳐 일단락되는 '결과'로서의 통일을 의미하는 것이 아니라, 민주주의를 혁신하는 변화 과정으로서의 운동적 상태를 의미한다. 그런 맥락에서 새로운 통일국가는 탈대의제적, 탈국민(인민)적으로 해석된 시민권을 통해 '헌정적 정치'를 가능케 하는 역사적 토대 위에서 구성될 수 있다. 그런데 예기치 않은 급변 사태로 인한 충분히 준비되지 못한 통일 과정은 이러한 탈근대적 정치 실험의 기회 자체를 박탈해갈 수 있다. 이런 점에서 통일 '과정'과 통일 '이후' 민주주의의 재구성과 정치 구조의 변동은 상호의존적일 뿐만 아니라 상호매개적이다.

그래서 통일한반도에 실현될 민주주의의 역사가 지금껏 볼 수 없었던 새로운 단계로 나아가기 위해서는 이중적인 극복 과제가 놓여 있다. 첫째, 근대

38) 클로드 르포르, 앞의 책, 25쪽.

39) 에티엔 발리바르, 앞의 책, 2011, 241쪽, 강조는 원문.

국민국가의 기본적 특성인 배제와 차별의 체계로서의 기존 시민권 정립이 가진 한계를 벗어날 필요가 있다. 근대 헌정 체제는 보편적 인권과 시민권을 법률로서 구현한다는 명목상의 표방과 달리 그것의 실질적인 작동에 있어 근본적 배제의 작동, 즉 시민권을 보유하지 않은 자에 대해서는 기본권을 무시한다는 점에서 실질적 한계를 갖기 때문이다.

유럽 공동체의 시민권 정립을 모색하면서 발리바르가 제시한 새로운 진보정치의 가능성도 역설적으로 근대 정치의 권력 정당화를 위한 기본 구도가 근본적인 한계에 도달한 지점이었다. 대의제의 근간이 되는 국민주권(인민주권) · 시민권 개념, 정당과 선거를 통한 제도적 대의성 등을 더 이상 신뢰하지 않는 그가 내놓은 두 가지 방안은 대의제에 근거했던 보편적 주체에 대한 철회, 국적 중심으로 시민권을 한정하는 것의 폐기였다. '국민에 대한 준거'는 주권의 정확한 실체로 이해된 '국적=시민권'이라는 등식[40]인데, 그는 이 도식적 이해에 대한 거부를 통해 민주주의가 실질적으로 작동할 수 있는 동력을 찾을 수 있다고 보는 것이다. 결국 발리바르가 말하는 시민권의 정치는 "'인간적인 것'이 실현되는 유일한 형식으로서 시민들의 공동체"[41]를 실현하려는 투쟁이라고 할 수 있다.

둘째, 처절한 전쟁과 그 전쟁을 통한 상처와 고통의 지속을 동력 삼아 첨예한 군사적 대립을 지속했던 분단국가로서 남과 북이 서로에게 보였던 적대와 혐오의 정서를 극복하고 사회문화적 통합을 이루어나가야 한다. 분단의 상징이자 물리적 경계선인 DMZ는 한반도 평화체제의 구축 과정에서 완화되고 이완될 수 있지만, 눈에 보이지 않는 분단체제의 심리적 · 무의식적 경계선은 오히려 통일 준비 과정에서 상당한 시간이 흐른 후에도 사라지지 않을 가능성이 크다. 사회 거의 모든 분야에 대한 비교우위를 통해 적대와 혐오의 감정

40) 에티엔 발리바르, 앞의 책, 2010, 345쪽.
41) 에티엔 발리바르, 앞의 책, 2010, 466쪽.

을 강화했던 '분단의 아비투스'는 사회심리적으로 강한 내면화를 거쳤기 때문이다.

한편 근대 국민국가는 사회권을 시민권에 포함시켜 개인이 자립적으로 사는 것을 양육—통제하고 최소한의 삶을 꾸릴 수 있는 조건을 제도적으로 보장해주는 곳이었다. 발리바르는 이러한 근대 국민국가의 특성을 부각하여 '국민사회국가'로 규정한다. 그런데 이러한 사회적 권리는 단지 국민, 즉 국적으로서의 시민권을 확보한 사람에게만 제공되는 것이다. 이것은 세계화 이후 비시민이 대거 유입되어 시민권을 획득한 유럽에서 득세하는 극우적 민족주의, 이주자에 대한 증오의 주체가 왜 주로 하층민인지를 이해하는 실마리가 된다. 이 점은 세계 각지에 흩어진 수많은 코리언 디아스포라와 더불어 통일을 이뤄나가야 하는 한반도의 과제를 상기시킨다. 현재도 재일조선인 중 과거의 '조선적'을 선택한 사람들은 무국적자로 취급당하며 갖은 차별과 배제를 겪고 있다. 미래 통일국가에서 거주하기 위해 이주할 코리언 디아스포라의 후예들에게 오직 '배타적 국적'으로만 이해되는 기존 시민권 개념이 고수된다면 여러 억압과 폭력이 발생할 것은 자명한 일이다.

이처럼 '시민권=국적=주권'의 등식의 폐기를 통해 우리는 정치 공동체의 새로운 민주주의를 가능케 하는 핵심 기반으로 시민들 스스로의 '호혜적인 상호 구성 활동'을 설정할 수 있다. 인종적 혈통, 종교적 전통 같은 자연적이거나 초월적인 토대 중심이 아니라 오직 시민들의 자율적인 '봉기적 행위'에 근거해 헌정적 질서를 성립하는 이 새로운 방식의 자치 방식을 발리바르는 '시민권 헌정(constitution of citizenship)'이라고 부른다. 여기서의 시민은 지배자 또는 대표자의 통치권의 정당성을 확보해주는 계기로서 존재하는 정치적 주체를 거부한다. 즉 정치적 의사 표현을 보장받는 이 시민은 대의제적 인민주권 개념에 근거해 유권자로서만 표상되는 시민이나 국가 구성원으로서 자신의 기본 정체성을 발견하는 국민으로의 회귀가 아니라, 평등하고 자유로운 정치 공동체를 위해 자신에게 주어진 저항권을 활용하는 존재이다.

이 새로운 시민권을 통해 정부의 정책이 만약 헌정 정신을 위반하거나 위태롭게 할 때는 시민이 그것을 바로 잡기 위해 보장된 저항권의 범위 안에서 정치 행위를 펼칠 수 있다. 이 시민권은 "시민권이 국가(특히 국민국가)가 개인들에게 부여하는 자격이나 지위이며 시민권은 국가에 의한 지정 바깥에서는 사고될 수 없다"는 생각을 과감하게 거부한다. 발리바르는 이 새로운 시민권에 대해 "자신의 내적인 동역학에서 출발해 국가를 형성하거나 국가에게 특정한 형태를 부과하는 일을"[42] 할 수 있다고 주장한다. 물론 그 국가는 공인된 국민과 배제할 인민을 구분할 법적 권위와 물리적 폭력을 행사할 수 있는 시민 위에 군림하는 국가가 아니다. 더불어 그 "국가란 우리가 창조하거나 열망하는 것을 금지하는 국가이거나 우리가 사라지기를 열망하는 공인된 국가"[43]가 아니다. 아직 오지 않은 미(未)-래(來)의 국가는 인민의 이름을 참칭하며 독재 권력을 정당화했던 '인민의 국가'가 아닌, 아직 호명되지 않은 인민의 이름으로 다양체들의 연대에 의해 아래로부터 건설되는 '시민성의 국가'이다.

물론 발리바르가 주장하는 것은 무분별하게 시민 불복종의 허용 폭을 높이자는 것이 아니라 헌정의 토대에 입각해 시민이 능동적으로 바로잡는 행위를 할 수 있도록 충분히 보장하자는 것이다. 물론 시민 불복종의 시도가 오류와 과오에 빠지고 무책임한 방종에 빠질 수도 있지만 그것은 행위자가 스스로 사후의 영향을 판단하고 책임을 감당할 영역이다. 이처럼 정치 행위와 저항으로 완성되는 시민권에 대한 새로운 정립은 단지 유럽 연합에만 국한된 것이 아니라, 대의제 '밖'을 사유하는 관점을 통해 탈근대적 정치공동체 운영을 고민할 모든 미래적 시도들에 유효한 전망을 제시한다.

---

42) 에티엔 발리바르, 앞의 책, 2011, 230~231쪽.

43) 알랭 바디우, 앞의 책, 28쪽.

4.2. 배제와 차별 없는 '시민다움'의 정치

남북 주민은 물론 코리아 디아스포라를 포함하는 새로운 한(조선)반도 시민들의 공동체는 한국 민주주의를 비롯한 기존의 국가형태들에선 경험해보지 못한 초유의 헌정 구성의 시도를 전망해볼 수 있다. "서로 다른 정치체제, 경제원리, 그리고 사회적 관행과 문화, 역사경험의 차이 등을 조율하고 새로운 방식으로 통합해내는 전면적 기획이 통일과정에는 반드시 필요하"[44)]기 때문이다. 이것은 분단국가로서 형성했던 제도들을 한반도 전체로 전이하는 수준이 아니라 시민권 개념의 혁신을 통해 헌정 형태의 혁명적 가능성을 내포하는 것이며, 이 시도는 민주주의의 역사에서 새로운 시대를 열어갈 평화공존의 가치를 지닐 수 있다. 물론 이것은 정치와 시민의 괴리, 정치에 대한 무관심과 혐오, 분단 기득권 세력의 지속적 생산을 낳았던 남북의 주권권력의 모습을 지금 여기서 문제시하는 것에서 시작할 수 있다. 그런 점에서 이 통일국가의 민주주의는 무엇보다 '국가의 시민'이 아니라, '시민들의 국가'를 보장하는 제도적 개선을 요구한다. 발리바르가 제기한 '시민다움(시빌리테)'의 정치에 관한 아이디어를 중심으로 통일국가 민주주의의 두 가지 핵심 가치를 원론적으로 제시해보려고 한다.

첫째, 시민권의 강화가 국적제도의 강화로 오해되어선 안 되며, 시민들 사이의 배제와 차별을 지양하는 정치가 실현되어야 한다. 한반도의 통일은 오랜 분단 시간만큼 사회문화적 차이로 인한 갈등 해소에 많은 공동체의 노력을 쏟을 수밖에 없는데, 시민권 실천의 무한한 확산 과정을 통해 차별과 배제의 대상인 '2등 국민'을 만들지 않는 시민다움의 연대가 중요하다. 더 우월하고 성숙한 민주주의 체제에서 살아 왔다고 믿는 사람들이 폐쇄적 체제에서 민주주의 개념 자체를 이해할 기회도 없이 빈곤하게 살아 온 사람들을 어떻게 대우할까. 분단 구조에서 서로에 대해 느끼는 적대와 혐오의 감정이 통일

44) 박명규, 『국민 · 인민 · 시민: 개념사로 본 한국의 정치주체』, 소화, 2009, 269쪽~270쪽.

과정에서도 서로에 대한 차별과 배제의 문제[45]로 번질 가능성은 독일통일사의 유사 사례보다 훨씬 더 심각한 상황을 초래할 수 있다. '구분 짓기'와 '갑질'이 만연한 오늘날의 한국사회처럼 '2등, 3등 국민'을 양산하는 통일국가가 만들어진다면 그것은 한국 민주주의의 위기와 폐해가 그대로 옮겨간 것에 불과할 것이다.

그래서 북한주민은 북한 체제의 향방과 달리 미래의 제헌적 정치 구성 과정의 변수가 아니라 상수이며, 어디까지나 정치의 수동적 객체가 아니라 자율적 주체로 간주되어야 한다. 남쪽 일방적 태도가 가진 한계를 벗어나지 못한다면 사실 앞의 논의는 모두 무화될 수밖에 없다. 이러한 관점은 '북한인권' 문제를 다루는 아래의 태도에서 시사점을 얻을 수 있다. "북한 주민은 인권 개선의 대상일 뿐만 아니라 '권리의 주체'라는 점을 명확히 하면서 모든 논의를 시작해야 할 것이다. 이는 북한 주민이 현 단계에서 스스로 권리를 적극적으로 요구 · 주장하느냐 혹은 일정 수준의 권리의식을 보유하고 있느냐 여부와 상관없이 그러하다."[46]

둘째, 정치공동체의 원리를 제헌적으로 설립할 계기를 통해 민주주의가 온전히 실현될 수 있는 평화로운 조건 산출을 지향하는 반폭력의 정치가 실현되어야 한다. 발리바르는 이것을 시민다움(시빌리테)의 정치로 특화시켜 부르는데, 국가가 산출할지도 모르는 (극단적) 폭력에 대항하고 이를 감소시키는 대응은 새로운 시민의 정치권리를 확보해가자는 앞의 주장과 궁극적으론 같은 지향점에 서 있다. 바로 '인간적인 것'을 실현할 수 있는 정치를 지키기

45) 물론 집단적 차별과 혐오가 확산되는 현실적 양상은 훨씬 더 섬세하게 분석해야 한다. 신자유주의적 세계화가 전면화되면서 유럽 각국 및 미국에서 극우(민족)주의가 맹위를 떨치고 이주자가 배제와 증오의 대상이 되는 현상은 미래 통일 한반도에도 하나의 시사점을 준다. 사회기본권 축소의 직접적 피해 당사자인 하층 계급들이 자신들의 피해의 원인을 이주 노동자에게 발견하고, 극우 정당들은 이러한 대중의 증오에 영합하고 편승해 자신들의 세력을 확장해간다.

46) 조효제, 「인권 패러다임 이론과 북한 인권 문제」, 『다문화사회연구』 9-2, 숙명여자대학교 다문화통합연구소, 2016, 9쪽.

위해 끊임없는 저항과 투쟁이 역설적으로 필요하다는 것이다. 발리바르가 좌파 정치의 세 가지 종류 중 나머지 두 가지로 지적했던 '해방의 정치', '변혁의 정치'가 오히려 억압과 배제의 정치로 전도되기 쉽기 때문이다. 모든 종류의 착취와 억압을 타파하고 인간해방을 이루어나가겠다는 시도들이 맹목적인 폭력의 정치로 돌변했던 기억은 역사적으로 숱한 사례들이 있다. 남과 북, 그리고 코리언 디아스포라와 다문화 가족까지, 통일 한반도에선 국가와 제도가 강제 · 조작하는 일상적 폭력성을 줄여나가는 따스한 정치가 필요하다.

이런 점에서 통일국가의 민주주의는 이질적인 출신과 배경을 가진 구성원들을 주권 개념으로 다시 묶어내는 것이 아니라, 사회의 다양한 입장과 갈등을 조직하고, 경청하고, 협의하는 시민들의 네트워크를 활성화하는 시민성의 정치로 확장되어야 한다. 물론 이런 시민권의 정치는 지금도 지역적 차원에서 실험되고 있으며, 현재적 관점에서는 정당으로 수렴되는 대의성의 강화가 일상과 삶의 변화를 직접 만들어가는 데 궁극적인 해결책이 되지 못한다는 점을 직시할 필요가 있다. "민주주의적 대표에서 문제가 되는 것은 단지 의견과 당파의 다원성을 보증하고 활성화하는 것만이 아니라 사회적 갈등을 대표하는 것이"[47]다. 물론 여기서 중요한 조건은 사회적 갈등이 결코 부인되지 않는 것이며, 집단과 집단 사이의 의사소통의 매개 상황 바깥으로 내몰리지 않아야 한다는 점이다.

그렇다면 새로운 코리아 공동체에서 '우리'란 누구를 가리키는 것일까? 국민국가와 분단국가에서 경험했던 "'우리'라는 것은 그것이 긍정하는 정체성, 또는 이런 정체성에 대해 그것이 긍정하는 구성적 속성들"[48]이지만, 동시에 그 '우리'는 고유한 삶의 공간 안팎에서 다른 속성들과 그 담지자들을 배제할 수 있다. 주권의 특권화 속에서 자기동일성을 규범으로 삼는 우리는 오직 하

47) 에티엔 발리바르, 앞의 책, 2011, 241쪽.

48) 에티엔 발리바르, 앞의 책, 2011, 238쪽.

나여야 했기 때문이다. 중요한 것은 '우리, 한(조선)반도 시민(We, the Korean peninsula Citizen)' 내지 '우리, 코리아 인민(We, the Korean People)'라는 집단적 지칭을 사용하지 않는 게 아니라, 그렇게 통합적 신체로 간주되어도 어떤 억압이 느껴지지 않을 정도의 시민 정치, 호명되지 않는 인민(국민)의 정치를 실현하느냐의 문제이다. 따라서 시간의 경과 속에서 처음엔 '나로서의 우리'였지만 변증법적으로 다시 '타자이기도 한 우리'가 되어 보는 연습이 중요하다. '동일성의 주권권력'에서 '타자성의 시민권'으로 나아가는 과정은 곧 시민성의 확장을 통한 민주주의 원리의 실현에 다름 아니다.

참고문헌

강원택, 『통일 이후의 한국 민주주의』, 나남, 2011.

게오르그 빌헬름 프리드리히 헤겔, 임석진 옮김, 『법철학』, 한길사, 2008.

고병권, 『민주주의란 무엇인가』, 그린비, 2011.

김동춘, 「한국의 분단국가 형성과 시민권: 한국전쟁, 초기 안보국가하에서 '국민 됨'과 시민권」, 『경제와사회』(2006.06), 비판사회학회.

김병로 · 서보혁, 『분단폭력: 한반도 군사화에 대한 평화학적 성찰』, 아카넷, 2016.

김정한 편저, 『최장집의 한국 민주주의론』, 소명출판, 2013.

김학재, 『판문점 체제의 기원: 한국전쟁과 자유주의 평화기획』, 후마니타스, 2015.

마거릿 캐노번, 김만권 옮김, 『인민』, 그린비, 2015.

박명규, 『국민 · 인민 · 시민: 개념사로 본 한국의 정치주체』, 소화, 2009.

박상섭, 『국가 · 주권』, 소화, 2008.

슬라보예 지젝, 김서영 옮김, 『시차적 관점: 현대 철학이 처한 교착 상태를 돌파하려는 지젝의 도전』, 마티, 2009.

알랭 바디우 외 지음, 서용순 외 옮김, 『인민이란 무엇인가』, 현실문화, 2014.

알랭 바디우 외, 김상운 외 옮김, 『민주주의는 죽었는가: 새로운 논쟁을 위하여』, 난장, 2010.

에티엔 발리바르, 진태원 옮김, 『스피노자와 정치』, 그린비, 2014(2판).

에티엔 발리바르, 진태원 옮김, 『우리, 유럽의 시민들?: 세계화와 민주주의의 재발명』, 후마니타스, 2010.

에티엔 발리바르, 진태원 옮김, 『정치체에 대한 권리』, 후마니타스, 2011.

유르겐 하버마스, 한상진 · 박영도 옮김, 『사실성과 타당성』, 나남출판사, 2007.

자크 랑시에르, 양창렬 옮김, 『정치적인 것의 가장자리에서』, 길, 2008.

조르조 아감벤, 김상운 · 양창렬 옮김, 『목적 없는 수단』, 난장, 2009.

조효제, 「인권 패러다임 이론과 북한 인권 문제」, 『다문화사회연구』 9-2, 숙명여자대학교 다문화통합연구소, 2016.

찰스 테일러, 이상길 옮김, 『근대의 사회적 상상: 경제, 공론장, 인민 주권』, 이음, 2010.

최장집, 『민주화 이후의 민주주의: 한국민주주의의의 보수적 기원과 위기』, 후마니타스, 2005(2판).
최장집 · 박찬표 · 박상훈, 『어떤 민주주의인가』, 후마니타스, 2007.
클로드 르포르, 홍태영 옮김, 『19세기~20세기 정치적인 것에 대한 시론』, 그린비, 2015.

[과학기술]

북한 보건의료의 현황과 쟁점

의학 학술지 통해서 살펴 본 북한 의학 연구 동향

– '조선의학' 학술지 서지분석 연구 –

***윤혜전1, 김대희2**, 엄주현3, 서아람4, 박세현5**

1. 서론

1945년 제2차 세계 대전이 끝나고, 한반도는 북위 38도를 기준으로 남과 북에 미군과 소련군이 진주하였다. 이 후 1948년 남측에는 '대한민국'이 북측에는 '조선민주주의인민공화국'이 공식적으로 출범하였다.[1] 2018년 올해는 양측에 각각의 정부가 공식적으로 출범한지 정확히 70년이 되는 해이다. 70년의 시간이 경과하면서, 양측의 사회경제적인 차이는 물론이고, 언어나 문화의 이질성 역시 커진 상황이다.[2]

* 1 이화여자대학교 의과대학 핵의학과, 2 가톨릭대학교 인천성모병원 응급의학과, 3 동국대학교 대학원 북한학과, 4 용산소방서, 5 인천사랑병원 산부인과

** 교신저자: 가톨릭대학교 인천성모병원 응급의학과, #인천광역시 부평구 동수로 56

1) Yun KS. The Problem of Establishing Government in North Korea and the South-North Joint Conference in 1947-1948. The Historical Journal 2004; 21: 31-68.

2) Wu X, Chen Y. Similarities and Differences between South and North Korean Vocabulary by Korean Textbooks. Korean language education research 2016; 51(3):

남과 북은 지향하는 정치체제가 상이하였기에, 보건의료체계 역시 정치체제에 맞춰 대단히 상이한 모습으로 발전하였다. 남측은 의료서비스의 공급은 주로 민간이 담당하고, 정부는 보험자의 역할을 수행하는, 국민건강보험(National Health Insurance) 형태의 보건의료체계를 확립하였다. 이에 비해 북측은 정부의 집중적 투자 하에 무상의료, 의사의 구역 담당, 예방의학의 중시 등으로 대표되는 사회주의 보건의료체계(Socialist healthcare system)를 확립하였다.[3)]

상이한 보건의료체계 하에서 70년의 시간이 경과하였고, 양측의 역사적 경험과 경제력의 차이로 인하여, 제도적 측면 이 외에도 인력과 시설의 수준이나 의료서비스의 질의 격차가 커져가고 있다. 그 결과 양측 주민들의 건강수준 격차 역시 커져만 가고 있다.[4)] 더욱이 지난 십 수년 동안 진행된 조선민주주의인민공화국(이하 조선)에 대한 경제 제재 후 양측 주민들의 건강 수준 격차는 더욱 커져가고 있는 것으로 추정된다.[5)]

하지만, 이러한 추정은 대부분 세계보건기구(WHO) 등의 국제기구에서 작성된 통계자료, 외신 보도, 혹은 북한이탈주민들에 대한 연구를 바탕으로 도출된 결론이다. 즉, 현재 조선이 처한 보건의료 상황을 정확하게 반영한다고 보기에는 무리가 있다. 또한 조선 정부는 사회주의 의료체계가 여전히 건재하다는 입장이기 때문에, 조선의 보건의료 상황을 보다 정확하게 파악 가능한 자료에 대한 요구가 지속적으로 있었다.

127–153.

3) Lee MJ, Kim HN, Cho DB, Kim Y. Overview of healthcare system in North Korea. J Korean Med Assoc 2013 May; 56(5): 358–367. doi: 10.5124/jkma.2013.56.5.358.

4) Park SM, Lee HW. Current status of healthcare and effective health aid strategies in North Korea. J Korean Med Assoc 2013 May; 56(5): 368–374. doi: 10.5124/jkma.2013.56.5.368

5) Cho KS. Infant/Child Mortality and Humanitarian Aids to North Korea. Health and Social Welfare Review 2016; 36(3): 485–515. doi: 10.15709/hswr.2016.36.3.485.

이에 저자들은 지금까지의 이차 자료가 가지는 한계를 극복하고자, 조선에서 발행된 일차 자료인 '조선의학'이라는 학술지의 서지 분석을 통해서 조선 보건의료 연구자들의 연구 동향을 파악하고자 하였다. 또한 이를 바탕으로 현재 조선이 처한 보건의료 상황 및 주민들의 건강 수준을 보다 정확히 파악하고자 하였다.

2. 연구자료 및 방법

'조선의학' 학술지는 매년 분기별로 총 4회씩 발간되는 조선의 보건의학 계열의 대표적 학술지이다. '조선의학' 학술지의 영문명은 'Korean Medicine'이다. '조선의학' 학술지는 1954년부터 '주체의학'이라는 명칭으로 발간되다가, 1998년부터 '조선의학'이라는 명칭으로 변경되었다.[6] '조선의학'에 실리는 논문의 주제는 기초의학, 예방의학, 임상의학은 물론이고, 약학이나 의공학까지 다양하다. 보건의학 계열 전반을 모두 다룬다.

조선 보건의료 연구자들의 연구 동향을 파악하기 위해서 한 해 동안 발간된 '조선의학' 학술지 모두를 조사하였다. 또한 연구 동향의 변화 추이를 파악하기 위해서, 5년 간격으로 1990년부터 2015년까지 총 6년 동안 발간된 학술지 총 24권을 비교, 분석하였다. 분석에 사용된 '조선의학' 학술지는 통일부 북한자료센터에서 보유 중인 자료를 복사하여 이용하였다. 논문의 분석은 각 논문의 주제 별로 두 명의 저자가 독립적으로 분석 후 교차 검증 및 합의 과정을 거쳤다.

우선 '조선의학' 학술지의 발간 현황을 파악하기 위해서 연간 출판되었던 논문의 전체 편수를 분석하였다. 또한 논문의 유형을 분류 및 분석하였다.

6) Heo JY, Kim TY, Lee UH. Analysis of dentistry articles published in North Korean medical journals. The Journal of Korean Dental Association 2002; 40(7): 532-541.

논문의 유형은 증례 통제 연구(Case-control study), 코호트 연구(Cohort study), 비 무작위 임상시험(Non-randomized clinical trial), 무작위 임상시험(Randomized clinical trial), 실험실 연구(Laboratorial Study), 메타분석(Meta-analysis), 전문가 의견(Specialist's opinion), 증례 보고(Case report), 체계적 고찰(Systemic review), 문헌 고찰(Literature review), 단면연구(Cross-sectional study)로 나누었다.[7] 매년 발간된 논문의 편 수가 상이하기 때문에 비교 분석에는 한 해 발간된 논문 중 해당 유형의 논문이 차지하는 비율을 사용하였다.

외부 환경의 변화에 따른 연구 주제의 변화를 살펴 보기 위해서 연구 분야를 분류 및 분석하였다. 연구 분야에 대한 분류는 한국연구재단의 연구 분야 분류 목록을 이용하였다. 해당 분류 목록 중 의학과 관련된 사회과학(Social science), 자연과학(Natural science), 공학(Engineering), 의학 및 약학(Medicine and Pharmacy)의 총 4가지 유형으로 나누어 분류 및 분석하였다.[8] 매년 발간된 논문의 편 수가 상이하기 때문에 비교 분석에는 한 해 발간된 논문 중 해당 유형의 논문이 차지하는 비율을 사용하였다.

조선 보건의료 연구자들의 연구 동향이 주로 어떤 국가에 영향을 받는지를 파악하기 위해서 참고문헌이 발간된 국가를 분석하였다. 논문에 따라서 참고문헌의 개수가 상이하기 때문에 참고문헌의 개수와 상관 없이 논문 한 편에 인용된 참고문헌의 발간 국가를 분석하였다. 단, 논문 한 편에 인용된 참고문헌이 발간된 국가가 복수일 경우에는 중복을 허용하여 분석하였다. 또한 국가별로 계산된 논문의 편 수 총합 중 그 수가 많은 순서대로 5개 국가를 선택하였고, 후 이를 비교 및 분석하였다. 매년 발간된 논문의 편 수가 상이하기

7) Fletcher RH, Fletcher SW. Epidemiologia clínica: elementos essenciais. 4ª ed. Porto Alegre: Artmed; 2006. cap. 11, p.222-39.

8) Kim JE, Nam JH, Cho JY, Kim KS, Hwang DY. Annual tendency of research papers used ICR mice as experimental animals in biomedical research fields. Lab Anim Res. 2017 Jun;33(2):171-178. doi: 10.5625/lar.2017.33.2.171.

때문에 비교 분석에는 한 해 발간된 논문 중 해당 유형의 논문이 차지하는 비율을 사용하였다.

조선에서 전통의학은 '고려의학'이라는 이름으로 불린다. 1950년대 말 사회주의 의학에서 유행하던 파블로프 이론(Pavlov's theory)이 유입되었다. '고려의학'의 특성이 일정 부분 파블로프 이론과 부합하는 부분이 있었기 때문에, '고려의학'의 중요성이 강조되었다. 그 결과 조선에서 전통의학은 의학의 한 분야로 적립되었다.[9] '조선의학' 학술지에서 전통의학 관련 논문의 비율의 변화를 살펴 보기 위해서, 전통의학 관련 논문 편 수를 비교 및 분석하였다. 단, '조선의학' 학술지의 경우 보건의학 계열의 전반을 다루기 때문에 의학 및 약학 논문 편 수 중에 전통의학 관련 논문이 차지하는 비율을 비교 및 분석하였다. 이와 함께 의학의 일반적인 치료법인 수술 관련 논문과 약물치료 관련 논문이 차지하는 비율을 비교 및 분석하였다.

마지막으로 본 연구의 예비 분석 과정 중 발견된 '조선의학' 학술지 고유의 특성이 있어, 관련하여 분석하였다. '조선의학' 학술지의 경우 일반적인 의학 학술지와 다르게 치료효과에 대한 동등성 연구(Equivalence test)의 비율이 높았다. 따라서 동등성 실험으로 설계된 논문의 편 수를 비교 및 분석하였다. 매년 발간된 논문의 편 수가 상이하기 때문에 비교 분석에는 한 해 발간된 논문 중 해당 유형의 논문이 차지하는 비율을 사용하였다.

본 연구는 이미 공개된 문헌자료를 이용한 연구였기 때문에, 기관생명윤리위원회(Institutional Review Board)의 심사 과정은 생략하였다.

---

9) Han SH, Kim OJ. The Role of Pavlov's Theory in North Korea in the Late 1950s: Ideological Struggle in Medicine and Scientification of Traditional Medicine. Uisahak. 2013 Dec;22(3):801-46.

3. 연구결과

조사 기간 동안 출판되었던 논문의 총 편 수는 1990년 67편, 1995년 76편, 2000년 95편, 2005년 150편, 2010년 159편, 2015년 180편으로 점차 증가하는 양상을 보였다. 이에 비해서 학술지의 권당 평균 쪽 수는 1990년 66쪽, 1995년 50쪽, 2000년 66쪽, 2005년에서 2015년은 58쪽으로 비교적 일정한 양상을 보였다.

연도별 출판된 논문의 유형은 다음과 같았다(Figure 1). 연도별 출판된 논문의 연구 분야는 다음과 같았다(Figure 2). 연도별 논문에 인용된 참고문헌의 발간 국가는 다음과 같았다(Figure 3). 연도별 전통의학 관련 논문의 비율은 다음과 같았다(Figure 4). 연도별 동등성 연구 관련 논문의 비율은 다음과 같았다(Figure 5).

4. 고찰

본 연구는 조선의 의학 학술지를 통해서 조선의 보건의료 연구 동향을 살펴 본 첫 번째 연구이다. 1991년 소비에트연방의 붕괴와 그에 따른 원조 중단, 1995년부터 1999년 사이의 '고난의 행군이라 불리는 대기근 시기, 2001년부터 2005년 사이의 햇볕 정책을 통한 남북 화해 시기, 2006년 핵실험 이 후 지속된 국제 사회의 제재, 2011년 '김정일' 위원장 사망과 2012년 '김정은' 국무위원장의 집권 등 지난 30년 동안 조선의 외부 환경은 큰 변화가 있었다(Figure 6). 저자들은 본 연구를 통해서 조선의 보건의료 연구 동향이 각 시대마다 당면한 외부 환경에 따라서 대단히 상이하게 변화하였음을 확인 가능하였다. 이는 조선의 보건의료 연구가 사회의 요구를 적극적으로 반영함을 시사한다.

본 연구의 결과에 따르면 조선의 보건의학 연구의 유형은 비 무작위 임상시험이 가장 많았다. 출판 시기와 상관 없이 약 50% 내외의 비율을 보였다. 무작위 임상시험은 전 연구기간 동안 한 편도 없었다. 이는 최근 무작위 임상시험의 비율이 지속적으로 높아지고 있는 세계적인 연구 추세와는 매우 상이한 결과이다.[10] 이러한 차이는 단순히 조선의 보건의료 연구 환경이 무작위 임상시험을 진행하기 어려운 환경이기 때문에 나타났을 수도 있다. 하지만, 조선 의료계는 질병의 치료를 의료인이 평시 수행해야만 하는 전투라고 인식하기 때문에 질병의 기전에 대한 연구보다는 치료법에 대한 연구가 중심을 이루고, 같은 이유로 연구 윤리는 다소 등한시된다는 일부 조선 이탈 의료인들의 진술과 부합하는 면도 있다. 따라서 섣부른 판단을 내리기보다는 향후 추가적인 연구를 진행할 필요가 있다.

연구 분야는 의약학 분야가 전 연구기간 동안 지속적으로 감소하는 양상을 보였다. 이에 비해서 공학과 자연과학 분야는 비교적 일정하게 증가하는 양상을 보였다. 더욱이 2015년의 경우에는 공학과 자연과학 분야 연구가 전체 연구의 29%와 28%를 차지하였다. 의학 학술지임에도 불구하고 이들 연구가 절반을 넘는 양상을 보였다. 이러한 현상은 '김정은' 국무위원장 집권 이 후 과학기술 육성을 강조하는 조선 정부의 정책과도 일정 부분 연관성이 있을 것으로 예상된다.

연구에서 인용된 참고문헌이 출판된 국가는 연도별로 매우 상이한 양상을 보였다. 동구권이 붕괴되기 이전인 1990년에는 소비에트연방에서 출판된 참고문헌을 인용한 논문의 비율이 71%로 가장 높았다. 사회주의 의학을 근간으로 하는 조선 보건의료체계의 특성이 연구 동향에 영향을 미치고, 이러한 특성이 인용된 참고문헌에도 영향을 미친 결과로 예상된다.

동구권이 붕괴된 이 후인 1995년, 2000년, 2005년에는 자국에서 출판된

---

10) Tsay MY, Yang YH. Bibliometric analysis of the literature of randomized controlled trials. J Med Libr Assoc. 2005 Oct;93(4):450-8.

참고문헌을 인용한 논문의 비율이 76%, 72%, 59%로 가장 높았다. 동구권 붕괴 후 외국과의 교류가 급격하게 줄어들고 고립된 상황이 보건의료 학문 영역에도 영향을 준 것으로 예상된다. 같은 시기 일본에서 출판된 참고문헌을 인용한 비율은 급격히 증가하였다가 다시 급격하게 줄어드는 양상을 보였다. 이에 비해 중국에서 출판된 참고문헌을 인용한 비율은 다소 감소하였다가 다시 증가하는 양상을 보였다. 이는 1992년 8월 한국과의 수교로 인하여 일시적으로 멀어졌다가 다시 회복된 조선-중국 관계 때문에 나타난 결과로 예상된다.

하지만 2010년 이 후에는 미국에서 출판된 참고문헌을 인용한 비율이 가장 높았다. 2010년 이 후 미국 주도의 제재 국면에서 어려움을 겪고 있던 상황이었음에도, 미국에서 출판된 참고문헌을 인용하는 비율은 오히려 증가한 것이다. 이에 비해서 이제까지 높은 비율을 보였던 자국, 러시아, 중국, 일본에서 출판된 참고문헌의 비율이 지속적으로 줄어들었다. 이는 조선의 보건의료 연구 동향이 미국 중심의 국제적 보건의학 연구 동향에 편입되고 있음을 반영하는 결과로 보인다.[11)]

의약학 분야 논문 중 전통의학 관련 논문이 차지하는 비율은 1990년 이후 지속적으로 증가하는 양상을 보였다. 하지만 2000년 이 후 점차 감소하다가, 2010년부터 다시 증가하는 양상을 보였다. 이에 비해서 수술 관련 논문과 약물 치료 관련 논문은 정반대의 양상을 보였다. 이를 통해서 전통의학이 기존의 치료법을 대체하는 수단으로써 연구되었을 가능성을 유추 가능하다. 외부 환경의 악화로 인하여 의약품의 공급이 원활하지 않은 시기에는 전통의학 관련 연구의 비율이 증가하였고, 반대 시기에는 그 비율이 감소하였기 때문이다.

동등성 실험 관련 논문이 차지하는 비율 역시 초기에는 지속적으로 증가하

11) Yang H, Lee HJ. Research Trend Visualization by MeSH Terms from PubMed. Int J Environ Res Public Health. 2018 May 30;15(6). pii: E1113. doi: 10.3390/ijerph15061113.

다가 2000년을 기점으로 감소하였지만, 최근에는 다시 증가하는 양상을 보였다. 이는 의약학 분야 논문 중 전통의학 관련 논문이 차지하는 비율의 변화 양상과 유사하였다. 따라서 동등성 실험 관련 연구 역시 기존의 치료법을 대체하기 위한 수단으로써 연구되었을 가능성을 유추 가능하다.

본 연구는 다음과 같은 제한을 가지고 있다. 첫째, 본 연구는 1990년부터 2015년까지 5년 간격으로 총 6년 동안 출판된 학술지만을 이용하여 수행되었다. 해당 기간 동안 출판된 모든 학술지를 분석한 것이 아니기 때문에 분석상 오류가 있을 수 있다. 보다 객관적인 결과를 얻기 위해서는 향후 전체 학술지를 대상으로 추가 분석을 시행할 필요가 있다. 둘째, 연구 대상 학술지에는 논문 저자의 소속기관과 직위가 포함되어 있지 않기 때문에 저자의 특성에 따른 연구 동향의 차이를 분석할 수 없었다. 셋째, 논문의 분석의 정확성을 위해서 각 논문의 주제 별로 두 명의 저자가 독립적으로 분석 후 교차 검증 및 합의 과정을 거쳤지만, 보건의학 전반을 다루는 학술지인 관계로 전문분야가 아닌 논문에 대한 분석도 수행해야만 하였다. 단, 공학이나 자연과학 분야라고 하더라도 의학과 관련된 분야이기 때문에 전문의들이 분석을 수행하였더라도 오류는 크지 않을 것으로 추정한다.

5. 결론

'조선의학' 학술지를 통해서 조선의 보건의료 연구 동향을 살펴 본 결과 시대마다 처한 외부 환경에 따라서 상이하게 변화하는 양상을 보였다. 더욱이 지난 십 여년 동안 외부 환경이 악화됨에 따라서 연구 동향이 지속적으로 변화하는 양상을 명확하게 확인 가능하였다. 이러한 변화는 조선의 보건의료체계에 부정적인 영향을 주고, 그 결과 조선 주민들의 건강 수준 악화로 이어졌을 것으로 유추된다. 따라서 경제적 제재나 인도적 지원 중단 등 외부 환경의 악화를 초래 가능한 정책들에 대한 재고가 필요할 것으로 사료된다.

6. 감사의 말

원문 자료의 수집을 담당하여 주신 '어린이의약품지원본부'에 감사를 표합니다. 더불어 아직 분석이 진행 중인 연구임에도 불구하고, 뜻 깊은 자리를 허락하여 주신 '국제고려학회'에도 감사를 표합니다.

Figure 1. 연도별 출판된 논문의 유형

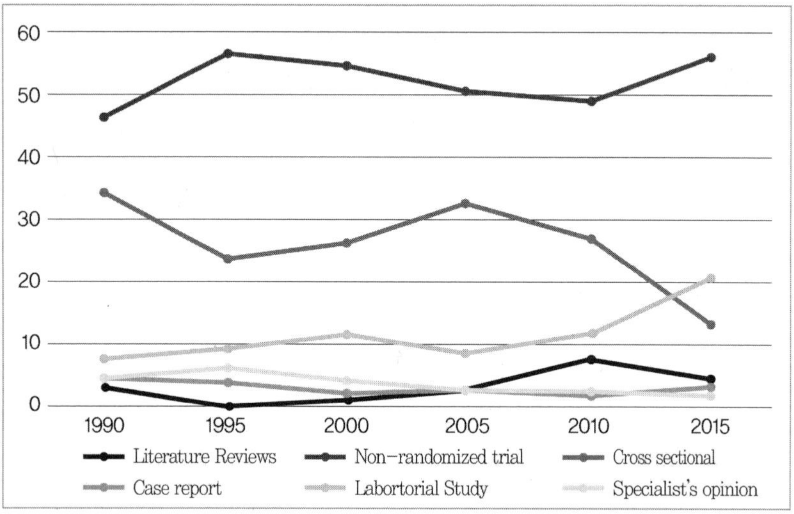

Figure 2. 연도별 출판된 논문의 연구 분야

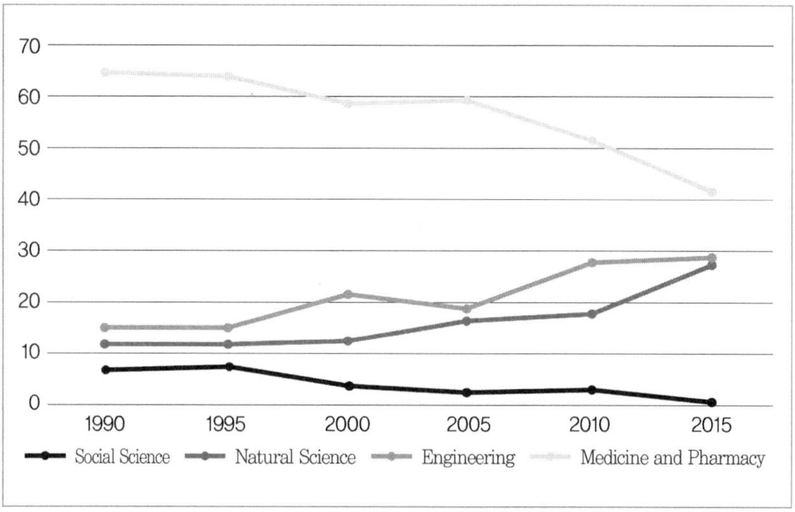

Figure 3. 연도별 논문에 인용된 참고문헌의 발간 국가

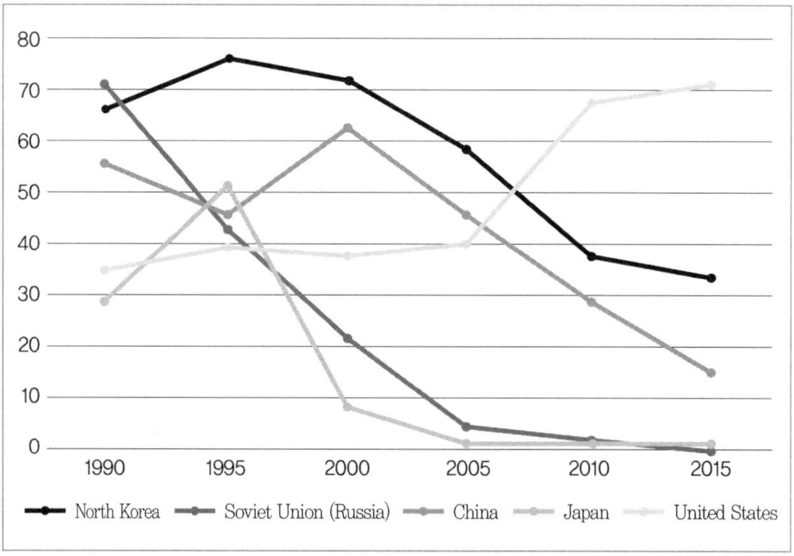

Figure 4. 연도별 의약학 논문 중 전통의학 관련 논문의 비율

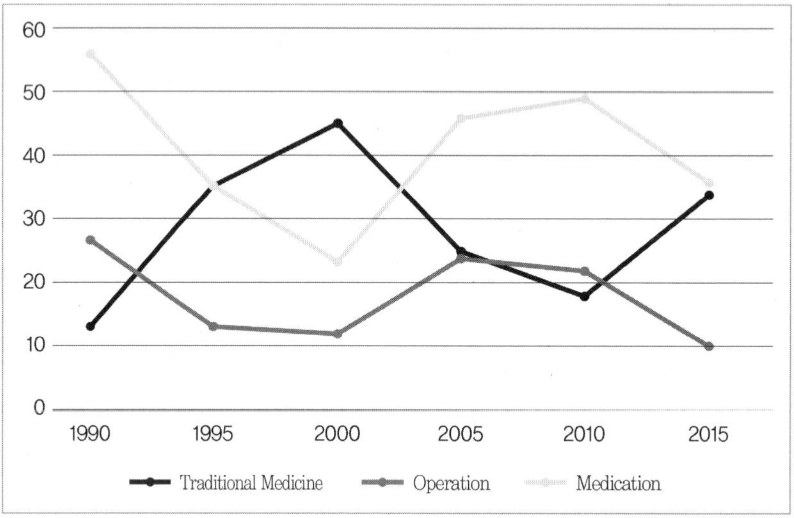

Figure 5. 연도별 동등성 연구 관련 논문의 비율

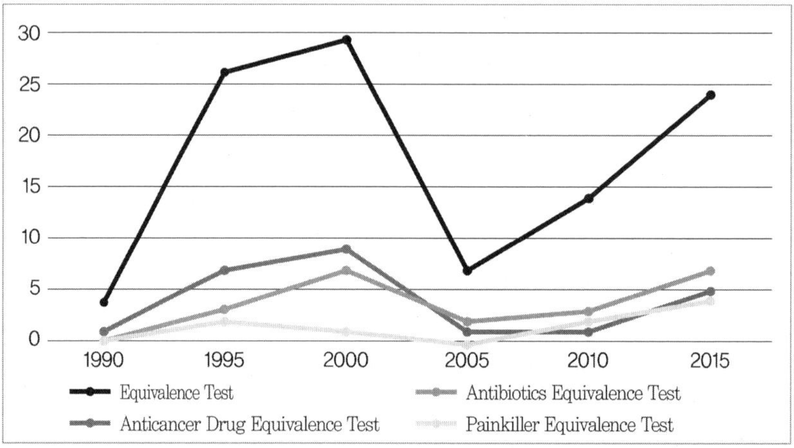

참고문헌

1. Yun KS. The Problem of Establishing Government in North Korea and the South–North Joint Conference in 1947–1948. The Historical Journal 2004; 21: 31–68.
2. Wu X, Chen Y. Similarities and Differences between South and North Korean Vocabulary by Korean Textbooks. Korean language education research 2016; 51(3): 127–153.
3. Lee MJ, Kim HN, Cho DB, Kim Y. Overview of healthcare system in North Korea. J Korean Med Assoc 2013 May; 56(5): 358–367. doi: 10.5124/jkma.2013.56.5.358.
4. Park SM, Lee HW. Current status of healthcare and effective health aid strategies in North Korea. J Korean Med Assoc 2013 May; 56(5): 368–374. doi: 10.5124/jkma.2013.56.5.368
5. Cho KS. Infant/Child Mortality and Humanitarian Aids to North Korea. Health and Social Welfare Review 2016; 36(3): 485–515. doi: 10.15709/hswr.2016.36.3.485.
6. Heo JY, Kim TY, Lee UH. Analysis of dentistry articles published in North Korean medical journals. The Journal of Korean Dental Association 2002; 40(7): 532–541.
7. Fletcher RH, Fletcher SW. Epidemiologia clínica: elementos essenciais. 4ª ed. Porto Alegre: Artmed; 2006. cap. 11, p.222–39.
8. Kim JE, Nam JH, Cho JY, Kim KS, Hwang DY. Annual tendency of research papers used ICR mice as experimental animals in biomedical research fields. Lab Anim Res. 2017 Jun;33(2):171–178. doi: 10.5625/lar.2017.33.2.171.
9. Han SH, Kim OJ. The Role of Pavlov's Theory in North Korea in the Late 1950s: Ideological Struggle in Medicine and Scientification of Traditional Medicine. Uisahak. 2013 Dec;22(3):801–46.
10. Tsay MY, Yang YH. Bibliometric analysis of the literature of randomized controlled trials. J Med Libr Assoc. 2005 Oct;93(4):450–8.

11. Yang H, Lee HJ. Research Trend Visualization by MeSH Terms from PubMed. Int J Environ Res Public Health. 2018 May 30;15(6). pii: E1113. doi: 10.3390/ijerph15061113.